高等院校经济与贸易类核心课程精品教材

市场营销：理论到实践

王芳　公艳　李秉翰 ◎ 主编

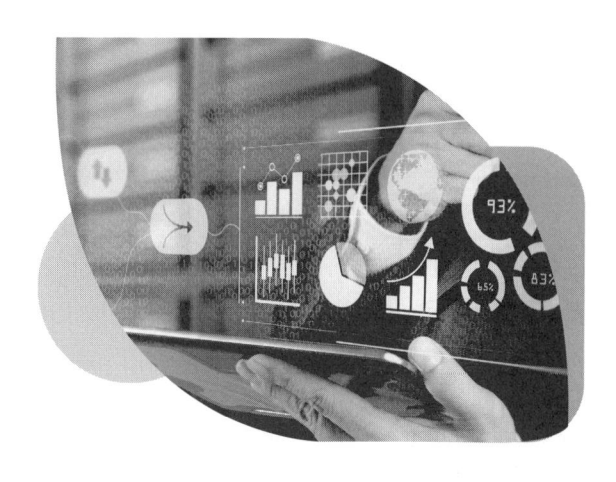

上海财经大学出版社

上海学术·经济学出版中心

图书在版编目(CIP)数据

市场营销：理论到实践 / 王芳，公艳，李秉翰主编. 上海：上海财经大学出版社，2025.5. -- (高等院校经济与贸易类核心课程精品教材). -- ISBN 978-7-5642-4602-0

Ⅰ.F713.50

中国国家版本馆CIP数据核字第2025R2K419号

本书得到山东省高等教育本科教学改革研究项目"新文科背景下数智化贸易经济专业应用型人才培养模式创新研究"(Z2021245)的资助

□ 责任编辑　施春杰
□ 封面设计　贺加贝

市场营销：理论到实践

王　芳　公　艳　李秉翰　主编

上海财经大学出版社出版发行
(上海市中山北一路369号　邮编200083)
网　　址:http://www.sufep.com
电子邮箱:webmaster @ sufep.com
全国新华书店经销
上海新文印刷厂有限公司印刷装订
2025年5月第1版　2025年5月第1次印刷

787mm×1092mm　1/16　19.5印张　427千字
定价：55.00元

Foreword 前言

在国际经济形势复杂多变的当下，市场营销的格局正经历着前所未有的深刻变革。新兴经济体的崛起，如亚洲、拉丁美洲部分国家消费市场的蓬勃发展，为市场营销开拓了广阔的新空间；而传统经济强国市场虽趋于饱和，但消费升级趋势明显，对营销创新也提出了更高要求。与此同时，数字技术的迅猛发展，使线上营销成为主流；可持续发展理念深入人心，绿色营销、社会责任营销逐渐成为企业塑造品牌形象的关键要素。然而，贸易摩擦、地缘政治冲突等不稳定因素，也给全球市场营销环境增添了诸多不确定性，市场竞争愈发激烈，消费者需求更加多元且多变。面对如此复杂且充满机遇与挑战的市场环境，"市场营销学"作为指导企业市场活动的核心学科，其内容与教学形式必须与时俱进。为满足新时代市场营销人才培养的紧迫需求，我们依托多年在市场营销领域的丰富教学实践与深入科研成果，紧密关注行业涌现的新现象、新问题，广泛汲取国内外前沿研究成果以及优秀教材的精华，并在有关单位的鼎力支持下，精心编写了本教材。

本教材以营销活动的完整流程为脉络，系统阐述了市场调研、目标市场选择、产品策略、价格策略、渠道策略、促销策略等经典营销理论，同时深入探讨了数字营销、社交媒体营销、绿色营销等新兴领域知识。编写过程中，我们注重捕捉市场实践中诞生的新理念、新模式、新手段，以及营销法规与行业规范的最新动态，通过大量真实且生动的案例，助力读者提升分析市场问题与制定营销策略的实战能力。每章结尾设置的小结、练习与思考及实训项目，旨在帮助学习者精准把握市场营销学的重点内容，有效提升学习效果。希望本教材对新型营销人才的培养有所裨益。

本教材编写分工：公艳负责第一章、第十二章，王芳负责第二章、第十一章，石爱玲负责第六章，刘淑华负责第八章，巩乾雯负责第四章，刘磊负责第十章，李霄鹍负责第九章，姜亚妮负责第五章,窦文旭负责第三章、第七章。书稿由王芳、公艳、李秉翰、牛春霞进一步修改,公艳总纂并统稿。

本教材的出版得到了山东省高等教育本科教学改革研究项目"新文科背景下数智化贸易经济专业应用型人才培养模式创新研究"(Z2021245)的资助,得到有关领导和同志们的关心和支持,在此表示深深的感谢!

限于作者水平,本教材难免有不足和疏漏之处,敬请读者批评指正。

编 者

2025 年 3 月

Contents 目录

第一篇　认识市场营销

第一章　市场营销概述 ··· 3
学习目标 ·· 3
思维导图 ·· 4
导入案例 ·· 4
第一节　认识市场和市场营销 ·· 5
第二节　认识市场营销哲学 ··· 8
第三节　认识市场营销学 ··· 13
本章小结 ··· 17
关键术语 ··· 18
练习与思考 ·· 18
实训项目 ··· 19

第二篇　分析市场营销机会

第二章　市场营销环境 ·· 23
学习目标 ··· 23
思维导图 ··· 24
导入案例 ··· 24
第一节　市场营销环境概述 ·· 27
第二节　宏观营销环境 ··· 29
第三节　微观营销环境 ··· 33
第四节　市场营销环境分析 ·· 36

本章小结	42
关键术语	42
练习与思考	42
实训项目	43

第三章　市场购买行为分析　44

学习目标	44
思维导图	45
导入案例	46
第一节　购买行为分析概述	47
第二节　消费者市场及其购买行为分析	49
第三节　组织市场及其购买行为分析	67
第四节　中间商市场及其购买行为分析	73
第五节　政府市场及其购买行为分析	75
本章小结	77
关键术语	77
练习与思考	77
实训项目	78

第四章　市场营销调研与预测　80

学习目标	80
思维导图	81
导入案例	81
第一节　市场营销调研	82
第二节　市场营销预测	94
第三节　调研与预测的关系	103
本章小结	105
关键术语	105
练习与思考	105
实训项目	106

第三篇　制定市场营销战略

第五章　目标市场营销战略　111

学习目标	111
思维导图	112

导入案例 ······ 112
　　第一节　市场细分战略 ······ 113
　　第二节　目标市场选择 ······ 119
　　第三节　市场定位战略 ······ 122
　　本章小结 ······ 125
　　关键术语 ······ 126
　　练习与思考 ······ 126
　　实训项目 ······ 127

第六章　市场竞争战略
　　学习目标 ······ 130
　　思维导图 ······ 131
　　导入案例 ······ 131
　　第一节　竞争者分析 ······ 132
　　第二节　基本竞争战略 ······ 137
　　第三节　市场地位与竞争战略 ······ 141
　　本章小结 ······ 148
　　关键术语 ······ 149
　　练习与思考 ······ 149
　　实训项目 ······ 150

第四篇　规划市场营销组合策略

第七章　产品策略
　　学习目标 ······ 155
　　思维导图 ······ 156
　　导入案例 ······ 156
　　第一节　产品整体概念 ······ 157
　　第二节　产品生命周期 ······ 163
　　第三节　新产品开发策略 ······ 168
　　第四节　产品品牌与包装策略 ······ 173
　　本章小结 ······ 177
　　关键术语 ······ 177
　　练习与思考 ······ 177
　　实训项目 ······ 178

第八章　定价策略 · 179

学习目标 · 179

思维导图 · 180

导入案例 · 180

第一节　定价的理论基础与基本影响因素 · 181

第二节　定价方法 · 189

第三节　定价策略 · 192

第四节　价格调整策略 · 196

本章小结 · 201

关键术语 · 201

练习与思考 · 201

实训项目 · 202

第九章　分销渠道策略 · 204

学习目标 · 204

思维导图 · 205

导入案例 · 205

第一节　分销渠道概述 · 206

第二节　分销渠道设计 · 212

第三节　分销渠道管理 · 215

第四节　供应链与物流管理 · 219

本章小结 · 229

关键术语 · 229

练习与思考 · 229

实训项目 · 230

第十章　促销策略 · 232

学习目标 · 232

思维导图 · 233

导入案例 · 233

第一节　促销与促销组合 · 234

第二节　广告策略 · 235

第三节　销售促进 · 243

第四节　公共关系 · 248

第五节　人员推销 · 251

本章小结 · 256

关键术语 ………………………………………………………………………… 256
　　练习与思考 ………………………………………………………………………… 256
　　实训项目 …………………………………………………………………………… 257

第五篇　市场营销管理

第十一章　市场营销计划、组织、执行与控制 ……………………………………… 263
　　学习目标 …………………………………………………………………………… 263
　　思维导图 …………………………………………………………………………… 264
　　导入案例 …………………………………………………………………………… 264
　　第一节　市场营销计划的制订 …………………………………………………… 264
　　第二节　市场营销组织 …………………………………………………………… 268
　　第三节　市场营销执行与控制 …………………………………………………… 274
　　本章小结 …………………………………………………………………………… 283
　　关键术语 …………………………………………………………………………… 283
　　练习与思考 ………………………………………………………………………… 283
　　实训项目 …………………………………………………………………………… 284

第十二章　数字营销 …………………………………………………………………… 286
　　学习目标 …………………………………………………………………………… 286
　　思维导图 …………………………………………………………………………… 287
　　导入案例 …………………………………………………………………………… 287
　　第一节　数字营销的内涵和特点 ………………………………………………… 288
　　第二节　数字营销的产生与发展 ………………………………………………… 289
　　第三节　数字营销的方法 ………………………………………………………… 292
　　本章小结 …………………………………………………………………………… 295
　　关键术语 …………………………………………………………………………… 296
　　练习与思考 ………………………………………………………………………… 296
　　实训项目 …………………………………………………………………………… 297

参考文献 ……………………………………………………………………………… 298

第一篇
认识市场营销

第一章
市场营销概述

学习目标

知识目标

1. 正确理解市场、市场营销的内涵。
2. 掌握市场营销观念的演变过程和各种观念的含义。
3. 明确市场营销各个岗位的工作任务、职业能力要求及职业生涯发展路径。

能力目标

1. 能够举例解释说明市场营销的核心概念。
2. 能够运用市场营销观念,分析企业的市场行为。
3. 能够结合企业营销岗位及其职责,对自己未来的职业生涯进行初步规划。

素质目标

1. 激发学生学习热情和兴趣。
2. 培养团队协作和营销意识。
3. 提升信息搜索和整理能力。
4. 树立诚信、法治的营销道德。

思政目标

1. 明确企业在进行市场营销时要诚信、守法。
2. 理解加强社会主义市场经济法制建设的重要性。
3. 树立社会营销观念,兼顾社会利益;提高管理水平,保证产品质量;增强消费者自我保护;完善市场体系;健全和完善价格立法等;开展道德营销。

思维导图

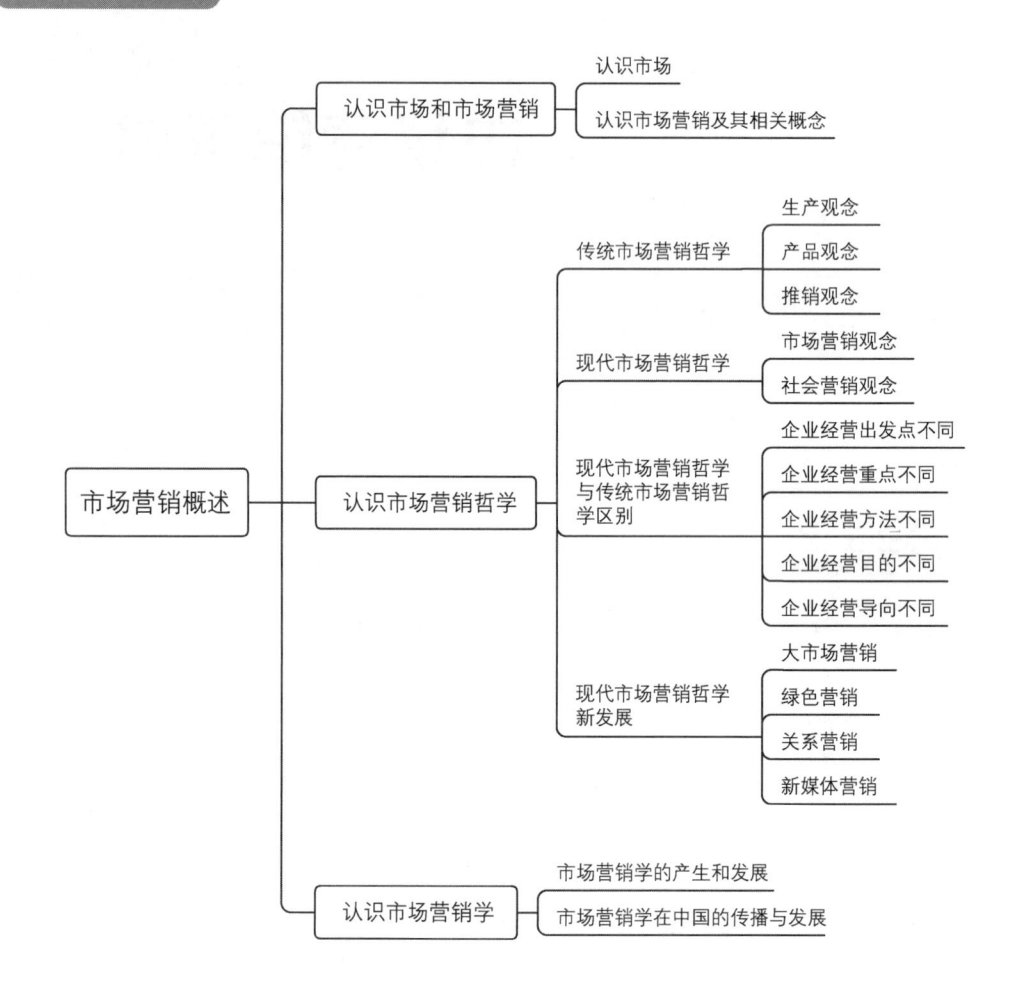

```
市场营销概述 ──┬── 认识市场和市场营销 ──┬── 认识市场
               │                          └── 认识市场营销及其相关概念
               │
               ├── 认识市场营销哲学 ──┬── 传统市场营销哲学 ──┬── 生产观念
               │                      │                        ├── 产品观念
               │                      │                        └── 推销观念
               │                      │
               │                      ├── 现代市场营销哲学 ──┬── 市场营销观念
               │                      │                        └── 社会营销观念
               │                      │
               │                      ├── 现代市场营销哲学  ──┬── 企业经营出发点不同
               │                      │   与传统市场营销哲     ├── 企业经营重点不同
               │                      │   学区别                ├── 企业经营方法不同
               │                      │                        ├── 企业经营目的不同
               │                      │                        └── 企业经营导向不同
               │                      │
               │                      └── 现代市场营销哲学 ──┬── 大市场营销
               │                          新发展                ├── 绿色营销
               │                                                ├── 关系营销
               │                                                └── 新媒体营销
               │
               └── 认识市场营销学 ──┬── 市场营销学的产生和发展
                                    └── 市场营销学在中国的传播与发展
```

导入案例

有一家效益相当好的大公司,为扩大经营规模,决定高薪招聘营销主管。广告一打出来,报名者云集。面对众多应聘者,招聘工作的负责人说:"相马不如赛马,为了能选拔出高素质的人才,我们出一道实践性的试题:就是想办法把木梳尽量多地卖给和尚。"绝大多数应聘者感到困惑不解,甚至愤怒:出家人要木梳何用?这不明摆着拿人开涮吗?于是纷纷拂袖而去,最后只剩下三个应聘者:甲、乙和丙。负责人交代:"以10日为限,届时向我汇报销售成果。"

10日到。负责人问甲:"卖出多少把?"答:"1把。""怎么卖的?"甲讲述了他历经辛苦,游说和尚应当买把梳子,无甚效果,还惨遭和尚的责骂,好在下山途中遇到一个小和尚一边晒太阳,一边使劲挠着头皮。甲灵机一动,递上木梳,小和尚用后满心欢喜,于是买下一把。

负责人问乙:"卖出多少把?"答:"10把。""怎么卖的?"乙说他去了一座名山古寺,由于山高风大,进香者的头发都被吹乱了,他找到寺院的住持说:"蓬头垢面是对佛的不敬。应在每座庙的香案前放把木梳,供善男信女梳理鬓发。"住持采纳了他的建议。那山有十座庙,于是买下了10把木梳。

负责人问丙:"卖出多少把?"答:"1 000把。"负责人惊问:"怎么卖的?"丙说他到一个颇具盛名、香火极旺的深山宝刹,朝圣者、施主络绎不绝。丙对住持说:"凡来进香参观者,多有一颗虔诚之心,宝刹应有所回赠,以做纪念,保佑其平安吉祥,鼓励其多做善事。我有一批木梳,您的书法超群,可刻上'积善梳'三个字,便可做赠品。"住持大喜,立即买下1 000把木梳。得到"积善梳"的施主与香客也很是高兴,一传十、十传百,朝圣者更多,香火更旺。

资料来源:张启明,杨龙志.市场营销学[M].北京:机械工业出版社,2020:9-10.

上述案例中,把木梳卖给和尚,听起来真有些匪夷所思,而事实上,有时候市场就在你的面前,只不过你没能发现这个市场,自然也就谈不上营销了。

第一节　认识市场和市场营销

一、认识市场

市场营销在一般意义上可理解为与市场有关的人类活动。因此,首先要了解市场及其相关概念。

(一)从多角度理解市场

在日常生活中,人们习惯将市场看作是买卖的场所,如集市、商场、纺织品批发市场等。这是一个时空市场概念。

经济学家从揭示经济实质角度提出市场概念。他们认为,市场是一个商品经济范畴;是商品内在矛盾的表现;是供求关系;是商品交换关系的总和;是通过交换反映出来的人与人之间的关系。因此,哪里有社会分工和商品生产,哪里就有"市场"。市场是为完成商品形态变化,在商品所有者之间进行商品交换的总体表现。这是抽象市场概念。

管理学家则侧重从具体的交换活动及其运行规律去认识市场。在他们看来,市场是供需双方在共同认可的一定条件下所进行的商品或劳务的交换活动。如美国学者奥德森(W. Alderson)和科克斯(R. Cox)就认为,广义的市场概念,包括生产者与消费者之间实现商品和劳务的潜在交换的任何一种活动。

营销学家菲利普·科特勒(Philip Kotler)则进一步指出,市场是由一切具有特定欲望和需求并且愿意和能够以交换来满足此需求的潜在顾客所组成的。因此,市场规模的大小,由具有需求、拥有他人所需要资源,且愿意以这些资源交换其所需的人数而定。从企业立场看,市场是外在的、无法控制的(尽管是可以影响的);它是交换的场所和发展增值关系的场所。

将上述市场概念作简单综合和引申,可以得到对市场较为完整的认识。

(1) 市场是建立在社会分工和商品生产基础上的交换关系。

(2) 现实市场的形成要有若干基本条件。这些条件包括:① 消费者(用户)一方需要或欲望的存在,并拥有其可支配的交换资源;② 存在由另一方提供的能够满足消费者(用户)需求的产品或服务;③ 要有促成交换双方达成交易的各种条件,如双方接受的价格、时间、空间、信息和服务方式等。

(3) 市场的发展是一个由消费者决定,而由生产者推动的动态过程。

站在营销者角度,常常把卖方称为行业,而将买方称为市场。

(二) 市场的构成要素

市场包含三个主要因素:有某种需要的人、为满足这种需要的购买能力和购买欲望。用公式来表示就是:

$$市场＝人口＋购买力＋购买欲望$$

市场的这三个因素是相互制约、缺一不可的,只有三者结合起来才能构成现实的市场,才能决定市场的规模和容量。

二、认识市场营销及其相关概念

(一) 市场营销的含义

著名营销学家菲利普·科特勒教授的定义:市场营销是个人和群体通过创造并同他人交换产品和价值以满足需求和欲望的一种社会和管理过程。

根据这一定义,可以将市场营销概念具体归纳为下列要点:

(1) 市场营销的最终目标是"满足需求和欲望";

(2) "交换"是市场营销的核心,交换过程是一个主动、积极寻找机会,满足双方需求和欲望的社会过程和管理过程;

(3) 交换过程能否顺利进行,取决于营销者创造的产品和价值满足顾客需求的程度和交换过程管理的水平。

(二) 市场营销与销售或推销、促销的关系

菲利普·科特勒指出,市场营销最重要的部分不是推销! 推销仅仅是市场营销"冰山"的顶端,推销仅仅是市场营销几个职能中的一个,并且往往不是最重要的一个。因为,如果营销人员做好识别消费者需要的工作,发展适销对路的产品,并且搞好定价、分销和实行有效的促销,这些货物会很容易地被销售出去。美国管理学权威彼得·德鲁克认为,市场营销的目标就是使得推销成为多余的。

市场营销不同于销售或推销、促销。现代企业市场营销活动包括市场营销研究、市场需求预测、新产品开发、定价、分销、物流、广告、人员推销、销售促进、售后服务等,而销售

或推销、促销仅仅是现代企业营销活动的一部分,并且不是最重要的部分。

(三) 市场营销相关概念

市场营销的核心概念是交换,并有一组相关的概念,这些概念反映着有关交换的各种问题及实质,只有准确把握市场营销的核心概念及其相互之间的关系,才能深刻认识市场营销的本质。

1. 营销者、预期顾客与相互营销

在市场营销活动中,价值实现的过程就是交易的过程,价值的实现是交易双方价值的共同实现。交易双方中积极主动寻求响应的一方称为营销者,而另一方则称为预期顾客。需要注意的是,营销者既可以是买方,也可以是卖方,如果在交易过程中买方比卖方表现得更主动,则此时买方是营销者,这种情况通常出现在几个买方都想与同一卖方进行交易的情况下。但交易双方并非总是存在主动与被动的关系,如果出现交易双方都积极寻求响应的情况,则双方都称为营销者,这种情况称为相互营销。

2. 需要、欲望和需求

在市场营销学中,需要(needs)是指人类的基本要求,如为了维持生存所必需的水、食品、空气等。当需要趋向某些特定目标时,就变成了欲望(wants)。如人在饥饿状态下会对食品产生需要,当这种对食品的需要转化为想吃某种食品如馒头时,这种需要就变成了想吃馒头的欲望。需求(demands)是指对有能力购买的某个具体产品的欲望,即需求的构成要素有两个:① 欲望;② 购买能力。

3. 交换与交易

交换(exchange)是通过提供某种东西作为回报,从某人处取得自己所需物品的行为。交换的发生有 5 个条件:① 至少有两方参与;② 每一方都有对方所需的东西;③ 每一方都能沟通信息和传送物品;④ 每一方都可以自由接受或拒绝对方的产品;⑤ 每一方都认为与另一方进行交换是适当的或称心如意的。

交易(transaction)则是指双方之间的价值交换所构成的一种行为。它与交换的区别在于:交换是一个过程,而交易是一种状态或一个事件。例如,当双方正在谈判并趋于达成协议时,表示他们正在进行交换;而一旦达成协议,就称其发生了交易。

4. 市场、关系和网络

市场(market)可以从不同的角度来描述。从广义的角度看,市场是指商品买卖的场所,也是一系列交换关系的总和。而在市场营销学中,市场特指企业的顾客群体。营销活动中卖主的集合构成行业,买主的集合构成市场。

市场营销学中的关系(relationships)是指企业与其经营活动中的关键成员(包括供应商、经销商、顾客等)所形成的一系列长期稳定的交易关系。市场营销的目标不仅要实现企业的价值,而且要使这种价值长期保持下去,使企业能在动态的环境中保持自身的竞争优势。

要实现这一目标,就必须与利益相关者建立起长期稳定的合作伙伴关系。因此,市场营销不是简单的一次或几次交易,而是通过适当的方式来建立与这些利益相关者的稳定关系。

市场营销学中的网络(networks)是指由企业及其所有利益相关者(顾客、员工、供应商、经销商、广告商、金融机构等)所形成的长期稳定的市场网络。在现代市场营销活动中,企业市场网络的规模和稳定性是形成企业市场竞争力的重要因素。

第二节 认识市场营销哲学

营销哲学,就是企业在开展营销活动的过程中,在处理企业、顾客和社会三者利益方面所持的态度、思想和理念。习近平指出:"理念是行动的先导,一定的发展实践都是由一定的发展理念来引领的。发展理念是否对头,从根本上决定着发展成效乃至成败。实践告诉我们,发展是一个不断变化的进程,发展环境不会一成不变,发展条件不会一成不变,发展理念自然也不会一成不变。"[①]了解营销哲学的演变,对于企业更新观念,自觉适应快速变化的市场新形势,加强营销管理,具有十分重要的意义。

一、传统市场营销哲学

在所有营销哲学观念中,生产观念、产品观念和推销观念通常称为传统观念。

(一) 生产观念

生产观念是指导企业市场行为的最古老的观念之一。生产观念认为,消费者喜欢那些可以随处买得到而且价格低廉的产品,企业应致力于提高生产效率和分销效率,扩大生产,降低成本,以扩展市场。显然,生产观念是一种重生产、轻营销的商业哲学。

(二) 产品观念

产品观念认为,消费者最喜欢高质量、多功能和具有某种特色的产品,企业应致力于生产高附加值产品,并不断加以改进。正如习近平指出的,质量体现着人类的劳动创造和智慧结晶,体现着人们对美好生活的向往。中华民族历来重视质量。千百年前,精美的丝绸、精制的瓷器等中国优质产品就走向世界,促进了文明交流互鉴。今天,中国高度重视质量建设,不断提高产品和服务质量,努力为世界提供更加优良的中国产品、中国服务。最容易滋生产品观念的莫过于当企业发明一项新产品时,此时企业最容易产生"营销近视",即把注意力不恰当地放在产品上,而不是放在市场需要上,在营销管理中缺乏远见,只看到自己的产品质量好,看不到市场需要在变化,致使企业经营陷入困境。

(三) 推销观念

推销观念(或称销售观念)也有许多企业采用。这种观念认为,消费者通常表现出一种购买惰性或抗衡心理,如果顺其自然,消费者一般不会主动购买某一企业的产品,尤其是那些非渴求品。因此,企业必须积极推销和大力促销,以刺激消费者大量购买本企业产

---

① 习近平总书记在省部级主要领导干部学习贯彻党的十八届五中全会精神专题研讨班上的讲话。

品。所谓非渴求品,是指购买者一般不会想到要去购买的产品或服务。企业在产品过剩时,常常奉行推销观念。

二、现代市场营销哲学

现代市场营销哲学的出现是营销观念的一次重大变革和质的飞跃,有人甚至将这种变革称为营销哲学的一次伟大变革。

(一)市场营销观念

市场营销观念形成于20世纪50年代,是以消费者需要和欲望为导向的经营哲学,是消费者主权论的体现。该观念认为,实现企业诸目标的关键在于正确确定目标市场的需要和欲望,一切以消费者为中心,并且比竞争对手更有效地传送目标市场所期望满足的东西。

市场营销观念的产生,是市场营销哲学一种质的飞跃和革命,它不仅改变了传统的旧观念的逻辑思维方式,而且在经营策略和方法上也有很大突破。它要求企业营销管理贯彻"顾客至上"的原则,将管理重心放在善于发现和了解目标顾客的需要,并千方百计去满足它,从而实现企业目标。因此,企业在决定其生产经营时,必须进行市场调研,根据市场需要及企业本身条件选择目标市场,组织生产经营,最大限度地提高顾客满意程度。

(二)社会营销观念

社会营销观念是以社会长远利益为中心的市场营销观念,是对市场营销观念的补充和修正。

从20世纪70年代起,随着全球环境破坏、资源短缺、人口爆炸、通货膨胀和忽视社会服务等问题日益严重,要求企业顾及消费者整体利益与长远利益的呼声越来越高。由此西方市场营销学界提出了一系列新的理论及观念,如人类观念、理智消费观念、生态准则观念等。其共同点都是认为,企业生产经营不仅要考虑消费者需要,而且要考虑消费者和整个社会的长远利益。这类观念统称为社会营销观念。

社会营销观念的基本核心是:以实现消费者满意以及消费者和社会公众的长期福利作为企业的根本目的与责任。理想的营销决策应同时考虑到:消费者的需求与愿望的满足,消费者和社会的长远利益,企业的营销效益。

它涵盖如下内容:

第一,市场营销与环境。企业如同有机体一样,要同它的生存环境相协调。

第二,企业、消费者与社会。顾客是企业生存的根本;要把满足顾客需要与发挥企业优势结合起来,顾及社会利益。

第三,对市场营销观念的补充与修正。

第四,事业关联营销。这种营销活动与企业业务并无太多直接联系,但这些活动在帮助社会的同时,使企业比其他公司更显风采。

社会市场营销观念对市场营销观念进行了补充与完善，它对市场营销观念的四个重点，即目标市场、整体营销、顾客满意和盈利率都做了修正。

（1）以消费者为中心：供给消费者更多、更快、更准确的信息，改进广告与包装，增进产品的安全性和减少环境污染，增进并保护消费者利益。

（2）整体营销活动：是指企业的各项要素，围绕市场营销进行优化组合，视企业为一个整体，全部资源统一运用，为企业的整体营销战略服务。

（3）实现顾客满意：创造顾客满意应是帮助顾客解决问题，应持既有利于企业又有利于顾客的"双利"行为，视利润为顾客满意的一种报酬，视企业的满意利润为顾客满意的副产品，而不是把企业利润摆在首位。

（4）盈利率：社会营销观念要求决策程序应先考虑消费者与社会的利益，寻求有效的满足与增进消费者利益的方法，然后再考虑利润目标，看看预期的投资报酬率是否值得投资。这种决策程序并未否定利益目标及其价值，只是置消费者利益于企业利润目标之上。

思政园地

企业社会责任

要加强反垄断和反不正当竞争监管执法，依法打击滥用市场支配地位等垄断和不正当竞争行为。要培育文明健康、向上向善的诚信文化。教育引导资本主体践行社会主义核心价值观，讲信用信义，重社会责任，走人间正道。

资料来源：习近平.习近平谈治国理政（第四卷）[M].北京：外文出版社，2022：220.

三、现代市场营销哲学与传统市场营销哲学的区别

（一）企业经营的出发点不同

传统观念的出发点是自己，侧重于满足企业和股东的利益，而不考虑或忽视顾客的需求，企业只决定生产什么、生产多少及产品价格的高低；现代市场营销观念的出发点是市场，侧重于满足所有"相关利益者"包括顾客、员工、供应商、股东、债权人、社会等的利益。

（二）企业经营的重点不同

在传统市场营销观念的指导下，企业的一切生产经营和决策是以产品为中心的；在现代市场营销观念的指导下，企业的一切生产经营和决策是以顾客为中心的。

（三）企业经营的方法不同

传统市场营销观念指导下的企业采用单一的经营方法，分析和决策只以本公司为基础，如生产观念指导下企业注重的是生产，产品观念指导下企业注重的是产品，推销观念指导下企业注重的是推销或促销；现代市场营销观念采用的是整体营销方法，分析和决策以整个"价值链"为基础，即综合运用产品、价格、分销、储运等方法。

(四) 企业经营的目的不同

传统市场营销观念指导下的企业通过增加生产或扩大销售获取利润,侧重于与消费者之间的"交易",以交易价值为判断标准;现代营销观念指导下的企业则通过满足顾客需求获取利润,希望产品以及其使用经历和服务超越顾客预期,企业与顾客是"双赢"关系。

(五) 企业的经营导向不同

传统营销观念指导下的企业视产品为上帝,以生产为导向;现代市场营销观念指导下的企业视顾客为上帝,重视市场和顾客满意度的调查,以市场为导向。

四、现代市场营销哲学的新发展

企业的市场营销哲学在经历了生产观念、产品观念、推销观念、市场营销观念、社会市场营销观念五个阶段之后,仍继续随着实践的发展而不断深化、丰富。进入20世纪80年代以后又出现了大量新的营销管理理念和观念。

(一) 大市场营销

大市场营销观念是1984年由美国市场营销学家菲利普·科特勒提出的一种营销管理观念。他认为,企业不仅必须服从和适应外部宏观环境,而且应当采取适当的营销措施,主动地影响外部营销环境;在实行贸易保护的条件下,企业的市场营销策略除了4P之外,还必须加上两个策略,即政治权力(Political Power)和公共关系(Public Relations)。对于这种战略思想,他称之为大市场营销管理观念。

科特勒还给大市场营销观念下了这样的定义:企业为了成功地进入特定的市场,并在那里从事经营活动,需要在策略上协调地采用经济、心理、政治和公共关系等手段,以博得各方面合作的活动过程。

(二) 绿色营销

20世纪90年代以来,绿色营销风靡全球,使企业营销步入了集企业责任与社会责任于一体的理想化的高级阶段。绿色营销观念是注重社会利益、企业社会责任和社会道德的营销观念。它要求企业在营销中要考虑消费者利益、企业自身利益、社会利益以及环境利益,并将这四个方面的利益结合起来,实现企业的社会责任。

广义的绿色营销体现了社会价值观、伦理道德观,即自觉维护自然生态平衡、自觉抵制各种有害营销的企业营销活动。因此,广义的绿色营销也称为伦理营销。

狭义的绿色营销是指企业在营销活动中谋求消费者利益、企业利益与环境利益的协调。企业既要充分满足消费者的需求,实现企业的利润目标,也要充分注意自然生态平衡。因此,狭义的绿色营销也称为生态营销或环境营销。

(三) 关系营销

关系营销又称为顾问式营销,指企业在赢利的基础上,识别、建立、维护和巩固与顾客和其他伙伴之间的关系,以实现参与各方的目标,从而形成一种兼顾各方利益的长期关系。关系营销把营销活动看成是一个企业与消费者、供应商、分销商、竞争者、政府机构及其他公众发生互动作用的过程,正确处理企业与这些组织及个人的关系是企业营销的核心,是企业经营成败的关键。

它从根本上改变了传统营销将交易视作营销活动关键和终结的狭隘认识。企业应在主动沟通、互惠互利、承诺信任的关系营销原则的指导下,利用亲缘关系、地缘关系、业缘关系、文化习惯关系、偶发性关系等关系与顾客、分销商及其他组织和个人建立、保持并加强关系,通过互利交换及共同履行诺言,使有关各方实现各自的目的。面对日益残酷的竞争挑战,许多企业逐步认识到:保住老顾客比吸引新顾客收益要高;随着客户的日趋大型化和数目不断减少,每一客户显得越发重要;交叉销售的机会日益增多;更多的大型公司正在形成战略伙伴关系来应对全球性竞争,而熟练的关系管理技术正是必不可少的;购买大型复杂产品的顾客正在不断增加,销售只是这种关系的开端,而任何善于与主要顾客建立和维持牢固关系的企业,都将从这些顾客中得到许多未来的销售机会。

(四)新媒体营销

随着新媒体各应用平台的丰富以及各个新媒体平台用户量的不断增加,新媒体除了其自身提供的服务外,对企业和个人推广而言,新媒体平台也是一个营销的渠道,因此产生了新媒体营销。

从字面上来理解,可以把新媒体营销拆分成"新媒体"和"营销"。新媒体营销是随着新媒体的出现而出现的,在营销的范畴内增加了在新媒体上做营销这一环节。新媒体营销并不是一个陌生的行业或专业,传统的市场营销策略并未在新媒体营销上完全失效。只是在传播的媒介层面,因传统营销平台与新媒体营销平台的传播媒介不同,将传统营销理论在新媒体营销平台实施时,需要根据新媒体平台的媒介特点进行优化改进。

现今较为热门的新媒体平台包括微博、微信、抖音、小红书、今日头条等,其特点是用户基数大、信息及时性强、内容形式丰富、互动性强等。由于平台之间的技术差异以及运营方式的不同,在各个平台做新媒体营销的技巧和策略也是不同的。但新媒体营销并非仅仅是根据平台规则开展营销活动,更不是简单地在新媒体平台投放广告资源。新媒体营销是一个系统工程,需要多个工作岗位共同配合来完成。企业在策划新媒体营销活动时,需要对各平台进行分析,找到适合企业自身的新媒体平台,根据平台运营机制和规则,基于产品或品牌的推广需求和目标受众的喜好,策划有助于实现推广目标的营销活动。

同步案例
海底捞的成功之道

思政园地

变 革 创 新

习近平总书记指出,"天以新为运,人以新为生"。我们要实事求是分析变和不变,与时俱进审视我们的理论,该坚持的坚持,该调整的调整,该创新的创新,决不能守株待兔、刻舟求剑。

在营销实践中,环境条件、市场需求和竞争者行为都在不断变化,因此,企业要有变革营销的意识,不断创新营销思路、营销理念和营销实践,决不能故步自封、刻舟求剑、一成不变。正如习近平所指出的,"我们要准确把握时代大势,勇于站在人类发展前沿,聆听人民心声,回应现实需要"。

资料来源:习近平.更好把握和运用党的百年奋斗历史经验[J].求是,2022(13):8-9.

第三节　认识市场营销学

一、市场营销学的产生与发展

人类的经营活动自出现市场就已开始,但作为一门独立的学科,市场营销学20世纪初创建于美国,后来才传入其他国家。从演变的过程看,市场营销学的发展大致经历了以下五个阶段。

(一) 萌芽阶段(1900—1920年)

这一时期,各主要资本主义国家经过工业革命,生产力迅速提高,城市经济迅猛发展,商品需求量也迅速增多,出现了需过于供的卖方市场,企业产品价值实现不成问题。与此相适应,市场营销学开始创立。早在1902年,美国密执安大学、加州大学和伊利诺伊大学的经济系开设了市场学课程,以后相继在宾夕法尼亚大学、匹茨堡大学、威斯康星大学开设此课。在这一时期,出现了一些市场营销研究的先驱者,其中最著名的有阿切·W. 肖(Arch. W. Shaw)、巴特勒(Ralph Star. Bulter)、约翰·B. 斯威尼(John B. Swirniy)及赫杰特齐(J. E. Hagerty)。哈佛大学教授赫杰特齐走访了大企业主,了解他们如何进行市场营销活动,后于1912年出版了第一本销售学教科书,它是市场营销学作为一门独立学科出现的里程碑。阿切·W. 肖于1915年出版了《关于分销的若干问题》一书,率先把商业活动从生产活动中分离出来,并从整体上考察分销的职能。但当时他尚未能使用"市场营销"一词,而是把分销与市场营销视为一回事。韦尔达、巴特勒和斯威尼在美国最早使用"市场营销"这一术语。韦尔达提出,经济学家通常把经济活动划分为三大类:生产、分配、消费,生产被认为是效用的创造。市场营销应当定义为生产的一个组成部分,生产是创造形态效用,营销则是创造时间、场所和占有效用,并认为市场营销开始于制造过程结束之时。

这一阶段的市场营销理论同企业经营哲学相适应,即同生产观念相适应。其依据是传统的经济学,是以供给为中心的。

(二) 功能研究阶段(1921—1945年)

这一阶段以营销功能研究为其特点。此阶段最著名的代表者有克拉克(F. E. Clerk)、韦尔达(L. D. H. Weld)、亚历山大(Alexander)、瑟菲斯(Sarfare),埃尔德(Ilder)及奥尔德逊(Alderson)。1932年,克拉克和韦尔达出版了《美国农产品营销》一书,对美国农产品营销进行了全面的论述,指出市场营销目的是"使产品从种植者那儿顺利地转到使用者手中。这一过程包括三个重要又相互有关的内容:集中(购买剩余农产品)、平衡(调节供需)、分散(把农产品化整为零)"。这一过程包括七种市场营销功能:集中、储藏、财务、承担风险、标准化、推销和运输。1942年,克拉克出版的《市场营销学原理》一书在功能研究上有所创新,把功能归结为交换功能、实体分配功能、辅助功能等,并提出了"推销是创造需求"的观点,实际上是市场营销的雏形。

(三) 形成和巩固时期(1946—1955年)

这一时期的代表人物有范利(Vaile)、格雷斯(Grether)、考克斯(Cox)、梅纳德(Maynard)及贝克曼(Beckman)。1952年,范利、格雷斯和考克斯合作出版的《美国经济中的市场营销》一书,全面地阐述了市场营销如何分配资源,指导资源的使用,尤其是指导稀缺资源的使用;市场营销如何影响个人分配,而个人收入又如何制约营销;市场营销还包括为市场提供适销对路的产品。同年,梅纳德和贝克曼在出版的《市场营销学原理》一书中,提出了市场营销的定义,认为它是"影响商品交换或商品所有权转移,以及为商品实体分配服务的一切必要的企业活动"。梅纳德归纳了研究市场营销学的五种方法,即商品研究法、机构研究法、历史研究法、成本研究法及功能研究法。

由此可见,这一时期已形成市场营销的原理及研究方法,传统市场营销学已形成。

(四) 市场营销管理导向时期(1956—1965年)

这一时期的代表人物主要有罗·奥尔德逊(Wraoe Alderson),约翰·霍华德(John A. Howard)及麦卡锡(E. J. Mclarthy)。奥尔德逊在1957年出版的《市场营销活动和经济行动》一书中,提出了"功能主义"。霍华德在出版的《市场营销管理:分析和决策》一书中,率先提出从营销管理角度论述市场营销理论和应用,从企业环境与营销策略二者关系来研究营销管理问题,强调企业必须适应外部环境。麦卡锡在1960年出版的《基础市场营销学》一书中,对市场营销管理提出了新的见解。他将消费者视为一个特定的群体,即目标市场,提出企业应制定市场营销组合策略,以适应外部环境,满足目标顾客的需求,实现企业经营目标。

(五) 协同和发展时期(1966—1980年)

这一时期,市场营销学逐渐从经济学中独立出来,同管理科学、行为科学、心理学、社会心理学等理论相结合,使市场营销学理论更加成熟。在此时期,乔治·道宁(George S. Downing)于1971年出版的《基础市场营销:系统研究法》一书,提出了系统研究法,认为公司就是一个市场营销系统,通过定价、促销、分配活动,并通过各种渠道把产品和服务供给现实的和潜在的顾客。他还指出,公司作为一个系统,同时又存在于一个由市场、资源和各种社会组织等组成的大系统中,它将受到大系统的影响,同时又反作用于大系统。

1967年,美国著名市场营销学教授菲利普·科特勒出版了《市场营销管理:分析、计划与控制》一书,该著作更全面、系统地发展了现代市场营销理论。他精粹地对营销管理下了定义:营销管理就是通过创造、建立和保持与目标市场之间的有益交换和联系,以达到组织的各种目标而进行的分析、计划、执行和控制过程。并且,他提出,市场营销管理过程包括分析市场营销机会,进行营销调研,选择目标市场,制定营销战略和战术,制订、执行及调控市场营销计划。

菲利普·科特勒突破了传统市场营销学认为营销管理的任务只是刺激消费者需求的观点,进一步提出了营销管理的任务还包括影响需求的水平、时机和构成,因而提出营销管理的实质是需求管理;还提出了市场营销是与市场有关的人类活动,既适用于营利组织,也适用于非营利组织,扩大了市场营销学的范围。

1984年,菲利普·科特勒根据国际市场及国内市场贸易保护主义抬头,出现封闭市场的状况,提出了大市场营销理论,即6P战略:原来的4P(产品、价格、分销及促销)加上两个P——政治权力及公共关系。他提出了企业不应只是被动地适应外部环境,而应同时主动地影响企业的外部环境的战略思想。

(六) 分化和扩展时期(1981年至今)

在此期间,市场营销领域又出现了大量丰富的新概念,使得市场营销这门学科出现了变形和分化的趋势,其应用范围也在不断地扩展。

1981年,莱维·辛格和菲利普·科特勒对"市场营销战"这一概念以及军事理论在市场营销战中的应用进行了研究,几年后,列斯(Al Ries)和特罗(Jack Trout)出版了《市场营销战》一书。1981年,瑞典经济学院的克里斯琴·格罗路斯发表了论述"内部市场营销"的论文,科特勒也提出要在企业内部创造一种市场营销文化,即使企业市场营销化的观点。1983年,西奥多·莱维特对"全球市场营销"问题进行了研究,提出过于强调对各个当地市场的适应性,将导致生产、分销和广告方面规模经济的损失,从而使成本增加。因此,他呼吁跨国公司向全世界提供一种统一的产品,并采用统一的沟通手段。1985年,巴巴拉·本德·杰克逊提出了"关系营销""协商推销"等新观点。1986年,科特勒提出了"大市场营销"这一概念,提出了企业如何打进被保护市场的问题。在此期间,"直接市场营销"也是一个引人注目的新问题,其实质是以数据资料为基础的市场营销,由于事先获得大量信息和电视通讯技术的发展才使直接市场营销成为可能。

进入20世纪90年代以来,关于市场营销、市场营销网络、政治市场营销、市场营销决策支持系统、市场营销专家系统等新的理论与实践问题开始引起学术界和企业界的关注。进入21世纪,互联网的发展与应用,推动了基于互联网的网络营销得到迅猛发展。

二、市场营销学在中国的传播和发展

中国是自改革开放以后,才开始引进市场营销学的。首先是通过对国外市场营销学书刊及西方学者讲课内容进行翻译介绍。其次,自1978年以来不断选派学者、专家、学生赴国外访问、学习,考察国外市场营销学开设课程状况及国外企业对市场营销原理的应用情况,并邀请外国专家和学者来国内讲学。1984年1月,中国高校市场学会成立,继而各省先后成立了市场营销学会。这些营销学术团体对于推动国内市场营销学理论研究及在企业中的应用起了巨大的作用。如今,市场营销学已成为各高校的必修课,市场营销学原理与方法也已广泛地应用于各类企业。由于各地区、各部门之间生产力发展不平衡,产品市场趋势有别,加之各部门经济体制改革进度不一、各企业经营机制改革深度不同等,使市场营销学在各地区、各部门、各类企业的应用程度不尽相同。

新中国成立之前,我国虽曾对市场营销学有过一些研究(当时称"销售学"),但也仅限于几所设有商科或管理专业的高等院校。在1949—1978年间,除了台湾和港澳地区的学术界、企业界对这门学科已有广泛的研究和应用外,在整个中国内地,市场营销学的研究一度中断。在这长达三十多年的时间里,国内学术界对国外市场营销学的发展情况知之甚少。党的十一届三中全会以后,党中央提出了对外开放、对内搞活的总方针,从而为我国重新引进和研究市场营销学创造了有利的环境。1978年,北京、上海、广州的部分学者和专家开始着手市场营销学的引进研究工作。虽然当时还局限在很小的范围内,而且在名称上还称为"外国商业概论"或"销售学原理",但毕竟在市场营销学的引进上迈出了第一步。经过数十年的时间,我国对市场营销学的研究、应用和发展已取得了可喜的成绩。从整个发展过程来看,大致经历了以下几个阶段:

(一) 引进时期(1978—1982年)

在此期间,通过对国外市场营销学著作、杂志和国外学者讲课的内容进行翻译介绍,选派学者、专家到国外访问、考察、学习,邀请外国专家和学者来国内讲学等方式,系统介绍和引进了国外市场营销理论。但是,当时该学科的研究还局限于部分大专院校和研究机构,从事该学科引进和研究工作的人数还很有限,对西方市场营销理论的许多基本观点的认识也比较肤浅,大多数企业对该学科还比较陌生。然而,这一时期的努力毕竟为我国市场营销学的进一步发展打下了基础。1980年,外经贸部与设在日内瓦的国际贸易中心(ITC)合作,在北京举办了市场营销培训班。国家经委、国家计委和教育部与美国政府合作举办了以国有企业厂长、经理为培训对象的大连培训中心,聘请美国著名的营销专家讲课,对营销理论方法的实际运用起了推动作用。

(二) 传播时期(1983—1985年)

经过前一时期的努力,全国各地从事市场营销学研究、教学的专家和学者开始意识到,要使市场营销学在中国得到进一步的应用和发展,必须成立各地的市场营销学研究团体,以便相互交流和切磋研究成果,并利用团体的力量扩大市场营销学的影响,推进市场营销学研究的进一步发展。1984年1月,全国高等综合大学、财经院校市场学教学研究会成立。在以后的几年时间里,全国各地各种类型的市场营销学研究团体如雨后春笋般纷纷成立。各团体在做好学术研究和学术交流的同时,还做了大量的传播工作。例如,广东市场营销学会定期出版了会刊《营销管理》,全国高等综合大学、财经院校市场学教学研究会在每届年会后都向会员印发各种类型的简报。各团体分别举办了各种类型的培训班、讲习班,有些还通过当地电视台、广播电台举办了市场营销学的电视讲座和广播讲座。通过这些活动,既推广、传播了市场营销学知识,又扩大了学术团体的影响。在此期间,市场营销学在学校教学中也开始受到重视,有关市场营销学的著作、教材、论文在数量上和质量上都有很大的提高。

（三）应用时期(1986—1988年)

1985年以后,我国经济体制改革的步伐进一步加快,市场环境的改善为企业应用现代市场营销原理指导经营管理实践提供了有利条件,但各地区、各行业的应用情况又不尽相同,具体表现为:(1)以生产经营指令性计划产品为主的企业应用得较少,以生产经营指导性计划产品或以市场调节为主的产品的企业应用得较多、较成功;(2)重工业、交通业、原材料工业等和以经营生产资料为主的行业所属的企业应用得较少,而轻工业、食品工业、纺织业、服装业等以生产经营消费品为主的行业所属的企业应用得较多、较成功;(3)经营自主权小、经营机制僵化的企业应用得较少,而经营自主权较大、经营机制灵活的企业应用得较多、较成功;(4)商品经济发展较快的地区(尤其是深圳、珠海等经济特区)的企业应用市场营销原理的自觉性较高,应用得也比较好。在此期间,多数企业应用市场营销原理时,偏重于分销渠道、促销、市场细分和市场营销调研部分。

（四）扩展时期(1988—1994年)

在此期间,无论是市场营销教学研究队伍,还是市场营销教学、研究和应用的内容,都有了极大的扩展。全国各地的市场营销学学术团体,改变了过去只有学术界、教育界人士参加的状况,开始吸收企业界人士参加。其研究重点也由过去的单纯教学研究,改为结合企业的市场营销实践进行研究。1991年3月,中国市场学会在北京成立。全国高等综合大学、财经院校市场学教学研究会也于1987年8月更名为"中国高等院校市场学研究会"。学者们已不满足于仅仅对市场营销一般原理的教学研究,而对其各分支学科的研究也日益深入,并取得了一定的研究成果。在此期间,市场营销理论的国际研讨活动进一步发展,这极大地开阔了学者们的眼界。1992年春,邓小平南方谈话以后,学者们还对市场经济体制的市场营销管理,中国市场营销的现状与未来,跨世纪中国市场营销面临的挑战、机遇与对策等重大理论课题展开了研究,这也有力地扩展了市场营销学的研究领域。

（五）国际化时期(1995年至今)

1995年6月,由中国人民大学、加拿大麦吉尔大学和康克迪亚大学联合举办的第五届市场营销与社会发展国际会议在北京召开。中国高等院校市场学研究会等学术组织作为协办单位,为会议的召开做出了重要的贡献。来自46个国家和地区的135名外国学者和142名国内学者出席了会议。25名国内学者的论文被收入《第五届市场营销与社会发展国际会议论文集》(英文版),6名中国学者的论文荣获国际优秀论文奖。从此,中国市场营销学者开始全方位、大团队地登上国际舞台,与国际学术界、企业界的合作进一步加强。

本章小结

市场是由一切具有特定欲望和需求并且愿意和能够以交换来满足这些需求的潜在顾客所组成的。市场营销是个人和群体通过创造并同他人交换产品和价值以满足需求和欲望的一种社会和管理过程。

市场营销的核心概念是交换,基本目标是通过创造、传播和交付顾客价值,满足买方需求和欲望,达到顾客满意,并建立自己的竞争优势。市场营销哲学可分为传统营销观念和现代营销观念。传统营销观念主要是指生产观念、产品观念、推销观念;现代营销观念主要是指市场营销观念、社会市场营销观念、绿色营销观念等。市场营销是企业的核心职能。作为一门管理学科,市场营销学于20世纪初起源于美国,并在各国的实践中不断充实、提高和创新,形成了系统的理论、策略和方法论体系,为全球、各国及各地区经济发展做出了重要贡献。研究市场营销学,对于迎接经济条件下的各种挑战、促进经济快速健康发展和社会和谐、实现企业的高效与持续成长,具有重大理论意义和现实意义。

关键术语

市场　市场营销　市场营销哲学　需要　欲望　需求　市场营销学

练习与思考

一、单项选择题

1. "一招鲜,吃遍天"体现的营销观念是(　　)。
   A. 生产观念　　　　　　　　　　B. 产品观念
   C. 推销观念　　　　　　　　　　D. 市场营销观念

2. 市场营销的核心概念是(　　)。
   A. 需求　　　　　　　　　　　　B. 交换
   C. 需要　　　　　　　　　　　　D. 产品

3. 以顾客为中心的观念是一种(　　)观念。
   A. 生产观念　　　　　　　　　　B. 产品观念
   C. 推销观念　　　　　　　　　　D. 市场营销观念

4. 以下理解不正确的是(　　)。
   A. 人类的需要和欲望是市场营销活动的出发点
   B. 市场营销者可以是卖主,也可以是买主
   C. 市场导向是以市场需求和市场竞争两者为焦点
   D. 需求是需要的具体化

5. (　　)是以社会长远利益为中心的市场营销观念,是对市场营销观念的补充和修正。
   A. 社会市场营销观念　　　　　　B. 现代市场营销观念
   C. 推销观念　　　　　　　　　　D. 顾客满意营销观念

二、判断题

1. 市场＝人群＋购买能力＋购买希望。　　　　　　　　　　　　　　　　　　(　　)
2. 营销等同于销售。　　　　　　　　　　　　　　　　　　　　　　　　　　(　　)
3. 生产观念、产品观念、市场营销观念是三种传统营销观念。　　　　　　　　(　　)
4. 市场营销观念以"通过顾客满意而获得长期利益"为目的,既注重近期利润,又注重长期利益,将两者有机地结合起来。　　　　　　　　　　　　　　　　　　　　　(　　)
5. "只要掌握祖传秘方,就可永远立于不败之地"是典型的生产观念。　　　　(　　)

三、简答及论述题

1. 如何正确理解市场营销的含义?
2. 为什么说推销仅仅是市场营销的职能之一,而且不是最重要的职能?
3. 现代营销观念与传统营销观念的区别有哪些?
4. 结合实际,谈谈市场营销的重要性。
5. 简述你对绿色营销观念的理解,并举例说明。

请用手机微信扫二维码
查看"练习与思考参考答案"

实训项目

案例分析

请阅读文字材料,回答问题。

东方磨料厂 2001 年亏损 25 万元,几乎倒闭,可 2002 年却柳暗花明,不但填补了亏损,还盈利 40.7 万元。这个厂是怎样起死回生的呢?

这是个仅有 31 名职工的企业,1998 年建厂。建厂初期由于没有摸透市场行情,认为棕刚玉这种产品能卖好价钱,就匆匆上马。结果产品刚一进入市场,就遇到市场疲软。2000 年销售收入 34 万元,而产品成本竟高达 43.59 万元。

面对严峻的市场形势,这个厂变压力为动力,以厂长为核心,组成五人调查决策小组,南下北上,深入冶金和耐火材料行业进行市场调研。他们了解到,日本 20 世纪 50 年代就用白刚玉做耐火材料,使炼钢炉的寿命大大延长。我国将白刚玉用于炼钢炉则是在 20 世纪 80 年代初,目前正在逐步推广,有着广阔的前景。同时,他们还了解到,生产白刚玉的原料铝氧粉比较紧俏,生产厂家少,而本厂则有着得天独厚的供应条件。于是,大家决定立刻转产。

样品出来后,在烟台召开的磨料会议上引起了轰动,用户纷纷订货,仅河南两家大型耐火材料厂的订货就占全厂产量的一半,有的单位要求预交现金,以保证供货。这样一来,该厂的生产能力反倒远远满足不了市场需求了。

资料来源:韩英,李晨溪.市场营销学[M].郑州:河南科学技术出版社,2020.

思考:

(1) 东方磨料厂最初的营销观念有什么局限性? 你有什么建议?
(2) 东方磨料厂为什么能够起死回生? 我们从中能够得到哪些启示?

实战演练

呷哺呷哺餐饮管理有限公司始创于 1998 年,是一家外商投资、国内首创、规模最大的吧台式涮锅连锁企业。公司总部设在北京大兴区孙村工业开发区,由综合办公楼、生产加工基地、研发中心、中央厨房、配送中心及各职能部门组成。

作为全国首创最大规模的吧台式涮锅企业,呷哺呷哺以其新颖独特的就餐形式和亲切温馨的家庭式服务走出了一条属于自己的中式快餐之路。其成功之处就在于本着卫生为首、营养为要、大众为本、关怀为上的经营理念,倡导健康美味源于专业品质的品牌概念,让每位顾客在享受健康美食的同时,感受时尚、惬意的就餐氛围。

呷哺呷哺创建以来,一直在口味独特、菜品质量、食材采购、营养卫生、满意服务、品牌建设上常耕不辍,力求突破中餐量化的瓶颈,已经形成了颇具规模的经营管理流程和统一化、标准化,在国内中式快餐领域形成一道亮丽的风景线。截至目前,呷哺呷哺公司分店数量超过 100 家。

资料来源:韩英,李晨溪.市场营销学[M].郑州:河南科学技术出版社,2020:23-24.

登录呷哺呷哺餐饮管理有限公司网站(http://www.xiabu.com),以一名想前往就餐的普通消费者的身份了解其菜品类别、价格、最近的餐厅地址及前往方式等信息,谈谈你的体会。

【实训准备】

学生:复习市场营销观念等理论内容。

教师:提前给定研究报告的格式要求。

【实训要求】

(1)上交研究报告的主要内容包括网站渗透的企业营销观念,以及体会和感受。

(2)研究报告的字数不得少于 1 000 字。

第二篇
分析市场营销机会

第二章 市场营销环境

学习目标

知识目标

明确市场营销环境的含义,掌握宏观环境和微观环境的内容,对 SWOT、PEST 及竞争五力分析方法有全面的认识。

能力目标

能够结合实际全面分析市场营销环境,能够熟练运用 SWOT、PEST 及竞争五力分析方法,增强市场分析能力。

素质目标

树立与时俱进、不断随着外界环境变化调整经营策略的动态发展思想,厚植家国情怀,增强四个自信。

思政目标

明确人与自然和谐共生战略的含义,理解数字强国战略的提出原因与实施路径,理解碳达峰、碳中和的时代背景。

思维导图

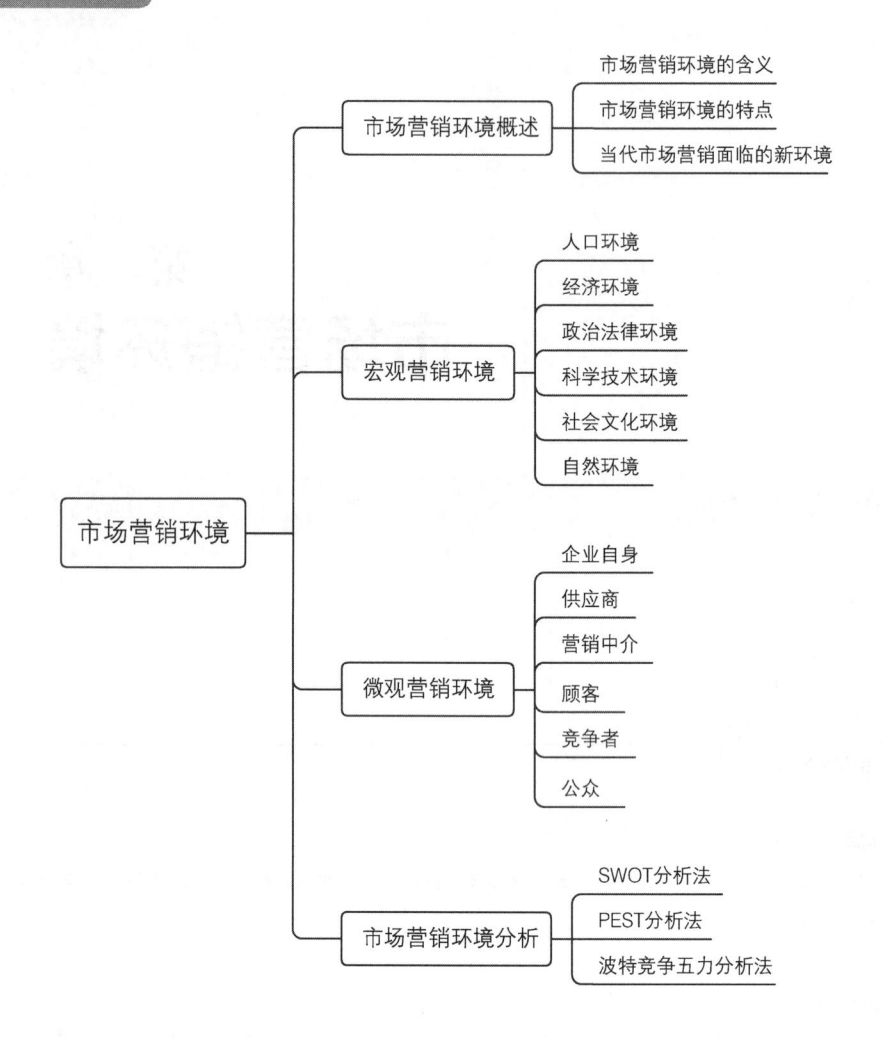

- 市场营销环境
  - 市场营销环境概述
    - 市场营销环境的含义
    - 市场营销环境的特点
    - 当代市场营销面临的新环境
  - 宏观营销环境
    - 人口环境
    - 经济环境
    - 政治法律环境
    - 科学技术环境
    - 社会文化环境
    - 自然环境
  - 微观营销环境
    - 企业自身
    - 供应商
    - 营销中介
    - 顾客
    - 竞争者
    - 公众
  - 市场营销环境分析
    - SWOT分析法
    - PEST分析法
    - 波特竞争五力分析法

导入案例

BATJ 的疫情战事：承担巨头责任，多措施全面助力疫情防控

2020 年是不平凡的一年，突如其来的"新冠"疫情，牵动着全国人民的心。疫情严峻，各行各业都在全力以赴，利用自身能力与优势抗击疫情。在疫情面前，BATJ 承担互联网巨头责任，将人员、平台与技术相融合，启动了系列措施驰援这一场疫情战。

1. 科技互联网公司成捐赠主力，BATJ 占六成

数百家公司纷纷向疫区捐赠急需的防疫物资和生活用品。据零壹智库不完全统计，截至 2020 年 2 月 10 日，有 170 多家互联网、科技企业驰援防疫一线，涉及资金及相关物资价值总额超 50 亿元，其中 BATJ 占据 60%。

表2-1　BATJ物资捐赠情况

公　司	捐　赠　详　情
百　度	1. 百度成立3亿元疫情及公共卫生安全攻坚专项基金 2. 度小满金融捐赠1 000万元加入百度疫情攻坚专项基金
阿里巴巴	1. 阿里巴巴捐赠10亿元设立医疗物资供给专项基金 2. 马云公益基金会捐赠1亿元 3. 由阿里巴巴13位女性合伙人共同发起成立的湖畔魔豆公益基金会捐赠1 000万元
腾　讯	1. 腾讯先后捐赠15亿元建立疫情防控基金 2. 腾讯联合复兴国际海外采购4.5万套防护服 3. 腾讯联合全球合作伙伴，采购335万个口罩、12.51万套防护服等医用设备
京　东	1. 累计向武汉等各大医院运送超236万件物资 2. 累计投入2亿元用于捐赠物资、民生保障等

2. BATJ上线各项防疫小程序

为了能够更准确地让大家了解疫情信息，BATJ对自身产品和服务等进行了相应调整，上线了多款防疫小程序。

支付宝"疫情服务直通车"
数字防疫系统
阿里健康"急送药"
AI防疫师等

24小时疫情直播
医疗健康中心
百度城市服务
百度公益等

腾讯健康
腾讯医典
微信医疗健康等

京东健康在线义诊
应急资源信息发布平台
智能疫情助理等

图2-1　BATJ的防疫小程序

3. 科技赋能防疫，人工智能和机器人齐上阵

抗击"新冠"疫情已经进入攻坚阶段，BATJ以人工智能、大数据等科技成为整个抗疫队伍中不可忽视的一支力量，帮助医疗人员、科研人员、普通民众抗击疫情。

表2-2 BATJ科技抗疫详情

公司	项目	详情
百度	智能语音机器人(外呼平台)	用于社区情况的排查和通知回访,降低成本、提高效率
	AI大客流体温检测系统	红外检测与AI算法相结合,使温度定位与人脸定位精准匹配
	共度计划	免费开放AI技术,帮助传统企业线上化转型
	免费开放LinearFold算法	提升基因检测、疫苗研发等科研中心的工作效率
阿里巴巴	免费开放一切AI算力	支持病毒基因测序、新药研发、蛋白筛选等工作
	防疫智能外呼机器人	对大量对象进行疫情随调、网上智能问诊服务
腾讯	政务联络机器人	核心功能包括疫情防控联络和疫情问答
	向研究机构开放超级算力	应对新型肺炎药物筛选和病毒突变预测工作
京东	应急资源信息发布平台	高效打通供应方与需求方的应急智能供应链平台
	智能外呼机器人等	4款工具提供给公共机构,助力社区防疫
	智能配送机器人	为武汉医院提供必要物资配送

4. 京东、阿里为商家减免服务费用,提供保险和贷款支持

2020年2月2日,京东面向平台25万第三方商家推出了11项补贴支持措施,涵盖费用减免、金融和物流支持、技术支持、健康保障等,为商家提供最高30万元的保险保障金和1个月免费运营服务等。2月10日,京东再追加1亿元,对京东物流入仓商家进行重点补贴,至5月底新签的商家库存周转天数小于90天即可免仓租费。疫情期间,针对需求旺盛的重点品类广告投放,平台将按商家现金消耗的50%予以返还,其他品类按30%返还。

2020年2月10日,阿里巴巴与蚂蚁金服发布《阿里巴巴告商家书》,推出减免平台商家经营费等六大方面共计20项帮扶举措,助力平台中小企业发展。具体包括:免去所有天猫商家2020年上半年平台服务年费,蚂蚁金服旗下网商银行为湖北商家拨出100亿元为期12个月的特别扶助贷款等。

2020年2月11日,淘宝公布相应细则:设立总额200亿元、为期12个月的特别扶助贷款。商家在网商银行申请贷款后,可享受8折贷款利率。其中100亿元针对湖北地区商家,前3个月只需要还本金,不需要1分钱利息。

5. 共享员工、远程办公等措施实现人员、资源协同共享

阿里和京东的另一创意举措是"共享员工",分别推出"人才共享计划"和"蓝海就业共享平台",即旗下盒马、饿了么、7Fresh等平台接收受疫情冲击较大行业的员工来工作,并提供收入给他们,这些行业包括餐饮、酒店、影院和百货等。

"新冠"疫情使得不少企业选择线上复工,BAT相继加入远程办公的"战局"。其中以钉钉开放"在家办公"功能,且免费使用最为突出。另外,从2020年1月29日至2月6日,为满足更多用户需求,腾讯会议紧急扩容超过10万台云主机,为广大中小学也提供高效、优质的云视频会议服务。

2020年2月11日,百度正式宣布对外开放百度Hi企业智能远程办公平台,并将免费为湖北等地企业提供高清音视频会议、企业云盘、企业IM和应用中心平台等服务。

资料来源:陈玲.市场营销基础[M].重庆:重庆大学出版社,2022:16-17.

第一节　市场营销环境概述

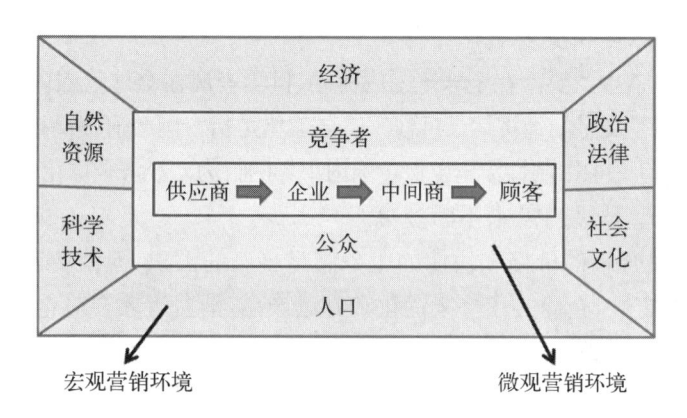

一、市场营销环境的含义

市场营销环境泛指一切影响制约企业营销活动的因素和力量。它对企业的生存和发展有着极为重要的影响作用。根据对企业营销活动产生影响的方式和程度不同,可分为宏观市场营销环境和微观市场营销环境。

（一）宏观市场营销环境

宏观市场营销环境是指与企业间接相连,间接影响企业营销能力的一系列巨大的社会力量,包括人口环境、经济环境、自然环境、科学技术环境、政治法律环境、社会文化环境等。

（二）微观市场营销环境

微观市场营销环境是指与企业紧密相连,直接影响企业营销能力的各种参与者,包括企业内部环境、供应商、营销中介、顾客、竞争者、公众等。这些因素与企业市场营销活动有着十分密切的联系,并对企业产生直接的影响。

图 2-2　市场营销环境

二、市场营销环境的特点

（一）不可控性与能动性的统一

市场营销环境作为一种客观存在,有着自己的运行规律和发展趋势,不以企业的意志为转移。一般来说,企业无法摆脱和控制市场营销环境,特别是宏观市场营销环境。企业不能改变人口环境、经济环境、自然环境等。但是,企业可以主动适应市场营销环境,根据环境特点和变化趋势制定、调整市场营销策略。

（二）差异性与同一性的统一

不同的国家或地区之间，政治、经济、文化、法律等宏观环境存在着广泛的差异；不同的企业，微观环境也有着千差万别。

对同一国家、同一行业的企业来说，其面对的宏观市场营销环境具有同一性。但是，相同的宏观环境下的不同的企业面临的威胁和机会是不同的。

（三）关联性与相对分离性的统一

我们在分析市场营销环境的时候，会列出政治、经济、法律、文化、自然、人口等各种要素分别研究，但这些要素之间并不是孤立存在的。它们互相影响、互相制约，某一因素的变化，会带动其他因素的变化，形成新的营销环境。

（四）多变性与相对稳定性的统一

市场营销环境是一个动态系统。在一定的时间段，政治、经济、法律、文化、人口、自然等要素具有相对稳定性。但从长期来看，随着时间的推移，人口、经济、科技等要素也会发生变化。所以，企业既要适应当下的市场营销环境，又要善于捕捉和发现环境的变化趋势，及时调整市场营销策略。

（五）市场营销机会与环境威胁的统一

同样的市场营销环境，其中既包含市场机会也可能面临市场威胁，对企业来说重要的是如何调整自己的营销策略，抓住机会、避免威胁。

三、当代市场营销面临的新环境

（一）经济全球化和反全球化并存

经济全球化是指生产要素在全球范围内流动、世界资源在全球范围内配置、世界各国经济在全球范围内相互交融的经济运行过程。反全球化是指一国政府提高市场进入门槛，对资源在国际的正常流动采取限制性措施以保护国内市场的行为。经济全球化是一种发展趋向。

（二）产品转型升级的需求不断提高

消费者渴望以合理的价格和快捷的服务满足自己的需求，但消费者个性化需求趋势明显，同时缺乏稳定性，企业必须持续优化和升级产品，消费者才会对企业产生忠诚度。

（三）消费信息获取的便利性得到提升

在互联网时代，信息壁垒被打破，消费者主要依靠口碑信息制定购买决策；同时，价格比较网站使消费者迅速获得同类产品的价格信息。

（四）竞争范围不断扩大、强度不断提升

随着互联网技术的发展，很多企业开始以全球化视野来实施跨国营销，跨国竞争者的加入使市场竞争更为激烈。

（五）合作共赢与社会责任意识逐渐增强

企业在激烈的市场竞争中，要善于谋求与供应商、消费者、竞争者之间的合作共赢，在提供受消费者欢迎的优质产品或服务的同时，自觉承担社会和环境责任，为企业创造更加可持续的竞争优势。

第二节　宏观营销环境

宏观营销环境是指对企业营销活动造成市场机会和环境威胁的主要社会力量，包括人口、经济、自然、科学技术、社会文化、政治法律等企业不可控的宏观因素。

一、人口环境

人口是构成市场的第一位因素。人口环境就是指一定时期一定区域的人口状况，是市场营销的基本要素。对人口环境的分析包括以下几方面的内容。

（一）人口数量

人口的多少直接决定着市场的潜在容量，特别是基本生活消费品的需求量，人口越多，市场规模就越大，但同时众多的人口也会给企业带来威胁。人口多、增长快决定了在一定时期消费者对食品、衣着和住宅等基本生活消费品的需求仍会增长，粮食、能源和住宅等方面的供需矛盾将进一步加大，这就为食品加工、建筑建材业和新型能源产业等一些相关企业提供了发展机遇。但是，人口的迅速增长，也会给企业营销带来不利的影响。比如，人口的迅速增长会引起食品短缺、重要矿产资源枯竭、环境污染以及生活质量恶化等一系列问题，从而导致整体市场营销环境的恶化。

（二）人口结构

人口结构，即各类人口占总人口的比重，主要包括性别结构、年龄结构、家庭结构、社会结构和民族结构等。

1. 性别结构

不同性别的消费者对产品消费的需求差别很大，一百个男性和一百个女性的日常消费大大不同，所以企业在研究人口的时候不能只关注人口数量，同时要关注人口数量的性别构成。

2. 年龄结构

不同年龄阶段的消费者对产品消费的需求千差万别，比如，一百个婴儿、一百个青年、一百个老人，他们的日常消费内容完全不同。我们在研究人口环境的时候不可忽视人口的年龄结构。

3. 家庭结构

家庭发展到不同的阶段，其消费支出的重点会有明显不同。按照家庭的成长发展，可划分为以下七个阶段。

未婚期（单身期）：有一定的经济收入，基本上没有经济负担，消费主要以满足自身需求为主。

新婚期：有一定的收入和购买力，消费向家庭建设转移。

满巢前期：夫妻有了孩子（6岁以下），消费重心开始转向孩子。

满巢中期：孩子（6~18岁）开始上学，花销在培养孩子上的费用增加，家庭的消费支出发生较大变化。

满巢后期：孩子长大，但在经济上仍不能独立，花销在孩子吃穿和教育上的费用最大。

空巢期：孩子离家自理，剩下夫妻二人生活，此时消费重心可能向旅游、健康、娱乐方向发展。

孤独期：老人丧偶、单身独处，对医疗保健服务、情感陪护的需求增加。

4. 社会结构

人口的社会分布，决定了企业在市场中的定位，如果产品以薄利多销为主，市场开拓的重点应放在农村，反之则应把市场营销重心放在城市。

5. 民族结构

我国是个多民族国家，不同民族的生活方式、文化传统、生活禁忌等会有所不同。企业在研究人口环境的时候应关注目标市场的民族特点。

（三）人口的地理分布

人口的地理分布，是指人口在地理空间上的分布状态。人口的地理分布表现在市场上，就是人口的集中程度不同，则市场大小不同。

市场消费需求与人口的地理分布密切相关。各区域的自然条件、经济发展水平、市场开放程度以及社会文化传统、社会经济、人口政策等因素不同，其人口具有不同的消费特点和消费习惯。

二、经济环境

经济环境是指影响企业市场营销方式与规模的经济因素，主要包括经济发展状况、收入与支出模式、储蓄与信贷等因素。

（一）经济发展状况

（1）经济发展水平。企业的市场营销活动受到一个国家或地区整个经济发展水平的制约。经济发展水平较高的国家和地区，更注重产品的设计、性能与创新性特征，倾向于发展资本密集型产业；而经济发展水平较低的国家和地区，则更关注产品的功能性与实用价值，侧重劳动密集型产业的发展。

（2）地区发展状况。地区经济的不平衡发展，对企业的投资方向、目标市场及营销战略的制定都会带来巨大影响。

（3）产业结构。产业结构是指各产业部门在国民经济中所处地位和所占比重及相互之间的关系。一个国家的产业结构反映该国的经济发展水平。

（二）消费者收入

消费者收入是指消费者个人从各种来源所得的货币收入，通常包括个人工资、奖金、退休金、其他劳动收入、红利、租金、馈赠等。消费者收入直接影响其购买力，影响市场规模的大小。

（1）国民收入，指一个国家物质生产部门的劳动者在一定时期内所创造价值的总和。人均国民收入等于一年国民收入总额除以总人口，大体上反映了一个国家的经济发展水平。

(2) 个人收入,指个人在一定时期内通过各种来源所获得收入的总和。其包括薪资、租金收入、股息股利、社会福利收入、失业救济金、保险等。

(3) 个人可支配收入,指个人收入中扣除各种税款(所得税等)和非税性负担(如工会会费、养老保险、医疗保险等)后的余额。

(4) 个人可任意支配收入,指可支配的个人收入减去消费者用于购买生活必需品的固定支出(如房租、保险费、分期付款、抵押借款等)所剩下的那部分个人收入。

(三) 消费者支出模式

消费者支出模式是指消费者个人或家庭的总消费支出中各类消费支出的比例关系,也即人们常说的消费结构。

对这个问题的分析要涉及"恩格尔系数",恩格尔系数是指食物消费支出占总支出的比重。恩格尔系数是衡量一个国家、一个地区、一个城市以及一个家庭的生活水平高低的标准,恩格尔系数越小说明越富裕,越大则说明生活水平越低。

(四) 消费者储蓄和信贷情况

消费者的储蓄额占总收入的比重和可获得的消费信贷,也影响实际购买力。当收入一定时,储蓄越多,现实消费量就越小,潜在消费量越大;反之,储蓄越少,现实消费量就越大,潜在消费量越小。

消费者信贷对购买力的影响也很大,它是一种预支的购买能力,能够使消费者凭信用取得商品使用权在先,按期归还贷款在后。发达的商业信贷使消费者将以后的消费提前了,对当前社会购买是一种刺激和扩大。

三、政治法律环境

政治与法律是影响企业营销活动的重要的宏观环境因素,主要包括一个国家或地区的政治体制、政治局势、方针政策以及法律法规等。政治因素像一只有形之手,调节着企业营销活动的方向;法律因素规定了企业营销活动及其行为的准则。政治与法律相互联系,共同对企业的市场营销活动发挥影响和作用。

(一) 政治环境

政治环境是指企业市场营销活动的外部政治形势和状况以及国家的方针和政策。

政治环境对企业营销活动的影响主要表现为国家政府所制定的方针政策,如财政货币政策、能源环保政策、人口发展政策等,都会对企业营销活动产生重要影响。

(二) 法律环境

法律环境是指国家或地方政府颁布的各项法律、法规、法令和条例等。企业应在法律法规许可的范围内进行各项经营活动。

法律环境是企业营销活动的法律保障,同时也对市场消费需求的形成和实现具有一定的调节作用。从事国际营销活动的企业,不仅要遵守本国的法律法规,而且要遵守国外的法律制度和法律法规。

四、科学技术环境

科学技术是第一生产力,科学技术的发展对经济发展有着巨大的影响,不仅直接影响企业内部的生产和经营,而且同时与其他环境因素互相依赖、互相作用,给企业营销活动带来有利与不利的影响。例如,一种新技术的应用,可以为企业创造一个明星产品,产生巨大的经济效益;也可以迫使企业的一种成功的传统产品不得不退出市场。新技术的应用,会引起企业市场营销策略的变化,也会引起企业经营管理的变化,还会改变零售商业业态结构和消费者购物习惯。

当前,世界新科技革命正在兴起,生产的增长越来越多地依赖科技进步,产品从进入市场到市场成熟的时距不断缩短,高新技术不断改造传统产业,加速了新兴产业的建立和发展。值得注意的是,高新技术的发展,促进了产业结构趋向尖端化、知识化、服务化,营销管理者必须更多地考虑应用尖端技术,重视软件开发,加强对用户的服务,适应知识经济时代的要求。

五、社会文化环境

社会文化主要是指一个国家、地区的教育水平、宗教信仰、价值观念、消费习俗、消费流行等的总和。

(一)教育水平

受教育程度不仅影响劳动者收入水平,而且影响着消费者对商品的鉴别力,影响消费者心理、购买的理性程度和消费结构,从而影响企业营销策略的制定和实施。

(二)宗教信仰

消费者的宗教信仰会直接对其消费行为产生深刻的影响。

(三)价值观念

价值观念是指人们对社会生活中各种事物的态度和看法。不同的文化背景下,价值观念差异很大,影响着消费需求和购买行为。

(四)消费习俗

消费习俗是指历代传递下来的一种消费方式,在饮食、服饰、居住、婚丧、节日、人情往来等方面都表现出独特的心理特征和行为方式。

(五)消费流行

由于社会文化多方面的影响,使消费者产生共同的审美观念、生活方式和情趣爱好,从而引致社会需求的一致性,这就是消费流行。消费流行在服饰、家电以及某些保健品方面,表现最为突出。

六、自然环境

营销学上的自然环境,主要是指自然物质环境,即自然界提供给人类各种形式的物质财富,如矿产资源、森林资源、土地资源、水力资源等。自然环境也处于发展变化之中。当代自然环境最主要的动向是：自然资源日益短缺，能源成本趋于提高，环境污染日益严重，政府对自然资源的管理和干预不断加强。所有这些，都会直接或间接地给企业带来威胁或机会。因此，企业必须积极从事研究开发，尽量寻求新的资源或代用品。同时，企业在经营中要有高度的环保责任感，善于抓住环保中出现的机会，推出"绿色产品""绿色营销"，以适应世界环保潮流。譬如，控制污染的技术及产品，如清洗器、回流装置等创造一个极大的市场，并探索一些不破坏环境的方法去制造和包装产品。

思政园地

生 态 文 明

中国将坚定不移推进生态文明建设。发展经济不能对资源和生态环境竭泽而渔，生态环境保护也不是舍弃经济发展而缘木求鱼。中国坚持绿水青山就是金山银山的理念，推动山水林田湖草沙一体化保护和系统治理，全力以赴推进生态文明建设，全力以赴加强污染防治，全力以赴改善人民生产生活环境。中国正在建设全世界最大的国家公园体系。中国去年成功承办联合国《生物多样性公约》第十五次缔约方大会，为推动建设清洁美丽的世界作出了贡献。

实现碳达峰碳中和是中国高质量发展的内在要求，也是中国对国际社会的庄严承诺。中国将践信守诺、坚定推进，已发布《2030年前碳达峰行动方案》，还将陆续发布能源、工业、建筑等领域具体实施方案。中国已建成全球规模最大的碳市场和清洁发电体系，可再生能源装机容量超10亿千瓦，1亿千瓦大型风电光伏基地已有序开工建设。实现碳达峰碳中和，不可能毕其功于一役。中国将破立并举、稳扎稳打，在推进新能源可靠替代过程中逐步有序减少传统能源，确保经济社会平稳发展。中国将积极开展应对气候变化国际合作，共同推进经济社会发展全面绿色转型。

资料来源：习近平.坚定信心 勇毅前行 共创后疫情时代美好世界——在2022年世界经济论坛视频会议的演讲[N].人民日报,2022-01-18.

第三节　微观营销环境

微观市场营销环境是指与企业紧密相连、直接影响企业营销能力和效率的各种力量和因素的总和，主要包括企业自身、供应商、营销中介、顾客、竞争者及社会公众。这些因素与企业有着双向的运作关系，在一定程度上，企业可以对其进行控制或施加影响。

一、企业自身

企业自身包括市场营销管理部门、其他职能部门和最高管理层。企业为开展营销活动,必须依赖各部门的配合和支持,即必须进行制造、采购、研究与开发、财务、市场营销等业务活动。

营销部门在制定和实施营销目标与计划时,不仅要考虑企业外部环境力量,而且要充分考虑企业内部环境力量,争取高层管理部门和其他职能部门的理解和支持。

二、供应商

供应商是指向企业提供生产经营所需资源的企业或个人。供应商所提供的资源主要包括原材料、零部件、设备、能源、劳务、资金及其他用品等。供应商对企业的营销活动有着重大的影响。供应商对企业营销活动的影响主要表现在:

(1) 供货的稳定性与及时性。
(2) 供货的价格变动。
(3) 供货的质量水平。

三、营销中介

营销中介是指为企业融通资金、销售产品给最终购买者提供各种有利于营销的服务机构,包括中间商、实体分配公司、营销服务机构(调研公司、广告公司、咨询公司)、金融中介机构(银行、信托公司、保险公司)等。它们是企业进行营销活动不可缺少的中间环节,企业的营销活动需要它们的协助才能顺利进行,如生产集中与消费分散的矛盾需要中间商的分销予以解决,广告策划需要得到广告公司的支持等。

1. 中间商

中间商是协助企业寻找消费者或直接与消费者进行交易的商业企业,包括代理中间商和经销中间商。代理中间商不拥有商品所有权,专门介绍客户或与客户洽商签订合同,包括代理商、经纪人和生产商代表。经销中间商购买商品并拥有商品所有权,主要有批发商和零售商。

2. 实体分配公司

实体分配公司主要是指协助生产企业储存产品并将产品从原产地运往销售目的地的仓储物流公司。实体分配包括包装、运输、仓储、装卸、搬运、库存控制和订单处理等方面,基本功能是调节生产与消费之间的矛盾,弥合产销时空上的背离,提高商品的时间和空间效用,以利适时、适地和适量地将商品供给消费者。

3. 营销服务机构

营销服务机构主要是指为生产企业提供市场调研、市场定位、促销产品、营销咨询等方面的营销服务,包括市场调研公司、广告公司、传媒机构及市场营销咨询公司等。

4. 金融中介机构

金融中介机构主要包括银行、信贷公司、保险公司以及其他对货物购销提供融资或保险的各种金融机构。企业的营销活动因贷款成本的上升或信贷来源的限制而受到严重的影响。

四、顾客

顾客就是企业的目标市场,是企业服务的对象,也是营销活动的出发点和归宿,它是企业最重要的环境因素。按照顾客的购买动机,可将顾客市场分为消费者市场、生产者市场、中间商市场、政府市场和国际市场五种类型。

五、竞争者

竞争者是指与企业存在利益争夺关系的其他经济主体。企业的营销活动常常受到各种竞争者的包围和制约,因此,企业必须识别各种不同的竞争者,并采取不同的竞争对策。

1. 愿望竞争者

愿望竞争者是指提供不同产品、满足不同需求的竞争者。

2. 一般竞争者

一般竞争者是指提供不同产品、满足相同需求的竞争者。

3. 产品形式竞争者

产品形式竞争者是指产品同类,但规格、型号、款式不同的竞争者。

4. 品牌竞争者

品牌竞争者是指产品规格、型号、款式均相同,但品牌不同的竞争者。

六、公众

公众是指对企业实现营销目标的能力有实际或潜在利害关系和影响力的团体或个人。企业所面临的公众主要有以下几种:

1. 融资公众

融资公众是指影响企业融资能力的金融机构,如银行、投资公司、证券经纪公司、保险公司等。

2. 媒介公众

媒介公众是指报纸、杂志、广播电台、电视台等大众传播媒介,它们对企业的形象及声誉的建立具有举足轻重的作用。

3. 政府公众

政府公众是指负责管理企业营销活动的有关政府机构。企业在制订营销计划时,应充分考虑政府的政策,研究政府颁布的有关法规和条例。

4. 社团公众

社团公众是指保护消费者权益的组织、环保组织及其他群众团体等。企业营销活动关系到社会各方面的切身利益,必须密切注意并及时处理来自社团公众的批评和意见。

5. 社区公众

社区公众是指企业所在地附近的居民和社区组织。

6. 一般公众

一般公众是指上述各种公众之外的社会公众。一般公众虽然不会有组织地对企业采取行动,但企业形象会影响他们的惠顾。

7. 内部公众

内部公众是指企业内部的公众,包括董事、经理、企业职工。

所有这些公众,均对企业的营销活动有着直接或间接的影响,处理好与广大公众的关系,是企业营销管理的一项极其重要的任务。

第四节　市场营销环境分析

为了对企业所处的环境有一个全面的认知,需要运用专业的环境分析方法。环境分析法是一种识别特定企业风险的方法,是根据对企业面临的外部环境和内部环境的系统分析,推断环境可能对企业产生的风险与潜在损失的一种识别风险的方法。常用的环境分析方法包括 SWOT 分析法、PEST 分析法、波特竞争五力法等。

一、SWOT 分析法

(一) SWOT 分析法简介

SWOT 分析法又称态势分析法,是美国旧金山大学管理学教授韦里克在 20 世纪 80 年代初期提出的,主要用于从企业内部和外部收集资讯,分析市场环境、竞争对手,制定企业发展战略。SWOT 分析法是用来确定企业自身的竞争优势、劣势、机会和威胁,从而将公司的战略与公司内部资源、外部环境有机地结合起来的一种科学的分析方法。在 SWOT 分析法中,优势和劣势分析主要着眼于企业自身的实力及其与竞争对手的比较,而机会和威胁分析将注意力放在外部环境的变化及其对企业的可能影响上,但是,外部环境的同一变化给具有不同资源和能力的企业带来的机会与威胁却可能完全不同,因此,两者之间又有紧密的联系。

(1) 优势(Strengths),是组织机构的内部因素,具体包括:有利的竞争态势;充足的财政来源;良好的企业形象;技术力量;规模经济;产品质量;市场份额;成本优势;广告攻势;等等。

(2) 劣势(Weaknesses),也是组织机构的内部因素,具体包括:设备老化;管理混乱;缺少关键技术;研究开发落后;资金短缺;经营不善;产品积压;竞争力差;等等。

(3) 机会(Opportunities),是组织机构的外部因素,具体包括:新市场;新需求;外国市场壁垒解除;竞争对手失误;等等。

(4) 威胁(Threats),也是组织机构的外部因素,具体包括:新的竞争对手;替代产品增多;市场紧缩;行业政策变化;经济衰退;客户偏好改变;突发事件;等等。

从整体上看,SWOT 可以分为两部分:

第一部分为 SW,主要用来分析内部条件;

第二部分为 OT,主要用来分析外部条件。

利用这种方法可以从中找出对自己有利的、值得发扬的因素,以及对自己不利的、要避开的东西,发现存在的问题,找出解决办法,并明确以后的发展方向。

根据这个分析,可以将问题按轻重缓急分类,明确哪些是急需解决的问题、哪些是可以稍微拖后一点儿的事情,哪些属于战略目标上的障碍、哪些属于战术上的问题,并将这些研究对象列举出来,依照矩阵形式排列,然后用系统分析的思想,把各种因素相互匹配起来加以分析,从中得出一系列相应的结论。而这些结论通常带有一定的决策性,有利于领导者和管理者做出较正确的决策和规划。

(二) SWOT 分析法的主要步骤

1. 分析环境因素

运用各种调查研究方法,分析出公司所面临的各种环境因素,即外部环境因素和内部能力因素。外部环境因素包括机会因素和威胁因素,它们是外部环境对公司的发展直接有影响的有利和不利因素,属于客观因素。内部环境因素包括优势因素和弱点因素,它们是公司在其发展中自身存在的积极和消极因素,属主动因素。在调查分析这些因素时,不仅要考虑到历史与现状,而且要考虑未来发展问题。

2. 构造 SWOT 矩阵

将调查得出的各种因素根据轻重缓急或影响程度等排序,构造 SWOT 矩阵。在此过程中,将那些对公司发展有直接的、重要的、大量的、迫切的、久远的影响的因素优先排列出来,而将那些间接的、次要的、少许的、不急的、短暂的影响因素排列在后面,如表 2-3 所示。

表 2-3 SWOT 分析矩阵

内部因素 外部因素	优势——S 逐条列出优势,如管理、人才、设备、科研和信息发展等方面的优势	劣势——W 逐条列出劣势,如在左边"优势"中所列举的这些领域的劣势
机会——O 逐条列出机会,如目前和将来的政策、经济、新技术、市场普及等	SO 战略 发挥优势 利用机会	WO 战略 利用机会 克服劣势
威胁——T 逐条列出威胁,如上面"机会"中所列举的那些范围的威胁	ST 战略 利用优势 回避威胁	WT 战略 清理或合并组织,与巨人同行,走专、精、特之路

3. 制订行动计划

在完成环境因素分析和 SWOT 矩阵的构造后,便可以制订出相应的行动计划。

制订计划的基本思路是:发挥优势因素,克服弱点因素,利用机会因素,化解威胁因素;考虑过去,立足当前,着眼未来。运用系统分析的综合分析方法,将排列与考虑的各种环境因素相互匹配起来加以组合,得出一系列公司未来发展的可选择对策。

将SWOT各因素相互匹配组合,可制定出以下对策:

(1) 防御型战略——WT对策(劣势＋威胁),即着重考虑劣势因素和威胁因素,努力使这些因素趋于最小。如某企业针对企业产品质量差(内在劣势)、供应渠道不稳定(外部威胁)的经营状况,可采取WT对策,强化内部管理,提高产品质量,稳定供应渠道,必要时采取后向一体化策略。

(2) 扭转型战略——WO对策(劣势＋机会),即着重考虑劣势因素与机会因素,努力使劣势因素趋于最小,使机会因素趋于最大。如某汽车服务型企业面对汽车产品和服务高速增长的市场(外在机会),却缺乏核心技术(内在劣势)的状况,可采取WO对策,采用高技术水平人才聘用、专利购买、高技术型企业并购等策略。

(3) 多种经营战略——ST对策(优势＋威胁),即着重考虑优势因素和威胁因素,弥补不足,把握机会,努力使优势因素趋于最大,使威胁因素趋于最小。如某企业拥有良好的渠道资源(内在优势),但是相关政策限制其经营其他商品(外在威胁),可采取ST对策,实行多种经营,充分发挥该渠道优势。

(4) 增长型战略——SO对策(优势＋机会),即着重考虑优势因素和机会因素,扬长避短,发挥项目优势,把握市场机会。如某企业资源雄厚(内在优势),而市场供应严重不足(外在机会),可采取SO对策,增加产品系列,升级产品功能,满足细分市场的需求。

由上可见,WT对策是企业处于最困难情况下不得不采取的对策,WO对策和ST对策是企业处于一般情况下的对策,SO对策则是一种最理想的对策。

(三) 成功应用SWOT分析法的简单规则

(1) 进行SWOT分析的时候必须对公司的优势与劣势有客观的认识;

(2) 进行SWOT分析的时候必须区分公司的现状与前景;

(3) 进行SWOT分析的时候必须考虑全面;

(4) 进行SWOT分析的时候必须与竞争对手进行比较,比如优于或是劣于竞争对手;

(5) 保持SWOT分析法的简洁性,避免复杂化与过度分析。

二、PEST分析法

(一) PEST分析法简介

PEST分析是指宏观环境的分析,P是政治(Politics),E是经济(Economy),S是社会(Society),T是技术(Technology)。在分析一个企业所处的外部背景时,通常通过这四个因素来进行。

1. 政治法律环境(P)

政治环境主要包括政治制度与体制、政局、政府的态度等;法律环境主要包括政府制定的法律、法规。

2. 经济环境(E)

构成经济环境的关键战略要素包括GDP、利率水平、财政货币政策、通货膨胀、失业率水平、居民可支配收入水平、汇率、能源供给成本、市场机制、市场需求等。

3. 社会文化环境(S)

社会文化环境中影响最大的是人口环境和文化背景，主要包括人口规模、年龄结构、人口分布、种族结构以及收入分布等因素。

4. 技术环境(T)

技术环境不仅包括发明，而且包括与企业市场有关的新技术、新工艺、新材料的出现和发展趋势以及应用背景。

PEST分析法通常采用矩阵式的方法，就是在坐标中分成四个象限。如用政治和经济两个做坐标：政治环境和经济环境都好的情况下，就应该发展；政治环境和经济环境都不理想的情况下，就不能发展；环境一个好一个不太好时，就要适当考虑，可以发展也可以不发展。PEST分析法通常用于企业外部环境分析。

（二）PEST分析模型

表2-4是一个典型的PEST分析模型。

表2-4 PEST分析模型

政治(包括法律)	经 济	社 会	技 术
环保制度	经济增长	收入分布	政府研究开支
税收政策	利率与货币政策	人口统计、人口增长率与年龄分布	产业技术关注
国际贸易章程与限制	政府开支	劳动力与社会流动性	新型发明与技术发展
劳动法与社会保障法规	失业政策	生活方式变革	技术转让率
消费者保护法	征税	职业与休闲态度	技术更新速度与生命周期
反垄断法	汇率	企业家精神	能源利用与成本
政府组织/态度	通货膨胀率	教育	信息技术变革
数据安全与隐私保护立法	商业周期的所处阶段	潮流与风尚	互联网的变革
政治稳定性	消费者信心	健康意识、社会福利及安全感	移动技术变革

三、波特竞争五力分析法

波特竞争五力模型是迈克尔·波特(Michael Porter)于20世纪80年代初提出的。他认为行业中存在着决定竞争规模和程度的五种力量，这五种力量综合起来影响着产业的吸引力以及现有企业的竞争战略决策。五种力量分别为同业竞争者的竞争程度、潜在竞争者进入的能力、替代品的替代能力、供应商的议价能力与购买者的议价能力。

从一定意义上来说,该分析隶属于外部环境分析方法中的微观分析。波特竞争五力模型用于竞争战略的分析,可以有效地分析客户面临的竞争环境。该分析法是对一个产业盈利能力和吸引力的静态断面扫描,说明的是该产业中的企业平均具有的盈利空间,所以这是一个产业形势的衡量指标,而非企业能力的衡量指标。通常,这种分析法也可用于创业能力分析,以揭示本企业在本产业或行业中具有何种盈利空间(见图2-3)。

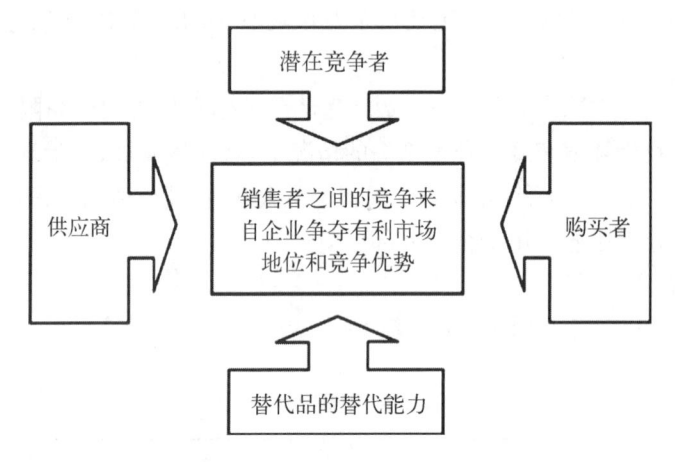

图 2-3 波特竞争五力模型

(一)供应商的议价能力

供应商主要通过其提高投入要素价格与降低单位价值质量的能力,来影响行业中现有企业的盈利能力与产品竞争力。供应商力量的强弱主要取决于他们所提供给买主的是什么投入要素,当供应商提供的投入要素的价值构成买主产品总成本的较大比例,对买主产品生产过程非常重要,或者严重影响买主产品的质量时,供应商对于买主的潜在议价能力就大大增强。一般来说,满足以下条件的供应商会具有较强的议价能力:

(1)供应商所在行业为一些具有比较稳固市场地位而不受市场激烈竞争困扰的企业所控制,其产品的买主很多,以至于每一单个买主都不可能成为供应商的重要客户。

(2)供应商的产品各具特色,使得买主难以找到合适的替代品,或者转换成本过高,难以轻易更换供应商。

(3)供应商能够方便地实行前向联合或一体化,而买主难以进行后向联合或一体化(所谓"店大欺客")。

(二)购买者的议价能力

购买者主要通过其压价与要求提供较高的产品或服务质量的能力,来影响行业中现有企业的盈利能力。购买者议价能力主要受以下因素影响:

(1)购买者的总数较少,而每个购买者的购买量较大,占了卖方销售量的很大比例。

(2)卖方行业由大量相对来说规模较小的企业所组成。

(3) 购买者所购买的基本上是一种标准化产品,同时向多个卖主购买产品在经济上也完全可行。

(4) 购买者有能力实现后向一体化,而卖主不可能进行前向一体化(注:简单按中国说法就是客大欺店)。

(三) 潜在竞争者的威胁

潜在竞争者在给行业带来新生产能力、新资源的同时,希望在已被现有企业瓜分完毕的市场中赢得一席之地,这就有可能与现有企业发生原材料与市场份额的竞争,最终导致行业中现有企业盈利水平降低,严重的话还有可能危及这些企业的生存。潜在竞争者进入威胁的严重程度取决于两方面的因素:进入新领域的障碍大小与预期现有企业对进入者的反应情况。

进入障碍主要包括规模经济、产品差异、资本需要、转换成本、销售渠道开拓、政府行为与政策、不受规模支配的成本劣势、自然资源、地理环境等方面,这其中有些障碍是很难借助复制或仿造的方式来突破的。预期现有企业对进入者的反应情况,主要是采取报复行动的可能性大小,则取决于有关厂商的财力情况、报复记录、固定资产规模、行业增长速度等。总之,新企业进入一个行业的可能性大小,取决于进入者主观估计进入所能带来的潜在利益、所需花费的代价与所要承担的风险这三者的情况。

(四) 替代品的替代能力

两个处于不同行业中的企业,可能会由于所生产的产品是互为替代品,从而在它们之间产生相互竞争行为,这种源自替代品的竞争会以各种形式影响行业中现有企业的竞争战略。

(1) 现有企业产品售价以及获利潜力的提高,将由于存在着能被用户方便接受的替代品而受到限制。

(2) 由于替代品生产者的侵入,使得现有企业必须提高产品质量,或者通过降低成本来降低售价,或者使其产品具有特色,否则其销量和利润增长的目标就有可能受挫。

(3) 源自替代品生产者的竞争强度,受产品买主转换成本高低的影响。

总之,替代品价格越低、质量越好、用户转换成本越低,其所能产生的竞争压力就强;而这种来自替代品生产者的竞争压力的强度,可以具体通过考察替代品销售增长率、替代品厂家生产能力与盈利扩张情况来加以描述。

(五) 同业竞争者的竞争程度

大部分行业中的企业之间的利益都是紧密联系在一起的,作为企业整体战略一部分的各企业竞争战略,其目标都在于使自己的企业获得相对于竞争对手的优势,所以,在实施中就必然产生冲突与对抗现象,这些冲突与对抗就构成了现有企业之间的竞争。现有企业之间的竞争常常表现在价格、广告、产品介绍、售后服务等方面,其竞争强度与许多因素有关。

一般来说,出现下述情况将意味着行业中现有企业之间竞争的加剧:行业进入障碍较低,势均力敌的竞争对手较多,竞争参与者范围广泛;市场趋于成熟,产品需求增长缓慢；竞争者企图采用降价等手段促销；竞争者提供几乎相同的产品或服务，用户转换成本很低；一个战略行动如果取得成功，其收入相当可观；行业外部实力强大的公司在接收了行业中实力薄弱企业后，发起进攻性行动，结果使刚被接收的企业成为市场的主要竞争者；退出障碍较高，即退出竞争要比继续参与竞争代价更高。在这里，退出障碍主要受经济、战略、感情以及社会政治关系等方面因素的影响，具体包括资产的专用性、退出的固定费用、战略上的相互牵制、情绪上的难以接受、政府和社会的各种限制等。

本章小结

任何企业的营销活动都是在一定的环境下进行的，它不仅受到自身条件的限制，而且会受到外部因素的影响，所有制约和影响企业营销活动的内外部因素共同构成了企业的市场营销环境。营销人员的基本职责之一就是分析市场营销环境对企业营销活动可能带来的影响，避免因环境影响而给企业带来的损失，并使企业的营销活动与环境相适应，善于利用环境把握机会，从而顺利实现企业的营销目标。

关键术语

宏观营销环境　微观营销环境　SWOT 分析法　PEST 分析法　波特竞争五力分析法

练习与思考

一、单项选择题

1. 企业的营销活动不可能脱离周围环境而孤立地进行，企业营销活动要主动地去（　　）。
   A. 控制环境　　　　B. 征服环境　　　　C. 改造环境　　　　D. 适应环境
2. （　　）因素是最明显、最容易衡量和运用的细分变数。
   A. 人口环境　　　　B. 地理环境　　　　C. 消费心理　　　　D. 购买行为

二、判断题

1. 市场营销环境是一个动态系统，每一个环境因素都随着社会经济的发展而不断变化。（　　）
2. 差异性是指细分市场之间客观存在着对某种产品购买和消费上明显的差异，不同的细分市场对营销组合应该有不同的反应。（　　）
3. 恩格尔系数越大说明生活越富裕。（　　）
4. PEST 是微观环境分析方法。（　　）
5. 波特竞争五力属于微观分析法。（　　）

三、简答及论述题

1. 市场营销环境包括哪些？
2. 简述 SWOT 分析法的内容。
3. 简述 PEST 分析法的内容。
4. 简述波特竞争五力分析法的内容。

实训项目

案例分析

一家航空公司由于其广告是一位空姐微笑着低头向旅客提供香槟的画面,而几乎丧失了为中东地区服务的资格,因为伊斯兰教文化基本原则是穆斯林不允许喝酒,不戴面纱的妇女不得与非亲属男性在一起。中国海尔空调商标上的海尔兄弟图案在法国受到欢迎,因为购买空调的多为女性,她们喜欢孩子;但是,在中东地区却禁止该标志出现,因为两个孩子没有穿上衣。

请结合案例回答以下问题:
(1) 这两个事例说明了哪些因素对市场营销的影响?
(2) 应怎样避免类似问题的出现?
(3) 除此之外,还有哪些社会文化因素会影响营销活动?试举例说明。

实战演练

市场营销环境分析

(1) 实训目的:通过实训,使学生掌握市场营销环境分析的内容及方法与流程,能够在实践中应用环境分析的方法从而找到市场机会。

(2) 实训材料:某高校商学院有几位毕业生打算自主创业,准备在学校附近开办一个快餐店,请你帮助他们评价分析经营环境,以及应采取的相应策略。

(3) 实训方法:从影响快餐店经营的宏观环境、微观环境的主要因素入手进行分析,根据校园周边环境情况进行经营环境评价分析。

(4) 实训要求:运用所学理论方法,对该快餐店经营环境进行评价分析,并用SWOT分析方法对环境威胁与机会进行分析描述。

第三章 市场购买行为分析

学习目标

知识目标

了解消费者市场的概念和特点;把握消费者的购买动机和购买行为模式;掌握影响消费者购买行为的因素和消费者购买决策过程;了解组织市场的概念和类型;理解产业市场、中间商市场和政府市场的特点和购买决策过程。

能力目标

根据不同市场的发展情况制定相应的市场营销策略。

素质目标

树立正确的市场意识,牢记市场规律,尊重市场发展路径。

思政目标

明确招标文件、合同和项目等必须严格遵循《中华人民共和国招标投标法》。理解"公开、公正、公平"对于政府采购的重要性。理解打击和制止商业贿赂行为的重要性。

思维导图

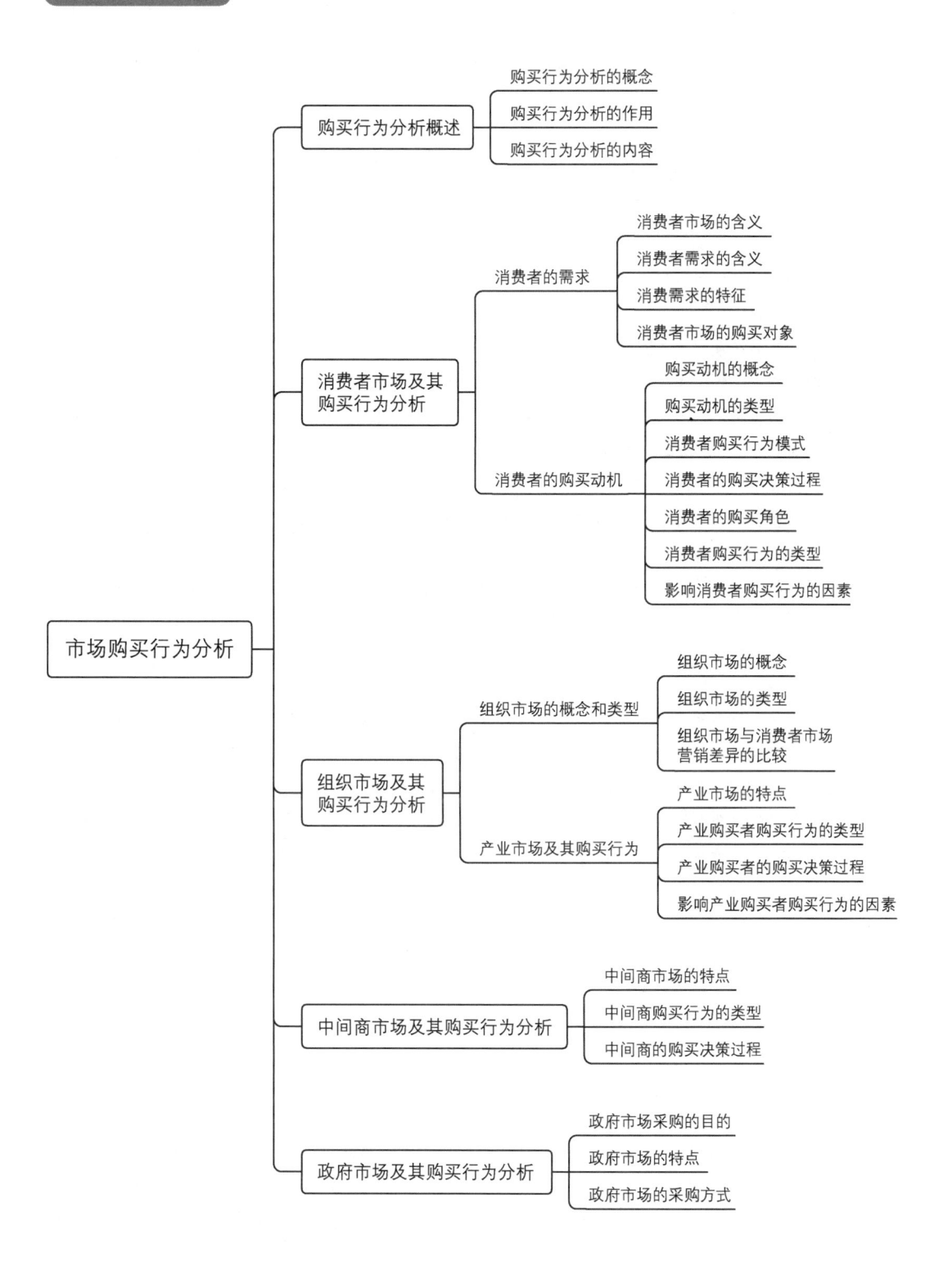

- 市场购买行为分析
  - 购买行为分析概述
    - 购买行为分析的概念
    - 购买行为分析的作用
    - 购买行为分析的内容
  - 消费者市场及其购买行为分析
    - 消费者的需求
      - 消费者市场的含义
      - 消费者需求的含义
      - 消费需求的特征
      - 消费者市场的购买对象
    - 消费者的购买动机
      - 购买动机的概念
      - 购买动机的类型
      - 消费者购买行为模式
      - 消费者的购买决策过程
      - 消费者的购买角色
      - 消费者购买行为的类型
      - 影响消费者购买行为的因素
  - 组织市场及其购买行为分析
    - 组织市场的概念和类型
      - 组织市场的概念
      - 组织市场的类型
      - 组织市场与消费者市场营销差异的比较
    - 产业市场及其购买行为
      - 产业市场的特点
      - 产业购买者购买行为的类型
      - 产业购买者的购买决策过程
      - 影响产业购买者购买行为的因素
  - 中间商市场及其购买行为分析
    - 中间商市场的特点
    - 中间商购买行为的类型
    - 中间商的购买决策过程
  - 政府市场及其购买行为分析
    - 政府市场采购的目的
    - 政府市场的特点
    - 政府市场的采购方式

> 导入案例

去哪儿：让数据做主

最近，华晨宝马正式宣布将同全球最大的中文旅行平台去哪儿，共同推出"X1悦驾之旅"预订产品。据悉，通过预订去哪儿网平台的度假产品与新BMW X1合力而成的自驾线路产品，游客将感受到不同的旅程。其中，华晨宝马以最优惠的价格，让消费者体验到全新宝马X1的驾驶乐趣；去哪儿则通过比价组接出最低打包价格。

在传统行业频繁拥抱互联网思维的时代，很多企业却通常感觉老虎吃刺猬，无处下手。此次宝马携手去哪儿网，凭的是什么？

大数据在行动

企业都知道利用社交媒体宣传的风险，哗众取宠可能有损品牌形象，同时消费者可以通过特定话题标签吐槽品牌。采用话题标签意味着宝马需要放松品牌信息宣传的管控。此次，正是基于对去哪儿网所积累的高端人群的认同，宝马才会为此从精于传统社交媒体市场营销，铤而走险通过移动大数据平台活动吸引新眼球。拥有海量旅游搜索数据、庞大客户群的去哪儿网，对旅行者的出行习惯、消费偏好以及支出数字都能做出精准分析和预测，从而更有效地设计出符合消费者需求的各种旅游产品，这是宝马所倚重的。

去哪儿网将其拥有的数据归为结构型数据和内容型数据。结构型数据主要来自机票领域，这主要是由于消费者在进行机票订购时，其输入的数据通常为个人信息、旅行地点、所选航空公司等，这些都属于相对规范化的数据，可以直接输出；而内容型数据则以酒店为主，最关键的一点是很多酒店尚没有建立完整的数据采集和分销渠道，通常内容型数据很难直接利用。宝马在此过程中，通过支持多种目的地提车模式，包括目的地机场提车和市内提车，实现旅程中的无缝对接，能在线上和线下积累目标客户数据，从而为后期的针对性销售提供支持。

在对数据进行初步处理之后，去哪儿网会对其数据进行系统化的应用。去哪儿网推出的"宝马BMW X1悦驾之旅"活动，分为数据筛选、语义分析、维度筛选三个步骤。去哪儿网会结合消费心理、旅游目的地、活动便利性、消费能力、订车规则以及所要求的性价比等各类因素所评估出来的分数作为目标范围内消费者的主要筛选条件。再将符合筛选阶段的标准要求的消费者，按照各自主题不同进行符合主题关键词的语义分析。入选消费者需符合点评数据中包含一定数量的核心关键词等条件（如认同活动规则、足够支付能力、一年以上驾龄等）。最后通过城市维度、消费档次维度这种分类的互动式的动态数据分析，最终得出入选消费者，完全数据化，而非人工化。

助力"哑铃形"营销

传统的营销通常是锥形结构：关注、兴趣、渴望、记忆、购买。但是，新媒体的营销模式却是营销结构变成了哑铃形：关注、兴趣、搜索、购买、分享与口碑传播。互联网时代意味着每一个人都不再只是一个单纯的消费者，而是变成可以影响产品或服务排名、品牌等因素的个性化消费者。正因为如此，在后一种营销模式中，大数据依然承担了重要的作用。

搜索取代渴望和记忆。以去哪儿网为例，当消费者需要预订旅游行程时，其对于旅游将不再是单纯的渴望，而是可以通过大量的信息来替代"想"，通过各种维度的推荐，可以轻松使消费者达到"渴望"和"记忆"的程度。因此，搜索就变得非常重要。去哪儿网通过各种点评、资讯，可以很轻松使得消费者找到自己所心仪的旅游订单。哑铃形的营销结构，突出了购买行为及后期的分享与口碑传播。分享与口碑传播能够将个性化需求的价值体现出来,从而把长尾理论中所讲的价值低、获取难度高的那一部分价值较为轻易地挖掘出来。

集群效应下的推荐力。在去哪儿网的官网上,不同阶层之间的界限也比较明显,这其实是去哪儿网刻意经营的结果。在去哪儿网看来,整个营销体系中,官方的说法影响力将会越来越弱,而相同背景、相同消费能力的人群之间的营销则会变得越来越重要。如果两个人的背景、年龄以及行业相近,那么其中一方向另一方推荐的效果会很好。反之,一个年长商务类的旅客很少会选择一个年轻度假客人出行所选择的酒店。宝马可能是认识到了这一点,也就是我们很难衡量社交媒体互动对销量的影响,但是去哪儿网的后台数据则能显示此项活动能让不同类别的人群(不同阶层、不同爱好、对汽车的爱好度)有多高的频次谈论宝马,同时也增加了这些爱好旅游的人群购买宝马的可能。将自驾游的活动放在用户数量众多的去哪儿网上,自然收效甚好。

搜索引擎向在线媒体平台转变。作为一个旅游搜索引擎,其在获取大数据的能力和所收集的大数据价值方面要远超综合性的如百度之类的综合搜索引擎。毕竟传统综合搜索引擎接下来要解决的不是"加速信息流动",因为很多信息都够不着。但对去哪儿网这类网站不同,大数据的获取可以更多应用在所有消费者身上,注意,这里所说的是所有消费者。按照传统的"二八原则",大量的零散的、不具备规模价值的消费者需求是会被忽视的,你只要服务最具价值的20%的客户就OK了。但如今在互联网时代,仅仅局限于这一小部分客户是远远不行的,毕竟,现在一切利用信息不对称的手段谋取利益的方式都已经落后了。你必须考虑长尾理论。宝马公司和去哪儿网这次的合作,就是希望能根据需求进行社交媒体互动,最大限度地覆盖目标消费人群。当然,如果创意不够潮(无法吸引个性化人群的注意力),那势必无人问津,所以宝马为此次活动设定的门槛并不是很高,只要有一年驾龄以上的有兴趣人群均可参加,为此次活动提供了足够诚意。

去哪儿网和宝马的合作,是传统企业和互联网大数据企业的一次大数据应用的尝试,其所产生的示范效应将不可小觑。毕竟,在未来,利用消费者留下的踪迹,精准营销才会发挥其应有的价值。大数据时代的营销变革要求营销不能再凭嗅觉和感觉做事,而要依靠科技能力和分析能力,去哪儿网和宝马给了我们一个可参考的例子。

资料来源:蓝峰.去哪儿:让数据做主[J].销售与市场·评论版,2015(2):64-65.

思考:

(1)你认为宝马和去哪儿网合作的原因是什么?

(2)你认为宝马拥抱互联网能够给消费者带来哪些利益?

第一节　购买行为分析概述

一、购买行为分析的概念

购买行为分析是指企业为了实现预期目标,对购买者在购买商品或劳务过程中所发生的一系列行为反应进行分析,以便为企业的市场营销活动提供依据。

购买行为分析产生于20世纪50年代,当时西方发达国家物资短缺已告结束,经济增长迅速,商品供过于求,市场开始由"卖方市场"转化为"买方市场",以满足顾客需求为中心的"市场营销观念"应运而生,购买者行为分析成为企业经营活动的重要内容。并且,随着科学技术的迅速进步,新技术和新产品不断涌现,以及人民收入水平和文化生活水平迅速提高,购买者的需求瞬息万变,进一步促使企业加紧探索购买者行为。

二、购买行为分析的作用

由于消费者要求保护其权益的呼声以及公众对企业污染环境的舆论谴责等,也迫使企业必须了解、分析购买者的意愿和要求。因此,购买者行为分析成为企业界日益重要的问题,在企业经营活动中起着越来越重要的作用。

(1) 购买行为分析是企业市场营销活动的基础。企业经营活动是围绕着市场展开的,因此必须了解市场,即了解某种商品的市场是否形成、该市场具有何种特征、该市场规模的大小等。而要进行上述活动,就离不开对购买者行为的分析。只有在调查、分析购买者行为的基础上,才能有效地开展市场营销。

(2) 购买行为分析是企业了解、确定市场细分的一项主要依据。市场细分是根据消费者需求的差异,将整体市场分解成不同的子市场。而消费者的需求差异则可以通过购买行为分析来寻找,找出整体市场中不同类型人们的需求、偏好和特性等,从而确定以某一类型的消费者为其目标市场。

(3) 购买行为分析有助于企业确定市场经营目标。企业市场经营目标的确定,在一定程度上是通过分析购买者行为获得的。因为购买者行为可以反映出他们对企业及产品的看法,企业可据此确定市场经营方向,生产适销对路的产品,满足顾客需求。

(4) 购买行为分析有助于企业制定最佳市场营销组合。市场营销是企业以满足顾客需求为中心所进行的一系列活动,为此,企业必须通过对目标市场购买者的行为分析,了解购买者的需求特点和购买行为的产生与发展过程,才能有计划、有目的地制定有效的市场营销组合,满足顾客需求,实现企业经营目标。

(5) 购买行为分析有助于企业准确地、有针对性地开展市场营销活动,实现企业经营的最终目的。企业经营活动的最终目的是实现其产品的价值和利润。只有企业产品销售出去,被购买者所认可,其最终目的才能实现。而购买者行为从产生需求到选择购买直至完成购买,这一过程是由一系列相关联的活动所组成的,其中某一环节中断,其购买行为也就中断,整个购买过程将不能完成,企业产品的价值和利润就不能得以实现。因此,对购买行为分析有助于企业对这一系列过程中的每一个环节有针对性地组织市场营销,促使其购买行为过程顺利完成,实现企业经营的最终目的。

三、购买行为分析的内容

市场营销学是一门应用性很强的边缘交叉学科。它涉及的学科领域很广泛,如心理学、社会学、传播学、文化人类学、社会心理学和经济学等等。购买行为分析是市场营销学中的一个主要内容,它的研究也具有跨学科性。

（1）从心理学角度分析人的动机、感觉、学习、态度和个性，帮助营销者了解购买者的购买心理活动及其对购买行为的影响；

（2）从社会角度研究分析社会阶层、家庭结构、相关群体等对购买者行为的影响；

（3）从传播学角度研究分析购买者如何收集产品信息、收集信息的渠道以及他们对产品宣传的反应等；

（4）从经济学角度研究分析购买者经济状况如何影响购买者的产品选择、费用开支以及如何做出购买决策以获得最大的满足；

（5）从文化人类学角度研究分析人类的传统文化、价值观念、信仰和风俗习惯等对购买者行为的影响。

第二节 消费者市场及其购买行为分析

一、消费者的需求

（一）消费者市场的含义

"市场"的含义之一是指有购买力、有购买欲望的顾客群体。按顾客购买目的或用途的不同，市场可分为组织市场和消费者市场两大类。组织市场（Organization Market）指以某种组织为购买单位的购买者所构成的市场，购买目的是生产、销售、维持组织运作或履行组织职能。消费者市场（Consumer Market）是个人或家庭为了生活消费而购买产品和服务的市场。生活消费是产品和服务流通的终点，因而消费者市场也称为最终产品市场。

（二）消费需求的含义

消费需求是指消费者对生活资料的渴求和欲望。这种需求的满足是以社会生产能力和消费者货币支付能力为前提条件的，其表现为两种形式：一是现实需求，是消费者可以马上采取购买行动的需要。二是潜在需求，是指消费者需求欲望存在，但由于各种原因还不能马上采取购买行动的需要。它受购买能力、价格、包装、服务等条件影响。一旦条件成熟，潜在需求马上转变为现实需求。

（三）消费需求的特征

（1）广泛性。生活中的每一个人都不可避免地发生消费行为或消费品购买行为，成为消费者市场的一员，因此，消费者市场人数众多、范围广泛。

（2）分散性。消费者的购买单位是个人或家庭。一般而言，家庭商品储藏地点小、设备少，买大量商品不易存放；家庭人口较少，商品消耗量不大；再者，现代市场商品供应丰富，购买方便，随时需要，随时购买，不必大量储存。这些因素引致消费者每次购买数量零星、购买次数频繁，易耗的非耐用消费品更是如此。

（3）复杂性。消费者受到年龄、性别、身体状况、性格、习惯、文化、职业、收入、教育程度和市场环境等多种因素的影响而具有不同的消费需求和消费行为，所购商品的品种、规格、质量、花色和价格千差万别。

（4）易变性。消费需求具有求新求异的特性，要求商品的品种、款式不断翻新，有新奇感，不喜爱一成不变的老面孔。许多消费者对某个新品种、新款式的共同偏好就形成了消费风潮，这与科学技术的进步并无必然联系，只是反映消费心理的变化。商品的更新并不表示质量和性能有所改进，只是反映结构和款式等形式上的变化。随着市场商品供应的丰富和企业竞争的加剧，消费者对商品的挑选性增强，消费风潮的变化速度加快，商品的流行周期缩短，千变万化，往往令人难以把握。

（5）发展性。人类社会的生产力和科学技术总是在不断进步，新产品不断出现，消费者收入水平不断提高，消费需求也就呈现出由少到多、由粗到精、由低级到高级的发展趋势。"发展性"与"易变性"都说明消费需求的变化，区别在于"易变性"说明变化的偶然性和短期现象，"发展性"说明变化的必然性和长期趋势；"易变性"说明与科技进步无关的变化，"发展性"说明与科技进步有关的变化。

（6）情感性。消费品有千千万万，消费者对所购买的商品大多缺乏专门的甚至是必要的知识，对质量、性能、使用、维修、保管、价格乃至市场行情都不太了解，只能根据个人好恶和感觉做出购买决策，多属非专家购买，受情感因素影响大，受企业广告宣传和推销活动的影响大。

（7）伸缩性。消费需求受消费者收入、生活方式、商品价格和储蓄利率影响较大，在购买数量和品种选择上表现出较大的需求弹性或伸缩性。收入多则增加购买，收入少则减少购买。商品价格高或储蓄利率高的时候减少消费，商品价格低或储蓄利率低的时候增加消费。

（8）替代性。消费品种类繁多，不同品牌甚至不同品种之间往往可以互相替代。消费者在有限购买力的约束下对满足哪些需要以及选择哪些品牌来满足需要必然慎重地决策且经常变换，导致购买力在不同产品、品牌和企业之间流动。

（9）地区性。同一地区的消费者在生活习惯、收入水平、购买特点和商品需求等方面有较大的相似之处，而不同地区消费者的消费行为则表现出较大的差异性。

（10）季节性。一是季节性气候变化引起的季节性消费，如冬天穿棉衣，夏天穿单衣；热天买冰箱，冷天买电热毯等。二是季节性生产而引起的季节性消费，如春夏季是蔬菜集中生产的季节，也是蔬菜集中消费的季节。三是风俗习惯和传统节日引起的季节性消费，如端午节吃粽子、中秋节吃月饼等。

思政园地

把握市场需求新特征　满足人民群众新需求

供给和需求是市场经济内在关系的两个基本方面，是既对立又统一的辩证关系，二者你离不开我、我离不开你，相互依存、互为条件。没有需求，供给就无从实现，新的需求可以催生新的供给；没有供给，需求就无法满足，新的供给可以创造新的需求。事实证明，我国不是需求不足，或没有需求，而是需求变了，供给的产品却没有变，质量、服务跟不上。有效供给能力不足带来大量"需求外溢"，消费能力严重外流。在构建新发展格局、推动高质量发展的伟大进程中，必须准确把握市场需求新特征，更好地满足人民群众的新需求。

目前，我国人均国内生产总值达到1万美元，城镇化率超过60%，中等收入群体超过4亿人，市场需求特征有了重大变化，人民对美好生活的要求也在不断提高。习近平指出："从消费需求看，过去，我国消费具有明显的模仿型排浪式特征，你有我有全都有，消费是一浪接一浪地增长。现在，'羊群效应'没有了，模仿型排浪式消费阶段基本结束，消费拉开档次，个性化、多样化消费渐成主流，保证产品质量安全、通过创新供给激活需求的重要性显著上升。"因此，亟须优化现有产品供给结构，从深层次上解决供给同需求错位问题。也就是说，"必须把改善供给结构作为主攻方向，实现由低水平供需平衡向高水平供需平衡跃升"。

资料来源：吕一林，陶晓波.市场营销学[M].中国人民大学出版社，2019(4).

（四）消费者市场的购买对象

消费者进入市场，其购买对象（指消费品）是多种多样的。消费者在购买不同的消费品时，有不同的行为特点，企业针对每一种消费品，应该有与之相适应的营销组合策略。

1. 依据消费者的购买习惯划分

（1）便利品。便利品又称日用品，是指消费者日常生活所需的需重复购买的商品，诸如食品、饮料、肥皂、洗衣粉等。消费者在购买这类商品时，一般不愿花很多的时间比较价格和质量，愿意接受其他代用品，多数选择就近购买。因此，便利品的生产者，应注意分销的广泛性和经销网点的合理分布，以便消费者能及时就近购买。

（2）选购品。选购品是指价格比便利品要贵、消费者购买时愿花较多时间对许多同类产品进行比较之后才决定购买的商品，如服装、家电等。消费者在购买前，对这类商品了解不多，因而在决定购买前总是要对同一类型的产品从价格、款式、质量等方面进行比较。生产经营选购品的企业应将销售网点设在商业网点较多的商业区，并将同类产品销售点相对集中，以便顾客进行比较和选择。

（3）特殊品。特殊品是指消费者对其有特殊偏好并愿意花较多时间和精力去购买的消费品，如汽车、高档家具等。消费者在购买前对这些商品已经有了一定的认识，偏爱特定的品牌，不愿接受代用品。为此，企业应注意争创名牌产品，扩大本企业产品的知名度。

2. 依据产品的耐用性划分

（1）耐用品。耐用品一般是指使用年限较长、价值较高的有形产品，通常有多种用途，例如冰箱、电视机、高档家具等。消费者购买这类商品时，决策较为慎重，一般需要提供较多的售前售后服务和担保条件。生产这类商品的企业，要注重技术创新，提高产品质量，同时要做好售后服务，满足消费者的购后需求。

（2）非耐用品。非耐用品一般是指有一种或几种消费用途的低值易耗品，如解渴饮料、食盐、肥皂等。这类产品消费快,购买频率高。企业的营销战略应该是:使消费者能在许多地点方便地购买;价格中包含的利润要低;加强广告宣传以吸引消费者试用并形成偏好。

3. 依据产品的有形与否划分

(1)有形产品。有形产品是指使用价值必须借助有形物品才能发挥其效用,且该有形部分必须进入流通和消费过程的产品。企业对有形产品的营销战略是加快产品创新能力,包括技术上的、功能上的、外观上的和包装上的创新,顺应消费者消费心理的变化。

(2)无形产品。服务,也称无形产品,是指一方能向另一方提供的基本上无形,并且不引致任何所有权的产生的活动或利益。服务产品是无形的,无法触摸到的,顾客购买服务的过程就是感知服务的过程,其伸缩性很强。因此,企业必须把顾客感知到的产品同自己所提供的出售物联系起来,从顾客的角度去考虑、分析、管理服务的生产过程。

二、消费者的购买动机

(一) 购买动机的概念

动机是指推动人们进行各种活动的愿望和理想。动机是行为的直接原因,它推动和诱发人们发生某种行为,并规定了行为的方向。动机是由需要产生的,人们的需要复杂多样,动机也就有多种多样。在一定时期内,人们在众多的动机中只有一个最强烈的动机,这一动机最能引起人们行为的产生。需要、动机、行为三者之间相互联系、相互影响,构成了一个循环过程,如图3-1、图3-2所示。

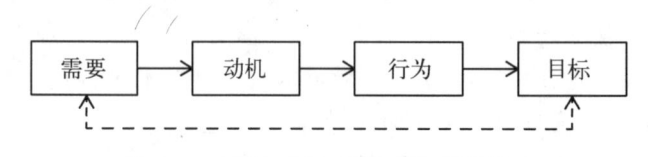

图3-1 需要、动机、行为、目标间的关系

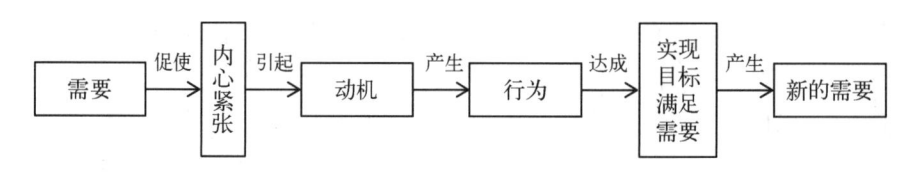

图3-2 购买过程循环

消费者购买动机(Consumer Purchase Motives)是指消费者为了满足某种需要,产生的对某种商品的购买欲望和意向。动机是人们的一种心理状态,它由需要所激发,并引致人们产生购买行为。

心理学家提出多种理论揭示人类行为动机与消费者购买动机,马斯洛需要层次理论是得到广泛应用的动机理论之一。第二次世界大战后,美国心理学家马斯洛(A. H. Maslow)提出了需要层次论,将人类的需要由低到高分为五个层次,即生理需要、安全需要、社交需要、尊敬需要和自我实现需要。

(1) 生理需要，是指为了生存而对必不可少的基本生活条件产生需要。如由于饥、渴、冷、暖而对吃、穿、住产生需要，它保证一个人作为生物体而存活下来。

(2) 安全需要，是指维护人身安全与健康的需要。如为了人身安全和财产安全而对防盗设备、保安用品、人寿保险和财产保险产生需要；为了维护健康而对医药和保健用品产生需要等。

(3) 社交需要，是指参与社会交往，取得社会承认和归属感的需要。消费行为必然会反映这种需要，如为了参加社交活动和取得社会承认而对得体的服装和用品产生需要；为了获得友谊而对礼品产生需要等。

(4) 尊敬需要，是指在社交活动中受人尊敬，取得一定社会地位、荣誉和权力的需要。如为了表明自己的身份和地位而对某些高档消费品产生需要等。

(5) 自我实现需要，是指发挥个人的最大能力，实现理想与抱负的需要。这是人类的最高需要，满足这种需要的产品主要是思想或精神产品，如教育与知识等。

按马斯洛(A. H. Maslow)的需要层次理论，一般来说，人对需要的满足，是从较低层次的需要转向较高层次的需要，从基本的需要转向发展的需要，消费者会首先满足最重要的需要，当该需要被满足后就不再是一个动机，消费者会继续满足下一个相对重要的需要，产生新的动机。

(二) 购买动机的类型

人的动机十分复杂多样，因而购买动机也同样复杂。根据有些心理学家的分析，驱使人们行动的动机不下600种。而且按照不同方式组合、交织在一起，互相作用、互相制约，构成各种各样的动机体系，指导、激励、推动着人们沿着一定的方向行动，演奏出丰富多彩的人类社会生活交响曲。一般来讲，购买动机产生的原因，可分为两类：一类是由于需要而引起的购买动机；另一类是由于外界影响而激发的购买动机。消费者的购买动机由生理、认识、感情等心理活动过程而引起，因此可分为生理动机和心理动机。

1. 生理动机

生理动机，又称本能动机，是由生理需要引起的购买动机。人们的生理需要因目的不同而存在很大差异，由此引发的生理动机就表现为多种形式。

(1) 生存动机。生存动机是为满足维持生命的需要而产生的购买动机。如饥时思食、渴时思饮、寒时思衣等。

(2) 安全动机。安全动机是为保护生命安全的需要而产生的购买动机。如为治病而购买药品，为免遭雨淋而买雨具，为防止意外损伤而购买保险等。

(3) 繁衍动机。繁衍动机是为组织家庭、繁衍后代、抚育子女而产生的购买动机。如为组织家庭而购买结婚用品，为抚养子女而购买儿童用品等。

生理动机大多表现在引起人们购买吃、穿、用等生活必需品的行动中，因而生理动机在诸多动机中起着主导作用，并成为作用最广的购买动机。同时，生理动机产生的时间短，引起的购买行为具有经常性、习惯性和稳定性的特点。尽管如此，在现代市场上，单纯由生理动机驱使的购买行为并不多见，在购买过程中总是混杂着其他动机。例如，因下雨需购买雨伞,这是安全动机的要求,但要买哪种雨伞,是塑料面的、尼龙面的,还是布面的;是不能折叠的,还是能折叠的;在折叠伞中,是二折的,还是三折的;从色彩来说,是黑色的、黄色的,还是花色的;等等。这些选择,则是由心理动机决定的,因为这里面还包含着人们的享受欲、表现欲、爱美欲等。因此,作为营销企业,即使供应的是生活必需品,也必须注意产品的内在质量、外观质量、花色品种和生产成本等,以保证产品价廉物美。

2. 心理动机

心理动机是由人们的心理活动过程引起的购买动机。消费者对市场有多方面的心理要求:一是希望能在市场上得到称心如意、符合需要的商品;二是希望商品的价格合理,并同自己的购买能力相适应;三是希望商品供应的时间、地点、方式适合自己的购买要求;四是希望得到良好的销售服务。这些要求,既有个人的因素,又有社会条件的影响。反映在购买动机上,就分为个人心理动机和社会心理动机两大类。

(1) 个人心理动机。个人心理动机是指由个人心理活动产生的购买动机,具体分为三种类型:① 感情动机。由人们的感情要求引起的购买动机称为感情动机,包括情绪动机和情感动机两种。情绪动机是由人的喜、怒、哀、乐、欲、爱、恶、惧等情绪影响产生的动机。由于人们的情绪变化是波动的,所以情绪动机引起的购买行为都具有冲动性、即景性和不稳定性的特点。情感动机是由人的道德感、群体感、美感等人的感情所引起的购买动机。例如,人们为了爱美而购买漂亮的衣服和化妆品,为了友谊而购买礼品等。不同修养情操的人,情感是不同的,购买行为也就有所差别,但这类动机引起的购买行为是稳定的。② 理智动机。这是建立在人们对商品的客观认识之上,经过分析、比较后产生的购买动机。理智动机具有周密性、客观性和控制性的特点。在这种动机驱使下的购买,比较注意商品的品质,讲求实用、可靠、价格合理、设计科学、使用方便、服务周到等。一般说来,性格稳重、具有一定文化修养、深谋远虑的消费者都会具有这种购买动机。③ 惠顾动机。惠顾动机亦称偏爱动机,是人们在总结感情和理智经验的基础上,由于对某类商品或某种商品产生特殊的信任和爱好而重复购买的动机。造成消费者产生偏爱而惠顾的原因一般在于服务周到、企业信誉好、物美价廉、花色品种齐全、购买方便等。

(2) 社会心理动机。由社会因素引起的心理动机称为社会心理动机。任何消费者都生活在一定的社会环境中,因此,社会风俗习惯、社会时尚、社会文化、社会群体、经济收入等都会影响消费者的心理,从而引起了多种动机。消费者的社会心理动机可分为如下几种:① 求实动机。即以追求商品的使用价值为主要特征的购买动机。持这种动机的消费者在购买商品时,讲求商品的内在质量和实际效用,做到一分钱买一分货。② 求新动机。即以注重商品的时尚为主要特征的购买动机。持这种动机的消费者在购买商品时,追求商品的时髦、奇特,要求款式新颖、格调清新、社会流行等。③ 求美动机。即以重视商品的欣赏价值和艺术价值为主要特征的购买动机。持这种动机的消费者在购买商品时,追求商品的装饰性、色彩的艺术性,要求商品能美化人体、装饰环境、陶冶情操。④ 求廉动机。即以追求商品的价格低廉为主要特征的购买动机。持这种动机的消费者在购买商品时,特别注重商品的价格,要求价廉物美。⑤ 求名动机。即以追求商品能显示自己的地位和威望为主要特征的购买动机。持这种动机的消费者在购买商品时,为了显示自己特殊的身份、地位,特别注重商品商标的名声、生产和销售企业的声誉、商品的"吉利"名称和高价格等。⑥ 求同动机。也称仿效心理动机,即以注重追随社会潮流为主要特征的购买动机。持这种动机的消费者在购买商品时,愿意随大流,适应社会的传统习惯,又不甘于落在潮流的后面,因而购买那些周围的人普遍购买的商品。⑦ 求异动机。也称求奇动机,即以追求商品的与众不同为主要特征的购买动机。持这种动机的消费者在购买商品时愿意标新立异,表现出自己与众不同的特点,因而购买那些在花色品种、式样等方面,周围的人从未买过的商品。⑧ 求安全动机。即以追求商品的安全性能为主要特征的购买动机。持这种动机的消费者在购买商品时,希望商品在使用过程中性能安全可靠。这种动机表现在衣、食、住、行的各个方面。特别是在购买食品、药品、洗涤用品、卫生用品、家用电器、交通工具、老人与儿童用品及外出旅游时,追求安全的动机表现得更为突出。综上所述,消费者的购买动机是纷繁复杂的,同一购买行为可由不同的购买动机引起,同一购买动机也可引起不同的购买行为,因而必须认真分析、深入研究,以便确立正确的市场营销策略。

（三）消费者购买行为模式

对消费者购买行为规律的研究首先涉及消费者购买行为的基本模式,它主要回答以下一些问题,这样就形成了 7O's 的框架,也称为 6W1H 研究方法,如表 3-1 所示。

表 3-1 7O's 框架

消费者市场由谁构成(Who)	购买者(Occupants)
消费者市场购买什么(What)	购买对象(Objects)
消费者市场为何购买(Why)	购买目的(Objectives)
消费者市场有谁参加(Who)	购买组织(Organizations)
消费者市场怎么购买(How)	购买方式(Operations)
消费者市场何时购买(When)	购买时间(Occasions)
消费者市场何地购买(Where)	购买地点(Outlets)

表 3-1 中提出的问题往往要通过广泛深入的市场调查来获得答案,而企业则必须在此基础上去发现消费者的购买行为规律,并有的放矢地开展营销活动。

要使企业的营销活动获得成功,关键要看这些活动是怎样对消费者产生影响的,不同的消费者又各自会对其做出怎样的反应,而形成不同反应的原因又是什么。我们可从"认识—刺激—反应"模式出发建立消费者的购买行为模型(见图 3-3)。

外界刺激		消费者黑箱		消费者反应
营销刺激	环境刺激	消费者的特征	消费者决策过程	购买决策
产品 价格 渠道 促销	经济 技术 政治 文化	文化 社会 个人 心理	确认需求 信息搜集 方案评估 购买决策 购买过程	产品选择 品牌选择 经销商选择 时机选择 数量选择 支付方式选择

图 3-3 消费者购买行为模型

从图 3-3 的购买行为模型我们可以看到，具有一定潜在需要的消费者首先是受到企业的营销活动刺激和各种外部环境因素的影响而产生购买意愿的，而不同特征的消费者对外界的各种刺激和影响又会基于其特定的内在因素和决策方式做出不同的反应，从而形成不同的购买选择和购买行为。这就是消费者购买行为的一般规律。

在这一购买行为模型中，"营销刺激"和各种"外部刺激"是可以看得到的，购买者最后的决策和选择也是可以看得到的，但是购买者如何根据外部的刺激进行判断和决策的过程却是看不见的。这就是心理学中的所谓"黑箱"效应。购买者行为分析就是要对这一"黑箱"进行分析，设法了解消费者的购买决策过程以及影响这一决策过程的各种因素的影响规律。所以，对消费者购买行为的研究主要包括两个部分：一是对影响购买者行为的各种因素的分析；二是对消费者购买决策过程的研究。

（四）消费者的购买决策过程

消费者的购买决策过程（Consumer Purchase Decision-making Process）是消费者在购买产品或服务过程中所经历的步骤。西方营销学者将消费者购买决策的一般过程分成五个阶段（见图 3-4）。

确认需要 → 信息收集 → 方案评估 → 购买决策 → 购后过程

图 3-4 消费者购买决策过程

1. 确认需要

消费者的购买行为过程从对某一问题或需要的认识开始。由于有了某种需要，而这种需要又未得到满足，人们才会通过购买行为来使之满足。所以，消费者总是首先要确认自己还有哪些需要未得到满足，在多种需要都未得到满足的情况下，迫切希望最先得到满足的需要是什么，然后才会考虑购买什么、购买多少，所以确认需要是购买过程的起点。

人们的需要可以是由内在的刺激引发的，也可以是由外在的刺激引起的。例如，饥渴会驱使人们购买食物，而鲜美的食物也会刺激人们的食欲而促使人们去购买。可见，市场营销活动不仅应当进行缜密的市场调查，了解人们的需要并根据人们的需要提供合适的商品,而且应通过产品创新来唤起人们的需要。日本索尼公司的一位高级工程师曾说:"我们的产品开发不涉及市场调查,公司开发的产品只迎合设计者自己的要求。"索尼公司的创始人盛田昭夫说:"市场调查都装在我的大脑里,你瞧,市场由我们来创造。"其实,他们都没有否定企业的产品必须适应市场需求,只是他们强调了引发人们需要的另一个方面,即外界的刺激引发人们的需要。若一种产品能为人们提供某种新的效用,就能激发人们新的需要,从而可以创造新的市场。

营销人员应去识别引起消费者某种需要的环境,从消费者那里去收集信息,弄清楚可能引起消费者对某些商品感兴趣的刺激因素,从而制定适宜的营销战略。

2. 信息收集

消费者一旦确认了自己最先希望得到满足的需要以后,由于需要会使人产生注意力,因此,便会促使消费者积极收集有关的信息,也就是有关能够满足自己需要的商品或服务的资料,以便做出购买决策。通常,消费者会通过以下渠道去收集有关信息:个人来源——朋友、邻居、熟人等;商业来源——广告、推销员、经销商、产品说明书、展览会等;公共来源——大众传播媒介、消费者团体和机构等;经验来源——产品的比较、使用等。

每一信息来源对于消费者购买决策所起的影响作用是不一样的。其中,商业信息起告知作用,即告诉消费者何时、何地可以买到何种品牌、规格、型号的某种商品。而个人信息来源对消费者做出的购买决策是否正确合理,具有建议和评价的作用。

消费者对全部品牌不一定都熟悉,有时也仅仅熟悉其中的一部分(知晓品牌),而在这几个品牌中可能只有某几个品牌的商品符合其购买标准(可供考虑品牌)。当消费者收集了大量信息之后,可能仅有少数品牌作为重点选择对象(选择组)。最后,消费者根据自己的评价,从中选择某一品牌作为最终决策。因此,企业首先必须采取有效措施,使自己品牌的产品进入潜在顾客的知晓组、可供考虑组和选择组。无法进入以上各组的品牌产品,就可能失去市场机会。企业还必须研究哪些品牌会留在顾客选择组内,从而制订出竞争力更强、吸引力更大的计划,使自己品牌的产品成为顾客最终决策的选择对象。

3. 方案评估

即对从各种来源得到的资料进行整理、分析,形成不同的购买方案,然后进一步对各种购买方案进行评价,做出购买选择。消费者在对不同的购买方案进行评价时,由于前面所述各种不同因素的影响,对同一种商品往往有不同的评价方法。通常,有以下几种情况:

(1) 单因素评价。即消费者根据自己需要的具体情况,只按照自己认为最重要的某一个标准做出评价。通常人们在购买一些廉价易耗品时往往采用这种评价方法。如人们在购买一些一次性使用的筷子、餐巾纸等小商品时,往往只把价格因素作为主要的选择标准。

(2) 多因素综合评价。即消费者不是根据某一个标准,而是同时根据多个标准对购买方案做出综合性的评价。通常,人们在购买一些高价商品时,总是要采用多个评价标准对购买方案做出评价。如一个购房者在评价购房方案时,往往不仅要考虑住宅的价格,而且会同时考虑住房的地段、楼层、朝向、房型、周围环境、物业管理等多种因素,因而有多个标准。

（3）互补式评价。即消费者不是根据某几个因素决定取舍，也不是按照最低标准决定取舍，而是综合考虑商品的各个特性，取长补短，选择一个最满意的结果。例如，在选购彩电时，虽然事先也确定了一些标准，如价格、大小、外观造型等，但在具体评价时，不是固执地坚持这些标准，而是综合评价各种因素。如价格虽然比原来标准高了一些，但外观造型比原来设想得更美观，美观的造型弥补了价格上的缺憾，因而也是可取的。

（4）排除式评价。即消费者在选择商品时，首先确定一个自己认为最起码的标准，根据这一标准排除那些不符合要求的商品，缩小评价范围；然后对入选的商品确定一个最低标准，再把那些不符合最低标准的商品排除在外，以此类推，直到满意为止。如一个消费者在评价购买彩电的方案时，他可能首先从收集到的关于彩电的资料中把那些超过心理价位的彩电排除掉，然后再对余下的购买方案确定一个最低标准（如必须是在29英寸以上的），这样又把29英寸以下的彩电排除掉了，以此类推，直到找到一个满意的结果为止。

4．购买决策

经过上述评价过程后，即进入了购买决策和实施购买阶段。消费者最后购买决策的做出，有两种因素会起作用：

第一种因素是他人的态度。如果购买计算机的消费者选择了A品牌之后，而其太太却认为应该购买价格更为低廉的计算机时，他有可能改变选择。其他人的态度对消费者的影响程度取决于两种情况：一是其他人对某品牌持强烈的否定态度；二是购买者常有遵从其他人的愿望。

第二种因素是未预期到的情况。有时如未预期到的情况突然出现，也可能改变消费者的购买意图。如果在消费者评价后但尚未实施购买行为之前，突然有一种性能更优越的新型计算机上市，或者消费者突然听到别人谈论A品牌计算机的某些明显的缺陷之后，都有可能改变他的最后决策。消费者推迟、修改或回避做出决策的可能性是经常出现的。因为消费者可能受到可察觉的风险的重大影响，无法确定购买结果，产生了担心，形成了风险负担。此时，他常常暂缓决策，进一步收集信息，或购买名牌产品来规避风险。而营销人员则应了解，究竟是什么因素促使消费者形成风险负担，尽可能采取措施来帮助消费者消除此类负担。

消费者决定实施购买意愿时会做出六种购买决策：产品决策、品牌决策、经销商决策、时间决策、数量决策、支付方式决策。

5．购后过程

与传统市场观念相比，现代市场营销观念最重要的特征之一是重视对消费者购后过程的研究以提高其满意度。消费者的购后过程分为三个阶段，即购后使用和处置、购后评价、购后行为。

（1）购后使用和处置。

消费者在购买所需商品或服务之后，会进入使用过程以满足需要。购后使用和处置有时只是一个直接消耗行为，比如喝饮料、看演出等；有时则是一个长久的过程，如家电、家具、汽车等耐用消费品的使用，营销人员应当关注消费者如何使用和处置产品。如果消费者使用频率很高,说明该产品有较大的价值,会增强其对购买决策正确性的信心,有的消费者甚至为产品找到新用途,这些都对企业有利。如果一个应该有高使用频率的产品而消费者实际使用率很低或闲置不用,甚至丢弃,说明消费者认为该产品无用或价值较低,或产生不满意,进而怀疑或懊悔自己的购买决定。

(2) 购后评价。

消费者通过使用和处置过程对所购产品和服务有了更加深刻的认识,检验自己购买决策的正确性,确认满意程度,作为以后类似购买活动的参考。消费者的购后满意程度不仅仅取决于产品质量和性能发挥状况,心理因素也具有重大影响。顾客满意的理论主要是预期满意理论。

(3) 购后行为。

顾客对产品的评价会形成对该产品的信赖、忠诚或者是排斥态度,决定了相应的购后行为。信赖产品,就会重复购买同一产品,并推荐该产品给周围的人群;对产品不满意,就会抱怨、索赔、个人抵制或不再购买、劝阻他人购买、向有关部门投诉。

企业应当采取有效措施减少或消除消费者的购后失调感。例如,耐用消费品经营企业在产品售出以后应定期与顾客联系,感谢购买,并指导使用,提供维修保养,通报本企业产品的质量、服务和获奖情况,征询改进意见等,还可以建立良好的沟通渠道处理消费者意见并迅速赔偿消费者所遭受的不公平损失。事实证明,购后沟通可减少退货和退订现象。如果让消费者的不满发展到投诉或抵制该产品的程度,企业将遭受更大的损失。消费者的购后感受如图3-5所示。

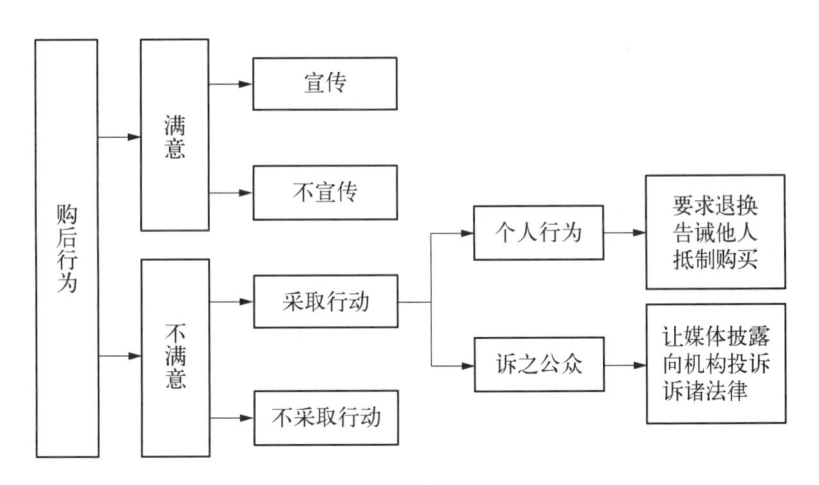

图3-5 消费者的购后感受

(五) 消费者的购买角色

消费者可能在购买活动中扮演五种角色:

(1) 倡导者:首先建议或想到购买某种产品或服务的人。
(2) 影响者:观点或决策直接或间接影响购买决策的人。
(3) 决策者:最后决定或部分决定购买的人,如买什么、怎么买、买多少。

(4) 购买者：实际执行购买决策的人。

(5) 使用者：实际使用或消费商品的人。

这五个角色可以是一个人，也可以是五个甚至更多的人。对市场营销人员来说，准确识别谁是"决策者"非常关键，因为决策者在购买决策过程中起着决定性的作用。而在家庭生命周期的不同阶段，对于不同的商品、不同的家庭结构，决策者和影响者各不相同。

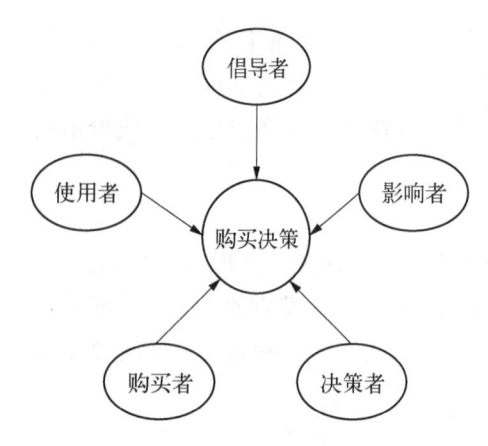

图 3-6　参与购买决策的角色

（六）消费者购买行为的类型

消费者购买行为随其购买商品的复杂性和购买情况的不同以及购买者不同而有所区别。因此，对消费者购买行为类型的研究，不可能逐个地具体分析，只能按不同的角度划分，概括性地分析其活动规律、行为特征和产生的原因。

1. 按购买目标选定程度划分

（1）全确定型。这类消费者购买目标明确，进店前已对欲购商品的市场行情、性能有一定的了解，进店后能够有目的地选择商品，主动提出欲购商品的型号、规格、样式、价格等诸方面要求，遇到符合要求的商品会毫不迟疑立即买下。这种购买行为一般表现在日用品上。

（2）半确定型。这类消费者有大致的购买目标，但缺乏明确具体的要求。在售货现场要经过一定的比较选择后才能完成购买行为。其在与售卖者的信息交流中不能提出具体要求，注意力分散，指向极易在商品之间转换，决策依现场情景而定。这种购买行为一般表现在选购品和特殊品上。

（3）不明确型。这类消费者没有明确的购买目标，进店后无目的地浏览观看商品，对商品的需要处于"潜意识"，对商品的要求不明确，遇到引起兴趣与合适的商品也会购买。

2. 按购买者的购买介入程度和品牌差异划分

（1）习惯性购买行为。对于价格低廉、经常购买、品牌差异小的产品，消费者不需要花时间选择，也不需要经过收集信息、评价产品特点等复杂过程，因而，其购买行为最简单。消费者只是被动地接收信息，出于熟悉而购买，也不一定进行购后评价。这类产品的厂商可以用价格优惠、电视广告、独特包装、销售促进等方式鼓励消费者试用、购买和续购其产品，从而使产品卖得更好。

（2）寻求多样化购买行为。有些产品品牌差异明显，但消费者并不愿花时间来选择和估价，而是不断变换所购产品的品牌。这样做并不是因为对产品不满意，而是为了寻求多样化。针对这种购买行为类型，厂商可采用销售促进和占据有利货架位置等办法，保障供应，鼓励消费者购买，从而使产品卖得更好。

（3）化解不协调购买行为。有些产品品牌差异不大，消费者不经常购买，而购买时又有一定的风险，所以，消费者一般要比较、看货，只要价格公道、购买方便、机会合适，消费者就会决定购买。购买以后,消费者也许会感到有些不协调或不够满意,在使用过程中,会了解更多情况,并寻求种种理由来减轻、化解这种不协调,以证明自己的购买决定是正确的。经过由不协调到协调的过程,消费者会有一系列的心理变化。针对这种购买行为类型,厂商应注意运用价格战略和人员推销战略,选择最佳销售地点,并向消费者提供有关产品评价的信息,使其在购买后相信自己做了正确的决定,从而使产品卖得更好。

(4) 复杂购买行为。当消费者购买一件贵重的、不常买的、有风险的而且又非常有意义的产品时,由于产品品牌差异大,消费者对产品缺乏了解,因而需要有一个学习过程,去广泛了解产品性能、特点,从而对产品产生某种看法,最后决定购买。对于这种复杂购买行为,厂商应采取有效措施帮助消费者了解产品性能及其相对重要性,并介绍产品优势及其给购买者带来的利益,从而影响购买者的最终选择,使产品卖得更好。

表 3-2 消费者购买行为类型

品牌差异 \ 介入程度	高 度 介 入	低 度 介 入
品牌差异大	复杂购买行为	寻求多样化购买行为
品牌差异小	化解不协调购买行为	习惯性购买行为

(七) 影响消费者购买行为的因素

目前,在关于影响消费者购买行为的因素的研究中,得到广泛认可的观点是美国营销学家科特勒的理论。科特勒认为,消费者的购买行为受文化、社会、个人及心理特征的影响很大,此外,也会受到消费情境的影响。

1. 文化因素

(1) 文化

文化有广义与狭义之分。广义的文化是指人类创造的一切物质与精神财富的总和;狭义的文化是指人类从生活实践中建立起来的价值观念、道德、信仰、理想和行为方式的综合体。因为每个个体都在特定的社会文化环境中成长,所以文化是影响消费者心理与行为的重要因素,文化决定人类的欲望和行为,文化的差异引起消费行为的差异,不同地区、不同民族在语言、饮食、服饰、节庆、建筑、礼仪、习惯等方面有较大的差异。当代文化主要有如下变化趋势:

① 知识化趋势。当前许多国家把科教放在第一位,受教育的人越来越多。随着文化教育水平的提高,传统观念必然受到挑战。越是教育层次高的,思想越开放,向某些传统观念的挑战越强烈。在当今知识经济时代,许多人乐于收集诸如衣、食、住、体育、娱乐等个人生活方面的信息,他们热衷于猎奇求新,以满足心理上的某种需要。

② 个性化趋势。中青年一代喜欢表现自己的个性特点,越来越多的人按照自己的观念和爱好来生活,喜欢标新立异。例如,当代法国男人使用的化妆美容品的数量竟然是他

们妻子的两倍,这体现了法国男人的与众不同和爱美的个性。

③ 休闲娱乐趋势。当代人喜欢轻松的生活方式,挑选宽松的家常便服,家庭布置也趋于简单化。

④ 运动导向趋势。各种运动俱乐部正在与日俱增,游泳、体操、爵士舞、中国武术、网球、高尔夫、冲浪等,提供这些运动的学校、训练室、俱乐部等组织犹如雨后春笋般地出现。如今,奥运会和足球世界杯等活动的关注者也越来越多,运动会的规模一次比一次大。

(2) 亚文化

亚文化(Subcultures)是指某一文化群体中的次级群体所拥有的文化。亚文化以特定的认同感和社会影响力将群体成员联系在一起。亚文化现象能够存在和发展,一方面是因为社会文化是不断变化的,总有一些文化在其刚刚产生或逐步衰败时不能成为社会的主流文化;另一方面是因为地区和群体的存在,在不同地区的不同群体中,其成员除了受社会主流文化的影响外,还保持了这一地区或这一群体所特有的信仰、价值观念和行为习惯,这些就属于亚文化。

我国是一个多民族的国家,人们在民族背景、宗教信仰、风俗习惯等方面存在诸多差异,因此,我国也存在许多亚文化现象。亚文化的内涵很广泛,从某种意义上讲,在民族、种族、宗教、地域、年龄、性别等方面可能存在的文化差异现象,都可以视为亚文化现象。对于消费心理与行为,亚文化的影响比文化的影响更大、更深入。亚文化有多种分类方法,其中美国学者 T. S. 罗伯逊的分类法最具有代表性。典型的亚文化有:

① 民族亚文化。每个国家和地区都是各民族的融合体,每个民族都有自己的价值观,并以此为核心形成自己的文化体系,因此各民族在信仰、爱好、风俗习惯和生活方式等方面都有独特之处。比如,阿拉伯人在商务谈判中不喜欢规定截止日期,截止日期会让他们感到有威胁,并产生压抑的感觉。与此相反,美国人却认为明确截止日期有助于推进商业活动。类似的民族文化的差异比比皆是,因此市场营销人员应当对不同民族的风俗习惯、生活方式和禁忌等有比较清楚的了解。在制订营销计划之前,市场营销人员必须先弄清楚不同民族的思维方式、消费习惯与商业规范,避免文化冲突。

② 宗教亚文化。世界上有多种宗教,不同的宗教有不同的价值观念、行为准则和戒律,影响着人们的交易方式、消费动机与消费行为。从市场营销的角度看,宗教不仅仅是一种信仰,更重要的是,它反映了消费者的理想、愿望和追求。市场营销人员应当针对各种宗教的特点,制定相应的市场营销策略,回避宗教禁忌。比如,我国某公司向伊朗出口皮鞋,因鞋底的花纹图案形似"真主"二字而受到伊斯兰教徒的指责,因为他们不愿把"真主"踩在脚底下,结果销售以失败告终。又如,一位比利时的地毯商由于充分考虑了宗教特点,成功地做成了一笔大买卖。这位地毯商发现阿拉伯的伊斯兰教徒每天向圣城麦加祈祷,便将指南针嵌入地毯内,该指南针指的不是正北方而是麦加方向,新产品推出后深受伊斯兰教徒的欢迎。

③ 地理亚文化。由于自然条件与地理上的差异,不同地区往往具有不同的文化特

色,使人们的消费习惯和消费特点体现出差异。比如,在我国,饮食口味的特点是南甜北咸、东酸西辣,菜系也是按地域分类的,食品生产商就应充分考虑不同地区的饮食习惯。气候特征也是影响消费者行为的因素,适合温带地区的产品未必适合热带和寒带地区,适合高湿度地区的产品可能不适合气候干燥的地区。对于跨地区销售的产品,设计人员与营销人员应注重地理亚文化的差异。

④ 种族亚文化。一个国家可能有不同的种族,不同的种族有不同的文化传统与生活习惯。比如,白种人、黑种人、黄种人的文化差异较大,其购买行为也有较大差异。西方一些大公司常将种族作为细分市场的重要依据,有针对性地开发产品。

除此之外,在国际市场营销中,语言亚文化也应受到重视。语言是文化的载体,也是文化的要素之一。从市场营销的角度看,语言文字的种类、使用范围、使用习惯、语言歧义、语言禁忌和语言敌视会使买卖双方产生沟通障碍。比如,美国通用汽车公司的一款汽车名为"NOVA",该词本是"新星"的意思,在西班牙语里却是"走不动"的意思,"走不动"的汽车有谁会买呢？因此,语言的选择和运用是影响市场营销成败的重要因素,在国际市场上,尤其需要了解目标市场的语言特点,以便选择消费者乐于接受的语言文字。

思政园地

向上向善的文化

文化自信是一个国家、一个民族发展中最基本、最深沉、最持久的力量。向上向善的文化是一个国家、一个民族休戚与共、血脉相连的重要纽带。中国人历来抱有家国情怀,崇尚天下为公、克己奉公,信奉天下兴亡、匹夫有责,强调和衷共济、风雨同舟,倡导守望相助、尊老爱幼,讲求自由和自律统一、权利和责任统一。

资料来源：习近平.在全国抗击新冠肺炎疫情表彰大会上的讲话.2022-09-11.

2. 社会阶层

由于社会差异的存在和社会地位的不同,社会形成了等级结构,出现了社会分层(阶级或阶层)。每个消费者都会被依据经济收入、社会地位等因素而划入一定的社会层次,成为该层次的成员。在社会中生活,人们除了受到社会文化的制约外,还会受到所在社会阶层的影响。这一影响使得处于同一阶层的人具有大致相同的生活方式和消费习惯。

(1) 社会阶层的概念及其特点

社会阶层是一个社会中按等级排列的、具有相对同质性和持久性的群体,每一阶层成员具有类似的价值观、兴趣爱好和行为方式。一般来讲,同一社会阶层的人的行为要比两个不同社会阶层的人的行为更加相似,因此其消费行为也更加接近。

(2) 社会阶层的划分标准

社会阶层不是由一个变量决定的,要全面地把握社会阶层的状况,通常使用综合的标准,其中,职业、收入、财富、受教育水平和价值观是常用的变量。美国社会学家将美国社会划分为七个阶层,即下下层、下上层、劳动阶层、中间层、中上层、上下层、上上层。每一阶层的成员具有相似的价值观、兴趣和行为,而处于不同阶层的人的价值观、欲望、目标、行为明显不同,引致他们在消费取向、品牌偏好、产品选择等购买行为上有较大的差别。

(3) 社会阶层对消费行为的影响

不同阶层的人有不同的生活方式和消费习惯,对待促销和广告的态度也具有较大的差别。高层次的消费者注重成熟感和成就感,对具有象征意义的商品和属于精神享受层面的艺术品比较喜爱;中等层次的消费者注重商品的外观;低层次的消费者则存在立刻获得和立刻满足的消费倾向。具体来说,社会阶层对消费行为的影响主要表现在以下方面:

① 卖场及商品选择。多数消费者习惯于在符合自己身份的卖场购买与身份地位相称的商品。比如,高层次的消费者愿意到专卖店、高档豪华的商店购物,注重商店的华贵与气派;低层次的消费者则喜欢到普通商店购买商品,注重商品的价格与实用性。

② 消费倾向。社会阶层的高低对消费倾向也会产生一定的影响,引致在服装消费、室内装饰、闲暇消遣等方面存在差异。如在美国,高层次的消费者在闲暇时间常常观看戏剧表演、欣赏音乐会、玩桥牌等;低层次的消费者则乐于看电视、钓鱼、逛商店等。

③ 消费信息的传播和接收。社会阶层的不同引致消费者对消费信息的接收方式不尽相同。低层次的消费者习惯于从个人角度具体地描述所观察到的世界,中高层次的消费者则能从不同的角度去描述他们的经验。在接收信息方面,低层次的消费者喜欢看娱乐性刊物、故事性小报,高层次的消费者则喜欢阅读时事性较强的报纸和杂志;在电视节目选择方面,低层次的消费者喜欢看电视连续剧、竞答和喜剧等节目,高层次的消费者则比较喜欢看时事和戏剧节目。消费信息的传播方式因其接收方式的不同而不同。这些特点应该引起营销者的重视,以便更有针对性地在目标顾客熟悉的媒体上传播信息。

3. 社会因素

市场上,消费者的购买行为同样也受到一系列社会因素的影响,如消费者的相关群体、家庭和社会角色。

(1) 相关群体

相关群体(Related Groups)是指对个人的态度、意见和偏好有重大影响的群体。人们的生活方式和偏好不是天生的,而是后天形成的。对消费者的生活方式和偏好有影响的各种社会关系,就称为相关群体。相关群体可分为两类:一类是对个人影响最大的群体,如家庭、亲朋好友、邻居和同事等;另一类是与个人并不直接接触,但影响也很显著的群体,如社会名流、影视明星、体育明星等,他们被称为崇拜性群体。这种崇拜性群体的一举一动常常成为人们仿效的对象。

(2) 家庭

家庭是社会的细胞,对人的影响最大。人们的价值观、审美观、爱好和习惯多半都是在家庭的影响下形成的。在购买者决策的所有参与者中,购买者家庭成员对其决策的影响最大。对购买者决策影响的大小,在不同类型的家庭和不同商品的购买中是不同的。社会学家按家庭权威中心的不同,把家庭分为四类:丈夫决定型,妻子决定型,共同决定型,各自为主型。另外,不同的商品,在家庭中购买决策的重心也不同。

(3) 角色

角色是指一个人在不同的场合担任不同的角色。具有不同社会地位的人,会有不同的需要,购买不同的商品。例如,一个人在家是女儿,成家生子后是妻子和母亲,在单位可能是经理、营业员等。角色有别,在衣、食、住、行等方面也就有不同的要求,对消费行为也会产生不同的影响。

4. 个人因素

购买决策也受其个人特征的影响,特别是受其年龄所处的生命周期阶段、职业、经济环境、生活方式、个性和自我概念的影响。

(1) 年龄和生命周期阶段

人们在一生中购买的商品和服务是不断变化的,幼年时吃婴儿食品,发育和成熟时期吃各类食物,晚年吃特殊食品。同样,人们对衣服、家具和娱乐的喜好也同年龄有关。

(2) 职业

不同的职业决定着人们的不同需要和兴趣,例如,蓝领工人与公司总裁的需要肯定不同,大学教授与打字员的需要也会有很大差别。营销者应当分析出哪种职业的人们对自己的商品有兴趣。有些企业甚至还专门设计生产"老板衫",某些休闲俱乐部号称"老板俱乐部",以吸引经理人士加盟。

(3) 经济环境

一个人的经济环境会严重影响其商品选择。人们的经济环境包括可花费的收入、储蓄和资产、借款能力及对消费与储蓄的态度等。对某些价格敏感型商品的营销人员来说,应该不断注意个人收入、储蓄水平和利率的发展趋势。如果经济指标显示经济衰退时,营销人员应采取措施,对商品重新定位和重新定价,以便继续吸引目标顾客。

(4) 生活方式

生活方式对人们消费需要的影响是显而易见的。有些人虽然出身于同一社会阶层,来自同一文化,具有相似个性,但由于有不同的生活方式,他们的活动、兴趣和见解就不相同。因此,了解目标顾客的生活方式,对于营销者很有意义。市场营销是向消费者提供所有可能的生活方式的一个过程,它使消费者有可能按自己的爱好,选择最适当的生活方式。

(5) 个性和自我概念

每个人都有影响他购买行为的独特个性。关于个性,是指一个人所特有的心理特征,它引致一个人对他或她所处环境的相对一致和持续不断地反应。一个人的个性通常可用自信、支配、自主、顺从、交际、保守和适应等性格特征来加以描绘。个性可以分类,它能成为分析消费者购买行为的一个有用变量,某些个性特征同商品或品牌选择之间关系密切。例如,某经营个人智能手机的公司也许会发现,许多有可能成为其顾客的人具有如下个性特征:他们的自信心、支配和自主意识都极强。这就要求公司运用针对那些购买或拥有智能手机的顾客的某些特征所设计出来的广告手段。营销人员使用一种与个性有关的概念,那就是一个人的自我概念。我们每个人都有一种复杂的内心图像,例如,某公司智能手机的推销目标是那些对质量标准要求最高的人,那么,它的品牌形象必须同顾客的自我形象相匹配,营销人员应该尽力开发符合目标市场自我形象的品牌形象。

> 同步案例
> 圆口杯与斜口杯的故事

5. 心理因素

消费者自身的心理因素也支配着其购买行为,如动机、知觉、学习和态度等。

(1) 动机

动机主要解决人们为什么要购买某产品的问题,是消费者产生购买行为的主要推动力。

(2) 知觉

知觉是人们对感觉到的事物的整体反映。感觉只是对事物个别属性的认识,知觉包括感觉、记忆、判断和思考。了解消费者的知觉现象应遵循如下四条原则:① 知觉是有选择的,即每个人都会有选择地接受各种刺激。一般有:有选择的注意、有选择的知觉、有选择的记忆。② 知觉是有组织的,至于如何组织则受个人特性的影响,即人们受刺激后,会将刺激组织起来,并赋予意义。③ 知觉是受刺激因素影响的,如广告的大小、色彩、明暗对比、出现的频度,都会影响到对这一广告的知觉。④ 知觉受个人因素影响。个人因素包括感觉能力、信念、经历、态度、动机等。

(3) 学习

人类的行为有些是本能的、与生俱来的,但大多数行为(包括购买行为)是从后天的经验中得来的,即通过学习、实践得来的。学习是指由消费者的经验而引起的个人行为上的改变。人类的学习过程是包含驱使力、刺激物、诱因、反应和强化等因素的一连串相互作用的过程,如图 3-7 所示。

```
                    强化
          ┌─────────────────────┐
          ↓                     │
驱使力 → 刺激物 → 诱因 → 反应
```

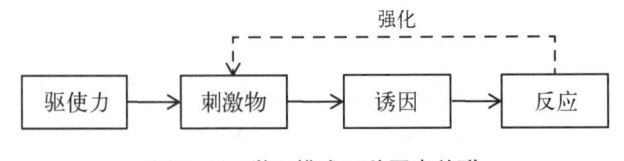

图 3-7 学习模式五种因素关联

例如,一个人在旅游时感到饥饿,这就产生了购买食品的"驱使力"。看到了面包、方便面等食品,这就是"刺激物"。经过考虑决定购买,边走边吃,既省钱又节约时间,这里的"金钱"和"时间"就是做出反应的"诱因"。"反应"则是对刺激物和诱因做出的反射行为。"强化"是指反应得到满足后所产生的效应。如吃了这种食品后的满足程度,就可决定今后是否再购买这种食品。如是正强化,则可能继续发生购买行为;如是负强化,则停止这种食品的购买。

(4) 信念和态度

所谓信念和态度,是指一个人对某一事物的解释方法,即所持的见解和倾向,它是通过后天的学习逐步形成的。

信念作为人们对事物的认识和倾向,它可以建立在不同的基础上。有的建立在个人的"知识和经验"基础上,如"矿泉水"比"汽水"在炎热时更解渴的信念;有的是建立在个人的"见解"基础上,如认为听古典音乐可以陶冶人的情操;有的则是建立在"信任"的基础上,如购买名牌产品等。

不同的信念常常引致消费者对产品的不同态度。态度对购买行为的发生有着重大的影响,企业应重视态度的研究并适应消费者态度的改变。企业要改变消费者的态度是要付出较高的代价的。

第三节 组织市场及其购买行为分析

一、组织市场的概念和类型

在流通领域中不仅存在着消费资料的交换活动,而且存在着生产资料的交换活动。企业不仅把商品和劳务出售给广大个人消费者,而且把大量的原材料、机器设备、办公用品及相应的服务提供给企业、社会团体、政府机关等组织用户。这些组织用户构成了整个市场体系中一个庞大的子市场,即组织市场。对组织市场进行研究,其核心内容就是分析生产者、中间商和政府的购买行为,它是企业开展组织市场营销活动的一项重要内容。

(一) 组织市场的概念

组织市场(Organization Market)是指为进一步生产、维持机构运作或再销售给其他消费者而购买产品和服务的各种组织消费者。简而言之,组织市场是以某种组织为购买单位的购买者所构成的市场。基于对购买者的分析,即根据谁在市场上购买的标准,通常将组织市场进一步划分为产业市场、中间商市场和非营利组织市场(主要是政府市场)。

(二) 组织市场的类型

1. 产业市场

产业市场(Business Market)又称为工业品市场或生产资料市场,它是组织市场的一个组成部分,是指为满足各种营利性的制造业企业和服务业企业因制造或向社会提供服务的需求而提供产品和劳务的市场。组成产业市场的主要行业是农业、林业、渔业、采矿业、制造业、建筑业、运输业、通信业、公共事业、金融业、服务业。

2. 中间商市场

中间商市场(Middleman Market)又称为转卖者市场,是由那些以获取利润为目的来购买商品进行转卖或出租的个人和机构组成的市场,它包括批发商与零售商。批发商与零售商在市场中既是商品购买者,又是商品出卖者。批发商购买商品不是转卖给最终消费者,而是转卖给其他商人,买方主要是零售商和批发商、代理商以及制造商,其次是公共事业单位、服务行业等。而零售商购买商品则主要是直接卖给最终消费者。批发商、零售商购买商品主要是用于转卖,只有数量极少的商品用于本身的经营管理。

3. 政府市场

政府市场(Government Market)又称为政府机构市场,它是由那些为执行政府主要职能而采购或租用物资的各级政府机构组成的。也就是说,在一个国家的政府机构市场上的购买者是这个国家各级政府的采购部门。政府部门购买几乎所有的东西,如武器、计算机、家具、电器、被服、办公用品、卫生设施、通信设备、交通工具、能源等。政府市场采购行为与产业市场的购买行为既有相似之处,也有它自己的特点。

(三)组织市场与消费者市场营销差异的比较

组织市场与消费者市场有不同的市场特点,须采取不同的营销策略。表3-3是对组织市场与消费者市场营销差异所做的比较。

表3-3 组织市场与消费者市场营销差异的比较

	组织市场	消费者市场
产　品	产品较专业,服务很重要	标准化形式、服务因素重要
价　格	多采用招标方式决定	按标价销售
分销渠道	较短,多采用市场直接接触	多通过中间商接触
促　销	强调人员销售	强调广告
顾客关系	长久而复杂	较少接触,关系浅
决策过程	多采用群体决策	个人或家庭决策

二、产业市场及其购买行为

(一)产业市场的特点

1. 购买者较少,购买量较大

在产业市场上,购买者绝大多数是企业单位,购买者的数目必然比消费者市场少得多,购买者的规模也必然大得多。由于企业的主要设备若干年才买一次,原材料、零配件则根据供货合同定期供应,为了保证本企业生产的顺利进行,企业总是要保证合理的储备,因此,每一次总是批量采购,而且在产业市场上的绝大部分产品是由少数几个买方购买。例如,一家轮胎公司在产业市场上的购买者主要是一家或几家汽车公司;在消费者市场上,它的购买者是成千上万的汽车所有者。

2. 购买者地理位置集中

产业市场中的购买者在地理位置上一般比较集中。由于各地资源、交通和历史情况不同,竞争将促使某些产业在地域分布上趋于集中,即便是那些规模分散的产业也比消费者市场在地域分布上更为集中。例如,美国半数以上的产业购买者都集中在纽约、加利福尼亚、宾夕法尼亚、伊利诺伊、俄亥俄、新泽西和密执安7个州;我国的铝制品购买者集中在华南地区,那里有科龙、美的、格力、格兰仕等多家家用电器企业。

3. 派生需求

产业购买者对产业用品的需求归根结底是从消费者对消费品的需求引申出来的。产业市场派生需求的特点要求生产者既要了解自己的直接顾客——产业用户的需求水平、特点及竞争状况,还要了解自己的客户所服务的市场的顾客的需求、特点及竞争状况,直至自己的客户到最终消费者之间所有环节的市场情况。例如,一家化纤厂,不仅要了解纺织厂的购买需求,棉纺、毛纺、化纤之间的竞争,而且应了解服装业的需求,以及消费者对不同纺织面料的需求倾向。

4. 需求缺乏弹性

在产业市场上,产业购买者对产业用品和劳务的需求受价格变动的影响不大,短期需求尤其如此。其主要原因是生产者不可能像消费者改变其需求偏好那样经常变换他们的生产工艺。同时,一件产品通常是由若干零部件组成的,在总成本中占比很小的零部件,即便价格上涨,对最终制成品的价格也不会有太大的影响。此外,在产业用户购买中,往往对产品规格、质量、性能、交货期、服务及技术指导方面有较高的要求,相比之下,单位价格往往不是决定购买与否的主要因素,其价格需求弹性也不充分。

5. 需求波动大

产业购买者对产业用品和劳务的需求比消费者的需求更容易发生变化。工厂设备等资本货物的行情波动会加速原料的行情波动。消费者需求的少量增加能引致产业购买者需求的大大增加。这种必然性,西方经济学者称之为加速理论。有时消费者需求只增减10,就能使下期产业购买者需求出现200的增减。

6. 专业性采购

产业市场采购者往往是由受过专门训练的采购人员来执行的。专业采购者将其工作时间都花在学习如何更好地采购方面。他们的专业方法和对技术信息评估的能力使他们能进行更有效率的购买。这意味着产业市场的营销者必须提供其产品和竞争品的大量技术数据,并对这些数据掌握得非常好。

7. 影响购买的人多

产业市场购买中影响决策的人比消费者购买中影响决策的人多得多。产业市场购买者通常会组建采购委员会,采购委员会往往都是由技术专家组成的,在购买重要商品时经常还有高层经理参加。

(二)产业购买者购买行为的类型

用户购买生产资料是为了满足生产需要,由于各行业生产状况各异,从而引起生产资料购买行为类型的差别。依据购买目的与购买生产资料的特点,一般可分为直接重购型、修正重购型和新购型。

1. 直接重购型

这是指产业用户按一贯的需要和原有的供应关系进行重复性采购,也就是说,这种购买是例行性的、最简单的。生产者只需要不断地检查合同执行情况,而原有的供应者适当努力使产品和服务保持一定的水平,并尽量简化买卖手续,节省购买者的时间。落选的供应者则可从零星小量的交易开始,以后逐年争取更多的订货。

2. 修正重购型

这是指产业用户为了更好地完成采购任务,修正采购方案,改变产品的规格、型号、价格等条件,以寻求更合适的供应者。这种形态的购买行为较为复杂。参与决策过程的有关人员也比较多。这种修正重购给未入选的供应者提供了竞争机会,同时也给原来的供应者造成了威胁。

3. 新购型

这是指产业用户第一次采购某种产品或劳务。这种情况最为复杂。生产者要对采购品种、规格、价格、交货条件和时间、服务要求、付款条件、订购数量、寻找和选择供应者等一一做出决策。新购的成本和风险越大,参与购买决策的人员和需要掌握的信息就越多。新购对于供应者是最好的竞争机会,应派出训练有素的推销人员,尽量向用户提供必要的信息,帮助解决疑问,减少顾虑,促成交易。

(三) 产业购买者的购买决策过程

产业市场购买决策过程与购买类型密切相关。在这里,我们以"新购"来阐述产业市场的购买决策过程,因为直接重购和修正重购实际上只是新购某些阶段的重复或修正。对新购而言,其购买决策过程有八个阶段,如表3-4所示。

表3-4 产业购买者购买决策过程

购买阶段 \ 购买类型	直接重购	修正重购	新　购
识别需要	不必	可能	需要
确定需要	不必	可能	需要
说明需要	不必	可能	需要
寻找供应商	不必	可能	需要
征求意见	不必	可能	需要
确定供应商	不必	可能	需要
正式订货	不必	可能	需要
绩效评估	需要	需要	需要

1. 识别需要

所谓识别需要,就是企业认识自己的需要,明确所要解决的问题。识别需要是产业市场购买决策过程的起点,它可能是在内部刺激和外部刺激的基础上引起的。企业所受到的内部刺激来自其生产经营过程中出现的问题,比如,企业因研发出一种新产品但现有的设备和原材料不能满足新产品的生产要求而需要购买高质量的设备和原材料,企业因已购入的产品不理想而需要更换供应商,等等。企业所受到的外部刺激主要来自外部市场,比如企业采购人员通过广告、供应商的推销人员等途径了解到更理想的产品,从而产生需要。

2. 确定需要

所谓确定需要,就是企业在识别需要的基础上,进一步明确其所需要的产品的品种、质量、性能、规格、服务和数量。供应商提供的产品包括标准化产品和非标准化产品两大类。对于标准化产品,只要根据相关指标即可确定,这是比较容易的事。而非标准化产品就不太容易了,它需要使用人员和技术部门来共同确定。供应商也应该抓住机会,协助企业确定其需要,以提高交易成功率。在确定需要的过程中,应该把设备类和原材料类加以区分。设备类包括主要设备、辅助设备和工具,其质量性能指标要根据工艺技术要求来确定,其数量指标要根据企业的生产计划来确定;原材料类包括原材料、零配件和半成品,其质量性能指标的确定与设备类是一致的,但其数量指标的确定不仅需要根据企业的生产计划和定额标准,而且要考虑库存问题。

3. 说明需要

所谓说明需要,就是通过编写产品采购说明书来详细说明所购产品的品种、质量、性能、特征、数量和服务。产品采购说明书不仅规定了所购产品的特性和数量,而且对采购人员的技术选择权和供应商的技术责任加以规范,因此,产品采购说明书是企业采购人员的购买依据。为了编写产品采购说明书,企业需要成立一个专家小组来专门负责这项工作。供应商需要通过价值分析来突出自身的产品优势,以强化其市场竞争力。

4. 寻找供应商

寻找供应商的过程,就是企业根据采购说明书的要求寻找最佳供应商的过程。为了寻找到最佳的供应商,企业会花费大量的时间和精力来搜集相关信息。搜集的信息有内部信息和外部信息。其内部信息包括采购档案、采购指南、采购人员和销售人员搜集的信息以及其他部门的信息等。其外部信息如供应商的产品质量调查、其他企业的采购信息、新闻报道、广告、产品目录、电话簿黄页、商品展览等。还可通过向社会发布采购招标书的方式来寻找供应商。再通过与供应商的接触,对各供应商提供的产品的质量、价格和服务等各方面进行综合对比分析,最终筛选出一批合乎要求的供应商。

5. 征求意见

当确立了合格供应商名单后,即可要求他们提交供应建议书。供应建议书是一份正式的书面文件,其内容包括供应商对企业产品采购说明书所罗列的各项条款的详细说明,也可包括供应商提出的其他交易条件。企业可通过对各供应商提供的供应建议书进行多轮比较论证,从而进行有效的筛选和淘汰,并要求备选供应商提供正式的交易条件。正式交易条件一般包括产品品种、价格、信誉、交货条款、技术服务和供应商灵活性等方面。同时,采购中心还必须及时把握市场信息和各供应商的相关信息。

6. 确定供应商

所谓确定供应商,就是采购部门在征求意见后,对各备选供应商所提出的正式交易条件进行分析评估,并结合自身需求,最终确立供应商名单的过程。评估的内容包括供应商的产品质量、性能、产量、技术、价格,以及信誉、服务、交货能力等方面。采购部门在做出最后决定之前,还可与较为中意的供应商谈判,并制造多家竞争的局面,以便争取较低的价格和较好的供应条件。采购部门在确立最终名单时,有可能根据其产品特点和供应商的情况,把其购买的产品分成几个部分,以便与几家供应商达成交易。

7. 正式订货

所谓正式订货,就是企业采购部门通过与被选定的供应商签订供货合同,也就是向被选定的供应商正式订货的过程。供货合同的主要内容包括产品品种、质量、性能、价格、数量,以及交货期、退货条件、运输、维修、保养、担保等方面。由于企业的产业市场需求具有长期性,因此越来越多的企业更乐意与供应商签订长期的供货合同,这样既便于实施"无存货采购计划"以节约库存费用,也可节省因签订新的供货合同而发生新的交易费用。

8. 绩效评估

所谓绩效评估,就是企业对各供应商履行合同的绩效状况进行评价和考察。绩效评估的方法一般有三类:其一是了解最终用户的看法,其二是用若干指标对供应商进行加权评估,其三是对低绩效供应商建立改善跟踪机制,通过成本归因分析量化其履约缺陷造成的经济损失。绩效评估的目的在于,为今后的购买活动以及重新选择供应商提供依据。

(四)影响产业购买者购买行为的因素

一般来说,生产者的购买行为受到四个方面因素的影响:环境因素、组织因素、人际因素和个人因素。

(1)环境因素。即企业外部周围环境的因素。如一个国家的经济前景、市场需求、技术发展变化、市场竞争、政治法律等情况。当经济前景不佳、风险较大时,产业用户必定要减缩成本,减少采购数量。

(2)组织因素。即企业本身的因素。如企业的目标、政策、组织结构、系统等。这些组织因素会影响产业用户的购买决策和购买行为。

(3)人际因素。企业的采购系统中通常包括使用者、影响者、采购者、决定者和信息控制者,这五种成员都参与购买决策过程。这些参与者在企业中的地位、职权以及他们之间的关系有所不同。这种人际关系也会影响生产购买者的购买决策和购买行为。

(4)个人因素。即各个参与者的年龄、受教育程度、个性等。这些个人的因素会影响各个参与者对供应商的感觉和看法,从而影响购买决策和购买行为。

第四节　中间商市场及其购买行为分析

一、中间商市场的特点

(一) 中间商的需求更为直接地反映消费者的需求

中间商市场的需求也是派生的,受最终消费者购买的影响而使其需求波动不一。但是,由于离最终消费者更近,中间商的需求更为直接地反映了消费者的需求。

(二) 中间商对购买价格更为重视

中间商的职能主要是买进卖出,基本不对产品再加工,故它对购买价格更敏感,购进价格的变化往往直接影响到其购买量。

(三) 中间商对交货时间特别重视

中间商离市场更近,对市场变化的反应更加灵敏。中间商一旦发出订单,就要求尽快到货,以抓住市场机会,满足消费者购买的需要。而对需求没有把握的订货则往往推迟到最后一刻,以避免库存过多的风险。

(四) 中间商需要供应商协助其做推广

由于中间商往往财力有限以及不只是销售个别厂家的产品,因此无力对各种产品进行推广,常常需要生产厂家协助其做产品推广,帮助其销售。

(五) 中间商需要供应商协助其为顾客提供服务

由于中间商一般自己不制造产品,对产品技术不擅长,所以需要供应商协助其为顾客提供技术服务、产品维修服务或退货服务等。

二、中间商购买行为的类型

(一) 新产品采购

新产品采购是指中间商第一次购买某种从未采购过的新品种。在这类购买中,可根据市场前景的好坏、市场的需求强度、产品获利的可能性,考虑"买"与"不买",然后考虑"向谁购买"。中间商会对该产品的进价、售价、市场需求和市场风险等因素进行分析,然后做出决定。购买的主要步骤也由认识需要、确定需要、寻找供应商等八个阶段构成。

(二) 最佳供应商选择

最佳供应商选择是指中间商确定需要购进的产品后,寻找最合适的供应商。选择供应商时一般考虑以下因素:价格水平、供货及时性、付款条件、质量保证、品牌影响力等。如果中间商打算用自创的品牌(即中间商品牌)销售产品,会更愿意选择为自己制造贴牌产品的供应商。

(三) 改善交易条件的采购

改善交易条件的采购是指中间商希望现有供应商在原交易条件的基础上再给予某些优惠,使自己得到更多的利益。如果同类产品的供应商提出了更有诱惑力的价格优惠和供货条件，中间商就会要求现有供应商在价格上给予更大的折扣、增加服务等，或在价格及服务不变的情况下以现金形式给予相应的补贴。

（四）直接重购

直接重购是指中间商的采购部门按照过去的订货目录和交易条件，继续向原先的供应商购买产品。当商品库存低于规定水平时，按照常规续购。管理水平高的企业会建立一套有效的订货管理信息系统自动完成订货，以使直接重购变得简单且程序化。

三、中间商的购买决策过程

与生产者用户一样，中间商完整的购买过程也分为八个阶段，即认识需要、确定需要、明确产品规格、寻找供应商、寻求供应建议书、选择供应商、签订合约和绩效评价。

（一）认识需要

认识需要是指中间商认识自己的需要，明确所要解决的问题。中间商需要可以由内在要求和外在刺激引起。① 内在要求。内在要求是指中间商通过销售业绩分析，以及对产品组合的宽度、深度进行分析，对那些利润较小或无利的产品进行撤货或更换。② 外在刺激。外在刺激是由于在竞争中竞争对手率先推出花色品种更多更好、性价比更优的产品，迫使中间商必须选择更具竞争力的产品，对以往的产品目录重新进行审定。

（二）确定需要

确定需要是指中间商根据产品组合策略确定所购产品的品牌、规格和数量。批发商和零售商的产品组合策略主要有以下四种：① 独家产品。独家产品是指企业只经营一个品牌的产品或一家企业的多个品牌的产品，多以专卖形式出现。比如，某家电商场专门经营海尔产品，形成海尔专卖。② 深度产品。深度产品是指企业经营一类产品的多个品牌，主要是满足顾客对同类产品不同层次的需求，往往通过专业店（如照相器材专业店、电脑专卖店）销售。③ 广度产品。广度产品是指企业经营某一行业的多系列、多品种产品，产品彼此之间的关联度很大。比如，电器商店经营电视机、电冰箱、洗衣机、空调等。④ 混合产品。混合产品是指企业跨行业经营多种互不相关的产品。这在大型综合超市、百货商场中表现得更明显，比如，百货公司经营家用电器、化妆品、服装、食品、文化用品等。

（三）明确产品规格

明确产品规格是指中间商以采购说明书的形式说明欲购产品的品种、规格、质量、价格、数量和购进时间等，作为采购依据并向供应商提供。

（四）寻找供应商

中间商一般根据以往供应商的供应表现与合作态度，以及搜集的相关供应信息来寻找理想的供应商，并初步圈定一个大致的人选范围。

（五）寻求供应建议书

在初步圈定人选范围的基础上，邀请供应商提交供应建议书，筛选后留下少数备选对象。

(六) 选择供应商

这一阶段将确定所购产品的供应商。中间商的购买多属专家型理性购买,希望从供应商那里得到最大限度的优惠条件。中间商选择供应商时考虑的主要因素有:有良好的合作欲望及合作态度;产品质量可靠,与本店的经营风格一致;价格优惠,数量折扣大;交货及时;信用记录良好;能提供合理的结账期;能提供必要的广告支持;能接受中间商提出的一定范围内的价外收费(进店费、上架费、堆头费、店庆费等);能补偿因商品滞销、降价而产生的损失;对于复杂的产品能提供较为完善的售后服务,如设立专门的维修点;允许退换有缺陷、破损的商品,遇到顾客投诉或产品质量事故等纠纷能无条件地承担责任;等等。当前,由于九成以上的产品市场属于买方市场,中间商的地位不断提高,尤其是那些全国性或区域性的强势中间商,已成为相关产品供应商追逐的对象。由此可见,对市场影响大的中间商在选择供应商时有很大的话语权。

(七) 签订合约

中间商根据采购说明书以及与供应商谈判的交易条件签订采购合同。

(八) 绩效评价

中间商通过阶段性或一个合同周期的业务运行,对各供应商在提供商品的速度、质量、合作态度、企业信誉等方面进行考察,及时通知对方处理阶段性的问题,剔除那些合作不佳的供应商,同时对表现出色的供应商给予褒奖,优先签订下一轮合同。

第五节 政府市场及其购买行为分析

一、政府市场采购的目的

在许多国家里,政府是商品和服务的主要购买者。政府市场对任何厂商来说,都是一个巨大的市场。在发达国家,政府采购占其 GDP 的比重一般在 $10\%\sim15\%$。从政府采购目的来看,政府购买不像工商企业那样是为了营利,也不像消费者那样是为了满足生活需要,而是为了维护国家安全和社会公众的利益。

政府采购的具体目的有:加强国防和军事力量,维持政府的正常运转,履行政府调控经济、调节供需、稳定市场、稳定物价的职能,通过财政补贴的方式以合理价格购买和储存商品,向国外提供商业性、政治性或人道主义的援助。关于政府采购的管理范围,从采购主体来看,必须是党政机关、社会团体及实行国家预算管理的事业单位;从资金性质来看,必须使用财政性资金,包括预算内资金、预算外资金,由政府转贷的国际金融组织和外国政府借款,以及其他纳入财政预算管理的资金;从用途来看,包括军事装备、通信装备、交通运输工具、办公用具、日用消费品、劳保福利用品和其他劳务需要;从采购对象来看,包括货物类(如通用设备、专用设备、交通工具等)、工程类(如建筑装饰工程、市政建设工程、环保工程、水利工程、交通运输工程、网络工程等)、服务类(如印刷出版、会议、维修、保险、物业管理等)。

二、政府市场的特点

政府市场又称为政府机构市场,它是由那些为执行政府主要职能而采购或租用物资的各级政府机构组成的。也就是说,在一个国家的政府机构市场上的购买者是这个国家各级政府的采购部门。政府部门购买几乎所有的东西,如武器、计算机、家具、电器、被服、办公用品、卫生设施、通信设备、交通工具、能源等。政府市场采购行为与产业市场的购买行为有相似之处,也有它自己的特点。

(一)政府市场采购具有公共性和非营利性

政府采购制度在西方两百多年的历史实践表明,它作为国家公共财政支出普遍采用的一种手段,不仅仅是"省钱",同时也是对支出总量进行源头控制,落实政府重大宏观调控目标的有效手段。因此,政府市场采购往往具有公共性和非营利性。

(二)政府市场的采购业务比较复杂

政府市场需求品种繁多,并在公众的监督下,其采购往往比生产者或中间商更为慎重,因而购买程序复杂。政府为了物色供应商,除经常印发一些书面材料详细说明采购要求之外,对采购手续也有比较细致的限制和规定。

(三)政府市场受到国家预算的控制和国家社会经济发展的影响

政府采购要受到国家预算的控制和国家社会经济发展的影响。政府的某些采购涉及国家的方针政策和预算开支计划,因而具有较大的风险。政府市场的购买一般是先根据计划确定采购项目,然后寻找供应商。

三、政府市场的采购方式

政府机构做购买决策时,除了受组织因素、人际关系和个人因素影响以外,还受到许多大众团体和公民的监督,受到政治、政策变化的影响,同时要考虑政府追求的其他非经济目标。政府机构的采购方式,主要有以下三种:

(一)公开招标采购

政府在报刊上刊登广告或发出信函,列出具体要采购商品的品种、规格、数量等,要求卖方在规定期限内报出价格或其他服务项目,即进行投标。如果某企业有条件并有意向投标,就在规定期限内填好标书,标书中标明可供商品的名称、品种、规格、数量、交货日期、价格和服务等项目,密封送达政府的采购机构(招标人)。当到达规定日期时,政府就在公开场合开标,选出报价最低、服务最好、最有利的供应商成交。这种采购方式适用于货源比较充足、卖方竞争激烈的商品。政府在采用这种方式采购时,处于主动地位,无须与卖方反复磋商,可以节约采购费用。

(二)议价合约采购

这种采购方式是政府和一个或几个企业接触,最后只与其中一个企业谈判协商签订合同,进行交易。这种采购方式主要适用于复杂的工程项目,因为它们涉及巨额的研究开发费用和较大的风险,若大企业取得合同后,把一部分合同转包给小企业,则会引起产业市场上的"引申需求"。

(三) 日常性采购

这种采购方式是政府为了维持日常办公和组织运行的需要而进行的采购。这类采购金额较小,一般是即期付款、即期交货,如购买办公桌椅、纸张文具、小型办公设备等,类似于生产者市场的"直接重购"或中间商市场的"最佳供应商选择"等类型。

在一般情况下,政府机构的采购业务很复杂,生产供应企业要与政府取得联系,通过政府发布的各种信息渠道,如"日报""指南""协会"等,以获知政府的需求动向和购买程序,从而达到签订合同的目的。

本章小结

市场是企业营销活动的出发点和归宿。对消费品的生产经营企业而言,深刻认识消费者市场的特点,准确把握消费者购买行为,才能科学地确定产品的销售对象,有针对性地制定产品、价格、渠道和促销策略,提高市场营销的效率,在充分满足消费者需要的前提下实现企业的发展目标。

关键术语

消费者市场　组织市场　产业市场　中间商市场　政府市场　消费者购买行为　消费者购买动机　消费者购买决策过程　亚文化　相关群体

练习与思考

一、单项选择题

1. 家庭属于(　　)。
   A. 首要群体　　　　B. 次要群体　　　　C. 成员群体　　　　D. 向往群体
2. 马斯洛认为人类最低层次的需要是(　　)。
   A. 生理需要　　　　B. 安全需要　　　　C. 自尊需要　　　　D. 社会需要
3. 有些消费者希望能够通过购买行为学习科学知识,提高智力水平和劳动技能,此时消费者具有的购买动机属于(　　)。
   A. 发展性动机　　　B. 享受性动机　　　C. 生理性动机　　　D. 精神性动机
4. 某销售人员按照特定的社会与组织赋予的行为模式而进行的行动,是角色知觉的(　　)。
   A. 角色认知　　　　B. 角色行为　　　　C. 角色期待　　　　D. 角色评价
5. 影响消费行为最广泛、最重要的因素是(　　)。
   A. 文化因素　　　　B. 社会因素　　　　C. 个人因素　　　　D. 心理因素
6. 体育明星、歌星等一般属于(　　)。
   A. 首要群体　　　　B. 次要群体　　　　C. 成员群体　　　　D. 向往群体

二、判断题

1. 在产品刚进入市场的时候,参考团体主要会在品牌的选择方面对消费者产生影响。　　(　　)

2. 在产品已被市场普遍接受的情况下,消费者会在产品本身的选择上更多地接受参考团体的影响。
(　　)
3. 复杂性购买行为主要针对那些消费者认知度较高、价格昂贵、购买频率不高的大件耐用消费品。
(　　)
4. 复杂性购买行为购买决策比较谨慎,进行选择的时间也比较长。(　　)
5. 消费者购买了商品意味着购买行为过程的结束。(　　)

三、简答及论述题

1. 人类的亚文化群主要有哪几大类?
2. 个人因素包括哪几个方面?
3. 简述马斯洛需要层次论中的五个不同层次的需要。
4. 人们对外界刺激的有选择接受具体反映在哪几个方面?
5. 参与购买决策的成员大体可形成哪几种角色?

请用手机微信扫二维码
查看"练习与思考参考答案"

实训项目

案例分析

宜家公司创立于 1943 年,创始人是一位年仅 17 岁的瑞典人——英格瓦尔·坎普拉德(Ingvar Kamprad)。公司最初仅销售笔、圣诞卡片和坎普拉德家庭农场的树种,最终却发展成为家具业的零售巨头,并创造了一种全球文化现象,《商业周刊》称之为"一站式清凉圣殿"和"典型的宗教品牌"。

宜家激发了顾客对它高度的兴趣与忠诚。2008 年,世界各地光临过宜家的顾客多达 5 亿人次。2005 年,宜家的一个新店在伦敦落成之际,大约 6 000 人在开业之前便早早抵达。在亚特兰大的一项比赛中,有五位获胜者被授予"搞笑大使"的称号,因为为了领取奖金,在宜家开业之前,他们不得不在店里住了整整三天,不过他们却乐在其中。

宜家之所以如此成功,靠的是向消费者提供其独特的价值主张,即产品价格低廉而秉承前沿的北欧设计风格。公司最受欢迎的廉价商品包括一些带有独特瑞典名字的产品,如 279 美元的 Klippan 双人沙发、60 美元的 BILLY 书架和仅售 8 美元的 LACK 床头柜。宜家的创始人坎普拉德患有阅读困难症,他坚信记住品牌名称比记住代码或数字更容易。公司之所以能提供如此低廉的价格,部分原因在于大多数商品采用平板包装,需要顾客在家中完成组装。这一策略不但能够降低运输成本并方便运输,同时也能更有效地利用卖场的货架空间。宜家的梦想是"为大多数人创造更加美好的日常生活"。

创始人坎普拉德曾这样描述宜家的价值提供理念:"人们的消费水平较低,我们应该关心他们的利益。"宜家坚持着这一宗旨,每年降低产品价格的幅度都在 2%～3%。对价格的重视也给公司的效益带来了好处:宜家的利润率为 10%,高于塔吉特百货(7.7%)和 1 号码头进出口公司(Pier Ⅰ Imports)(5%)这样的竞争对手。宜家的货品来源于遍布世界各地的许多公司,而不像多数零售商那样只使用几个供应商。这保证了价格尽可能达到最低,并且为消费者节省了开支。现在,宜家拥有来自 53 个国家的大约 1 300 个供应商。

宜家的卖场一般离市中心很远,这可以帮助降低土地费用和税收。顾客光顾宜家卖场通常需要往返 50 英里。许多卖场都设计成一个巨大的箱形,门窗很少,并漆成亮丽的黄色和蓝色——这是象征瑞典的颜色。宜家通过使用低瓦数的灯泡来节省能源,并且营业时间超长——有些是 24 小时营业的。

逛宜家卖场时,消费者会获得与大多数家具零售店全然不同的体验。地板上有单向箭头指引消费者先逛完整个卖场,再拿购物车来到仓库,从平板货架上取走想要的商品。虽然许多宜家的商品是全球统一销售的,但是公司也会迎合当地口味。在中国,宜家曾经准备了 25 万个带有鸡年主题的塑料餐具垫,结果春节一过就销售一空。宜家的雇员发现美国消费者购买花瓶用来喝水,因为他们觉得宜家的杯子太小,之后公司就为美国市场研制了更大的杯子。拜访欧洲和美国的消费者家庭时,宜家的经理发现欧洲人通常把衣服挂起来,而美国人则喜欢把衣服叠起来。因此,公司就为美国市场设计了抽屉更深的衣橱。拜访过加利福尼亚州的西班牙裔家庭之后,宜家扩大了加州卖场里的桌椅布置和就餐空间,调亮了家具颜色,并且在墙壁上挂更多画框。

目前,宜家在 38 个国家拥有大约 300 个卖场,2009 年的收入高达 215 亿欧元,已经成为全球最大的家具零售商。从销售额来看,宜家最大的贸易国包括德国(16%)、美国(11%)、法国(10%)、英国(7%)和意大利(7%)。

资料来源:菲利普·科特勒.营销管理(第 14 版·全球版)[M].北京:中国人民大学出版社,2012:201-202.

讨论题:
(1) 宜家是怎样在不同的市场正确地贴近消费者的?它还可以怎么做?
(2) 宜家从根本上改变了人们购买家具的方式。讨论这一策略的利与弊。

实战演练

某知名运动品牌公司计划推出一款新的运动鞋,目标客户群体为 20~35 岁的年轻消费者。在产品设计、定价和推广策略制定之前,公司需要深入了解目标客户群体的购买行为,以便更好地满足他们的需求,提高产品的市场竞争力。

假设你是该运动品牌公司市场部的一名成员,负责对目标客户群体的购买行为进行调研和分析。

请完成以下任务:
(1) 设计调研问卷:设计一份针对目标客户群体的调研问卷。
(2) 分析购买者行为模式:根据调研结果,分析目标客户群体的购买者行为模式。
(3) 制定营销策略:根据对购买者行为的分析,为该运动鞋的推广制定一套营销策略。

要求:
(1) 调研问卷设计合理,问题清晰、有针对性,能够全面覆盖购买者行为的各个方面。
(2) 对购买者行为模式的分析深入、准确,能够结合实际调研结果进行详细阐述。
(3) 营销策略具有创新性和可行性,能够有效吸引目标客户群体,提高产品的市场竞争力。

提交内容:
(1) 调研问卷一份。
(2) 购买者行为模式分析报告一份(不少于 1 500 字)。
(3) 营销策略方案一份(不少于 1 500 字)。

第四章 市场营销调研与预测

学习目标

知识目标

1. 认识市场调查与预测的相关概念。
2. 掌握市场调查的方法和程序。
3. 了解市场预测的方法和过程。

能力目标

1. 通过实践有效开展市场调查工作。
2. 根据实际情况采用恰当的方法搜集信息,设计并组织实施调研方案,最终撰写调研报告。
3. 通过案例分析明确企业采用的预测方法。

素质目标

1. 培养营销数据收集与分析意识。
2. 树立良好的心态,提升自信心。
3. 没有调查就没有发言权。

思政目标

明确大数据战略的时代背景。理解应用大数据进行消费者画像应尊重消费者个人隐私,不违反《中华人民共和国个人信息保护法》。掌握数字经济环境下的大数据分析技术。

思维导图

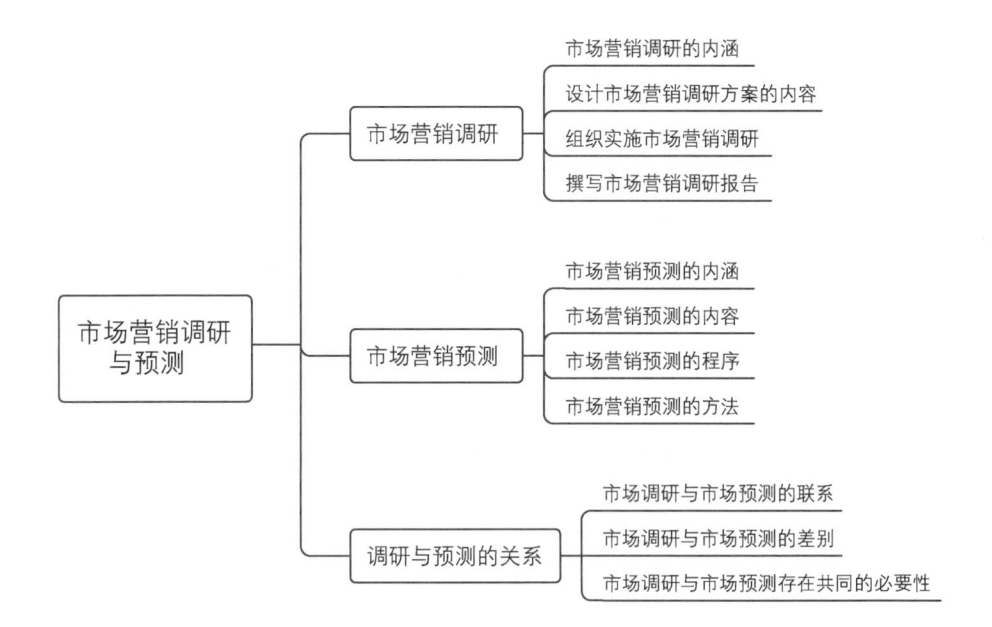

市场营销调研与预测
- 市场营销调研
  - 市场营销调研的内涵
  - 设计市场营销调研方案的内容
  - 组织实施市场营销调研
  - 撰写市场营销调研报告
- 市场营销预测
  - 市场营销预测的内涵
  - 市场营销预测的内容
  - 市场营销预测的程序
  - 市场营销预测的方法
- 调研与预测的关系
  - 市场调研与市场预测的联系
  - 市场调研与市场预测的差别
  - 市场调研与市场预测存在共同的必要性

导入案例

跳蚤和绵羊皮

一只跳蚤生活在狗身上。一天,它嗅到了羊毛的鲜味。

"这是什么?"跳蚤问自己。

它姿势优美地一跳,那小小的身躯就离开了狗。这时,它发现,原来狗躺在羊皮上睡觉哩。

"妙极了,妙极了!这张皮才是我需要的!"伶俐的跳蚤说,"它又厚实,又柔软,特别是比狗身上安全多了。在这里不必担心狗爪子搔痒,也不必怕那个没有教养的汪汪叫的家伙用牙齿咬我。绵羊皮真使我感到十分甜蜜。"

跳蚤是这样开心,也没有更多地想一想,就钻进它将来的卧室——厚厚的羊毛里了。

突然,在跳蚤的小脑袋瓜里产生一种感觉:在厚厚的羊毛里,毛是那么密,爬到毛根上很不容易。

"我应当有些耐心。"跳蚤安慰着自己。

它试了一次又一次,分开一根羊毛又一根羊毛,连时间也没有计算。渐渐地开出一条通路,最后才来到毛根。

"我到达目的地了,胜利了!"跳蚤高兴地叫道。

是啊,是啊!跳蚤真利索!不过,绵羊绒是那么细,又那么厚,闷得跳蚤连气都喘不过来了,就别再提如何享受羊毛的鲜味了！跳蚤精疲力竭，汗流浃背，垂头丧气。它想回到狗身上，可是，狗已经跑了。可怜的跳蚤为自己的过错感到难过，痛哭了好几天，最后饿死在厚厚的羊皮上。

资料来源：［意］达·芬奇.达·芬奇寓言故事[M].北京：人民文学出版社，2007.

思考：在进行市场决策前，是否必须进行全面的市场调研？

第一节　市场营销调研

一、市场营销调研的内涵

（一）市场营销调研的定义

市场营销调研又称市场调查、市场研究，针对企业或个人特定的营销决策问题，采用科学的研究方法，系统地、客观地收集、整理、分析、解释和沟通有关市场营销各方面的信息，为营销管理者制定、评估和改进营销决策提供依据的过程。

市场营销是以市场和消费者需求为基础而开展的经营活动，科学地认识市场和消费者，准确地把握市场和消费者的实际情况是市场营销的出发点。为了了解和掌握市场和消费者的实际情况，市场营销调研也就成了市场营销活动一个必不可少的、最基本的环节。

（二）市场营销调研的重要性

国外很多成熟企业都有自己完善的营销调研机构和体系，在他们看来，企业没有开展营销调研就进行市场决策是不可思议的。在美国，73%的企业设有正规的市场调研部门，负责对企业产品的调研、预测、咨询等工作，并在产品进入每一个新市场之前都首先对其进行营销调研。很多大企业的市场调研费用往往占到销售额的6%，营销调研成果给企业带来了千百倍的回报。相反，企业不重视市场调研，盲目生产，受到市场规律无情惩罚的也不乏其例。令人遗憾的是，许多企业管理者对市场调研的意识淡薄，认为市场调研的费用是一项支出，而不是一项必要的投入。不少企业重视搞新产品开发，对市场调研却不重视或调研不够细致，仅凭个人经验，对市场作直观、感性的判断，项目匆匆上马，结果成功率较低。有效的营销调研会使企业获益匪浅，其作用可综述为：

1. 市场营销调研可为企业发现市场机会提供依据

市场情况瞬息万变，环境变化难以预测。一些新的产品会流行起来，而另一些产品则会退出市场。激烈的竞争给企业进入市场带来困难，同时也为企业创造出许多机遇。通过市场营销调研，企业可以确定产品的潜在市场需求和销售量的大小，了解顾客的意见、态度、消费倾向、购买行为等，据此进行市场细分，进而确定其目标市场，分析市场的销售形势和竞争态势，作为发现市场机会、确定企业发展方向的依据。

2. 市场营销调研是企业产品更新换代的依据

科学技术的日新月异，顾客需求的千变万化，致使市场的竞争日趋激烈，新产品层出不穷,产品更新换代的速度越来越快。通过市场营销调研,企业可以发现自己的产品目前处于产品生命周期的哪个阶段,以便适时调整营销策略,对其是否要进行产品的更新换代做出决策。

3. 市场营销调研是企业制定市场营销组合策略的依据

市场的情况错综复杂,有时难以推测,因为现象也会掩盖问题的本质。例如,某产品在南方地区深受顾客青睐,但是在北方地区却销售不畅,只有通过市场营销调研找出问题所在,才能制定出产品策略;又如,产品的价格不仅取决于产品的成本,还受供求关系、竞争对手的价格、经济大环境、价格弹性等多种因素的影响。毫不夸张地说,市场上产品的价格是瞬息万变的,通过市场营销调研,企业可以及时掌握市场上产品的价格态势,灵活调整价格策略。

4. 市场营销调研是企业增强竞争能力的基础

通过市场营销调研,企业可以及时了解市场上产品的发展变化趋势,掌握市场相关产品的供求情况,清楚顾客需要什么等,据此制订市场营销计划,组织生产适销对路的产品,增强竞争能力,实现盈利目标,提高经济效益。

二、设计市场营销调研方案的内容

市场调研是为了提高产品的销售决策质量、解决存在于产品销售中的问题或寻找机会等,而系统客观地识别、收集、分析和传播营销信息的工作。市场调研的内容涉及市场营销活动的整个过程,调查分析企业市场的宏微观环境和内外环境,分析消费者市场需求容量,分析消费者个性需求、消费心理和消费行为,调研行业竞争者及其市场的供给力和竞争力,调查研究营销策略的营销因素等。一般而言,市场调研主要包括以下几方面的内容:

(一)市场宏观环境调研

市场宏观环境调研包括政治环境调研、法律环境调研、经济环境调研、科技环境调研及地理和气候环境调研。

政治环境调研主要是从国家制度和政策、国家或地区之间的政治关系、政治和社会稳定性、国有化政策四个方面进行调研。

法律环境调研主要是对经济合同法、商标法、专利法、广告法、环境保护法等多种经济法规和条例进行调研。

对经济环境的调研,主要可以从生产和消费两个方面进行。生产决定消费,市场供应、居民消费都有赖于生产。生产方面的调查主要包括以下几项内容:能源和资源状况、交通运输条件、经济增长速度及趋势、产业结构、国民生产总值、通货膨胀率、失业率以及农、轻、重比例关系等。消费对生产具有反作用,消费规模决定市场的容量,也是经济环境调查不可忽视的重要因素。消费方面的调查主要是了解某一国家(或地区)的国民收入、消费水平、消费结构、物价水平、物价指数等。

进行社会文化环境调研,是因为社会文化环境在很大程度上决定着人们的价值观念和购买行为,它影响着消费者购买产品的动机、种类、时间、方式以及地点。经营活动必须适应所涉及国家(或地区)的文化和传统习惯,才能为当地消费者所接受。

科技环境调研的主要内容包括新技术、新材料、新产品、新能源的状况，国内外科技总的发展水平和发展趋势，本企业所涉及的技术领域的发展情况、专业渗透范围、产品技术质量检验指标和技术标准等。

地理和气候环境调研是对地区条件、气候条件、季节因素、使用条件等方面进行的调研。气候对人们的消费行为有很大的影响，从而制约着许多产品的生产和经营，如衣服、食品、住房等。

（二）市场微观环境调研

市场微观环境调研包括对市场需求、消费者人口状况、消费者购买动机和行为、市场供给、市场营销活动等进行的调研。

1. 市场需求调研

一是对社会购买力总量及其影响因素进行调研。社会购买力是指在一定时期内，全社会在市场上用于购买商品和服务的货币支付能力。社会购买力包括三个部分：居民购买力、社会集团购买力和生产资料购买力。其中，居民购买力尤其是居民消费品购买力是社会购买力最重要的内容。影响居民消费品购买力的因素调研主要包括居民货币收入、居民非商品性支出、结余购买力和流动购买力。

二是对购买力投向及其影响因素进行调研。购买力投向是指在购买力总额既定的前提下，购买力的持有者将其购买力用于何处。购买力在不同商品类别、不同时间和不同地区都有一定的投放比例，对购买力投向及其变动进行调研，可为企业加强市场预测、合理组织商品营销活动和制定商品价格提供参考依据。

购买力投向调研，主要是搜集社会商品零售额资料，并对其做结构分析。它是从卖方角度观察购买力投向变动，其方法是将所搜集到的社会商品零售额资料按商品主要用途（如衣、食、住、行等）进行分类，计算各类商品零售额占总零售额的比重，并按时间顺序排列，以观察其特点和变化趋势。它直接反映了一定时期全国或某地区的销售构成。在商品供应正常的情况下，它基本上反映了商品的需求构成；当某类商品供应不足，需求受到抑制时，它只能在一定程度上反映商品的需求构成。影响购买力投向变动的主要因素：消费品购买力水平和增长速度的变化；消费条件的变化；商品生产和供应情况；商品销售价格的变动；社会时尚及消费心理变化；社会集团购买力控制程度；等等。

2. 消费者人口状况调研

某一国家（或地区）购买力总量及人均购买力水平的高低决定了该国（或地区）市场需求的大小。在购买力总量一定的情况下，人均购买力的大小直接受消费者人口总数的影响。为研究人口状况对市场需求的影响，便于进行市场细分化，就应对人口情况进行调研，主要包括总人口、家庭及家庭平均人口、人口地理分布、年龄及性别差异、职业构成、教育程度及民族传统习惯等。

3. 消费者购买动机和行为调研

所谓购买动机，就是为满足一定的需要，而引起人们购买行为的愿望和意念。消费者购买动机调研的目的主要是弄清购买动机产生的各种原因，以便采取相应的诱发措施。

消费者购买行为调研主要有消费者何时购买、消费者在何处购买、谁负责家庭购买、消费者如何购买四个方面的调研。

4. 市场供给调研

市场供给是指全社会在一定时期内对市场提供的可交换商品和服务的总量。它与购买力相对应，由三部分组成：居民供应量、社会集团供应量和生产资料供应量。它们是市场需求得以实现的物质保证。商品供给来源除国内工农业生产部门提供的商品、进口商品、国家储备拨付和挖掘社会潜在物资外，还有期初结余的供应量。而影响各种来源供应量的因素包括生产量、结余储存、进出口差额及地区间的货物流动、价格水平和商品销售前景预期。

商品供应能力调研主要包括以下几个方面的内容：第一，企业现有商品生产或商品流转的规模、速度、结构状况如何？能否满足消费要求？第二，企业现有的经营设施、设备条件如何？其技术水平和设备现代化程度在同行业中处于什么样的地位？是否适应商品生产和流转的发展？第三，企业是否需要进行投资扩建或者更新改建？第四，企业资金状况如何？自有资金、借贷资金和股份资金的总量、构成以及分配使用状况如何？企业经营的安全性、稳定性如何？第五，企业的现实盈利状况如何？综合效益怎么样？第六，企业现有职工的数量、构成、思想文化素质、业务水平如何？是否适应生产、经营业务不断发展的需要？等等。

商品供应范围调研内容主要包括销售市场的区域有何变化和所占比例有何变化。

5. 市场营销活动调研

市场营销活动调研是围绕营销组合活动展开的。其内容主要包括竞争对手状况调研、商品实体和包装调研、价格调研、销售渠道调研、产品寿命周期调研和广告调研等。

延伸阅读

福特失败的10年市场调查

三、组织实施市场营销调研

（一）市场营销调研的类型

1. 依据功能划分的市场营销调研类型

表 4-1 按照功能划分市场调研类型

调 查 类 型	概　　　念
探测性调查	寻找问题症结（在哪里）
描述性调查	客观分析问题（是什么）
因果性调查	解释问题原因（为什么）
预测性调查	预测发展趋势（怎么样）

（1）探测性调查。探测性调查又称探索性调研、非正式调查，是为了使问题更明确而

进行的小规模调研活动。这种调研特别有助于把一个大而模糊的问题表达为小而准确的子问题，并识别出需要进一步调研的信息。探测性调查通常可借助现有的二手资料查询，或咨询专业人士、分析以往案例等方式进行。

（2）描述性调查。描述性调查是指针对某一具体问题，通过调查、记录相关数据资料，对调查对象的特征进行描述的市场调查。描述性调查解决的是"谁""什么事情""什么时候""什么地点"的问题。其常用于市场占有率、顾客态度等方面的研究。它可以描述不同消费者群体在需要、态度、行为等方面的差异。

（3）因果性调查。因果性调查是指研究市场营销两个变量之间因果关系的调查活动。例如，价格变化与销售量变化的因果关系，广告投放量与促销效果的因果关系等。因果性调查通常在描述性调查之后，通过描述性调查，收集了变量因素，进而针对变量间的关系展开调查以明确其因果关系。

（4）预测性调查。预测性调查是指通过调查来对问题未来走向进行预估和判断。预测性调查通常在因果性调查之后，通过因果性调查，掌握变量间的因果关系，进而通过某些变量的变化，预测其相关变量的未来的变化趋势。这类市场调研事实上是调研方法在市场预测中的应用，它将市场调研与市场预测有机地结合起来。

2. 依据调研组织方式不同划分的市场营销调研类型

（1）全面调查。全面调查又称普遍调查，是指对调查对象的所有单位和要素总体进行的逐一调查。通过全面调查能够对调查对象的情况掌握得更完整、详细。一般当需要了解某类现象的全面情况时，多采用全面调查。但全面调查耗时长、调查单位多，需要大量的人力、物力、财力支持，同时市场需求变化快，一般企业较少采用。政府部门在进行人口普查等调查时，多采用此类调查方法。

（2）非全面调查。非全面调查是指从调查对象总体中抽取部分单位作为样本进行的调查，通过部分单位样本的特征推算总体特征的一种调查方法。非全面调查包括抽样调查、重点调查和典型调查等。由于非全面调查操作灵活，花费时间短，适应面广，多为企业采用。它又分为市场典型调研、市场重点调研和市场抽样调研。

（二）市场营销调研的基本过程

市场营销调研是企业制定营销策略的基础。企业开展市场营销调研可以采用两种方式：一是委托专业市场营销调研公司来做；二是由企业自己来做，企业可以设立市场研究部门，负责此项工作。市场调研工作的基本过程包括：确定调研目的、设计调研方案、制订调研工作计划、组织实地调研、调研资料的整理和分析、撰写调研报告。市场营销调研的基本过程如图4-1所示。

1. 调研计划阶段

（1）明确调研目的

进行市场营销调研，首先要明确调研目的，按照不同目的，选择不同的调研内容和调研方法，避免问题确定得过大或过小，影响调研数据收集的有效性。通常可以将调研的目的分为以下三类。

```
计划阶段                    实施阶段              总结阶段
• 确定调研目的              • 组织实地调研        • 调研资料的整理与
• 设计调研方案                                      分析
• 制订调研工作计划                                • 撰写调研报告
```

图 4-1 市场营销调研的基本过程

① 探索性调研。探索性调研即收集初步的数据,以便探索问题的性质、大小或为求得解决问题的思路所做的调查研究。

② 描述性调研。描述性调研即对市场以及企业市场营销各种要素进行定量的描述,如电视机生产企业对明年国内市场的具体需求量大小进行调研。描述性调研多采用定量的方法。

③ 因果性调研。因果性调研即对市场营销众多因素相互间的因果关系进行调查研究,如产品销量是否与促销费用、价格有因果关系。在确定了这样的关系后,企业就可以在具体销售指标要求下,正确预算促销费用。

(2) 设计调研方案

一个完善的市场营销调研方案一般包括以下几个方面的内容:调研目的和要求、调查对象(一般调查对象包括消费者、零售商、批发商等)、调研内容、调研地区、样本的抽取、资料的收集和整理方法等。

(3) 制订调研工作计划

企业在确定调查目标,并明确调查对象后,会针对特定的调查项目制订调查计划。根据调查对象的特点等,制订有针对性的收集信息的计划,确保信息能够得到准确、完整的收集。调研工作计划包括如下内容:

① 组织领导及人员配备。企业应建立市场营销调研项目的组织领导机构(可以由企业的市场部或企划部负责),针对调研项目成立市场营销调研小组,负责项目的具体组织和实施工作。

② 调查人员的招聘及培训。调查人员可以招聘专职或者兼职人员。企业应根据调研项目中完成全部问卷实地访问的时间来确定每个调查人员1天可以完成的问卷数量,核定需要招聘调查人员的人数。企业应对调查人员进行必要的培训,培训内容包括访问调研的基本方法和技巧、调研产品的基本情况、调研中可能遇到的问题及其解决方法等。

③ 工作进度。企业对市场营销调研项目整个进行的过程安排一个时间表,确定各阶段的工作内容及所需时间。市场营销调研包括以下几个阶段:调研工作的准备阶段,包括调研表的设计、抽取样本、调查人员的招聘及培训等;实地调研阶段;问卷的统计处理、分析阶段;调研报告撰写阶段。

2. 调研实施阶段——组织实地调研

市场营销调研的各项准备工作完成后,企业就开始进行问卷的实地调研工作。企业组织实地调研要做好以下两方面工作：

（1）做好实地调研的组织领导工作。实地调研是一项较为复杂烦琐的工作。调研组织人员要按照事先划定的调研区域确定每个区域调研样本的数量、访问员的人数，每位访问员须执行等量样本采集任务，并严格遵循标准化访问路线执行作业，每个调研区域配备一名督导人员；明确调研人员及访问人员的工作任务和工作职责，做到工作任务落实到位、工作目标责任明确。

（2）做好实地调研的协调、控制工作。调研组织人员要及时掌握实地调研的工作完成情况，协调好各个调查人员间的工作进度；要及时了解调查人员在访问中遇到的问题并协调解决，对于调研中遇到的共性问题，提出统一的解决办法。每天调研访问结束后，调查人员首先应对填写的问卷进行自查，然后督导对问卷进行检查，找出存在的问题，以便在后面的调研中及时改进。

3. 调研总结阶段

（1）调研资料的整理和分析。实地调研结束后，即进入调研资料的整理和分析阶段。企业收集好已填写的调研表后，由调研人员对调研表进行逐份检查，将不完整、虚假信息等无效数据进行删除，然后将合格调研表统一编号，以便于统计调研数据。调研数据的统计可以利用Excel软件完成；调研人员将调研数据输入计算机系统后，经Excel软件运行，即可完成已列成表格的大量数据的统计。调研人员利用上述统计结果，就可以按照调研目的要求，针对调研内容进行全面的分析。

（2）撰写调研报告。撰写调研报告是市场营销调研的最后一项工作内容，市场营销调研工作的成果将体现在最后的调研报告中。调研报告将提交给企业决策者，作为企业制定市场营销策略的依据。市场营销调研报告要按规范的格式撰写。一份完整的市场营销调研报告由题目、目录、概要、正文、结论和建议、附件等组成。

（三）市场营销调研方法

在市场调研中要想最终得到及时可靠的市场信息，调研者必须掌握科学的方法和技术。它要求市场调研人员从调研设计、抽样设计到资料采集、数据的分析和统计处理等整个过程都必须严格遵循科学的规律，特别是在抽样设计、资料采集方法和统计方法的运用上，尤其要加以注意。

1. 一手资料调查

一手资料又称为原始资料，是企业为了特定目的进行实地调查获得的原始资料。一手资料由于是针对特定项目设计并收集的数据，因此适用性较强。但同时，一手数据的收集需要企业投入较多的人力、时间等，成本较高。常用的一手资料的调查方法包括访问法、观察法、实验法、问卷法等。

（1）访问法

访问法是企业通过设定调研范围，采用询问的方式收集被调查者信息的一种方法。访问法通常包括结构式访问、无结构式访问和集体访问等几种方式。

① 结构式访问是事先设计好的、有一定结构问卷的访问。调研人员要按照事先设计

好的调研表或访问提纲进行访问,要以相同的提问方式和记录方式进行访问。提问的语气和态度也要尽可能保持一致。

② 无结构式访问是没有统一问卷,由调研人员与被访问者自由交谈的访问。它可以根据调研的内容,进行广泛的交流。例如,对商品的价格进行交谈,了解被调研者对价格的看法。

③ 集体访问是通过集体座谈的方式听取被访问者的想法,收集信息资料。集体访问可以分为专家集体访问和消费者集体访问。

访问法通过调研人员与被调查者的沟通,能够了解被调查者行为背后的动机,更准确地掌握被调查者内心的真实想法。但访问法对调研人员的要求较高,调研人员在调研时需客观,避免主观引导而引起的调研误差。

(2) 观察法

观察法是指企业调研人员通过观察被调查者行为来收集第一手资料的方法。运用观察法时,调研人员与被调研者之间不发生接触行为,而是通过直接观察或借助仪器观察被调查者最自然的活动状态。通过观察被调查者最自然状态下的行为,能使获得的资料客观性较强,但难以了解被调查者外在行为背后的动机、态度等内在心理行为。根据观察中记录主体不同进行划分,可分为人工观察和仪器观察。例如,市场调研人员到被访问者的销售场所观察商品的品牌及包装情况。

(3) 实验法

实验法是指通过对影响调研对象的因素进行分析,选择一个或几个因素作为变量,在保持其他因素不变的前提下,分析变量对某些市场现象的影响。实验法主要用于市场销售实验和消费者使用实验。例如,为了研究价格变动对销售量的影响,企业在保证其他因素不变的情况下,通过小规模实验,了解价格对销售量的影响情况。

(4) 问卷法

问卷法是由调研者设计调研问卷,让被调研者填写调研问卷以获得相关信息的方法。调研者将调研的资料设计成问卷后,让被调研者将自己的意见或答案填入问卷中。

2. 二手资料调查

二手资料又称间接资料,是指从文献档案中收集的资料。二手资料具有方便、节省时间、成本低等优势。企业在市场调查中,通常先从二手资料收集开始,但由于二手资料收集的目的不同,在适用性方面有一定局限性。

表 4-2 二手资料调查方法

调研途径	收 集 信 息
政府机构或管理职能部门	通过政府机构或管理职能部门收集,如政策、方针、法令、统计年鉴等信息
行业协会	通过行业协会收集,如行业经营状况、特点、发展趋势等信息

续　表

调研途径	收集信息
信息咨询机构	通过专业的信息机构,可以收集社会、经济各方面的相关信息
公开出版的图书资料	通过查阅出版的图书等收集相关信息资料
大众传播媒介	通过电视、广播、报纸、杂志等大众媒体,收集各类经济、技术方面的信息
互联网	通过互联网数据库,搜集国内外信息资讯
企业内部	通过企业内部管理经营部门,收集在经营过程中产生的信息

（四）市场营销调研技术

在采用实地调研方法时,一般可选取市场普查和抽样调查两种调查方式。市场普查是将市场调查总体中所包含的每个个体单位作为调查对象,无一例外地进行调查。抽样调查则是在调研对象总体中按照随机性原则抽取一部分单位作为样本进行调查,然后根据对样本调查的结果来推断总体情况的一种调查方式。抽样调查又分为随机抽样调查和非随机抽样调查两类方法。抽样调查一般可以分为四个步骤,具体步骤如图 4-2 所示。

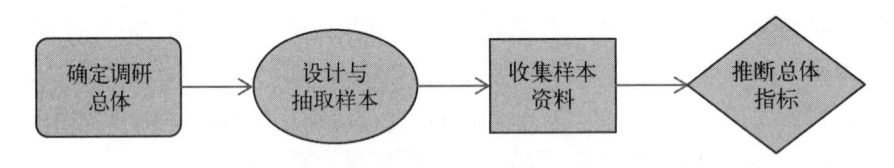

确定调研总体 → 设计与抽取样本 → 收集样本资料 → 推断总体指标

图 4-2　抽样调查的步骤

1. 抽样调查基本概念和适用范围

（1）抽样调查基本概念

总体就是人们欲认识对象的全体。一个总体是在特定的调查目的下的认识客体。在市场调查中,总体通常有时空的限制。构成总体的元素称作单位或个体,若这些单位不能够进一步分解,则称为基本单位;若能够进一步分解,则称作群体单位。

样本是来自总体的个体集合。样本的抽取必须遵循一定的原则。构成样本的个体称作样本单位,通常用 N 表示一个样本的单位数量,也称作样本容量。在市场调研中,总体是唯一的、确定的,而从总体中抽出一部分个体所组成的样本却不是唯一的,它可以有多种组合,但一个样本及其所包含的样本单位是具体的、明确的。

抽样单位是指样本抽取过程中的单位形式。抽样单位与总体单位在形式上有时并不一致。抽样单位不同于样本单位,从抽样单位中抽出的构成样本的单位是样本单位,即样本单位是从抽样单位中产生的,且样本单位的形式一般是基本单位,而抽样单位则不尽然。

(2) 抽样调查的适用范围

① 不能进行全面调研的事物。有些事物在测量或试验时有破坏性,不可能进行全面调研。如电视的抗震能力试验,灯泡的耐用时间试验等。

② 有些总体从理论上讲可以进行全面调研,但实际上不能进行全面调研的事物。如了解某个森林有多少棵树,职工家庭生活状况如何等。

③ 抽样调查方法可以用于工业生产过程中的质量控制。

④ 利用抽样推断的方法,可以对某种总体的假设进行检验,来判断这种假设的真伪,以决定取舍。

2. 抽样调查的分类

根据抽选样本的方法不同,抽样调查可以分为随机抽样和非随机抽样两大类。

(1) 随机抽样设计

随机抽样,就是按随机的原则抽取样本,在调研对象中,每一个个体被抽取的机会都是均等的。由于随机抽样能够排除人们有意识的选择,所以,抽出来的样本具有很好的代表性。随机抽样分为简单随机抽样、分层随机抽样、整群随机抽样。在三者中,分层随机抽样的误差最小,整群随机抽样误差最大。在有一定调研精度要求时,若采用分层随机抽样,所需样本单位数最少;若采用整群随机抽样,所需样本单位数最多。

① 简单随机抽样。简单随机抽样就是不对被研究对象进行任何处理,直接按随机原则从中抽取调查单位来构成样本的抽样方法。这种抽样方法简单,误差分析较容易,但是需要样本容量较多,适用于各个体之间差异较小的情况。譬如,对居民家庭某食品消费量的调查,可选此类抽样方法。

② 分层随机抽样。分层随机抽样即把总体按照某种特征分成若干层,比如分成组,使各层内的个体具有同质性,但确保层间具有明显差异性,然后在各层中按随机原则抽取调研单位来构成样本的抽样方法。这种方法的优点是抽样样本分布比较好,操作简便,总体估计值容易计算。该抽样法一般适用于个体间差异较大的总体。譬如,调研我国目前城乡居民的家电产品消费量,就可采用分层抽样方法。

③ 整群随机抽样。整群随机抽样就是先把总体按一定的相似性分成若干群,主要是自然形成的行政或地理区域,尽量使不同特性的个体均匀分布在各个群内,同一群内个体有差异而各个整群之间差异不大,然后对各个整群进行随机抽选,对抽出的样本群进行调研;也可进一步划分成若干个小群,进行多阶段分群抽样的抽样方法。譬如,调研高校学生在校生活费用支出情况,即可使用整群随机抽样。这种方法的优点是组织简单,缺点是样本代表性差。

(2) 非随机抽样设计

非随机抽样即指抽样时按照调研人员的主观经验或其他条件来抽取样本的一种抽样方法。其适用情况包括:严格的概率抽样几乎无法进行;调查对象无法确定;总体各单位间离散度不大,且调研人员有丰富的经验;调研目的仅是初步探索或提出假设。

① 方便抽样。方便抽样(随意抽样、偶遇抽样)是以调研者工作方便为出发点,把总

体中易于抽到的部分作为样本,一般适用于探索性调研。最常见的方便抽样是偶遇抽样,即研究者将在某一时间和环境中所遇到的每一总体单位作为样本成员。街头拦截法就是一种偶遇抽样。方便抽样的样本受偶然因素影响大,其代表性难以保证。这种抽样方法适用于一些情况特殊的调查。

② 判断抽样。判断抽样(立意抽样)是在调研者对调研对象有一定了解的情况下,根据自己的主观判断选择有代表性的单位构成样本进行调研,一般适用于样本数量较少的情况。譬如,要调研高档汽车的需求状况,则可选择对高档住宅区的部分居民进行调研。

③ 配额抽样。配额抽样(定额抽样)是先把总体按照控制特性进行分类,规定具有一种或几种控制特性的样本数目,并对不同群体分配样本数额,在配额内凭调研者的主观判断抽选样本。譬如,要调研某城市居民对旅游服务的需求状况,则可以先根据消费者的年龄、性别、职业、收入水平等进行分类,再定出各类群体的样本数目,最后凭调研者的主观判断,从每类群体中抽取规定数目的样本单位。

④ 滚雪球抽样。滚雪球抽样以若干个具有所需特征的人为最初的调查对象,然后依靠他们提供认识的合格的调查对象,再由这些人提供第三批调查对象,以此类推,样本如同滚雪球般地由小变大。滚雪球抽样一般适用于总体单位数不多且分散、信息不足、做观察性研究的情况。其优点是能够快速、准确地找到调研单位,降低被拒访的概率。比如,调研老年产品市场需求,可先在清晨去公园结识散步的老年朋友。

四、撰写市场营销调研报告

市场营销调研报告是根据前期的市场营销调研方案,采用科学系统的方法进行调研,对调研结果进行分析整理,得出恰当的结论,并形成内容翔实、分析全面的书面报告。市场营销调研报告为决策者制定营销策略、实施营销活动提供依据。

(一)市场营销调研报告撰写前准备

通过市场营销调研活动,调研者搜集了大量的一手资料和二手资料。但这些资料往往是分散、表面的,资料所隐含的本质意义还需要经过分析整理才能表现出来。分析整理过程是一个去粗取精、去伪存真、由此及彼、由表及里的研究过程。调研者在这个过程中可以运用以下方法:

1. 分类整理

调研者对资料加以分类校核,消除其中错误和含糊不清之处,使资料尽可能准确。原则是要确保资料清楚易懂、完整、一致和连贯。

2. 资料列表

调研者将调研得来的资料列成表,以便一目了然地了解资料相互之间的联系及意义。常用的列表方法有单栏表和多栏表两种。

3. 资料分析

调研者在资料整理的基础上,用一些统计方法对资料进行检验和分析。分析资料时应注意以下几点:对搜集到的资料要深入了解,从中体会资料隐含的意义,进而推测各种演变;发挥独立思考能力,不为资料所误导。

(二)市场营销调研报告的结构与内容

市场营销调研报告是对产品及其市场营销状况进行深入调查后,将调查收集到的材料加以系统整理和分析,从而得出结论,以书面形式向组织和领导汇报调查和分析情况的一种文书,其特点是具有写实性、针对性、逻辑性。

一份完整的市场营销调研报告应包括标题、目录、引言、摘要、正文、结论、附件七项内容。市场营销调研报告的写作格式说明如下:

1. **标题**

标题即报告的题目,有两种写法:一种是规范化的标题格式,如"××关于××××的调研报告""关于××××的调研报告""××××调查"等;另一种是自由式标题,包括陈述式、提问式、正副标题结合式三种。陈述式如"××××情况调查";提问式如"为什么××××";正副标题结合式,正标题陈述调查报告的主要结论或提出中心问题,副标题表明调研的对象、范围、问题。标题页面还包括市场调研单位、报告日期、调研时间地点、委托方和调研方等内容。

2. **目录**

如果调研报告的内容和页数较多,应当建立目录,以便于读者阅读。目录必须与正文的纲目一致、页码一致。市场营销调研报告的目录一般不多于三级。目录的编号要规范、统一。

3. **引言**

引言有三种写法:一是写明调查起因、目的、对象、范围、团队成员等情况,引出调研结论;二是写明调查对象的历史背景、发展历程、现实状况、突出问题、主要成果等,提出主要观点;三是开门见山,直述调查结果,指出问题、揭示影响等。引言要画龙点睛、直奔主题。

4. **摘要**

摘要简明扼要地将调研报告的主要内容,准确地摘录出来,使读者于最短的时间内获知报告大意,并据以决定是否要阅读全文。摘要的主要作用是说明调研工作的主要对象和范围、采用的手段和方法、原始资料的选择与评价、得出的结论和建议等,这可能成为决策者阅读的唯一部分。

5. **正文**

正文是市场调研分析报告的主体部分,包括从问题的提出到结论的得出的全部过程。正文必须准确阐明全部有关证据,即对调研获得的第一手资料进行分析与评论,介绍分析和研究问题的方法,以此证明调研报告结论的科学性、严密性,同时方便决策者从调研资料及其分析中得出结论。正文要写得具体深刻、层次分明、详略得当、逻辑严密、层层深入。

总之,在写正文部分时要注意,选用的调研资料不能简单堆砌,必须经过概括、分析和研究,得出有实用价值的结论和建议。

6. 结论

结论是撰写调研报告的主要目的。结论部分对引言和正文所提出的主要内容进行总结,得出结论,提出可供选择的建议。结论和建议要与正文部分的论述紧密呼应。

7. 附件

附件是指市场调研报告正文不能包含或没有提及,但与正文有关的必须附加说明的部分。它是对调研报告正文的补充或详尽说明。每个附件都应编号。

第二节　市场营销预测

一、市场营销预测的内涵

(一)市场预测的概念

预测,就是根据过去和现在的实际资料,运用科学的理论和方法,分析研究对象在今后可能的发展趋势,并做出估计和评价,以减少未来事件的不确定性。

随着科学技术和人类社会的发展,消费需求日新月异,企业间的竞争日益激烈。企业经营不仅需要关注当下,更需要对未来进行预测,市场预测应运而生。所谓市场预测,是在市场调查的基础上,运用统计、定性分析等科学的预测方法,对影响市场供求状况的各因素进行分析研究,进而对产品生产、流通、销售的未来发展趋势进行科学推测与判断,从而为市场营销提供可靠的决策依据的过程。市场调查是市场预测的基础,市场预测是市场调查的延伸。

(二)市场预测的分类

1. 按照预测性质不同划分

按照预测性质不同划分,可分为定性预测和定量预测。

定性预测是通过对市场调查资料的分析,企业预测人员根据知识、经验和判断,对未来市场发展趋势及变化做出的描述和预测。它侧重在对经济过程本身性质的分析和预见。常用的定性预测方法有购买者意向调研法、营销员意见综合法、专家意见法等。预测内容通常是对事物性质做出的一种主观判断,其预测结果的可信度无法做出精确的说明。

定量预测是在对市场调查数据收集的基础上,通过建立模型,分析变量之间的关系,进而对未来市场发展变化进行的量化分析及推算。通过定量分析,能够确定调查结果的可信程度,但对数据收集的准确性要求较高。

2. 按照预测时间的长短划分

按照预测时间的长短划分,市场预测可分为长期预测、中期预测、短期预测和近期预测。

长期预测是指对未来五年或五年以上的市场发展前景的预测。分析市场未来的变化趋势，为企业长期发展规划、产品研发、扩大生产经营规模和投资规划等提供依据。

中期预测是指对未来一至五年市场发展前景的预测。对企业产品供求变化趋势、价格变动、市场潜力分析等方面进行预测，为企业生产经营、营销管理等计划提供依据。

短期预测是指对未来三个月以上一年以下市场发展前景的预测。为企业年度、季度计划的制定、产品生产和营销活动开展提供依据。

近期预测是指以日、周、旬、月为单位到三个月以下市场发展前景的预测。为企业制订旬计划、月计划，合理安排生产经营和营销活动提供依据。

3. 按照预测对象划分

按照预测对象划分，市场预测可分为宏观预测和微观预测。

宏观预测是从宏观经济管理的角度，对商品生产和流通总体的发展方向进行综合性的预测，研究经济活动中各个有关的总量指标、相对指标和平均指标之间的联系和发展趋势。

微观预测是从企业角度对影响企业生产经营的市场环境以及企业生产的产品、市场占有率、经营活动进行的预测。它以单个经济单位的经济活动前景为考察对象，研究各个单位的各项经济指标之间的联系和发展趋势。

（三）市场预测的重要性

1. 市场预测为企业确定目标市场提供决策依据

决策是否正确关系到企业的兴衰，正确的决策来自可靠的预测。通过市场预测可以为决策提供大量的数据和资料，特别是有关企业所处的市场环境及其发展变化趋势的资料。企业经营者一般对企业自身的情况比较熟悉而对企业的外部环境则不太清楚，这就得靠市场预测来提供资料。

2. 市场预测可作为企业确定营销策略的前提

编制长期计划和短期计划都离不开市场预测，企业的销售计划应根据各种产品需求量的预测数字来编制。

3. 市场预测可作为提高企业竞争能力和经营管理水平的重要手段

当同一产品有较多厂家生产时，企业应按照市场预测的结果正确判断本企业所面临的形势，及时地采取措施，有预见地提高产品质量、价格、服务和交货期限等方面的竞争能力，更好地争取用户。企业进行市场预测，可以提高决策的科学性和准确性，降低决策的盲目性，从而有利于改善经营管理和提高经济效益。

（四）市场预测的基本要素

市场预测基本要素包括预测信息、预测方法、分析评价、审视判断四个方面。

1. 预测信息

信息是客观事物特性和变化的表征和反映，存在于各类载体之中。信息是预测的主要工作对象、工作基础，以及成果反映。

2. 预测方法

方法是指在预测过程中进行质和量的分析时所采用的各种手段。预测方法按照不同的标准可以分成不同的类别。

3. 分析评价

分析是根据有关理论所进行的思维研究活动过程。根据预测方法得出预测结论之后，还必须进行两个方面的工作：一是在理论上要分析预测结果是否符合经济理论和统计分析的条件；二是在实践上对预测误差进行精确性分析，并对预测结果的可靠性进行评价。

4. 审视判断

判断是对预测结果所依据的相关经济和市场动态是否恰当、是否需要修正进行的权衡和评判。同时，对信息资料、预测方法的选择也需要审视和评判。判断是市场预测技术中的重要元素。

（五）市场预测的原则

市场趋势预测的原则主要有相关原则、类推原则、惯性原则、概率原则四项。

1. 相关原则

相关原则是建立在分类思维的高度上的，它关注事物及其类别之间的关联性，当了解或假设已知的某个事物发生变化时，可推知另一个事物的变化趋势，最典型的相关有正相关和负相关。从思路上来讲，不完全是数据相关，更多的是定性的。

（1）正相关。正相关是指事物之间相互促进，比如，居民平均收入与空调拥有量。企业从正相关中可发现商机，比如某地区政府十分重视人民物质文化生活水平的提高，商家预测未知市场蕴含着一个巨大商机，先后推出"家电产业""厨房革命""保健品"等正相关的市场项目。

（2）负相关。负相关是指事物之间相互制约，一种事物发展导致另一种事物受到限制。比如资源政策、环保政策出台必然引致一次性资源替代品的出现。嗅觉敏锐的企业也可根据负相关原则抓住商机，比如，某地强制报废"助力车"，该地一家电动自行车企业敏锐地抓住了这一市场变化带来的机遇，大力推荐电动自行车。

2. 惯性原则

任何事物发展都具有一定的惯性，即在一定时间、一定条件下保持原来的趋势和状态。这是大多数传统预测方法比如线性回归和趋势外推等的理论基础。

3. 类推原则

类推原则也是建立在分类思维的高度上的，即关注事物之间的关联性。

（1）由小见大类推。从某个现象推知事物发展的大趋势，例如，现在有人开始在抖音平台带货直播，您预见到什么？运用这一思路时，要防止以点代面、以偏概全。

（2）由表及里类推。从表面现象推知实质，例如，"蓝月亮"洗衣液在超市大做促销，"汰渍"就应意识到可能是抢市场的。

（3）由此及彼类推。引进国外先进的管理和技术也可以由这一思路解释。例如，落后国家可以引进发达国家的先进技术；发达地区淘汰的东西，在落后地区可能还有市场。

(4) 由远及近类推。比如,将国外的产品技术、营销经验、管理模式,引入国内进行学习和借鉴。

(5) 自下而上类推。从典型的局部现象推知全局状况,逐级类推。比如,一个规模适中的乡镇,需要 3 台收割机,这个县有 50 个类似的乡镇,可以初步估计这个县收割机的市场容量为 150 台。

(6) 自上而下类推。从全局认识和推知某个局部。

4. 概率原则

企业不可能完全把握未来,但根据历史和经验,在很多情况下,企业能预估事物发生的概率,并根据这种可能性,适时采取对应措施。企业在博弈型决策中,会不自觉地使用概率原则,通过抽样设计和调查等科学方法来确定某种情况发生的可能性。

二、市场营销预测的内容

市场预测的内容比较广泛,主要有以下几个方面:产品发展预测、产品价格变动趋势预测、市场供求预测、市场占有率预测等。

(一) 产品发展预测

产品发展预测是对现有产品的市场生命周期的发展变化,以及新产品的发展方向、规格、结构等变化方向的预测。预测产品生命周期的发展变化趋势,可以使企业根据所处生命周期的不同阶段,采取不同的营销手段,以提高企业的竞争能力和经济效益。

企业应该对新开发产品的发展方向,顾客对新产品式样、规格、质量、售价等方面的需求,以及新产品上市后的销售量和市场需求潜量进行预测,确保在新产品开发工作中目标明确,降低开发新产品的风险和可能遭受的损失。

(二) 产品价格变动趋势预测

产品价格变动趋势预测是指对产品价格的涨落及其发展趋势进行预测。在正常情况下,价格是市场波动的主要标志和信息载体,产品价格的变动对企业的经济效益和市场需求都产生重要影响。预测价格变动便于企业及时调整产品结构,适应市场供求状况。

通过分析产品成本构成因素的变化趋势、产品市场供求关系变化对价格的影响、主要竞争对手的价格策略对市场总需求量和本企业产生的影响、本企业的价格策略对市场需求和企业效益的影响,预测产品价格的变动趋势。

(三) 市场供给和需求的发展变化

市场供给是指一定时期内可以投放市场以供出售的产品。市场供给预测是指对投放市场的产品总量及其构成、各种产品的市场可供量以及变化趋势的预测。市场供给预测主要包括生产能力预测及产品竞争力预测。

市场需求预测是指在营销调研基础上,运用科学理论和方法,对未来一定时期的市场需求量及其诸多影响因素进行分析,寻找市场需求变化规律,为企业提供未来市场需求的预测性信息的过程。由于影响市场需求状况的许多因素本身也是在不断发展变化的,因此,为了准确预测市场需求的变化,企业要对一些影响因素的变化加以预测。

首先,产品需求预测量应该介于市场需求最低点与市场需求潜量之间,并随营销费用的增减而变化。市场需求最低点与市场需求潜量之间的数量差额由于产品类别的不同而不同。

其次,对于生活必需品,市场需求最低点较高,与市场需求潜量之间差额较小;而对于非生活必需品,市场需求最低点相对偏低,但市场需求潜量较高。在不同的市场环境下,同一产品的市场需求最低点和市场需求潜量不同;在同样的营销费用水平下,产品的需求预测量也不同。

最后,了解市场需求最低点、市场需求潜量、产品需求预测量三项市场需求指标的关系,对于企业确定市场营销战略具有指导意义。

(四)市场占有率预测

市场占有率是指在一定时期、一定市场范围内,企业所生产的产品销售量占该产品同一市场销售总量的比重。对于企业产品市场占有率,主要预测企业市场占有率的发展趋势及其影响因素,充分估计竞争对手的变化,并对各种影响本企业市场占有率的因素采取适当的营销策略并加以控制。

要准确预测企业的市场占有率,首先要分析本企业产品在市场中的地位,预测同类产品、替代产品等的未来发展趋势;其次要分析竞争对手的情况,包括分析它们可能采取进入市场的营销策略、生产的规模、产品质量等的变化,分析是否会有潜在的竞争者进入,以便企业掌握市场竞争的动态状况,采取相应的市场竞争策略。

(五)消费者心理变化趋势

消费者心理变化趋势一般包括消费者需求倾向与购买行为的变化。消费者心理是产生或影响消费者行为的内在原因,而时代的飞速发展又使消费者的观念发生显著的变化,从而影响消费者行为以及消费者需求。

然而,企业通常习惯性地根据自己的主观意愿去判断消费者的心理变化和消费需求,由此导致市场决策失误。运用科学的统计分析方法进行消费者心理变化趋势的预测,能够帮助企业掌握消费者心理变化的一般规律和发展趋势,为企业决策提供可靠的信息。

(六)意外事件的影响

意外事件是指企业在制订计划、做出市场决策的过程中难以预想到的事件。这些事件的发生会打乱正常的经济秩序,使市场的发展脱离原来所预测的轨道。企业要想减少意外事件的影响,就必须对其影响进行预测。

思政园地

关注市场需求

习近平关于关注市场需求的重要论述,主要包括如下内容:一是企业不仅要致力于满足现实的有效需求,还要善于捕捉并满足尚未被发现的潜在需求;二是为了有效满足市场需求,必须妥善管理好市场预期;三是用发展的眼光看待市场需求,在对市场需求的发展变化做出反应和调整时,要特别注意供需匹配和动态均衡发展,提升供给体系对市场需求的适配性,形成需求牵引供给、供给创造需求的更高水平动态平衡;四是注重市场需求和消费心理分析,及时发现市场新需求和消费心理新变化,更好地满足人民对美好生活的向往。

三、市场营销预测的程序

市场趋势预测对于企业的营销活动具有重要作用。为了节约企业的预测成本,企业必须在预测过程中遵循确定预测目标、搜集和整理预测资料、选择预测方法、建立预测模型、分析评价和修正预测值、撰写预测报告六个程序,使预测工作有序开展与统筹规划。

(一)确定预测目标

市场预测的首要问题是确定预测目标。确定预测目标就是根据企业在一定时期的任务和经营活动中存在的问题,依据市场及企业营销活动的需要,确定预测项目,制订预测计划,确定预测的地域范围、时间要求、各种指标及其准确性要求等,编制预算、调配力量、组织实施,确保市场预测工作有序进行。

市场预测是一项复杂的工作,技术性要求高,涉及面广,确定预测目标必须遵循目的性、可行性、经济性和实效性的原则。

(二)搜集和整理预测资料

搜集和整理预测资料是进行市场预测的重要一环,也是一项基础性工作。收集整理资料,首先要根据预测目标收集和占有各种相关资料,资料是否充足与可靠对预测结果会产生直接影响。其次,对市场调研收集的资料要进行认真核实与审查,统一计算口径,分析整理,保证资料具有针对性、真实性、完整性。

收集的市场资料可分为历史资料和现实资料两类。历史资料包括历年的社会经济统计资料、业务活动资料和市场研究信息资料。现实资料主要包括目前的社会经济和市场发展动态,生产、流通形势,消费者需求变化等。收集到的资料要进行归纳、分类、整理,最好分门别类地编号保存。在这个过程中,要注意标明市场异常数据,要结合预测进程,不断增加、补充新的资料。

(三)选择预测方法

市场预测的方法较多,企业在选择具体项目预测方法时,根据预测的目标以及各种预测方法的适用范围和条件,结合资料情况选出合适的预测方法,这对预测结果的有效性和准确性起着至关重要的作用,直接影响企业的经营决策。

在预测过程中,为保证预测结果的准确性,可同时选用几种方法进行初步估测,将估测结果进行比较,并根据理论分析和经验判断,选择最佳方法进行正式预测。

运用预测方法的核心就是建立能够概括研究对象特征和变化规律的模型,根据模型进行计算或者处理,然后得出预测结果。

(四)建立预测模型

根据调查数据的变化趋势,分析数据间的因果关系,进而通过科学的方法,建立预测模型。

市场预测是运用定性分析和定量测算的方法进行的市场研究活动,在预测过程中,这两方面不可偏废。一些定性预测方法经过简单的运算,可以直接得到预测结果。定量预测方法则要建立数学模型,即用数学方程式构成市场经济变量之间的函数关系,抽象地描述经济活动中各种经济过程、经济现象的相互联系,然后输入已掌握的信息资料,运用数学求解的方法,得出初步的预测结果。

(五)分析评价、修正预测值

预测是基于现有的资料对未来发展趋势变化的研究。在预测时,需要根据宏观环境和影响因素的变化,评价预测值的可信度。如果预测误差较大,则需要及时分析原因,修正预测数据,保证预测误差在控制范围内。

通过计算产生的预测结果只是初步结果,需要经过多方评价和检验才能最终使用。检验初步结果的方法通常有理论检验、资料检验和专家检验。

理论检验是运用市场学等理论知识,采用逻辑分析方法,检验预测结果的可靠程度。资料检验是重新验证、核对预测所依赖的数据,将新补充的数据和预测初步结果与历史数据进行对比,检查初步结果是否合乎市场发展逻辑。专家检验是邀请相关专家对预测初步结果进行检验和评价,综合专家意见对预测结果进行充分论证。在多方检验的基础上,根据最新信息对原预测结果进行评估和修正。

(六)撰写预测报告

预测报告应该涵盖市场预测研究的主要活动过程,内容应该包括预测目标、预测对象、预测指标、资料和数据来源、预测方法、选择模型、预测结论及其评估和修正等。

四、市场营销预测的方法

无论预测什么内容,都要推导出一个结果,取得预测结果的技术手段便是预测方法。市场预测方法可以归纳为定性预测和定量预测两大类。将这两大类方法结合起来,并越来越多地吸收计算机技术,是预测方法发展的总趋势。

(一)定性市场预测

定性市场预测法也称为直观判断法,是指通过分析预测对象的发展规律,对其未来发展趋势进行判断的一种方法,属于质的分析。定性预测通常在数据不足或可以根据个人或集体经验、知识预测时使用,对数据的依赖性较低。

定性预测的优点是简单易行,不需要复杂的数学公式计算,使用面较广,能够充分考虑政治、经济、社会等各方面因素对预测对象发展趋势的影响。其不足之处在于对预测对象未来发展趋势缺乏精确的评估,各项预测目标间的影响因素难以确定,可信度受到一定影响。

1. 对比类推法

对比类推法是以其他类似事物作为参照物,对预测目标进行对比分析,判断其未来发展趋势的一种方法。它常用于新产品预测,由于新产品缺少销售等数据,因此,通过对同类产品的历史资料的对比分析,可以预测新产品未来的发展趋势。

2. 个人经验判断法

个人经验判断法是按规定程序对专家个人进行调查的方法。这种方法是依靠个别专家的专业知识和特殊才能来进行判断预测的。其优点是能利用专家个人的创造能力,不受外界影响,简单易行,费用也不多。但是,依靠个人的判断,容易受专家的知识面、知识深度、占有资料是否充分以及对预测问题有无兴趣所左右,难免带有片面性。专家的个人意见往往容易忽略或贬低相邻部门或相邻学科的研究成果,专家之间的当面讨论又可能产生不和谐。

因此,这种方法最好与其他方法结合使用,让被调查的专家之间不发生直接联系,并给时间让专家反复修改个人的见解,才能取得较好的效果。

3. 集中意见法

集中意见法是将业务、销售、计划等相关人员集中起来交换意见,共同讨论市场变化趋势,提出预测方案的一种方法。例如,对销售量的预测,可组织企业的业务人员、企划人员、销售人员共同分析、研究市场情况,提供销售量的预测方案。它的优点是,在市场的各种因素变化剧烈时,能够考虑到各种因素的作用,从而使预测结果更接近现实;但缺点是容易受到集体中权威的影响。此方法要求选择人员时要慎重,一般要选择有独立见解的人,还要选择具有丰富经验、对市场情况相当熟悉并有一定专长的人员,如经济分析人员、会计人员、统计人员等。

4. 德尔菲法

德尔菲法于20世纪40年代由美国兰德公司首创,德尔菲法又称为专家调查法,由企业组织的多位专家和企业预测组织者组成的专门预测机构,按照预测的程序,背靠背地征集专家对未来趋势的意见和判断,而进行预测的一种方法。德尔菲法避免了集体经验判断法的诸多不足,也是目前定性预测法中常用的预测方法。

(1) 具体做法:聘请一批专家,采用问卷或表格的形式,征询专家的匿名预测意见,将得到的初步结果综合整理,再将问卷或表格重新发给专家,要求专家在反馈信息的引导下对原有的预测进行修正或不予修正,然后把这些意见再行汇总。这一过程经过多次反复,当专家意见趋于一致时,对最后一轮征询预测问卷或表格进行统计整理,得出预测结果。

(2) 德尔菲法的特点:第一,真实性。在整个预测过程中,专家们彼此不发生联系,完全消除权威心理影响,独立自主进行判断,预测结果比较真实。第二,多向反馈性。它是一个"征询→答复→反馈→再征询→再答复→再反馈"的多重循环往复的过程,有利于预测的修正和完善。第三,数字化与统计性。它要求用表格形式与定量的表达方法进行专家间的交流与意见征询,因而预测结果便于汇总统计,也更具准确性、科学性。

(二) 定量市场预测

定量市场预测是指根据历史统计资料,通过建立数学模型对市场未来发展趋势进行量化分析,得出预测结果。

定量分析的优点是通过数据建模分析,避免了主观因素的影响,有利于保证预测结果的科学性和客观性。同时,预测结果以数据的形式体现,精确度高。但是,定量分析对数据的要求较高,并且对预测人员在数学、统计学等方面的知识要求较高,同时受时间限制较强,因此,需要足够的数据作为支撑,费用也相对较高。

常用的定量方法包括时间序列预测法和回归分析法。

1. 时间序列预测法

时间序列预测法是根据预测对象的历史资料所形成的时间序列进行分析,推算事物未来的发展趋势,进而使用数学模型预测未来数值的一种预测方法。

时间序列预测法的特点是,假定影响未来市场需求和销售量的各种因素与过去的影响因素大体相似,且产品的需求变化有一定的规律,那么企业只要对时间序列的倾向性进行统计分析,加以延伸便可以推测出市场需求的变化趋势,从而做出预测。常用的时间序列预测法包括简单平均数法、加权平均数法、移动平均法等。时间序列预测法简单易行,应用较为普遍。但经济事件的未来状态不可能是对过去的简单重复,因此,这种方法更适用于短期预测或中期预测。如果时间序列的数据随时间的变化波动很大或市场环境变化很大,或者国家的经济政策有重大变化、经济增长出现转折,则一般不采用这种方法。

(1) 简单平均数法。该法根据观察期的数据计算算术平均数,将此作为下期的观察值。这种方法简单易行,但精确度差,不能充分反映发展趋势和季节变动影响,适用于短期预测。

(2) 加权平均数法。该法对不同时期的观察值根据其重要性分别给予不同的权数处理,再求平均数。一般给近期数据的权数大,给远期数据的权数小,以体现各期数据的不同影响程度,减小误差,因而预测结果比简单平均数法准确。

(3) 移动平均法。该法是在简单平均数法的基础上发展起来的,它是将观察值按顺序逐点分段移动平均,以反映出预测对象的长期发展趋势。其具体做法是:将观察期的数据由远而近按一定跨越期进行平均,取其平均值,随着观察期的推移,按既定跨越期的观察期数据也相应向前移动,逐一求得移动平均值,并将接近预测期的最后一个移动平均值作为确定预测值的依据。

2. 回归分析法

社会经济现象间存在着相互联系、相互制约、相互依赖的关系。回归模型法又称计量经济模型法,是一种因果分析预测方法。大量的经济现象都是多种因素影响的结果,且各因素之间还存在着因果联系。例如,价格变动对销售量的影响,收入变动对消费力的影响等。

回归分析法就是通过研究引起未来状态变化的各种因素所发挥的作用,找出各种因素与未来状态的统计关系进行预测的方法。

回归分析研究的内容是：从一组数据出发，确定变量间的定量关系；对这些关系式的可信程度进行统计检验；从影响某一个量的许多变量中，判断哪些变量的影响是显著的、哪些变量的影响是不显著的；利用所得的关系式对设计、生产和市场需求进行预测。如果研究的因果关系只涉及两个变数，称作一元回归分析；如果涉及两个以上的变数，称作多元回归分析。

第三节　调研与预测的关系

市场调研即市场调查研究，是对市场的需求、容量、范围的调查分析；市场预测即市场营销预测，是对某一特定地区某种特定产品需求量和供应量的预测，二者既有联系，又有区别。

一、市场调研与市场预测的联系

市场调研与市场预测有着密切的联系，市场调研是基础，只有好的基础才能有好预测。通过市场调研，来研究经济运动的发展变化规律，用预测的理论和方法来推断未来结果。

市场调研是市场预测的根基，市场预测是市场调研的结果分析。只有建立在充分的市场调研基础之上，市场预测才是有意义的，市场调研与市场预测是前因与后果的关系。

二、市场调研与市场预测的差别

（一）两者的实质存在差别

市场调研的实质是为现代企业经营决策提供依据，市场预测的实质是对未来市场供求趋势进行分析和推断。

1. 市场调研的实质

市场调研是运用科学的方法，有目的地并系统地搜集、记录、整理和分析市场情况，了解市场现状及其发展趋势，为企业决策者制定政策、做出经营决策、制订发展规划提供客观、可靠的依据。

2. 市场预测的实质

市场预测是在市场调研获得的各种信息和资料的基础上，运用科学的预测技术和方法，对市场未来的商品供求趋势、影响因素及其变化规律所进行的分析和推断过程。

（二）两者的作用存在差别

1. 市场调研的作用

市场调研有助于更好地吸收国内外先进经验和最新技术，改进企业的生产技术，提高管理水平；为企业管理部门和有关负责人提供决策依据；增强企业的竞争力和生存能力。

2. 市场预测的作用

市场预测为决策服务，为了提高管理的科学水平，减少决策的盲目性，现代企业需要通过预测来把握经济发展形势，掌握未来市场变化的有关动态，降低未来的不确定性，降低决策可能遇到的风险，使决策目标得以顺利实现。

（三）两者的方法存在差别

1. 市场调研的方法

（1）定性调研方法最常被使用，简单来说就是从受访者的数字回答中去分析，不针对整个人口，也不会进行大型的统计。

（2）定量调研方法采用假说的形式，使用任意采样，并根据样品数据来推断结果。这种方法经常用于人口普查、经济实力调查等大型的市场调查。

2. 市场预测的方法

（1）定量预测方法。时间序列预测法是典型的定量预测方法。在市场预测中，经常遇到一系列依时间变化的经济指标值，如企业某产品按年（季）的销售量、消费者历年收入、购买力增长统计值等，这些按时间先后排列起来的一组数据称为时间序列，依时间序列进行预测的方法称为时间序列预测法。

（2）定性预测方法。定性预测法也称直观判断法，是市场预测中经常使用的方法。定性预测方法主要依靠预测人员所掌握的信息、经验和综合判断能力，预测市场未来的状况和发展趋势。这类预测方法简单易行，特别适用于那些难以获取全面的资料进行统计分析的问题。定性预测方法在市场预测中得到了广泛的应用。

（四）两者呈现的成果存在差别

市场调研分析报告是基于先实践后分析而得出的成果，侧重理论联系实际；市场预测报告是基于过去与现在预示未来而得出的成果，侧重推理，推陈出新，观往知来。

市场调研活动最后需要呈送的调研成果是市场调研分析报告，该报告是对市场情况和动向进行详尽的调查后，经过深刻、细致的分析和研究，得出正确的结论，然后撰写的专题书面报告。

市场预测活动最后需要呈送的预测成果是市场趋势预测报告，该报告是以一定的经济理论为基础，以市场的历史和现状为出发点，运用经济预测手段，将预测对象、预测区域、预测结果用文字表述出来的书面报告。

（五）两者活动时间段存在差别

市场调研活动在初期、中期进行；市场预测活动在后期进行。

三、市场调研与市场预测存在共同的必要性

其一，市场调研与市场预测是现代企业开展市场营销活动的出发点。

其二，市场调研与市场预测有利于现代企业有针对性地满足市场需求。

其三，市场调研与市场预测有利于现代企业提高竞争力与应变力。

其四，市场调研与市场预测为现代企业制定、检验、调整营销决策提供依据。

其五,市场调研与市场预测是现代企业做出正确经营决策的必备前提。

本章小结

本章主要介绍了市场营销调研的概念、类型、内容和程序,目的是让学生对市场营销调研有一个大概的了解。随之介绍了市场调查研究的技术,包括随机抽样设计、非抽样调查设计。调研数据收集上来之后,进行数据资料的整理、加工和分析,撰写市场调研报告。最后介绍了市场发展趋势预测,主要包括市场预测的分类、预测的内容、预测的程序、预测的方法,以及撰写市场趋势预测报告。

关键术语

市场调研　市场预测　抽样调查　定量市场预测　定性市场预测

练习与思考

一、单项选择题

1. 以下调查方法,属于按调研组织方式划分的是(　　)。
   A. 探索性调查　　　　　　　　　B. 描述性调查
   C. 全面调查　　　　　　　　　　D. 预测性调查

2. 以下不属于二手资料调查收集途径的是(　　)。
   A. 行业协会　　　B. 邮寄访问　　　C. 大众传媒　　　D. 互联网

3. 市场调查的首要任务是(　　)。
   A. 确定调查目标　　　　　　　　B. 明确调查对象
   C. 制订调查计划　　　　　　　　D. 选择调查工具

4. 一年以上、五年以下的预测称为(　　)。
   A. 长期市场预测　　　　　　　　B. 中期市场预测
   C. 短期市场预测　　　　　　　　D. 近期市场预测

5. (　　)是指在对市场调查数据收集的基础上,通过建立模型,分析变量之间关系,进而对未来市场发展变化进行的量化分析及推算。
   A. 定性预测　　　　　　　　　　B. 定量预测
   C. 市场需求预测　　　　　　　　D. 市场供给预测

二、多项选择题

1. 市场调查的作用包括(　　)。
   A. 为营销决策提供依据　　　　　B. 改善营销组合策略
   C. 有利于发现新需求　　　　　　D. 改变企业营销环境

2. 按照功能划分,市场调查包括(　　)。
   A. 探索性调查　　　　　　　　　B. 描述性调查
   C. 全面调查　　　　　　　　　　D. 预测性调查

3. 以下属于一手资料调查的方法有（   ）。

A. 访问法　　　　　B. 观察法　　　　　C. 对比法　　　　　D. 实验法

4. 收集资料需遵循的原则包括（   ）。

A. 真实性　　　　　B. 完整性　　　　　C. 时效性　　　　　D. 科学性

5. 撰写预测报告一般包括的内容有（   ）。

A. 预测目标　　　　B. 预测方法　　　　C. 预测时间　　　　D. 预测结果

三、判断题

1. 营销决策在执行过程中，无须开展市场调查活动，也不需要进行调整。（   ）
2. 一手资料具有方便、节省时间、成本低等优势。企业市场调查通常先从一手资料收集开始。（   ）
3. 市场调查是市场预测的基础，市场预测是市场调查的延伸。（   ）
4. 定性预测是指企业预测人员根据以往的知识和经验做出的预测。（   ）
5. 德尔菲法是指通过集体的经验、知识，通过思考分析及判断，对事物未来变化趋势做出推断的一种方法。（   ）

四、简答及论述题

1. 请表述市场趋势预测的内容和方法，并举例说明。
2. 简述市场营销调研报告的结构与内容。

请用手机微信扫二维码
查看"练习与思考参考答案"

实训项目

案例分析

吉列公司是世界著名的跨国公司，其产品因使男人刮胡子变得方便、舒适、安全而大受欢迎，然而吉利公司的领导者并不因此而满足，仍然想方设法继续拓展市场，争取更多用户。在1974年，公司提出了面向妇女的专用"刮毛刀"。

这一决策看似荒谬，却是建立在坚实可靠的市场调研基础之上的。吉列公司先用一年的时间进行了周密的市场调研，发现在美国30岁以上的妇女中，有65%的人为保持美好形象，要定期刮除腿毛和腋毛。这些妇女中，除使用电动刮胡刀和脱毛剂之外，主要靠购买各种男用刮胡刀来满足此项需要，一年在这方面的花费高达7 500万美元。相比之下，美国妇女一年花在眉笔和眼影上的钱仅为6 300万美元，用于染发剂上的钱为5 500万美元。毫无疑问，这是一个极有潜力的市场。

根据调查结果，吉列公司精心设计了符合女性特征的新产品，并且拟定了几种不同的"定位观念"在消费者中征求意见。这些定位观念包括：突出刮毛刀的"双刀刮毛"；突出其创造性的"完全适合女性需求"；强调价格的"不到50美分"；以及表明产品使用安全的"不伤玉腿"等。

最后，公司根据多数女性的意见，选择了"不伤玉腿"作为推销时突出的重点，并刊登广告进行刻意宣传。结果，雏菊刮毛刀一炮打响，迅速畅销全球。

资料来源：朱立.市场营销经典案例[M].北京：高等教育出版社,2012：42.

思考：学生根据背景资料,结合专业知识,分析市场调研与预测在市场营销中的地位和作用。

实战演练

第一步,学生了解企业及经营产品的基本情况,为案例分析做好充分准备。确定目标,掌握市场营销调研的重要作用,选择策略要得当。

第二步,分析吉列公司雏菊刮毛刀畅销的成功之道。

第三步,学生总结分析实训中的收获及存在的问题,提出改进建议;教师对各小组的讨论结果进行点评。

第三篇
制定市场营销战略

第五章 目标市场营销战略

学习目标

知识目标
1. 理解市场细分的概念及作用,掌握市场细分的依据和方法。
2. 理解目标市场选择模式,掌握目标市场营销战略。
3. 理解市场定位的概念,掌握市场定位的步骤及方法。

能力目标
1. 能够运用市场细分的依据和方法对实际市场进行有效的细分。
2. 能够正确运用营销战略进行市场细分、目标市场选择和市场定位。
3. 能够具备分析问题的能力以及归纳总结能力。

素质目标
1. 促进学生融入集体活动,发扬团队合作精神。
2. 培养学习市场营销的兴趣,体验成功的快乐。

思政目标
明确建立在细分基础上的营销战略有助于实现中国梦。理解习近平法治思想中的公平竞争法治观。理解中国文化元素在市场定位工作中的重要性。

思维导图

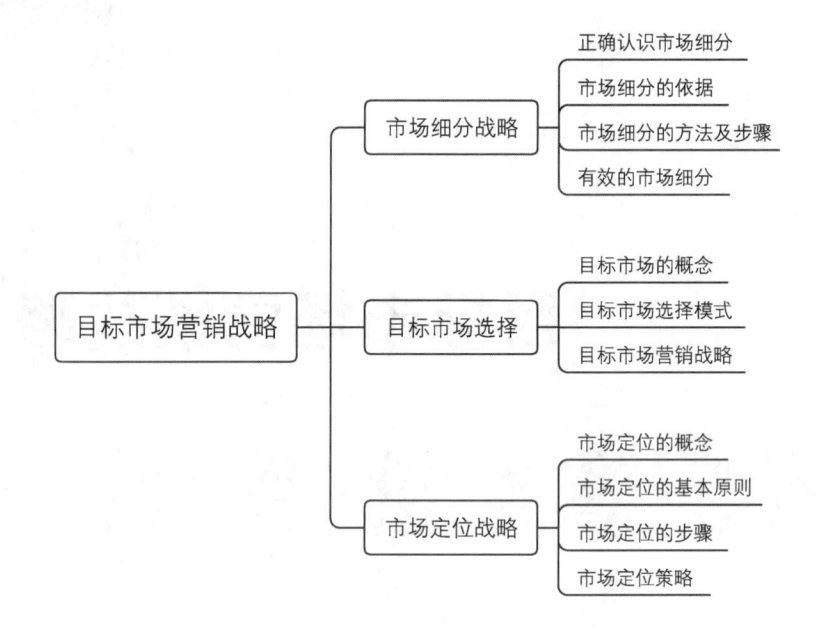

- 目标市场营销战略
  - 市场细分战略
    - 正确认识市场细分
    - 市场细分的依据
    - 市场细分的方法及步骤
    - 有效的市场细分
  - 目标市场选择
    - 目标市场的概念
    - 目标市场选择模式
    - 目标市场营销战略
  - 市场定位战略
    - 市场定位的概念
    - 市场定位的基本原则
    - 市场定位的步骤
    - 市场定位策略

导入案例

"汤臣一品"是由汤臣集团有限公司开发的楼盘,位于上海市陆家嘴滨江大道旁,占地2万多平方米,总建筑面积达11.5万多平方米,由4幢超豪华滨江住宅和1幢高级会所组成。该项目最高楼层为44层,高度达153米。"汤臣一品"楼盘以单价13万元/平方米成交后,一夜之间创造了中国豪宅的天价,但是随后的销售便陷入了低谷。

"汤臣一品"楼盘按照人口的社会构成划分,将其主要客户确立在高收入阶层,由于其细分市场客户的档次太高,导致容量不足,项目销售出现滞销。另外,从市场调查反馈的信息看,顾客并不认可"汤臣一品"的产品差异化,并对产品有颇多异议。在市场定位方面,其目标对象是位居福布斯全球排行榜的亿万级富豪,即巅峰世界的领袖人物。然而调查显示,无论其名称是"汤臣海景公寓""汤臣国宝"还是"汤臣一品",都没有把握住目标客户"凌驾巅峰,俯瞰天下"的心理渴望。首先,顾客认为"海景公寓"很普遍,没有独特性;其次,认为"汤臣国宝"的联想并不好,让人觉得好像是卖"大熊猫"。因此,顾客认为即使是"汤臣一品"的命名,给人带来的联想,如果从古代官衔角度,也只能联想到"一人之下,万人之上"的气势,远没有把巅峰世界领袖人物的"我就是国王"那种睥睨天下的雄心壮志表现出来。"汤臣一品"的案例说明,基于市场细分的目标市场选择和市场定位对企业来说是十分重要的,它在战略层面上决定企业营销的成败。

资料来源:杜向荣,冯艳.市场营销学[M].北京:北京理工大学出版社,2017:58.

目标市场营销是市场营销策略规划的重要内容,构成了目标市场营销的全过程,是制定市场营销组合策略的前提和依据。目标市场营销战略(STP战略)由市场细分(Segmentation)、目标市场选择(Targeting)、市场定位(Positioning)三个主要步骤组成，如图5-1所示。

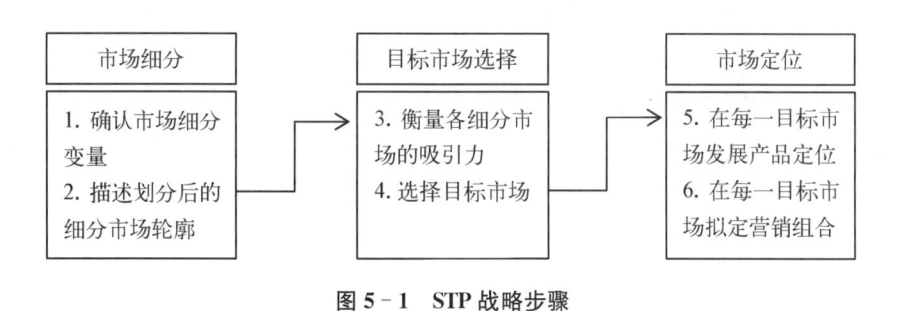

```
市场细分                    目标市场选择              市场定位
1. 确认市场细分    →    3. 衡量各细分市    →    5. 在每一目标市
   变量                    场的吸引力              场发展产品定位
2. 描述划分后的          4. 选择目标市场          6. 在每一目标市
   细分市场轮廓                                    场拟定营销组合
```

图 5-1　STP 战略步骤

第一节　市场细分战略

一、正确认识市场细分

（一）市场细分的概念

美国市场营销学家温德尔·史密斯(Wendell R. Smith)在20世纪50年代提出了"市场细分"(Market Segmentation)的概念。这一概念是第二次世界大战结束后，美国众多产品市场由卖方市场转化为买方市场形势下企业营销思想和营销战略发展的结果，更是企业贯彻"以消费者为中心"的现代市场营销观念的必然产物。

市场细分是指根据消费者的需要和欲望、购买行为和购买习惯等方面的差异，把某一产品的市场整体划分为若干消费者群的市场分类过程。每一个消费者群都是一个细分市场，每一个细分市场都是由具有类似需求倾向的消费者构成的群体。市场细分是STP战略的第一步。

（二）市场细分的作用

1. 发现新的市场机会

通过细分可以划分出不同的子市场，通过对各细分市场需求满足度进行评估，从中识别哪些需求尚未得到满足或低满足度的子市场，这便是最好的市场机会，因为市场机会就是未满足或未完全满足的市场需求。

2. 掌握目标市场的特点

市场细分能够帮助企业发现和深入分析各细分市场的不同需求，掌握细分市场的变化及趋势，从而帮助企业选择合适的目标市场。经过市场细分的目标市场范围较小，企业有能力及时准确地捕捉到相关的信息，迅速了解消费者需求，从而采取相应的对策，增强企业的应对能力。

3. 制定合理的营销组合

市场营销组合是企业综合考虑产品、价格、渠道和促销等各种方式而制订的市场营销方案。就特定的市场而言,市场营销组合的合适与否关系到企业的生存和发展,关系到企业能不能满足既定顾客的需求。所以,市场细分是制定最佳市场营销组合策略的重要依据。

4. 提高企业的市场竞争能力

进行市场细分以后,在每一个细分市场,企业的劣势和优势会很明显地暴露出来,企业只要看准市场机会,发挥自己的长处,同时有效开发本企业的资源优势,就能用较少的资源取得很好的经营效果。

二、市场细分的依据

市场细分要依据一定的细分变量来进行。不论是消费者市场还是产业市场,开展市场细分工作都要依据一定的细分标准,而且市场细分必须满足一定的条件才有效。

(一) 消费者市场细分的标准

消费者市场细分的标准如表 5-1 所示。

表 5-1 消费者市场细分标准

细分标准	具 体 因 素
地理细分	国际或省内、省市或地区、城市或农村、地形、气候、交通、运输
人口细分	年龄、性别、收入、职业、教育、家庭状况、民族
心理细分	个性、生活方式、社会阶层
行为细分	市场反馈、追求利益、购买时机、使用者情况、忠诚程度

1. 地理细分

所谓地理细分,就是企业按照消费者所在的地理位置以及其他地理变量(包括位于城市还是农村、气候条件、交通运输状况等)来细分消费者市场。

地理细分的主要理论根据是:处在不同地理位置的消费者对企业的产品有不同的需要和偏好,他们对企业所采取的市场营销策略以及企业的产品价格、分销渠道、广告宣传等市场营销措施有不同的反应。

市场潜量和成本费用会因市场位置不同而有所不同,企业应选择那些本企业能最好地为之服务的、收益较高的地理市场为目标市场。

2. 人口细分

所谓人口细分,是指企业按照人口统计变量(包括年龄、性别、收入、职业、教育水平、家庭规模、家庭生命周期阶段、宗教、种族、国籍等)来细分消费者市场。人口变量一直是细分消费者市场的重要变量,主要是因为人口变量比其他变量更容易测量。例如,目前信用卡销售者多利用人口统计变量来锁定其目标市场。

某些行业的企业通常用某一个人口变量来细分市场,比如服装、化妆品、理发等行业的企业长期以来一直按照性别来细分市场。而更多的公司通常采取多变量来细分市场。

3. 心理细分

所谓心理细分,是指按照消费者的生活方式、个性特点等心理变量来细分消费者市场。在同一人口统计群体中的个人可能表现出差异极大的心理特性。尤其是在生活多样化、个性化、质比量更受到重视的时代,市场不只是要在性别、年龄、职业等方面加以细分,更重要的是要通过生活方式、价值观、兴趣爱好、个性、交友关系等来进行心理上的区分。

(1)生活方式。生活方式是指人们在工作、消费、娱乐等方面特定的习惯和倾向,如工作狂与谋生者、勤劳与享乐、追求时髦与顽固守旧等。生活方式不同的消费者,他们的消费欲望和需求也不一样,对企业市场营销策略的反应也各不相同。企业可以通过市场调查研究,了解消费者的活动、兴趣、意见,据此划分不同生活方式的消费者群体,如"时尚型""传统型""朴素型""享乐型""事业型""追求社会地位型"等。显然,这种细分方法往往能够显示出不同消费者群体对同种产品在心理需求方面的差异性。

(2)个性细分。企业还按照消费者的不同个性来细分消费者市场。企业通过广告宣传,试图赋予其产品与某些消费者的个性相似的品牌个性,树立品牌形象。

4. 行为细分

行为细分,是指企业按照消费者对产品的了解程度、态度、使用情况或反应等来细分消费者市场。其行为变量包括时机、利益、使用情况、忠诚度、消费者待购阶段、消费者对产品的态度等变量来细分市场。

(1)时机细分

消费者在不同时机所购买和使用的产品是不同的,这就为企业提供了一种根据时机来细分市场的方法。例如,某种产品或服务项目专门用于满足像春节、中秋节、圣诞节、寒暑假等节假日的需求。

例如,春节期间各个餐厅、酒楼的年夜饭预订情况都不错,时机细分使得年夜饭预订保持了稳步增长。有些餐厅的年夜饭不仅接受门店预订,还有外送服务,有的门店外送年夜饭的比重占到30%~40%,有的占比低一点,但也有20%的份额。另外,随着人们生活水平的提高,消费者更注重健康饮食,不仅要吃好一点,还要求营养均衡、食材新鲜。家人对老人、孩子的关注度也逐年提高,有的消费者预订年夜饭时还特别强调适合老人和孩子的菜品。可见,在年夜饭预订方面,人口细分、心理细分、行为细分都可以派上用场,大有可为。

（2）利益细分

消费者往往因为所追求的利益不同而购买不同的产品和品牌。如有些消费者购买防蛀牙膏，主要是为了防治龋齿；有些消费者购买芳草牙膏，则主要是为了防治口腔溃疡、牙周炎。企业可根据自己的条件权衡利弊，选择其中某一个追求某种利益的消费者群为目标市场，设计和生产出适合目标市场需要的产品，并且用适当的广告媒体和广告信息，把这种产品的信息传达到追求这种利益的消费者群。

（3）使用情况细分

一些产品或品牌可以按使用情况分为从未使用、准备使用、过去使用、初次使用、经常使用等。企业可以通过赠送样品来吸引潜在使用者，采取折扣等奖励方式来鼓励经常使用者等。

（4）忠诚度细分

所谓品牌忠诚，是指由于价格、质量等诸多因素的吸引力，使消费者对某一品牌的产品情有独钟，形成偏爱并长期地购买这一品牌产品的行为。根据消费者品牌忠诚度的高低可以将其分为忠贞不贰者、不稳定的忠诚者、见异思迁者、游离分子四种类型。

（5）待购阶段细分

在任何时候，人们都处于购买某种产品的不同阶段。在某种产品的潜在市场上，有些消费者根本不知道有这种产品，有些消费者知道有这种产品，有些消费者已得到信息，有些消费者已产生兴趣，有些消费者想购买，有些消费者正决定购买。

企业之所以要按照消费者待购阶段来细分消费者市场，是因为企业对处在不同待购阶段的消费者，必须酌情运用适当的市场营销组合，采取适当的市场营销措施，才能促进销售，提高经营效益。

（6）态度细分

企业还可以按照消费者对产品的态度来细分消费者市场。消费者对某企业的产品的态度有五种：热爱的、肯定的、不感兴趣的、否定的和敌对的。企业对这些持不同态度的消费者群，也应当酌情分别采取不同的市场营销措施。例如，企业对那些不感兴趣的消费者，要通过适当的广告媒体，大力宣传介绍本企业的产品，将其转变为感兴趣的消费者。

（二）产业市场细分的依据

细分产业市场的变量，除了与消费者市场变量相同的变量（如利益、使用情况、忠诚度、待购阶段、使用者对产品的态度等），还有最终用户、顾客规模等常用的变量。

1. 最终用户

产品最终用户的行业是细分产业市场最为通用的依据。在产业市场，不同行业用户采购同一种产品的使用目的往往不同。比如，同是钢材，有的用户用于生产，有的用于造船，有的用于建筑。不同行业的最终用户通常会在产品的规格、型号、品质、功能、价格等方面提出不同的要求，追求不同的利益。据此来细分产业市场，便于企业开展针对性经营,设计不同的市场营销组合方案,开发不同的产品。

2. **顾客规模**

顾客规模也是细分产业市场的一个重要变量。在现代市场营销实践中,许多公司建立了适当的制度来分别与大客户和小客户打交道。例如,一家办公用品制造商按照顾客规模将其顾客细分为两类顾客群:一类是大客户,这类顾客群由该公司的全国客户经理负责联系;另一类是小客户,由外勤推销人员负责联系。

3. **其他变量**

许多公司实际上不是用一个变量,而是用几个变量,甚至用一系列变量来细分产业市场。

三、市场细分的方法及步骤

(一) 市场细分的方法

1. **单一因素法**

该方法根据影响消费者需求的某一重要因素进行市场细分。

2. **综合因素法**

综合因素法是按影响消费需求的两种以上的因素综合进行细分,其核心是并列多因素分析,所涉及的各项因素无先后顺序和重要与否的区别。比如,某家电公司根据客户年龄、收入水平、行业性质这三个因素把市场分为了若干个子市场。

3. **系列因素法**

系列因素法又称系列变量因素法,它是运用两个或两个以上的因素,但依据一定的顺序逐次细分市场的方法。细分的过程也是一个比较、选择细分市场的过程。下一阶段的细分是在上一阶段选定的子市场中进行的。

(二) 市场细分的步骤

市场细分作为一个比较与分类的过程,通常要按以下步骤进行:

1. **选定需要细分的产品市场范围**

市场细分是在企业确定总体经营方向和经营目标之后,基于对消费者需求的深入了解而开展的活动。因此,进行市场细分时,首先必须根据企业产品可能适用的范围,确定需要深入研究的消费对象,即哪些消费者可能是企业的潜在购买者。这是市场细分的前提。

2. **选择市场细分的标准和变量**

企业可从地理、人口、心理和行为因素等各个方面,尽可能全面地对潜在消费者的需求进行分析,在此基础上,进一步选择最有可能引致消费者需求出现差异的因素作为市场细分的变量。

3. **选择细分因素中的具体细分变量进行专项调查**

通过组织专项调查,收集、整理细分市场时曾考察分析的市场情报与消费者背景资料,然后根据选定的细分变量,由粗到细地初步进行市场分类。

4. 评价和调整初步结果

在初步细分市场的基础上，了解各细分市场之间是否存在明显的差别，分析判断原来的细分标准是否合适；各细分市场的特征哪些已明确，哪些需要进一步考察；市场是否分得过细或过粗，各细分市场是否需要再度细分或合并。

5. 分析并估计各细分市场的规模和性质

通过评价和调整，各细分市场的类型已基本确定，接下来就需要考察各细分市场的销售潜力、竞争状况、盈利能力和市场变化趋势等，为企业选择目标市场提供决策依据。

6. 选择细分市场

通过对细分市场的分析、评价和调整，去除各个细分市场中对本企业而言无利可图的子市场，对于其他的各细分市场进行深度的评估和筛选，最终筛选出最适合本企业经营、盈利程度最高的细分市场作为目标市场。

四、有效的市场细分

从企业市场营销的角度来看，并不是所有的子市场都有意义。有效的市场细分，必须使细分后的市场具备如下条件：

1. 可衡量性

可衡量性是指用来细分市场的变量及细分后的市场是可以识别和衡量的，否则，将不能作为细分市场的依据。一般来说，一些带有客观性的变量，如年龄、性别、收入、地理位置、民族等都易于确定，并且有关的信息和统计数据也比较容易获得；而一些带有主观性的变数，如心理和性格方面的变量，就比较难以确定。

2. 可进入性

可进入性，即企业细分后的子市场应能够借助营销努力达到进入的目的，企业的营销组合策略等能够在该市场上发挥作用。譬如，通过适当的营销渠道，产品可以进入所选中的目标市场；通过适当的媒体可以将产品信息传达到目标市场，并使有兴趣的消费者通过适当的方式购买到产品等。

3. 可盈利性

可盈利性，即细分后的市场有足够的需求潜量且有一定的发展潜力，其规模足以使企业有利可图。这是因为消费者的数量与企业利润密切相关。如一个普通大学的餐馆，如果专门开设一个西餐馆满足少数师生酷爱西餐的要求，可能由于这个细分市场太小而得不偿失。

4. 可区分性

可区分性是指在不同的子市场之间，在概念上可清楚地加以区分。比如，女性化妆品市场可依据年龄层次和肌肤的类型等变量加以区分。

市场细分的目的在于有效地选择并进入目标市场。所谓目标市场，就是企业拟投其所好、为之服务的具有相似需要的顾客群。在市场细分的基础上正确选择目标市场，是目标市场营销成败的关键环节。

第二节 目标市场选择

一、目标市场的概念

目标市场是企业拟进入的细分市场,或打算满足某一需求的顾客群体。在对不同顾客群体的不同要求做了分析之后,接下来的事情就是要在众多的细分市场中选择某一个或几个企业有能力满足的市场作为目标市场。

二、目标市场选择模式

我们用一组图文来认识一下常见的5种目标市场选择模式,图中P1、P2、P3代表不同的产品,M1、M2、M3代表不同的市场(见图5-2～图5-6)。

(一)单一市场集中化(生产单一产品专攻单一市场)

产品市场集中化意味着企业只选取一个细分市场,并且针对该细分市场只生产一类产品,满足单一的消费者族群,进行集中化营销(见图5-2)。该模式通常被中小企业或企业成立初期采用。比如,一些旅行社专门提供度假疗养旅游产品,满足老年旅游市场游客的需要。但这种单一的模式使得企业对该细分市场依赖性太强,经营风险较大,一旦产品出现问题或市场环境恶化,企业往往受到较大损失甚至遭受重创。

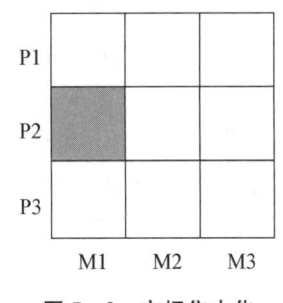

图5-2 市场集中化　　图5-3 产品专门化

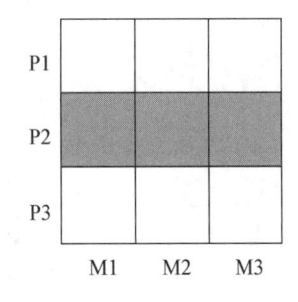

(二)产品专门化(生产单一产品覆盖多个市场)

产品专门化是指企业集中资源生产一种产品,并面向多个市场、多种类型的消费者进行销售(见图5-3)。在产品专门化的模式下,企业能够专注于某类产品的研发与生产,形成技术和规模上的优势,在市场中树立专业化的口碑。

例如某生产显微镜的生产商就针对大学实验室、政府实验室和工商企业实验室销售不同类型的显微镜,而不去生产实验室可能需要的其他仪器。公司通过这种战略,可以在该领域内树立起很高的声誉。但该领域被一种全新的技术与产品替代时,就会产生经营危机。

(三)市场专门化(生产多种产品专攻单一市场)

市场专门化是指企业专攻单一市场消费人群,生产各种产品去满足单一消费人群的各种需求(见图5-4)。如企业专门为老年消费者提供各种档次的服装,企业专门为这个消费者群服务,能建立良好的声誉。而一旦这个消费者群的需求潜量和特点发生突然变化,企业将要承担较大风险。

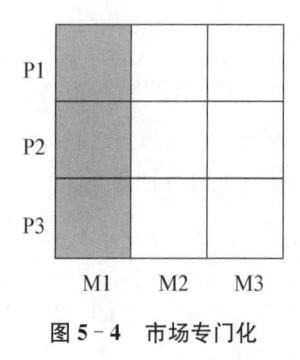

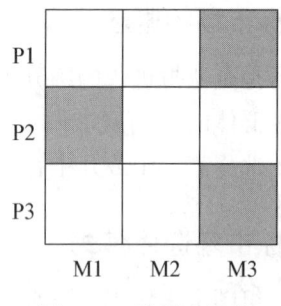

图5-4 市场专门化

图5-5 选择专门化

(四) 选择专门化(生产多种产品专攻各个市场)

企业有选择地进入多个细分子市场,每个细分子市场对企业的目标和资源利用都有一定的吸引力,企业向这些细分子市场分别提供不同类型的产品(见图5-5)。采取选择专门化模式的企业必须具有雄厚的资源实力和强大的营销能力。比如上海家化旗下的佰草集和美加净,前者的目标消费群是知性的白领女性,单品价格较高;后者则以大众个人清洁和护肤品为目标市场,单品价格便宜。

(五) 完全覆盖市场(生产多种产品覆盖多个市场)

完全覆盖市场是指企业全方位进入各细分子市场,为所有细分子市场提供它们所需要的不同类型的产品,即以所有的细分子市场作为目标市场(见图5-6)。

图5-6 完全覆盖市场

由此可知,产品市场全面化的模式只有非常有实力的大规模的企业才有能力采取,也只有有实力的企业才能借此获得成效。很多成长型企业往往首先采取其他模式,在发展成熟并形成规模后逐步演变成产品市场全面化模式。很多国际化的大公司都采取这样的模式,如通用汽车在全球各大市场均全线推出各品牌、各系列的轿车,联合利华在全球市场也采取多产品覆盖战略。

三、目标市场营销战略

企业选择的目标市场范围不同,所能采取的营销战略也不一样。一般可供企业选择的目标市场营销策略有无差异营销战略、差异性营销战略和集中性营销战略,如图5-7所示。

(一) 无差异营销战略

无差异营销战略就是企业把整个市场作为自己的目标市场,只考虑市场需求的共性,而不考虑其差异,决定只推出单一产品,运用单一的营销组合战略。其优点在于由于产品

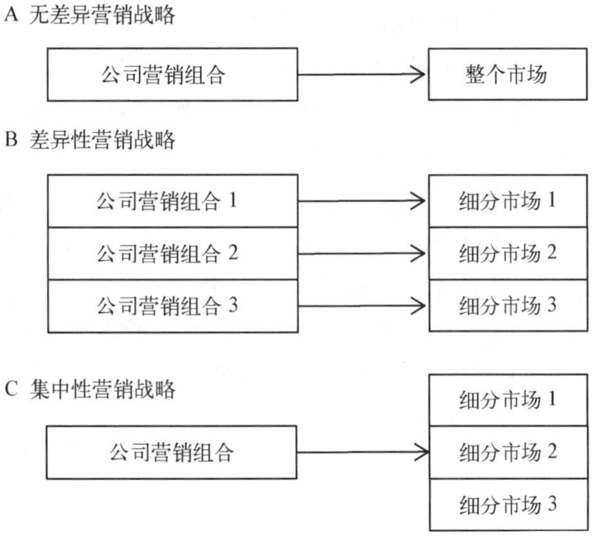

```
A 无差异营销战略
    ┌──────────────┐      ┌──────────┐
    │  公司营销组合  │ ───▶ │ 整个市场 │
    └──────────────┘      └──────────┘

B 差异性营销战略
    ┌──────────────┐      ┌──────────┐
    │ 公司营销组合1 │ ───▶ │ 细分市场1 │
    ├──────────────┤      ├──────────┤
    │ 公司营销组合2 │ ───▶ │ 细分市场2 │
    ├──────────────┤      ├──────────┤
    │ 公司营销组合3 │ ───▶ │ 细分市场3 │
    └──────────────┘      └──────────┘

C 集中性营销战略
                          ┌──────────┐
                          │ 细分市场1 │
    ┌──────────────┐      ├──────────┤
    │  公司营销组合  │ ───▶ │ 细分市场2 │
    └──────────────┘      ├──────────┤
                          │ 细分市场3 │
                          └──────────┘
```

图 5-7　三种目标市场选择战略

单一，有利于标准化与大规模生产，从而降低研究开发、生产、储存、运输、促销等成本费用，以低成本取得市场竞争优势。缺点是忽略了各子市场需求的差异性，一旦竞争者采取差异化或集中化的营销战略，企业必须放弃无差异营销，否则，顾客会大量流失。

一般而言，消费者选择性不大、弹性较小的基本生活物品和主要工业原料如棉花、粮食、煤炭、工业用糖等适宜采用无差异战略；另外，竞争性不强的产品如石油、天然气等产品也适宜采用无差异战略。

（二）差异性营销战略

差异性营销战略是在将整个市场细分为若干子市场的基础上，针对不同的子市场，设计不同的营销组合战略，以满足不同的消费需求。这种战略考虑了细分市场的需求差异化，能很好地满足细分市场的不同需求，有利于提高顾客忠诚度，扩大销售并抵御竞争者进入。

例如，爱迪生兄弟公司经营了900家鞋店，分为4种不同的连锁形式（高价鞋店、中价鞋店、廉价鞋店及时装鞋店）。每一种都针对一个不同的细分市场，并且这几种分别针对不同目标市场的鞋店往往在一条街上，相互靠得很近，却不会影响彼此的生意。这种差异性营销战略已使爱迪生兄弟公司成为美国最大的女鞋零售商。差异性市场营销战略往往能比无差异市场营销战略赢得更大的总销售额，但也会增加成本。

（三）集中性营销战略

这种战略是指企业在市场细分过程中集中所有力量，以一个或少数几个细分市场为目标市场，运用全部市场营销组合为一个或几个细分市场服务。它与无差异市场营销战略的区别在于前者求得在某一小市场占有较大的份额，后者追求的是整个市场。因此，实施集中性市场战略的企业所生产经营的产品必须是特定消费者群体所需要的，这样的目标市场才能发挥企业的优势。

生产周期短、数量波动大的产品以及资金薄弱、资源有限、规模较小、活动范围不大但应变能力强的中小企业适合采用此战略。

三种目标市场战略各有利弊,选择目标市场时,必须考虑企业面临的各种因素,如细分市场的市场规模和发展潜力、竞争结构、企业自身资源和目标及其他与细分市场经营成功的关键因素等。

事实上,选择适合本企业的目标市场战略,是一个复杂的、随时间变化的、有高度艺术性的工作。企业本身的内部环境,如技术力量、设备能力、产品组合等是在逐步变化的;影响企业的外部环境因素,如原材料供应及价格、能源的供应和价格、运输现状和竞争因素等也是千变万化的。企业要不断地通过市场调查与预测,掌握和分析这些因素的变化趋势,与竞争对手各项条件进行对比,扬长避短,发挥优势,把握时机,采用适当的、灵活的战略去争取较大的利益。

延伸阅读：企业选择目标市场时考虑的因素

第三节 市场定位战略

市场细分是目标市场营销的基础和前提,选择目标市场是目标市场营销的保证,市场定位则是目标市场营销的核心。目标市场基本确定后,还要进一步在目标市场上给产品做具体的定位决策。这是开拓市场,占领市场,战胜竞争对手,取得立足点和进一步发展不可缺少的重要一步。

一、市场定位的概念

市场定位概念是由美国的营销学专家艾·里斯和杰克·特劳特在 1972 年美国《广告时代》杂志发表的"定位时代"系列文章中提出的。此概念一经提出便引起了全行业的轰动,开创了营销理论全面创新的时代。

市场定位是指企业针对潜在顾客的心理进行营销设计,创立产品、品牌或企业在目标顾客心目中的某种形象或个性特征,保留深刻的印象和独特的位置,从而取得竞争优势。

市场定位的核心内容是设计和塑造产品的特色或个性。产品的特色或个性可以从产品实体、价格水平、消费者的购买心理、服务、工艺、包装等多种形式体现出来。比如谭木匠梳子,就以木为本质,在技术上将现代制造技术与传统手工艺技术相结合,在文化上将现代流行时尚与中国传统文化工艺相结合,在个性上将产品的艺术性、工艺性、观赏性、收藏性与实用性相结合。市场定位的成功让其占据了梳子的高端市场。

思政园地

定 位 战 略

习近平总书记指出:"在伟大斗争、伟大工程、伟大事业、伟大梦想中寻找新的方位,把握好新的战略定位。"在开展城市营销、打造城市品牌的过程中,也存在着城市定位的问题。在城市发展中,要"把握好战略定位、空间格局、要素配置","做到服务保障能力同城市战略定位相适应,人口资源环境同城市战略定位相协调,城市布局同城市战略定位相一致"。"各大中小城市在明确自我发展定位和方向时能不能立足整个城市群的发展定位和方向,找到自己错位发展的重点方向,解决好同质化发展的问题"。中央城市工作会议提出,应"将环境容量和城市综合承载能力作为确定城市定位和规模的基本依据"。2018年4月13日,习近平在庆祝海南建省办经济特区30周年大会上的讲话中指出:"海南建设自由贸易港要体现中国特色,符合中国国情,符合海南发展定位。"

在谈到国际市场定位问题时,习近平指出:"主要国家人口老龄化水平不断提高,劳动人口增长率持续下降,社会成本和生产成本上升较快,传统产业和增长动力不断衰减,新兴产业体量和增长动能尚未积聚。在这个大背景下,我们需要从供给侧发力,找准在世界供给市场上的定位。"他还指出:"我们要主动适应全球产业分工调整变化,积极引领全球价值链重塑,确立新定位,构筑新优势。"

可见,定位问题是一个涉及企业、城市、区域甚至国家长远发展的战略问题。

资料来源:实现伟大梦想必须建设伟大工程[EB/OL].求是网,http://www.qstheory.cn/dukan/qs/2022-10/01/c_1129040727.htm.2022-10.

二、市场定位的基本原则

企业可根据产品差异、顾客群体差异和竞争环境等多维度的差异性选择适合本企业的市场定位。

(一) 根据产品特色定位

构成产品内在特色的许多因素都可以作为市场定位所依据的原则,比如所含成分、材料、质量、价格等。"七喜"汽水的定位是"非可乐",强调它是不含咖啡因的饮料,与可乐类饮料不同。"泰宁诺"止痛药的定位是"非阿司匹林的止痛药",显示药物成分与以往的止痛药有本质的差异。一件仿皮皮衣与一件真正的水貂皮皮衣的市场定位自然不会一样,同样,不锈钢餐具若与纯银餐具定位相同,也是令人难以置信的。

(二) 根据产品利益定位

根据产品的自身属性及由此带给消费者的利益、确定解决问题的方法和重点,以满足消费者的需求,从而让消费者感受到产品的特色。比如,珠宝首饰的属性包括宝石及贵金属种类、款式造型、加工工艺、文化内涵等。这些属性为消费者带来时尚、典雅、尊贵,或经济实惠,或显示身份地位等不同利益,企业可以选择一个或几个属性作为定位的要素,锁定相应的目标消费者群体。

(三) 根据使用者类型定位

企业把产品指引给某一类型的潜在使用者,根据使用者的心理与行为特征,以及特定消费模式塑造出恰当的形象。

美国米勒啤酒公司曾将其原来唯一的品牌"高生"啤酒定位于"啤酒中的香槟",吸引了许多不常饮用啤酒的高收入妇女。后来发现,占30%的狂饮者大约消费了啤酒销量的80%,于是,该公司在广告中展示石油工人钻井成功后狂欢的镜头,还有年轻人在沙滩上冲刺后开怀畅饮的镜头,塑造了一个精力充沛的形象。在广告中提出"有空就喝米勒",从而成功占领啤酒狂饮者市场达10年之久。

事实上,许多企业进行市场定位所依据的原则往往不止一个,而是多个原则同时使用。因为要体现企业及其产品的形象,市场定位必须是多维度的、多侧面的。

(四)根据竞争需要定位

企业根据竞争者的特色与市场定位,结合企业自身发展的需要,将本企业产品定位在与其相似的另一类竞争者产品的档次,或依据与竞争直接有关的不同属性或利益进行定位。

三、市场定位的步骤

企业市场定位的过程通过以下三个步骤完成:

(一)确定本企业的竞争优势

竞争优势是指本企业相较于其他企业更胜一筹的能力,包括既有的竞争优势和潜在的竞争优势。这一步骤的中心任务是要回答以下三个问题:

(1)竞争对手的产品定位如何?

(2)目标市场上足够数量的顾客欲望满足程度如何?顾客还需要什么?

(3)针对竞争者的市场定位和潜在顾客真正需要的利益,企业应该怎么做?能够怎么做?

要回答这三个问题,企业市场营销人员必须通过一切调研手段,系统地设计、搜索、分析并报告有关上述问题产生的资料和研究结果。通过回答上述三个问题,企业就可以从中把握和确定自己的潜在竞争优势。

(二)准确地选择相对竞争优势

相对竞争优势表明企业能够胜过竞争者的能力,这种优势可以是现有的,也可以是潜在的。要准确地选择好本企业的竞争优势,就必须同竞争对手进行全方位的比较与分析,在此基础上,企业才能准确地认识到哪些优势是企业独有、相较于其他企业更胜一筹的。那么,这个比较的过程必须涵盖所有对企业竞争力有影响的因素,包括经营管理能力、技术开发能力、采购能力、生产能力、营销能力、财力、产品保障、品牌信誉等。通过这一系列指标的比较,企业分析出哪些相对而言是自己的长项,哪些是短板,从而选出适合本企业介入的优势项目。

同步案例:巨人的瑕疵——不用"洗衣粉"的洗衣机

(三)明确展示独特的竞争优势

企业准确选择好自身的竞争优势并明确目标市场定位后,需要将这些优势在目标市场进行展现。此时,企业需要进行一系列的营销活动将自身的优势传播给既有消费者和潜在消费者,并在消费者心中留下深刻印象。

要做到这一点,首先,需要让消费者了解并熟知企业的市场定位,在消费者心中树立与企业预期一致的形象;其次,企业需要通过一系列后续的营销活动巩固自己的市场定位,强化消费者对本企业产品的消费态度和消费感情;最后,企业一定要避免出现定位偏差,因为定位偏差会致使企业市场定位混乱,所以,一旦出现与市场定位不一致的状况,企业应当及时有效地纠正,保持定位的准确性。

四、市场定位策略

市场定位策略是一种竞争战略,它反映企业同对手之间的竞争关系。市场定位策略不同,企业的竞争态势也不同。市场定位策略主要有以下几种:

(一)避强定位

避强定位是指企业尽量回避与目标市场上的竞争者对抗,尤其是较强的竞争者。避强定位需要企业寻求在目标市场的既有领域中那些被竞争者忽视的潜在需求,在市场缝隙中开发并生产与众不同的产品。这种避强定位法有效地避开了强有力的对手,使得风险大大降低,实施的成功率较高,尤其是中小型企业,运用恰当的避强定位往往能获得预期的效果。然而,避强往往意味着企业必须放弃某个最佳的市场位置,很可能使企业处于最差的市场位置。

(二)迎头定位

迎头定位是企业根据自身的实力,为占据较佳的市场位置,不惜与市场上占支配地位、实力最强或较强的竞争对手正面竞争,从而使自己的产品进入与对手相同的市场位置。由于竞争对手强大,这一竞争过程往往相当引人注目,企业及其产品能较快地被消费者了解,达到树立市场形象的目的。这种方式可能引发激烈的市场竞争,具有较大的风险。因此,企业必须知己知彼,了解市场容量,正确判定凭自己的资源和能力可以达到的目标。

(三)重新定位

重新定位是指企业因某些原因,如原定位不够准确或者是市场环境发生明显变化,而重新进行市场定位。在这一过程中,企业通过调整产品的特色、销售方式等,使消费者对产品有一个新的认识,改变产品和企业在消费者心中的印象。一般情况下,当企业的市场定位出现不合理的偏差,消费者对产品的印象与企业预期的不一致,抑或是原市场定位在实施过程中受阻,企业都有必要做出及时的重新定位。市场中其他竞争者的侵占行为也可能导致企业不得已进行重新定位。

本章小结

市场细分是指采用恰当的细分变量将整体市场划分为若干能相互区分的子市场。同一细分市场具有类似需求,不同细分市场具有相异需求。常见细分变量包括地理、人口统计特征、心理、行为等。细分方法有单因素细分、综合多因素细分及系列多因素细分。有效的市场细分,必须遵循可衡量性、可进入性、可盈利性及可行性等原则。

目标市场选择是企业在细分市场的基础上，以相应的产品满足其需要的一个或几个子市场。目标市场选择模式主要有密集单一化、选择专门化、产品专门化、市场专门化、完全市场覆盖5种可供考虑的市场覆盖模式。目标市场营销战略有无差异营销战略、差异性营销战略和集中性营销战略。

市场定位就是塑造本企业产品鲜明的个性和独特的形象，并通过适当的传播手段传递给消费者，从而确立该产品在市场中的相对位置。识别可能的竞争优势、选择独特的竞争优势并将其展示出来，是定位的基本过程。避强定位、迎头定位、重新定位是常见的定位方式。

关键术语

市场细分　目标市场　无差异营销战略　差异性营销战略　集中性营销战略　市场定位

练习与思考

一、单项选择题

1. 市场细分是20世纪50年代中期美国市场营销学家（　　）提出的。
   A. 基恩·凯洛西尔　　　　　　　　B. 鲍敦
   C. 温德尔·史密斯　　　　　　　　D. 菲利普·科特勒

2. （　　）差异的存在是市场细分的客观依据。
   A. 产品　　　　B. 价格　　　　C. 需求偏好　　　　D. 细分

3. 某工程机械公司专门向建筑业用户供应推土机、打桩机、起重机和水泥搅拌机等建筑工程中所需要的机械设备，这是一种（　　）战略。
   A. 市场集中化　　　　　　　　　　B. 市场专门化
   C. 全面市场覆盖　　　　　　　　　D. 产品专门化

4. 某著名品牌变更了产品特色，使目标顾客对其产品形象有了新的认识，该品牌采用的定位方法是（　　）。
   A. 对峙定位　　　　　　　　　　　B. 避强定位
   C. 重新定位　　　　　　　　　　　D. 混合定位

5. 对于资源有限的中小企业，或是初次进入新市场的大企业，一般采用的目标市场战略是（　　）。
   A. 无差异市场营销战略　　　　　　B. 差异性市场营销战略
   C. 集中性市场营销战略　　　　　　D. 大量市场营销战略

二、判断题

1. 市场细分实际上是对产品进行分类。　　　　　　　　　　　　　　　　　　　　（　　）
2. 市场细分标准中的有些因素相对稳定，多数则处于动态变化中。　　　　　　　　（　　）
3. 与产品生命周期阶段相适应，新产品在引入阶段可采用集中性营销战略。　　　（　　）
4. 无差异市场营销战略的优点之一是生产的成本较低。　　　　　　　　　　　　（　　）
5. 企业在选择市场定位策略时，必须考虑企业自身资源、竞争对手的可能反应、市场的需求特征等因素。　　　　　　　　　　　　　　　　　　　　　　　　　　　　　　　　　　　（　　）

三、简答及论述题

1. 简述市场细分的概念。
2. 消费品市场进行市场细分的依据有哪些？

3. 简述三种目标市场营销战略。
4. 简述市场定位的策略。

请用手机微信扫二维码
查看"练习与思考参考答案"

实训项目

案例分析

沃尔玛和家乐福在华市场定位的比较分析

1. 沃尔玛公司市场定位战略的分析

（1）找位——确定目标顾客

沃尔玛经营的每一种零售业态都有自己的目标顾客群。目前，沃尔玛在中国经营着购物广场、仓储商店和社区商店三种零售业态，并以前两种为主。这三种零售业态的目标顾客虽有一定的差异，但都有一个共同的消费特征：注重节俭。

（2）选位——确定市场定位点

沃尔玛公司对自身的定位点的认知在于价格属性，即每日低价。每日低价定位点的选择有三大好处：一是通过薄利多销控制供应商；二是通过稳定价格而非频繁的促销获得可观的利润；三是通过诚实价格赢得顾客的信任。

沃尔玛店铺的属性定位是天天低价，利益定位是为顾客节省每一分钱，价值定位是做家庭好管家。这一定位点的选择是与目标顾客的购买心理和竞争对手的状况相吻合的。从目标顾客方面看，关注的是节俭。从竞争对手来看，常用的方法或是降低商品和服务价值，或是间歇性打折。天天低价是最难做到也是最有效的定位点。

（3）到位——实现定位战略

沃尔玛在深圳甚至中国并没有实现"天天低价"的定位，其价格并不具有优势，这与其在中国店铺规模只有40余家、没有实行统一的采购和配送有着极大的关系。

目前沃尔玛在中国的店铺十分分散，物流成本难以降下来。另外，沃尔玛的成本优势有1/3来自人工成本，有2/3来自销售效率，因此，天天低价的定位点在中国市场短期内难以实现。

2. 家乐福公司市场定位战略的分析

（1）找位——确定目标市场

家乐福大型超级市场的目标顾客锁定为大中城市的中产阶级家庭。家乐福大型超市的目标顾客大多为注重商品和服务价值的家庭主妇，她们不仅关注价格，更关注性能价格比。

（2）选位——确定市场定位点

家乐福公司自己制定的形象宣传口号是"开心购物家乐福"，确定的经营理念是一次购足、超低售价、货品新鲜、自选购物和免费停车。这五个理念中真正有比较优势的是超低价格和货品新鲜的集合。

家乐福大型超市的属性定位是超低价格，利益定位是使顾客获得更多的价值，价值定位于开心购物。从目标顾客方面看,关注的是价值,这可以从两方面实现:一是增加产品价值,二是降低价格。从竞争对手来看,或是采取增加价值的办法,或是采取间歇性打折的方法。但是,家乐福是双管齐下,一方面提供超低价格,另一方面提供丰富和新鲜的商品,提高性能价格比。

(3) 到位——实现定位战略

家乐福部分商品低价、部分时间低价、部分地点低价的策略没有形成自己的价格绝对优势。

沃尔玛和家乐福在中国市场的定位战略比较如下表所示。

沃尔玛和家乐福在中国市场的定位战略比较表

定位战略内容	沃尔玛定位战略	家乐福定位战略
目标顾客	注重节俭的顾客	注重价值的顾客
定位点(行业顶级水平)	价格:天天低价——省钱	价格:超低价格——价值
价值定位	好管家	开心购物
到位策略	持久的低成本运营	低成本和促销价格运营
次定位点(行业优秀水平)	产品丰富可靠、环境舒适	产品丰富可靠、环境舒适
非定位点(行业平均水平)	服务适应顾客、购物便利、沟通亲和	服务适应顾客、购物便利、沟通亲和

沃尔玛和家乐福选择的定位点都是价格,价格趋向都是低价,但是对低价定位点选择的内容是不同的:沃尔玛是任何时间、任何地点的全部商品低价;家乐福是有限时间、有限地点的部分商品低价。沃尔玛强调的是"天天低价",核心是低价的持久性和稳定性,可以赢得顾客的"价格诚信"印象;家乐福强调"超低价格",核心是低价的程度和水平,可以赢得顾客的"价格便宜"印象。沃尔玛的定位内容有利于培养忠诚顾客,取得长期竞争优势;家乐福的定位内容有利于吸引流动性顾客,形成现实的竞争力。

沃尔玛为了实现天天低价的目标,在产品、服务、选址(便利)、沟通和购物环境等零售要素组合方面,都极力地保证低成本运营,采取的措施带有长期性和稳定性,通过高效的信息和物流系统、买断商品等策略降低成本,比竞争对手更节约费用。家乐福为了实现超低价格的目标,在产品、服务、选址(便利)、沟通和购物环境等零售要素组合方面采取了短期和更为灵活的方法。在促销方面,由厂商分摊费用实现商品的超低价促销,把价格敏感性商品的价格定得较低(非敏感性商品则价格一般),定期通过直达信函的方式宣传10%的超低价产品等。在采购方面,家乐福为了取得更低的进货价格,制定了谈判守则"要把销售人员作为我们的一号敌人,永远不要接受第一次报价"。

资料来源:李飞,刘明葳,吴俊杰.沃尔玛和家乐福在华市场定位的比较研究[J].南开管理评论,2005(3):60-66.

思考:

(1) 沃尔玛与家乐福定位为何会有这些差异?

(2) 沃尔玛与家乐福定位的差异对其经营成功有何影响?

实战演练

第一步,明确实训目标,掌握市场营销战略相关知识,能够根据企业不同状况进行目标市场战略规划。

第二步,结合背景资料,分组实施。
(1) 教师将学生分为若干小组,各小组由组长抽签,选出项目实施的顺序。
(2) 第一组布置项目实施场景。
(3) 第一组实施洽谈。要注意结合背景资料和实际情况,正确进行市场细分和选择最恰当的目标市场并确定市场定位。
(4) 第一组结束,其他小组与教师根据评分表进行评价和打分。第二组布置该组的项目实施场景。
(5) 第二组实施洽谈。洽谈结束,其他小组与教师根据评分表进行评价和打分。
(6) 以此类推,洽谈演示全部结束。

第三步,评分,得出各小组打分的平均成绩,并评出最优小组。

第四步,点评。学生可以点评,学生点评后教师对每个小组的表现点评。

第六章 市场竞争战略

学习目标

知识目标

理解识别竞争者的主要方法;掌握竞争战略的基本类型;理解市场地位与竞争战略之间的关系。

能力目标

能够运用工具和方法分析竞争者;根据市场情况和企业资源选择适当的竞争战略,并能够为其选择提供合理的论据和战略规划;识别市场地位的变化和机会,及时调整或重新制定竞争战略,以保持竞争优势。

素质目标

强调道德和社会责任的重要性;培养创新思维能力和团队合作、领导能力。

思政目标

引导学生切实遵守与营销有关的法律法规、商业规范、契约精神和规则意识,做好合规经营,维护公平竞争,反对不正当竞争。

思维导图

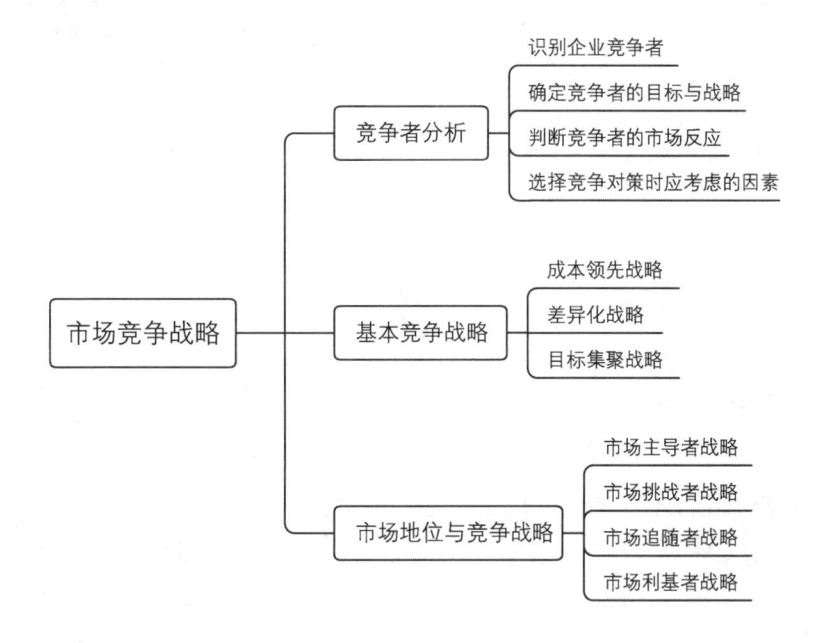

- 市场竞争战略
  - 竞争者分析
    - 识别企业竞争者
    - 确定竞争者的目标与战略
    - 判断竞争者的市场反应
    - 选择竞争对策时应考虑的因素
  - 基本竞争战略
    - 成本领先战略
    - 差异化战略
    - 目标集聚战略
  - 市场地位与竞争战略
    - 市场主导者战略
    - 市场挑战者战略
    - 市场追随者战略
    - 市场利基者战略

导入案例

奇瑞、华晨合资采购的战略图谋

在车市销售不畅、汽车价格猛跌、整车成本压力骤增之际，华晨金杯和奇瑞汽车共同出资1 000万元在上海成立了上海科威汽车零部件公司。该消息一经公布便引起业界的广泛关注。

从2003年年底开始，华晨金杯与奇瑞汽车高层多次碰头，探讨双方合作问题。但对于合作事宜，华晨金杯与奇瑞汽车一直保持低调。2003年5月，两家公司的合资企业上海科威汽车零部件公司在上海注册成立。华晨金杯与奇瑞汽车之所以成立合资公司，其实是希望利用上海科威汽车公司这个共同的平台，进行零部件采购上的资源整合，从而降低零部件采购成本。

对此，中国汽车工业咨询总公司首席分析师贾新光表示，"联合起来力量就会大一些"。此前，不论是奇瑞还是华晨金杯，零部件采购的规模都不是很大，双方通过联合产生的规模效应肯定能降低成本。贾新光分析，未来双方在零部件研发等方面也可能展开合作，以降低各自的研发资金压力。

事实上，面对国际汽车巨头提速进入中国市场和目前车市低迷的销售形势，新兴的中国汽车企业感到了前所未有的巨大压力。国际巨头不只是资金实力雄厚，而且在新车投放等方面也远胜国内汽车企业。一位汽车行业的分析人员指出，目前国内汽车企业已经不再拥有起家时所具备的价格优势，必须加大车型研发和新品投放才能抓住市场机遇，而两家企业尝试联合将比各自单打独斗更有利于发展。

与合作企业双方的审慎态度相比，不少业内人士大胆猜测，奇瑞和华晨金杯这种联合不仅仅是零部件采购上的联合。一种说法是，奇瑞汽车正在做上市前的股改，合作是希望能借助华晨汽车成功的资本运作经验。而另一种更为普遍的说法是,奇瑞汽车和华晨金杯有可能会从资本层面上进行整合,相互持股组成类似雷诺—日产战略联盟一类的合作关系。实际上,华晨金杯与奇瑞汽车的公司性质很相似,都是地方政府控股的新兴国有企业,并且都是民族品牌的举旗者;国家新公布的产业政策也明确提出,支持国内民族汽车企业之间的并购联合。但面对实质性的利益问题,业内专家分析认为双方要想在资本层面有更深一步的合作难度相当大。

资料来源:陈忠卫.战略管理[M].大连:东北财经大学出版社,2011:96-98.

思考:处于市场挑战者地位的两大汽车制造商采取何种战略布局来支撑发展?

第一节　竞争者分析

一、识别企业竞争者

企业在开展营销活动的过程中,仅仅了解顾客是远远不够的,还必须了解竞争者。只有知彼(竞争者)知己,才能取得竞争优势,在商战中获胜。

竞争者一般是指那些与本企业提供的产品或服务相似,并且所服务的目标顾客也相似的其他企业。例如,美国可口可乐公司把百事可乐公司看作主要竞争者,格力电器把美的视为主要竞争者。

识别竞争者看来似乎是简单易行的事,其实并不尽然。企业的现实竞争者和潜在竞争者的范围很广。从现代市场经济的实践来看,一个企业很可能被潜在竞争者而不是被当前的主要竞争者"吃掉"。例如,给银行带来重大冲击的不是其他同行,而是移动支付;康师傅方便面的最大对手不是今麦郎,而是饿了么;中国移动的最大对手不是中国联通,而是腾讯。通常可从产业和市场两个方面来识别企业的竞争者。

(一) 产业竞争观念

从产业方面来看,提供同一类产品或可相互替代产品的企业,构成一种产业,如汽车产业、医药产业等。如果一种产品价格上涨,就会引起另一种替代产品的需求增加。例如,咖啡涨价会促使消费者转而购买茶叶或其他软饮料,因为它们是可相互替代的产品,尽管它们的自然形态不同。企业要想在整个产业中处于有利地位,就必须全面了解本产业的竞争模式,以便确定自己的竞争者。

(二) 市场竞争观念

从市场方面来看,竞争者是那些满足相同市场需要或服务于同一目标市场的企业。例如,从产业观点来看,传统燃油汽车制造商将其他同行业的燃油汽车品牌视为竞争者;但从市场观点来看,消费者需要的是"出行工具",这种需求也可以通过电动车、自行车、公共交通等方式来满足,因此,生产电动车、自行车或提供公共交通服务的企业也都是传统燃油汽车制造商的竞争者。以市场观点分析竞争者,可使企业拓宽眼界,更广泛地看清自己的现实竞争者和潜在竞争者,从而有利于企业制定长期的发展规划。柯达

同步案例

典型"竞争者近视症"患者——《大不列颠百科全书》

公司曾垄断全球的胶卷业,数码相机的出现却让它中断了传奇。

二、确定竞争者的目标与战略

确定了谁是企业的竞争者之后,企业还要进一步搞清楚每个竞争者在市场上追求的目标和实施的战略以及每个竞争者行为的动力。可以假设,所有竞争者努力追求的都是利润的最大化,并据此采取行动。但是,各个企业对短期利润或长期利润的侧重不同。有些企业追求的是"满意"的利润而不是"最高"的利润,只要达到既定的利润目标就满意了,即使其他策略能赢得更多的利润,企业也不予考虑。

（一）竞争者的目标

每个竞争者都有侧重点不同的目标组合,如获利能力、市场份额、现金流量、技术领先和服务领先等。企业要了解每个竞争者的重点目标是什么,才能对不同的竞争行为做出适当的反应。例如,一个以低成本领先为主要目标的竞争者,对其他企业在降低成本方面的技术创新的反应,要比增加广告预算的反应强烈得多。企业还必须注意监视和分析竞争者的行为,如果发现竞争者开拓了一个新的细分市场,那么,这可能是一个营销机会；或者如果发觉竞争者正试图打入属于自己的细分市场,那么,就应抢先下手,予以回击。

竞争者目标的差异会影响到其经营模式。美国企业一般都以追求短期利润最大化模式来经营,因为其当期业绩是由股东评价的。如果短期利润下降,股东就有可能失去信心,抛售股票,以致企业资金成本上升。日本企业一般按市场占有率最大化模式经营。它们需要在一个资源贫乏的国家为1亿多人提供就业,因而对利润的要求较低,它们的大部分资金来源于寻求平稳的利息而不是高额风险收益的银行。日本企业的资金成本要远远低于美国企业,所以,能够把价格定得较低,并在市场渗透方面显示出很大的耐性。

（二）竞争者的战略

各企业采取的战略越相似,它们之间的竞争就越激烈。在多数行业中,根据所采取的主要战略的不同,可将竞争者划分为不同的战略群体。例如,在中国家电行业,美的、海尔、奥克斯都提供高端电器产品,因此可将它们划分为同一战略群体。

企业要想进入某一战略群体,必须注意以下两点：一是进入各个战略群体的难易程度不同。一般小型企业适合进入投资和声誉都较低的群体,因为这类群体的竞争性较弱；而实力雄厚的大型企业则可考虑进入竞争性强的群体。二是当企业决定进入某一战略群体时,首先要明确谁是主要的竞争对手,然后决定自己的竞争战略。假如某公司要进入上述电器公司的战略群体,就必须有战略上的优势,否则很难吸引相同的目标顾客。

除了在同一战略群体内存在激烈竞争外,在不同战略群体之间也存在竞争。因为：第一,某些战略群体可能具有相同的目标顾客；第二,某些顾客可能分不清不同战略群体的产品的区别,如分不清高档茶与中档产品的区别；第三,属于某个战略群体的企业可能改变战略,进入另一个战略群体,如提供中档产品的企业可能转向生产高档产品。

(三)竞争者的优势及劣势

企业需要估计竞争者的优势及劣势,了解竞争者执行各种既定战略的情报,分析企业是否达到了预期目标。为此,企业需收集过去几年中关于竞争者的情报和数据,如销售额、市场占有率、边际利润、投资收益、现金流量、发展战略等。但这不是一件容易的事,有时需要通过间接的方式取得,如通过二手资料、别人的介绍等。企业可以对中间商和顾客进行调查,如以问卷调查形式请顾客给本企业和竞争者的产品在一些重要方面分别打分,借以了解竞争者的优势和劣势,或比较自己和竞争者在竞争地位方面的优劣。

对竞争者的优劣势分析应集中在五种关键能力上。

1. 创新能力

创新能力是指企业在掌握现代科技的基础上,利用从研究和实际经验中获得的知识或从外部引进技术,为生产新的产品、装置,建立新的工艺和系统进行实质性改进工作的能力。对竞争者创新能力的评价有助于预测新产品面世的可能性,或使用新技术避开现有产品竞争的可能性。这种能力的标志有技术资源,譬如持有的专利和版权数量;人力资源,譬如员工的技术和创新素质;资金能力,表现为相对全行业平均水平而言,全部可用资金以及用于研发的比例。

2. 生产能力

生产能力是指企业在一定时期为市场提供产品或服务的能力。在制造行业中,生产能力包括产能及其利用情况;而在服务行业中,指提供服务的能力。能力充裕的公司明显更有机会应对增长的需求。与此相类似,能通过吸引娴熟、主动性强的业余员工来灵活管理自身资源的服务公司,比雇用具有特定技能的固定员工的公司享有更多的灵活性。物质资源和人力资源都可以反映生产能力,前者包括厂房、设备等,后者包括员工的技能和灵活性等。

3. 营销能力

营销能力是指企业统筹利用内外部资源,满足目标市场需要,实现营销目标,确保企业持续发展的能力。一个拥有很强创新能力和生产能力的竞争者,可能在向顾客营销产品或服务方面相对较弱。考察竞争者的营销组合是评价其营销能力的最佳方法。此时,分析的重点是评价销售、营销、广告和分销等领域中的人员技能。竞争者对市场的了解程度和投入营销活动的资金也是重要考察内容。

4. 融资能力

它是指企业从自身生产经营、资金拥有和使用的实际出发,充分考虑未来企业发展需要,通过科学预测和决策,采用一定的方式,从一定的渠道向投资者和债权人筹集资金,组织资金供应,以保证企业正常生产经营需要的能力。任何企业的财务资源都是有限的。例如,在我国推进供给侧结构性改革的进程中,难融资、缺资金是制约民营企业发展的一个重要因素。可以通过考察公开财务报告,了解竞争者在金融方面的人力资源的质量和能力。

5. 管理能力

重要管理者的品质也可以传递有关战略意图的信息。获取信息的线索包括强势管理者以前的职业生涯和活动、正在使用的薪酬制度、管理者个人拥有的自主权限,以及公司的招聘和晋升政策等。

三、判断竞争者的市场反应

竞争者的目标、战略、优势和劣势决定了它对降价、促销、推出新产品等市场竞争战略的反应。此外,每个竞争者都有一定的经营哲学和指导思想。因此,为了准确估计竞争者的反应及可能采取的行动,营销管理者还要深入了解竞争者的思想和信念。当企业采取某些挑战性的措施和行动之后,不同的竞争者会有不同的反应。

(一) 从容不迫型竞争者

一些竞争者反应不强烈,行动迟缓,其原因可能是认为顾客忠实于自己的产品;也可能是重视不够,没有发现对手的新措施;还可能是缺乏资金,无法做出相应的反应。

(二) 选择型竞争者

一些竞争者可能会在某些方面反应强烈,如对降价竞销总是强烈反击,但对其他方面(如增加促销预算、采用新媒体促销等)却不予理会,因为认为对自己威胁不大。

(三) 强劲型竞争者

一些竞争者对任何方面的进攻都会做出迅速而强烈的反应。如格力电器公司就是一个强劲的竞争者,一旦受到挑战就会立即发起猛烈的全面反击。因此,同行企业都避免与它直接交锋。

(四) 随机型竞争者

有些企业的反应模式令人难以捉摸,它们在特定场合可能采取行动,也可能不采取行动,并且无法预料它们将会采取什么行动。

同步案例:施乐公司:开辟标杆管理的先河

四、选择竞争对策时应考虑的因素

在明确了谁是主要竞争者并分析了竞争者的优势、劣势和反应模式之后,企业就要决定自己的对策:进攻谁,回避谁。可根据以下几种情况作出决定:

(一) 竞争者的强弱

多数企业以较弱的竞争者为进攻目标,认为这可以节省时间和资源,事半功倍,但实际上获利较少;反之,有些企业认为即使强者也总会有劣势,应以较强的竞争者为进攻目标,这样可以提高自己的竞争力并且获利较大。

评估竞争对手强弱的一种有用工具是顾客价值分析(Customer Value Analysis)。在进行顾客价值分析时,公司首先要识别顾客重视的属性和顾客对这些属性重要性的排名。其次,要评估公司和竞争对手在有价值属性上的业绩。获得竞争优势的关键是分析每个顾客细分市场,检查和比较公司与主要竞争对手的产品。如果公司的产品在所有重要的属性方面均胜过竞争者,就可以定较高的价格并获取更多的利润,或者定相同的价格而获得更多的市场份额。但是,如果公司产品主要属性表现得比主要竞争对手差,则必须加强这些属性或找出其他能领先竞争者的重要属性。

(二) 竞争者与本企业的相似程度

多数企业主张与相近的竞争者展开竞争,但同时又认为应避免摧毁相近的竞争者,因为其结果很可能对自己不利。例如,在20世纪70年代末期,博士伦公司积极进攻其他隐形眼镜制造商并取得了巨大的成功。然而,这种成功是有欠缺的,一个又一个竞争者被迫卖给其他较大的公司,如露华浓、强生,结果成为博士伦公司实力更为强大的竞争者。强生公司收购了维斯泰肯公司,后者是一个小的市场填补者,年销售额仅为2 000万美元,它服务于很小一部分消费者(有散光者)的隐形眼镜市场。由于强生雄厚资金的支持,维斯泰肯很快成了令人生畏的竞争者。当维斯泰肯向市场推出它的创新产品阿克尤牌一次性镜片后,实力强大得多的博士伦受到巨大冲击。到1992年,强生的维斯泰肯在快速成长的一次性镜片细分市场上占据了领先地位,并在整个隐形眼镜市场上取得了25%的份额。由此可以看出,博士伦公司虽然成功地击败了当时实力相当的竞争对手,却引来了更难对付的竞争者。

(三) 竞争者表现的好坏

有时竞争者的存在对企业是必要的和有益的,具有战略意义。竞争者可能有助于增加市场总需求,可分担市场开发和产品开发的成本,并有助于使新技术合法化;竞争者为吸引力较小的子市场提供产品,可引致产品差异性的增加;竞争者的存在有助于加强企业同政府管理者或同职工的谈判力量。但是,企业不能把所有的竞争者都看成是有益良好的。因为每个行业中的竞争者都有表现良好和极具破坏性这两种类型。表现良好的竞争者们按行业规则经营,按合理的成本定价,有利于行业的稳定和健康发展;它们激励其他企业降低成本或增加产品差异性;它们接受合理的市场份额与利润水平。而具有破坏性的竞争者则不遵守行业规则,或用不正当手段(如贿赂买方采购人员等)扩大市场份额,扰乱了行业的秩序和均衡。例如,美国航空公司发现,德尔塔公司和联合航空公司是品行良好的竞争对手,因为它们遵守竞争规则,票价定得合理;环球航空公司、大陆航空公司和美国西部航空公司为具有破坏性的竞争者,因为它们不断地通过大幅度价格折扣和激进的促销计划使航空行业呈现不稳定状态。公司应当明智地支持品行良好的竞争者,而将具有破坏性的竞争者作为攻击目标。

从以上分析可以看出,每个行业的竞争者的表现都有好坏之分。那些表现好的企业试图组成一个只有好的竞争者加盟的行业。它们通过谨慎颁发许可证、选择相互关系(攻击或结盟)及其他手段,试图使本行业竞争者的营销活动限于协调和合理的范围之内,遵守行业规则,凭各自的努力扩大市场份额,保持彼此在营销因素组合上有一定的差异性,减少直接的恶性冲突。

企业在进行市场分析之后,还必须明确自己在同行业竞争中所处的位置,进而结合自己的目标、资源和环境,以及在目标市场上的地位等来制定市场竞争战略。营销理论根据在市场上的竞争地位把企业分为四种类型:市场主导者、市场挑战者、市场跟随者和市场利基者。

第二节　　基本竞争战略

制定竞争战略的实质就是将一个企业与其所处环境建立联系。环境中的关键部分主要由企业所在的相关行业、行业结构及行业竞争状态构成。迈克尔·波特的五种力量模型认为，行业内部的竞争状态取决于如下五种基本的竞争实力：供应商讨价还价的能力、购买者讨价还价的能力、潜在进入者的威胁、替代品的威胁以及现有厂商之间的竞争。波特进一步提出，有三种基本的竞争战略可以使企业成为行业中的佼佼者，即成本领先战略、差异化战略和目标集聚战略。

一、成本领先战略

成本领先战略主要依靠追求规模经济、专有技术和优惠的原材料等因素，以低于竞争对手或低于行业平均水平的成本提供产品和服务，来获得较高的利润和较大的市场份额。成本领先战略要求企业建立达到有效规模的生产设施，在经验基础上全力以赴降低成本，抓紧成本与管理费用的控制，最大限度地减少研发、服务、推销、广告等方面的成本费用。尽管质量、服务以及其他方面也不容忽视，但贯穿这一战略的主题是使企业的成本低于竞争对手。

（一）成本领先战略的优势及潜在风险

1. 成本领先战略的优势

即便处于竞争激烈的市场环境中，处于低成本地位的企业仍可获得高于行业平均水平的收益。成本优势可以使企业在与竞争对手的争斗中受到保护，低成本意味着当别的企业在竞争过程中已失去利润时，这个企业仍然可以获取利润。低成本地位有利于企业在强大的买方压力中保护自己，考虑到需有多种选择及降低购买风险的要求，购买方最多只能将价格压到效率居于其次的竞争对手的水平。低成本也有利于企业抵御来自供应商的威胁，它使企业应对供应商产品涨价具有较高的灵活性。引致低成本地位的各种因素通常也以规模经济或成本优势的形式产生进入障碍，提高了进入壁垒，削弱了新进入者的竞争力。最后，低成本企业可以降低价格的方法保持、维护现有消费者，提高消费者转向使用代替品的转换成本，降低代替品对企业的冲击，为企业赢得反应时间。因此，成本领先战略可以使企业在面临竞争者的威胁时处于相对主动的地位，有效地保护企业。

2. 成本领先战略的潜在风险

实施成本领先战略时，为了占据较高的市场份额，通常会产生高昂的购买先进设备的前期投资和初始亏损。而一旦出现具有破坏性的变革技术并在生产中得以应用，则会使企业成本方面的高效率优势不复存在，前期高额投资的收益率急剧下降，同时给竞争对手造成了以更低成本进入市场的机会。因此，采用成本领先战略的企业必须对这种潜在风险加以注意，加强对企业外部环境尤其是技术环境方面的认识和了解，降低因技术发展而可能产生的投资风险。还有，有些低成本企业将过多注意力放在成本上，而忽视了客户需求的变化,在产品技术开发方面投入不足,难以生产出消费者需要的产品,无法让顾客满意,这对企业发展是非常不利的。如果它的产品被认为与其对手不能相比或不被顾客接受,低成本企业为了增加销售量而被迫削价以至于采用远低于竞争者的价格,将抵消掉其理想的成本地位所带来的收益,甚至会在激烈的市场竞争中被淘汰出局。

成本领先战略有一定的适用范围,当产品的市场需求具有较高的价格弹性,产生差异化的途径很少构成市场竞争的主要因素,而且购买转换成本较低时,企业可以考虑这一战略。

（二）成本领先战略的实现途径

1. 实现规模经济

规模经济是指通过扩大生产规模而引起经济效益提升的现象。根据经济学原理,在超过一定规模之前,产量越大,单位平均成本越低。因而,实现成本领先,通常应选择那些同质化程度高、技术成熟、标准化的产品进行规模化生产。

2. 做好供应商营销

所谓供应商营销,就是与上游供应商如提供原材料、能源、零配件等物品的厂家建立起良好的协作关系,以便获得低廉、稳定的上游资源,并在一定程度上影响和控制供应商,对竞争者建立起资源性壁垒。企业在获取供应成本优势的同时,应与供应商建立互惠互利、平等的长期战略合作伙伴关系。

3. 塑造企业成本文化

一般来说,追求成本领先的企业应着力塑造注重细节、精打细算、讲究节俭、严格管理、以成本为中心的企业文化。企业在关注外部成本的同时,也要重视内部成本;不仅应把握好战略性成本,也要控制好生产成本,同时要兼顾短期成本与长期成本。

4. 生产技术创新

降低成本最有效的办法是生产技术创新。一场技术革新和革命会大幅降低成本,生产组织效率的提高也会带来成本的降低。如福特汽车公司通过流水线生产方式大幅度降低了汽车生产成本,实现了让汽车进入千家万户的梦想。

二、差异化战略

差异化战略是指企业就消费者广泛重视的某些方面在行业内独树一帜,使企业产品、服务或形象与众不同,以一种独特的定位满足客户的需求。企业往往因其产品独特性而获得溢价的报酬。实现差异化可以有许多方式,如产品特色、性能质量、产品风格、可维修性、产品设计、品牌形象等。理想的情况是企业在产品、服务、人员、营销渠道和形象等几个方面都实现差异化,以便享有品牌溢价能力所带来的厚利。应当强调的是,差异化战略并不意味着企业可以忽略成本,只是此时成本不是企业的首要战略目标。

（一）差异化战略的优势及潜在风险

1. 差异化战略的优势

差异化战略利用顾客对产品特色的偏爱和忠诚降低了对产品价格的敏感性,从而使企业可以避开价格竞争,在相关领域获得持续经营优势,使利润增加而不必追求低成本。顾客的偏爱和忠诚构成了较高的进入壁垒,竞争对手要战胜这种"独特性"需要付出很大的代价。产品差异给企业带来较高的边际收益,企业可以用来应对供方威胁;顾客缺乏选择余地使其价格敏感度下降;差异性也缓解了来自买方的压力。最后,采取差异化战略而赢得顾客忠诚的企业,在面对替代品威胁时,其所处地位比其他竞争对手更有利。

2. 差异化战略的潜在风险

实现产品差异化有时会与争取占领更大的市场份额相互矛盾,它往往要求企业对这一战略的排他性有思想准备,即这一战略通常与提高市场份额两者不可兼顾。较为普遍的情况是,企业实现产品差异意味着以高成本为代价,譬如广泛的研究、高质量的材料和周到的顾客服务等,因此实行差异化战略的企业的产品价格一般高于行业平均价格水平。但是,并非所有顾客都愿意或有能力支付企业因其独特性所要求的较高价格,从而导致目标市场较为狭窄,无形中扩展了竞争对手的市场空间和价格优势。此外,如果公司的差异化并不是建立在独具特色的营销资产之上,就极有可能被竞争者模仿。要把这一风险降到最低,只有将差异化建立在公司特有的技术或者营销资产的基础之上,使竞争者无法模仿。风险还有可能源自公司的某个差异化因素对消费者而言变得不重要了,或者市场上出现了消费者更加崇尚的差异化因素,以及形成差异化的成本可能超过它所带来的价值。

(二)差异化战略的实现途径

1. 产品差异化

产品差异化主要体现在以下几个方面:

(1)形式。考虑到人们的审美观及实际需要,许多产品在形式上是有差异的,包括产品的尺寸、形状或者结构。实践表明,人们偏爱流线型外观包装的饮料,而旅行者更喜欢携带小瓶装矿泉水。

(2)性能质量。大多数产品处于以下四种性能水平之中:低、平均、高和超级。性能质量是指产品主要特点在运用中的水平。研究发现,在产品质量与投资回报之间存在很高的正相关性。

(3)耐用性。耐用性是衡量一个产品在自然或重压条件下的预期使用寿命的指标。购买者一般愿意为产品的耐用性支付溢价。不过,技术更新较快的产品不在此列。

(4)设计。在快速变化的市场中,仅有价格和技术是不够的。设计能成为企业竞争的突破口。设计是从顾客要求出发,影响一个产品外观和性能的全部特征的组合。随着竞争日趋激烈,设计将能提供一种最有效的方法使公司的产品或服务差异化。

事实上,企业在选择产品差异化的时候往往并不拘泥于一种形式,而是根据产品特征和消费者市场需求等因素综合运用。

2. 服务差异化

当产品差异化已不明显时,企业可以通过服务差异化来增加产品价值。

（1）物流。指如何将产品和服务送达顾客手中。无论是线上还是线下服务，物流的准时性、速度和对产品的保护程度等都是顾客所关注的因素。

（2）客户咨询。指卖方向买方无偿或有偿地提供有关资料、信息和建议等服务。

（3）维修保养。指制订服务计划以帮助购买企业产品的顾客正常运作。许多软件公司设立的客户在线支持系统就是很好的例子。

（4）其他服务。企业还可以选择其他途径为顾客提供各种服务以增加价值，例如客户培训、产品更新担保等。

3. 人员差异化

雇用及培训优秀的员工可使企业获得明显的竞争优势。优秀的员工具备以下几个特征：

（1）礼貌。员工对顾客态度友善、充满敬意并细心周到。

（2）诚实可靠。员工能自始至终提供准确、可靠的服务并值得信任。

（3）沟通能力强，反应迅速。员工能够很好地理解顾客，并对顾客的要求和问题做出迅速反应。

4. 营销渠道差异化

企业可以通过营销渠道的差异化来提高其竞争力。在营销渠道差异化过程中尤其要注意渠道的覆盖面、专业化和绩效。

延伸阅读：乐百氏桶装水的差异化营销策略

5. 形象差异化

消费者往往因为企业或品牌形象的不同而做出不同的购买决策，形象能形成不同的"个性"，便于消费者识别。例如，企业可以借助便于识别的各种标志或各种公关活动来塑造企业个性和形象。

思政园地

提升企业核心竞争力

党的二十大报告提出，推动国有资本和国有企业做强做优做大，提升企业核心竞争力，为未来五年乃至更长时期国有企业行动指明了方向。激发发展潜力，增强增长动力，提升发展质量，推动改革深化，建设一流企业，国有企业尤其需要高度重视、培育构建和巩固提升核心竞争力。

首先，准确把握核心竞争力的内涵与主要特征。一方面，核心竞争力不同于普通竞争力，是更关键、更基础、更深层的竞争力；另一方面，核心竞争力不仅是指某一方面、某一环节或者某一层面的竞争力，而是基本能力间配置组合形成的一种系统状态或发展格局。其次，技术创新是提升核心竞争力的本质要求。实体经济是一国经济的立身之本，是财富创造的根本源泉，是国家强盛的重要支柱。再次，卓越管理是提升核心竞争力的关键因素。最后，赋能与赋智是提升核心竞争力的重要支撑。

三、目标集聚战略

目标集聚战略（又称聚焦战略）是指企业在详细分析外部环境和内部条件基础上，针对某个特定的顾客群、产业内一种或一组细分市场开展生产经营活动，充分发挥企业资源效力，为这个市场的消费者提供量体裁衣式的服务，赢得竞争优势。目标集聚战略有两种形式：一种是企业寻求目标市场上的成本领先优势，称为成本集聚战略；另一种是企业寻求目标市场上的差异化优势，称为差异化集聚战略。虽然成本领先战略与差异化战略都是要在行业范围内实现其目标，目标集聚战略却是围绕着为行业内某一特定目标服务而建立的，并以这一目标为中心。

（一）目标集聚战略的优势

实施目标集聚战略，企业能够划分并控制一定的产品势力范围。通过目标细分市场的战略优化，企业围绕一个特定的目标进行密集性的生产活动，可以更好地了解不断变化的需求，能够比竞争对手提供更为有效的产品和服务，提供更高的顾客价值，从而获得那些以更广泛市场为经营目标的企业所不具备的竞争优势。尽管从整个市场角度看，集聚战略未必能使企业取得低成本和差异优势，但它的确能使企业在其细分的目标市场中获得一种或两种优势地位。这一战略有利于中小企业利用较小市场空隙谋求生存和发展，使之能够以小搏大，把小市场做成大生意。

（二）目标集聚战略的潜在风险

企业在实施目标集聚战略时，常常需要放弃规模较大的目标市场，否则竞争对手可以从企业目标市场中划分出更细的市场，并以此为目标市场来实施目标集聚战略，使企业在该市场的竞争优势丧失殆尽。倘若企业所集聚的细分市场非常具有吸引力，以致多数竞争对手蜂拥而至瓜分这一市场的利润，则会使企业付出很高的代价，甚至导致企业目标集聚战略的失败。而细分市场之间差异性的减弱，会降低该目标市场的进入壁垒，从而削弱实施目标集聚战略企业的竞争优势，使之不得不面对更为激烈的竞争。

第三节　市场地位与竞争战略

一、市场主导者战略

市场主导者是指在相关产品的市场上份额最高的企业。一般来说，大多数行业都有一家企业被认为是市场主导者，它在价格变动、新产品开发、分销网络和促销力量等方面处于支配地位，为同业者所公认。它是市场竞争的先导者，也是其他企业挑战、效仿或回避的对象。如美国汽车市场的通用汽车、电脑软件市场的微软、软饮料市场的可口可乐以及快餐市场的麦当劳等，中国手机市场的华为等。这种主导者几乎各行各业都有，它们的地位是在竞争中自然形成的，但不是固定不变的。市场主导者所具备的优势包括消费者对品牌忠诚度高、营销渠道稳固高效、营销经验丰富等。

市场主导者如果没有获得法定的垄断地位,必然会面临众多竞争者的无情挑战。因此,必须保持高度警惕并采取适当的战略,否则就很可能丧失领先地位。市场主导者为了维护自己的优势、保住自己的领先地位,通常可采取三种战略:扩大市场需求总量;保持现有市场份额;提高市场份额。

(一)扩大市场需求总量

当一种产品的市场需求总量扩大时,受益最大的是处于领先地位的企业,因而扩大市场需求总量的动力最强。

一般来说,市场主导者可以从三方面来扩大市场需求量。

1. 开发新用户

(1)转变未使用者,即说服尚未使用本行业产品的人开始使用,将潜在客户转变为现实客户。例如,移动通信行业可以深入边远山村,在完善移动信号的前提下,向该地区尚未使用手机的潜在客户宣传使用手机的好处以引发其购买及使用意愿,将这部分潜在购买者转化为现实购买者。

(2)进入新的细分市场,即该细分市场的顾客使用本行业产品,但不使用其他细分市场的同类产品。要使企业在原细分市场饱和后设法进入新的细分市场,扩大原有产品的适用范围,说服新细分市场的顾客使用本产品。例如,金饰行业属于小众市场,为了扩大市场份额就要进入不同年龄市场,通过宣传结婚周年金饰等新产品概念以吸引新用户。

(3)地理扩展,即寻找尚未使用本产品的地区,开发新的地理市场。当前这种扩展趋势为城市市场向农村市场扩展,发达国家市场向发展中国家市场扩展。

2. 开辟新用途

开辟新用途是指设法找出产品的新用法和新用途以增加销售量。例如,方便面的食用方法可以采用开水泡、煮、直接干嚼。许多新用法和新用途往往是在使用过程中发现的。

3. 增加使用量

增加使用量的方法有提高使用频率、增加每次使用量、增加使用场所。例如,牛奶销售员会告诉用户早晚喝奶有助于儿童身体骨骼生长;牙膏生产商将牙膏管口稍微放大,消费者按照固有习惯使用会造成使用量增加;服装生产商会以穿衣搭配品位大肆宣传不同场合的穿衣风格等等。

(二)保护现有市场份额

在设法扩张总市场规模时,领先的公司也必须不断保护它的现有业务以对抗竞争者的攻击,因此市场领导者应采取防守战略。防守战略的基本目标在于减少受到攻击的可能性,或将进攻目标引到威胁较小的区域并设法减弱进攻强度。主要的防御战略有以下六种:

1. 阵地防御

即占据最理想的有利市场空间,充分利用自身优势,正面防御对手的攻击。其属于静态防御战略,其要求企业在资本、资源上有优势,但这种防御是一种"市场营销近视症"。企业更应积极在技术、开发、业务拓展等领域进行发掘。例如,金饰企业要积极把握好新婚金饰需求这一传统营销阵地。

2. 侧翼防御

即企业在自己主阵地的侧翼建立辅助阵地以保卫自己的周边和前沿,并在必要时作为反击阵地。沃尔玛在食品和日用品市场上占统治地位,但在食品方面受到来自快餐店的威胁,在日用品方面受到来自折扣店的进攻。因此,沃尔玛以经营包装食品、速冻食品来抵御来自快餐店的竞争,推广价格相对低廉的自营日用品以对抗折扣店的冲击。

3. 以攻为守

即在竞争对手尚未构成严重威胁或在向本企业采取进攻行动前抢先发起进攻以削弱或挫败竞争对手,即先发制人以达到最终震慑对手的防御目的。例如,格兰仕多次率先降价以规模效益陷对手于困境。

4. 反击防御

即市场领导者受到竞争者攻击后采取反击措施。反击战略主要有以下几种:

(1) 正面反击。正面反击是企业与对手采取相同的竞争措施以迎击对方的正面进攻。例如,对方采取降价策略,市场领导者可以基于雄厚财力予以降价还击,这样可以正面有效击退对手。

(2) 攻击侧翼。即选择对手的薄弱环节加以攻击。

(3) 钳形攻势。即同时采用正面攻击和侧翼攻击。例如,竞争者对液晶电视削价竞争,那么本企业的应对方案是不仅电视降价,冰箱、空调也降价,还推出新产品,多战线发起进攻。

(4) 退却反击。即在竞争者进攻时我方避其锋芒,待对方麻痹大意时再突然袭击,收复市场,使得能够出其不意地以小代价换取大成果。

(5) 围魏救赵。即对方攻击我方主要市场时攻击对方主要市场,迫使对方撤退以保卫自己的原有市场份额。

5. 机动防御

机动防御是一种移动式防御策略,即市场领导者不仅要固守现有产品和业务,还要拓展到一些有发展潜力的新领域作为未来防御和进攻中心。

6. 收缩防御

即企业主动从实力较弱或未来发展潜力不大的市场中退出,以避免不必要的竞争带来的损失。当企业涉足领域过多而效益下滑时,采取该措施可以挽回损失。其优点在于可以在关键领域集中优势力量,增强竞争力。

(三) 提高市场份额

市场领导者也可通过进一步提高市场份额来使自己成长。在很多市场里,小的市场份额的增加意味着很大的销售额的增加。研究指出,一般情况下,公司的利润率与市场份额成正比。由于这些研究结果,许多公司已在追求扩大市场份额,以改善其获利能力。然而,很多时候获取更大的市场份额并不等同于获取更高的利润,尤其对于人力资源密集型产业等无法轻易取得规模效应的产业,这一问题尤其突出,关键在于企业的战略是否应用得当。而对这一问题的研究主要落在以下几个方面:

1. 经营成本

许多产品都存在一种现象:随着生产和销售数量的提高,有一个"最佳市场份额点",超过这个市场份额,企业就需花费更多的成本来实现同等数额的利润,且越来越低。造成利润下滑、成本上涨的主要原因有市场中不存在规模经济、吸引力强的细分市场已经饱和、顾客有较强的求新求异心理、退出壁垒高而导致的市场份额竞争愈加激烈等。

2. 营销组合

倘若企业实行了错误的营销组合战略,如在未进行充分的市场调研、分析的情况下,过度压低价格,过高支出广告费、公关费等,以及过度的服务项目,将导致事倍功半,或是没达到预期效果,或是达到了部分效果并扩展一定量的市场份额,但投入产出比大大偏离预期定位而形成利润下降的局面。

3. 反垄断法

为保护自由竞争,防止出现市场垄断,许多国家的法律规定,当某个公司的市场份额超出一定限度时,就要被强行拆分为若干相互竞争的小公司。微软就曾卷入反垄断诉讼。而市场领导者不想被拆分,就要在自己的市场份额接近临界时做好管控。

二、市场挑战者战略

市场挑战者是指那些为了扩大市场份额而对市场主导者积极发动进攻的企业。如美国汽车市场的福特公司、软饮料市场的百事公司等。这些处于次要地位的企业可采取两种战略:一是争取市场领先地位,向比自己强大的竞争者发起挑战,即做市场挑战者;二是安于次要地位,在共处的状态下求得尽可能多的收益,即做市场跟随者。每个处于市场次要地位的企业,都要根据自己的实力和环境提供的机会与风险决定自己的竞争战略是挑战还是跟随。

（一）确定战略目标与竞争对手

市场挑战者必须首先确定它的战略目标。大部分市场挑战者通过增加其市场份额来增强它们的盈利能力。战略目标与所要进攻的竞争对手直接相关。

1. 攻击市场领导者

这是一种高风险高利润的策略。当市场领导者在一个细分市场中服务效果较差而令顾客不满意时,采用这一策略就恰到好处。

2. 攻击规模相当,且经营不佳、资金不足的公司

市场挑战者崛起的基本方式就是吞并弱小竞争者来应对市场领导者。要经过严密的市场调研来判断该公司符合规模相当且经营不佳、资金不足的标准,筛选出的公司可以被作为进攻对象。

3. 攻击规模较小、经营不善、资金缺乏的公司

这类公司在我国较常见,许多资本雄厚、管理先进的企业都是通过吞并这类企业来实现对抗市场领导者的。

(二)选择进攻战略

市场挑战者在选择进攻战略应遵循两大原则:①"密集原则",即集中优势兵力歼灭敌人的决心不能变;② 市场挑战者要以进攻为主,不能轻易考虑防御。

1. 正面进攻

即"攻彼之强"。例如,以更好的产品、广告、服务以及更低的价格来进攻对手的明星产品。有些挑战者实力稍弱,也会选择稍显柔和的进攻方式,或进攻那些实力较弱、经营不善的对手。降价是一种有效的正面进攻战略。倘若让顾客相信我方的产品与对手同质,但价格相对低,这种进攻便会取得成功。为保障打持久价格战不伤元气就要在压缩成本上进行研究。如若防守者在市场上美誉度高,拥有牢固的客户关系、广泛的销售网络等,则实力原则可能会失灵,资源上占优的一方不一定取胜,想要取胜还要做强自身软实力。

2. 侧翼进攻

即"击彼之弱"。一般而言,侧翼进攻分为两个战略维度:地域性和细分市场性。地域性攻击中,市场挑战者集中力量挑选那些对手表现较差的地区发动总攻。细分市场性攻击中,市场挑战者发掘对手未满足或未发觉的潜在需求群体,然后发动总攻,占据这部分市场份额。侧翼进攻易成功的原因在于避开对手锋芒,特别适用于资源占有量少的进攻者。

3. 包抄进攻

即在多个细分领域同时发动对对手的进攻。其适用条件为:

(1)通过市场细分未能发现对手忽视或尚未覆盖的细分市场,补缺空当不存在,无法进行侧翼进攻。

(2)与对手相比拥有绝对的资源优势,制订了周密可行的作战方案,相信包抄进攻能摧毁对手的防线和抵抗意志。

4. 迂回进攻

即避开对手的现有业务领域和细分市场,进攻对手尚未覆盖的领域和市场以壮大自身实力。这是一种相对柔和的战略。当市场挑战者认为自身实力明显不及市场领导者,但又迫切希望能迅速成长,此时应当选此策略。

迂回进攻主要有三种方法:

(1)多元化地经营与竞争对手现在业务无关联的产品;

(2)用现有产品进入新的地区市场;

(3)用竞争对手尚未涉足的高新技术制造的产品取代现有产品。

5. 游击进攻

游击进攻主要为一系列小规模的、间歇性的进攻和骚扰,逐步削弱对手以至于自己能夺取永久性的市场领域。该策略适用于小公司打击大公司,主要方法是在某一局部市场

上有选择地降价、开展短促的密集促销等。游击进攻能够有效地牵制对手、瓦解对手的士气且不用冒太大风险做正面进攻。适用条件为对方的损耗将不成比例地大于己方。实践证明,一连串的小型进攻能形成累积性冲击,效果更好,过渡到正面、侧翼或多面进攻更平滑。

三、市场追随者战略

市场追随者,即在产品、服务、技术、定价、销售模式等大多数营销战略上模仿或跟随市场领导者的公司。因为不是所有公司都有实力、经历、耐力向市场领导者发起挑战,挑战是具有巨大风险的,倘若挑战者实力"中空",那么市场领导者很快就会做出配合行动来瓦解挑战者的攻势。因此,为了生存与保存实力,许多公司甘愿作为跟随者而不愿向市场领导者发起挑战,故而追随者也应当制定利于自身发展而不会引起竞争者报复的战略。

1. 紧密跟随

紧密跟随者,也称为"克隆者",即克隆市场领导者的产品、服务,甚至名称、包装、定价和促销方式等,这就是一种盗版行为。诸如服装、软件、出版等行业"克隆者"甚多,他们利用市场领导者的投资和营销策略去开拓市场,自己紧跟其后来分一杯羹。当前国际上大力打击这种盗版行为以维护健康、有序的市场竞争环境。

2. 距离跟随

距离跟随者,也称模仿者,其只复制领导者的一部分优点,以降低自己的风险和成本,但也有一定的自身特色。例如,对于无差别的产品,有的公司的促销方式是打折,有的公司采取赠送礼品的促销方式,这都是一种柔和型模仿者策略,领导者往往不太在乎,可以有一个相对安稳的发展环境。但值得注意的是,在不易施行差异化战略的行业里,价格模仿者会很多,因为价格敏感性高,随之会引发价格大战。

3. 选择跟随

选择跟随者,即在某些方面紧跟市场领导者,在某些方面又自行其是的公司。选择跟随者先仔细分析领导者和市场主要挑战者的优势,把营销组合策略学习过来,再进行改进,转化为自己的营销组合。避免与市场领导者正面交锋,并选择其他市场销售产品。这种选择跟随者通过改进并在别的市场上壮大实力后可能成长为新的市场挑战者。

虽然追随者战略风险小,但也存在明显缺陷。研究表明,市场份额处于第二、第三及以后位次的公司与第一位的公司在投资报酬率方面有较大差距,追随者的淘汰率也相对较高。

四、市场利基者战略

(一) 市场利基者的含义与利基市场的特征

市场利基者,即专门为规模较小的或大公司不感兴趣的细分市场提供产品和服务的公司。利基者的特点在于规模较小、集中精力专注于狭小的细分市场、拥有自己的差异化优势,因此其也被称为"狭小市场上的领导者"。

理想的利基市场具备以下特征:

(1) 具有一定规模和购买力,能够实现盈利;
(2) 具备未来的发展前景;
(3) 强大的公司一般不会感兴趣进入;
(4) 本公司一旦进入,能建立壁垒抵抗其他公司进入;
(5) 本公司具有满足这一市场需求的能力。

(二) 市场利基者竞争战略选择

市场利基者的本质就是多种多样的专业化经营,主要途径有以下几个方面:

1. 最终用户专业化

公司可以专门为某一类型的最终用户提供服务。例如,中航油专门为航空部门提供油料服务。

2. 垂直专业化

公司可以专门为处于生产与分销循环周期的某些垂直层次提供服务。例如,钢锭厂专门生产钢锭,云母厂专门生产云母。

3. 顾客规模专业化

公司可以专门为某一规模(大、中、小)的顾客群体服务。利基者专门为大公司所忽略的小规模客户群体服务。

4. 特殊顾客专业化

公司可以专门向一个或几个大客户销售产品。例如,一些蔬菜企业专门向一个大学食堂供应蔬菜。

5. 地理市场专业化

公司只在某一地点、地区或范围内经营业务。例如,高校校园超市只在其学校及其商业缓冲区范围内经营。

6. 产品或产品线专业化

公司只经营某一种产品或某一类产品线。例如,某印刷厂只生产农药瓶标签。

7. 产品特色专业化

公司专门经营某一类型的产品或者特色产品。例如,古玩店专门经营古玩。

8. 客户订单专业化

公司专门按客户订单生产特质产品。例如,私人定制服装店按客户要求量体裁衣,广告厂商按照顾客要求制作相应广告。

9. 质量—价格专业化

公司只在市场的底层或上层经营。例如,苹果公司致力于生产高端笔记本电脑、平板电脑、手机。

10. 服务专业化

公司向顾客提供一种或数种其他公司没有的服务。例如,热水器公司提供免费送货上门、免费上门安装、免费定期上门清洗、N年保修等服务。

11. 销售渠道专业化

公司只为某类销售渠道提供服务。例如，某家食品厂决定只生产无糖饼干，并且只在医院、疗养院出售。

市场利基者在市场上往往是弱小者，面临的主要风险是当竞争者入侵或目标市场的消费习惯变化时有可能陷入绝境，因此利基者要居安思危，完成三项主要任务：创造利基市场、扩大利基市场、保护利基市场。企业要不断地创造多种利基市场，在多种利基市场上企业能够规避风险，增加生存机会。与此同时，企业不能够忽略顾客的感受，不能单纯强调以竞争为核心的经营理念，而损害顾客的利益。企业要树立自己独立的经营理念和中心思想，而非亦步亦趋。故而企业营销战略的制定和实施要兼顾竞争者的战略与顾客需求的变化，如此方能实现顾客导向与竞争导向的充分平衡。

> 同步案例
> R.A.B.食品集团的利基者战略

本章小结

本章着重论述了竞争者分析、基本竞争战略和市场地位与竞争战略。竞争者分析首先包含竞争者识别、竞争者的战略和目标、竞争者的优势与劣势、竞争者的反应模式、进攻与回避对象的选择。基本竞争战略包括成本领先战略、差异化战略和目标集聚战略。

根据竞争地位不同，通常把企业分为市场主导者、市场挑战者、市场追随者、市场利基者四种类型。

市场领导者是指占有最大的市场份额，在价格变化、新产品开发、分销渠道建设和促销战略等方面对本行业其他公司起着领导作用的公司。市场领导者面临三种挑战：扩大总需求、保护现有市场份额和扩大市场份额。市场领导者愿意扩大市场总需求，因为它从增加的销售量中获取最多的利润。为保护现有市场份额，市场领导者采用几种防卫办法：阵地防御、侧翼防御、以攻为守、反击防御、机动防御和收缩防御。在扩大市场份额的战略制定过程中，应当考虑经营成本、营销组合和反垄断法等因素。

市场挑战者是指在行业中占据第二位及以后位次，有一定实力对市场领导者和其他竞争者采取攻击行动，希望夺取市场领导者地位的企业。市场挑战者的战略目标与所要进攻的竞争对手直接相关。可选择的进攻对象有：市场领导者；规模相同，且经营不佳、资金不足的公司；规模较小、经营不善、资金缺乏的公司。市场挑战者可选择的挑战战略有正面进攻、侧翼进攻、多面进攻、迂回进攻和游击进攻。

市场追随者是指在产品、服务、技术、定价、销售模式等大多数营销战略上模仿或跟随市场领导者的公司。市场追随者获取市场份额的战略主要有紧密跟随、距离跟随和选择跟随。

市场利基者是指专门为规模较小的或大公司不感兴趣的细分市场提供产品和服务的公司。其竞争战略主要有最终用户专业化、垂直专业化、顾客规模专业化、特殊顾客专业化、地理市场专业化、产品或产品线专业化、产品特色专业化、客户订单专业化、质量—价格专业化、服务专业化、销售渠道专业化等。

在现代市场中，企业营销战略的制定要兼顾竞争者与顾客，实现顾客导向与竞争导向的平衡。

关键术语

竞争者　成本领先　差异化　目标集聚　市场领导者　市场挑战者　市场追随者　市场利基者

练习与思考

一、单项选择题

1. 识别竞争者并非一件简单易行的事,通常可从(　　)来识别企业的竞争者。
   1. 产业和市场两个方面　　　　　　　　B. 市场方面
   C. 产业方面　　　　　　　　　　　　　D. 竞争环境方面
2. 在进行竞争者分析时,首先要(　　)。
   A. 建立企业竞争情报系统　　　　　　　B. 判断竞争者的市场反应
   C. 确定竞争者的目标与战略　　　　　　D. 识别企业的竞争者
3. 某奶制品生产企业的一些竞争者如总是对其降价竞销强烈反击,但对其增加广告预算、加强促销活动等却不予理会,那么这类竞争者属于(　　)。
   A. 从容不迫型竞争者　　　　　　　　　B. 选择型竞争者
   C. 强劲型竞争者　　　　　　　　　　　D. 随机型竞争者
4. 为了向亚洲的主要金融市场东京发起挑战,香港和新加坡采取的策略是向顾客收取更低的费用、提供更自由的管理,努力克服官僚主义作风等。香港和新加坡的这种做法属于(　　)。
   A. 攻击与自己实力相当者　　　　　　　B. 攻击市场领导者
   C. 攻击地方性市场　　　　　　　　　　D. 攻击潜在竞争者
5. 以防御为核心是(　　)的竞争策略。
   A. 市场主导者　　　　　　　　　　　　B. 市场挑战者
   C. 市场跟随者　　　　　　　　　　　　D. 市场利基者

二、判断题

1. 市场竞争的两种形式是价格竞争和非价格竞争。（　　）
2. 市场领导者战略的核心是进攻。（　　）
3. 市场挑战者集中全力向对手的主要市场阵地发动进攻,这就是正面进攻。（　　）
4. 市场利基者取胜的关键在于专业化的生产和经营。（　　）
5. 采用跟随策略的缺点在于风险很大。（　　）

三、简答及论述题

1. 市场领导者可采用的防御战略有哪些?
2. 市场挑战者可采用哪些进攻战略?
3. 市场追随者可分为哪些类型?
4. 理想的利基市场具备哪些特征?

实训项目

案例分析

百思买：自有品牌错位竞争

百思买宣布，自2010年9月15日起，公司将任命新的高级副总裁兼首席设计官，以提速公司的自有品牌战略。在华一波三折的百思买，一直试图将美国模式复制到中国市场，但至今并未成功。继百思买卖场、五星家电连锁后，自有品牌业务成为公司寻求在华突破的第三支生力军。而百思买在中国的主要竞争对手——国美与苏宁，早就开始了由零售店向制造业的渗透，以谋求更高利润率。

百思买中国公关经理刘婷认为，自有品牌的利润率会比经营其他品牌的利润更高。初期的设计、前期物流等投入也很大。一开始就把自有品牌作为赚钱的盈利点是不太合适的，这样也无法做大。

东方证券连锁行业高级分析师郭洋则持如下观点：虽然引入自有品牌商品是现阶段百思买中国一个明智的选择，但已经具备了规模优势的苏宁和国美通过品类延伸、门店创新和定制包销来提升毛利率，显然比百思买单纯从商品中干挤毛利要容易得多。

对零售业来说只有两条出路：要么快速扩张求规模，要么做深品类求毛利率。百思买刚刚进入中国不久，在购销规模上很难与已经具备庞大门店网络的苏宁、国美竞争，虽然零供矛盾无法避免，但通过引入新业态和自有品牌来提升毛利率，似乎是百思买现阶段较为合理和现实的选择。

资料来源：http://www.vmarketing.cn/index.php?hmod=news&ac=content&id=2738.

思考：

(1) 如何评价百思买的自有品牌错位竞争策略？

(2) 在与其他品牌的竞争中，你认为百思买应该制定何种战略？请给出你的建议。

实战演练

校园智能水杯市场竞争战略规划

假设你所在的团队是一家初创企业，计划进入高校校园市场，推出一款智能水杯。该水杯具备温度显示、饮水提醒、水质监测等功能，目标客户群体为高校学生和教职工。目前，市场上已有其他品牌在销售类似产品，竞争较为激烈。

【实训任务】

1. 市场调研

在校园内进行调研，了解学生和教职工对智能水杯的需求、使用习惯、价格敏感度以及对现有产品的评价。

分析校园市场的主要竞争对手，包括产品功能、价格、品牌知名度、销售渠道等方面。

2. 竞争战略制定

根据调研结果，确定本团队产品的差异化竞争优势，如独特的功能设计、个性化的外观、定制化的服务等。

制定市场竞争战略，包括产品定位、目标市场选择、定价策略、促销活动等。

3. 营销策划与实施

设计一套完整的营销方案,包括线上(社交媒体、校园论坛等)和线下(校园活动、社团合作等)推广活动。

模拟产品上市后的市场反应,预测可能遇到的竞争对手反击策略,并制定相应的应对措施。

4. 效果评估与优化

设计评估指标,如市场占有率、销售额、品牌知名度提升度等,用于衡量营销活动的效果。

根据模拟结果,对营销方案进行优化调整,以提高市场竞争力。

【实训步骤】

1. 分组与角色分配

将学生分成若干小组,每组 5～7 人,模拟一个营销团队。小组成员分别扮演市场调研员、产品策划师、营销经理等角色。

2. 调研与分析

各小组在校园内开展调研活动,收集一手数据,并分析竞争对手情况。

3. 方案制订与汇报

各小组根据调研结果制订市场竞争战略和营销方案,并在课堂上进行汇报展示。

4. 模拟与优化

教师根据各小组的方案进行模拟反馈,学生根据反馈进行方案优化。

5. 总结与评价

各小组提交最终的营销方案报告,教师进行点评和总结,评选出最佳方案。

【评价标准】

市场调研的深度和广度(30分)

竞争战略的创新性和可行性(30分)

营销方案的完整性与实施效果(30分)

团队协作与汇报展示(10分)

第四篇
规划市场营销组合策略

第七章
产品策略

学习目标

知识目标

需要掌握产品及产品的整体概念;了解产品组合的相关概念;掌握产品组合策略的基本内容。

能力目标

能够分析产品组合策略;熟悉产品生命周期的划分理论及营销对策;能够为企业制定品牌策略、合理运用包装策略。

素质目标

培养学生具备良好的沟通能力、团队合作能力;培养学生的市场分析能力、数据分析能力。

思政目标

明确高质量发展战略的内涵。理解"中国制造"向"中国创造"转变的驱动力。掌握《中华人民共和国产品质量法》和《中华人民共和国消费者权益保护法》等法律法规的运用法则。

思维导图

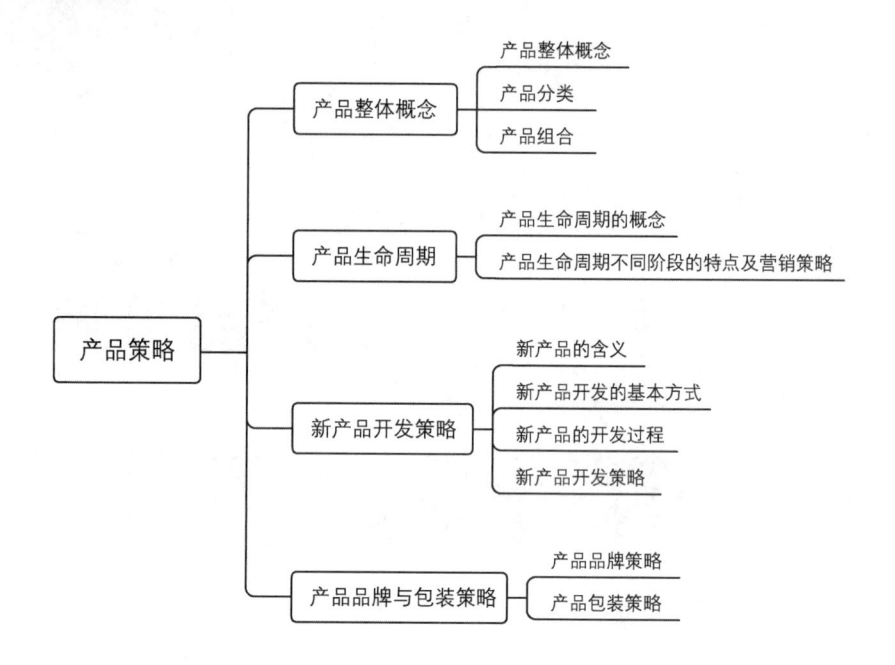

产品策略
- 产品整体概念
  - 产品整体概念
  - 产品分类
  - 产品组合
- 产品生命周期
  - 产品生命周期的概念
  - 产品生命周期不同阶段的特点及营销策略
- 新产品开发策略
  - 新产品的含义
  - 新产品开发的基本方式
  - 新产品的开发过程
  - 新产品开发策略
- 产品品牌与包装策略
  - 产品品牌策略
  - 产品包装策略

导入案例

无印良品——追求商品本质和便利性

没有logo、广告、代言人、复杂的颜色与样式……无印良品(MUJI)业绩却依旧一飞冲天。2010年至2012年,其全球净销售额从1 697亿日元增至史无前例的1 877亿日元,运营利润从139亿日元增至184亿日元。1978年,第二次石油危机爆发,日本经济的高速成长被终结,消费者开始寻求性价比高的产品,这促使日本各大超市争相开发自有品牌。1980年,日本西友超市设立自有品牌,MUJI就此诞生。

第一任社长木内政雄将其定位于除去一切花哨的形象包装和噱头,仅留存使用便利性和较优的质量。1990年到1999年间,MUJI的营业额由245.1亿日元攀升至1 066.9亿日元,经营利润由1.25亿日元涨至133.6亿日元。但辉煌并未持续太久。由于过度追求销售业绩,忽视设计开发理念,MUJI在2001年一度出现39亿日元的亏损,公司濒临破产,第二任社长引咎辞职。第三任社长松井忠三进行了长达三年的改革使其重回正轨,担任无印良品常务董事的金井政明堪称松井忠三的左膀右臂,由此跻身决策层。松井着重于公司管理,金井政明负责营业和商品开发。他曾陪同松井走访MUJI全国门店,在了解症结之后,松井忠三开始内部改革。改革核心是回归商品品质,重回"方便使用"的本源。

2008年,金井政明上任成为无印良品第四任社长。这一年恰逢金融危机,MUJI业绩一蹶不振。金井政明的应对策略是在2009年成立商品战略委员会,以求挑选"带着自信向顾客推荐的战略商品"。金井政明将战略商品分为两类:一类如化妆水一样的平价系列产品;另一类则是直角袜、高领不刺痒羊毛衫等溢价系列产品。金井政明说:"过分消费会导致很多淳朴的东西慢慢消失。作为流行的对立面,MUJI追求的是长久耐用、具有高度普遍性的设计及材质、恰当的价格,而不会增加有很强嗜好性的设计和颜色。"

为了驱动 MUJI 实现"使用便利性",金井政明成立了两个核心的管理部门并亲自管理。一个是面向消费者集思广益的生活良品研究所,使用者可在商品开发、试卖、正式售卖等阶段提供意见,金井则开通个人邮箱用于采纳建议敦促进度。另一个是设计师主动寻找需求的商品种类开发部,其门下设生活、服装、食品部三大分支,对产品进行定期检查更新设计。例如,MUJI 一款用于放在冰箱里制作凉水的冷水桶即曾经历四次改造。设计师发现日本冰箱普遍偏小,较大的冷水桶无法直立放置,遂将侧面设计成平面以便在冰箱里不滚动,桶口亦被密封,防止平放时有水溢出。一些女性消费者反映装满水后水桶太重,平放取出吃力,设计师又在水桶侧边加上了弧形凹槽增加受力点。该冷水桶亦可作为泡茶的茶壶,此后消费者亦两次提议对桶内滤网进行改进,设计师最终照单全收。

经年累月的商品开发经历令金井政明嗅觉灵敏、品位不俗。MUJI 现今电子产品销量冠军、深泽直人所设计的壁挂式 CD 机,早年即由金井发掘。不同于一般 CD 机永远"平躺"的设计,深泽直人所设计的 CD 机如同方形换气扇于墙上,开关亦非惯常的按钮,而是垂下的绳子。金井当时一眼看中其朴素清爽的外观和"一看就懂"的使用方法,并将其投入市场。壁挂式 CD 机上市仅 8 个月即获得 0.6% 的市场份额。

资料来源:东方紫月.无印良品年销百亿的秘密:把产品做到极致[J].东方企业文化,2014:23-24.

企业的一切生产经营活动都是围绕着产品进行的,即通过及时、有效地提供消费者所需要的产品而实现企业的发展目标。产品是企业生产经营活动的直接物质成果。在市场营销组合中,它是最重要的一个要素。企业如何开发满足消费者需求的产品,并将产品迅速、有效地传送到消费者手中,构成了企业营销活动的主体。产品是什么?这是一个不是问题的问题,因为企业时时刻刻都在开发、生产、销售产品,消费者时时刻刻都在使用、消费和享受产品。但随着科学技术的快速发展、社会的不断进步、消费者需求特征的日趋个性化、市场竞争程度的加深加广,产品的内涵和外延也在不断扩大。

通常人们将产品理解为具有特定的物质形状和用途的物体,这种物体就是产品,比如服装、食品、汽车等。现代市场营销学则认为,产品是能够通过交换满足消费者或用户的某一需求或欲望的任何有形物品或无形服务。这说明,顾客购买一件产品并不只要得到产品的有形物体,而且还要从这个产品中得到某些利益和欲望的满足。比如,一位顾客购买了一台电视机,他想得到的不仅是一台质量好的电视机,还希望通过购买电视机来获得安装、售后、调试等方面的服务,因此对消费者来说,有时服务可能比产品本身更重要。

20 世纪 90 年代以来,菲利普·科特勒等学者倾向于使用五个层次来表述产品整体概念,他们认为通过这五个层次的表述方式能够更深刻、更准确地表述产品整体概念。

第一节 产品整体概念

一、产品整体概念

(一)核心产品

核心产品也称为实质产品或核心利益,是指消费者购买某种产品时所追求的根本利益。核心产品是产品整体概念中最基本、最主要的部分。消费者购买某种产品,并不是为了获得产品本身,而是为了获得能满足某种需要的效用或利益。比如,人们购买空调并不是为了它的几个零部件,而是要满足凉爽的需求;人们购买饮料是为了解渴,而不是为了那个瓶子。营销人员要了解顾客对产品的真正需要是什么,把顾客真正需要的核心利益提供给他们。这样的商品,才能在市场上长盛不衰。

(二) 有形产品

有形产品也称为形式产品,是核心产品借以实现的形式,即向市场提供的实体和服务的形象。比如购买电冰箱,消费者就要考虑这种型号的冰箱,它的冷藏室结构是否安排合理、外形款式和颜色是否称心如意等;再比如计算机,无论是台式机还是笔记本的都包含主机、显示器、键盘、鼠标等部件,即计算机的一般形态。产品的基本效用必须通过特定的形式才能实现,市场营销人员应努力寻求更加完善的外在形式以满足顾客的需要。

(三) 期望产品

期望产品是指消费者在购买该产品时期望得到解决的一组特性或者条件。例如,餐馆都为顾客提供一种核心产品——消除饥饿的需要。但顾客都希望餐馆就餐环境干净舒适、饭菜可口、服务周到,这些都属于期望产品范畴。顾客所得到的,是购买产品所应该得到的,也是企业在提供产品时应该提供给顾客的。如果顾客没有得到这些,就会非常不满意,因为顾客没有得到他应该得到的东西,即顾客所期望的一整套产品属性和条件。

(四) 附加产品

附加产品又称为延伸产品,是消费者购买有形产品和期望产品时所获得的全部附加服务和利益,包括产品说明书、保证、安装、维修、送货、技术培训等。在形式产品类似的情况下,竞争主要集中在附加产品层次上。正如美国学者西奥多·莱维特曾经指出的,新的竞争不是发生在各个公司的工厂生产什么产品,而是发生在其产品能提供何种附加利益。

(五) 潜在产品

潜在产品是指现有产品在未来所有可能的演变趋势和前景。许多企业通过对现有产品的附加与扩展,不断提供潜在产品,所给予顾客的就不仅仅是满意,甚至是惊喜。比如,生日那天你突然收到了一束鲜花和一张贺卡,看后你回想起三个月前你曾在北京住过一家宾馆。面对把每一位旅客的生日都牢牢记住且届时送去惊喜的宾馆,再到北京时你还会考虑其他选择吗?

产品整体概念体现了"以消费者为中心"的现代市场营销观念,反映了产品在适应需求和满足需求上的内容和层次又有了更新的拓展。它强调企业在提供实质产品的同时,也要重视形式产品、期望产品、延伸产品和潜在产品的研究与开发,全方位地满足消费者的需求。

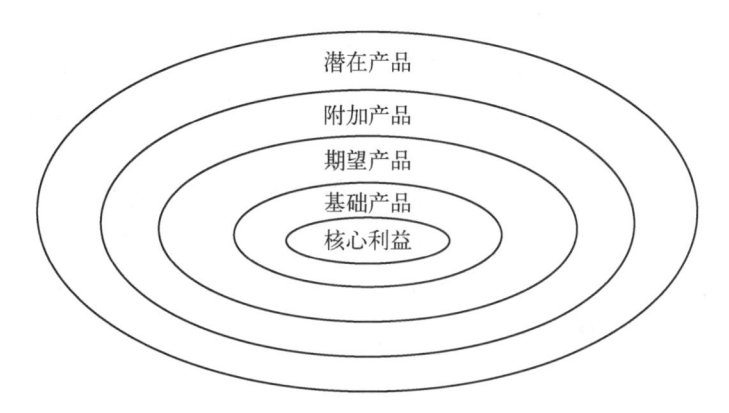

图 7-1 产品整体概念的五个层次

二、产品分类

根据产品的特征或者购买方式，企业可以对产品进行分类。每个类别都有一个最适合的营销组合策略。

(一) 以耐用性和有形性分类

1. 耐用品

耐用品是指可以长期使用，并且有形的商品，如家用电器、家具、生产设备和服装等。耐用品营销需要更多的人员推销和服务，获取的利润较高，因为消费者不经常购买此类产品，薄利多销在此就不适用了。对此类产品消费者关心更多的是性能和售后服务，因此商家可以采用人员推销的方法，提供更多的售后服务，同时利润率可以定得高些。

2. 易耗品

易耗品也称非耐用品，是有形商品，通常有一种或几种用途，流动性较大，容易损耗，需要经常购买。易耗品的营销策略是卖点多，购买方便，薄利多销，并通过广告宣传建立品牌偏好。

3. 服务

服务是指无形的、不能存储的、不可分割的商品。比如，美容美发、心理咨询和设备维修等。服务类产品不可触摸，更需要提供质量控制和提供者的信誉。

(二) 以购买习惯分类

1. 便利品

便利品是指顾客随时需用、购买频繁的商品。便利品可以进一步分为日常用品、冲动购买品和特定情况需用品。日常用品是顾客生活中经常用到的商品，如牙膏、肥皂、纸巾等。冲动购买品是事先没有计划、即兴购买的商品，如杂志、书籍、装饰品等。特定情况用品是指在特定的情况下需用的物品，如雨伞、药品、甲醛去除器等。因为消费者对便利品是随时需用、购买频繁，所以便利品的销售应尽量接近消费者，深入消费者触手可及的地方，使他们非常方便地就能实现购买。

2. 选购品

选购品是指顾客需要对产品的质量、价格、款式等进行反复比较和权衡才能决定购买的商品，如家具、汽车、服装等。选购品又可以分为同质品和异质品，同质品是指产品质量差异不大，但品牌和价格不同的选购品，如高压锅、电熨斗等。对于同质品，顾客主要通过比较产品的价格、品牌等来进行购买决策。异质品是指产品差别较大的选购品，如服装、家具等。顾客在选购异质品时，往往更看重产品的特色，而不是产品的价格。所以，经营异质品，要特别注重产品的特色和质量，品种和款式应丰富些，以便满足不同的消费者需求，此外，还应利用优秀的推销人员为顾客提供信息和咨询。

3. 特殊品

特殊品是指价格昂贵、购买次数较少、购买风险较高的产品。具有独特特征和特定品牌标记的产品，对这些产品有相当多的消费者愿意花费大量的时间和金钱去购买。如专业的摄影器材、特殊品牌的汽车和服装、供收藏的古董和名画等，这些产品能满足消费者的某些心理需求。对于特殊品，消费者购买的频率低，营销者应更多地采用独家经销和专门委托经销的方法，控制好产品的销售渠道，并让消费者知道在哪里能购买这种产品。

4. 非需品

非需品是指消费者不了解或即使了解也不想购买的产品，传统的非需品有人寿保险、墓地、百科全书等。对于此类产品，营销人员需要付出大量的宣传和推销努力，同时要做好各种售后服务。

（三）以产业用品分类

产业用品是指不用于个人和家庭消费，而用于生产、销售或执行某种职能的产品。

1. 完全进入产品的产业用品

它们经过生产者的加工、制造，成为其产品的组成部分。其包括：原料，如小麦、棉花、烟叶、水果等农产品；木材、原油、矿石等天然产品；经过加工的原料，如钢铁、水泥和纺织原料等；零部件，如小马达、轮胎、铸件等。

2. 部分进入产品的产业用品

其主要是各种设备，在生产过程中会逐渐磨损，其价值将分期分批转入产品。其包括：主要设备，如厂房、办公楼、土地、机床、电脑、电机等固定设备；附属设备，如小工具、办公设备等。

3. 不进入产品的产业用品

它们对于维持企业的经营管理是必要的。虽然其价值和费用要计入或摊入产品成本，但不会构成该产品实体的一部分。诸如：物品，如润滑剂、煤炭和文具等业务用品，油漆、刷子和扫帚等维护用品；服务，如各种维修服务和管理咨询服务。

对每一种产业用品，供货企业应根据产品本身的物理特性和购买者的不同要求，采取相应的市场营销行动和市场营销组合。例如，精密仪器一类的主要设备，技术要求高，大多按购买者指定的式样、规模来制造并由销售专家直接出售给用户，有的还要用租赁方式来融资和推销；附属设备中的办公用具，如打字机、复印机等，相对轻巧一些，价格也低，可以通过中间商销售;对于农产品原料,由于农户分散生产,而且价格较低,所以一般都通过若干中间商卖给用户;制造的原料和零部件,由于生产者大多数是企业,许多零部件又是按用户指定的要求制造的,所以生产者一般都直接销售给用户。

三、产品组合

企业很少只生产单一产品,大部分企业会提供不同型号或者功能的产品。比如,某乳业公司生产纯牛奶、酸牛奶、奶粉、乳饮料等产品。每种产品下又有不同的规格,如纯牛奶分为盒装和袋装,酸牛奶分为瓶装、杯装和袋装等。企业通过不同规格、不同形式的产品,满足消费者不同的需要。

(一)产品组合的相关概念

1. 产品线

产品线是指一群相关的产品(这类产品可能功能相似,销售给同一消费者群),经过相同的销售途径,或者在同一价格范围内销售。例如,某乳业公司有纯牛奶、酸牛奶、奶粉、乳饮料这4条产品线。

2. 产品项目

产品项目是指在同一产品线中,由不同的尺码、价格、外观、品牌等相区别的具体产品。例如,某乳业公司的酸奶产品线中有每日活菌、纯享、老酸奶、风味酸奶等产品项目。

3. 产品组合

产品组合是指一个企业在一定时期内生产经营的各种不同产品、产品项目的组合,它是企业提供给市场的全部产品线和产品项目。对企业经营来说,经营的产品并不是越多越好,企业应该生产和经营哪些产品,这些产品之间应该有什么配合关系,这就是产品组合问题。

(二)产品组合的要素

产品组合包括四个因素,分别为产品组合的宽度、长度、深度和关联度。这四个因素的不同,构成了不同的产品组合。表7-1为某乳业公司的产品组合长度与宽度。

表7-1 某乳业公司的产品组合长度与宽度

产品线的长度	产品组合的宽度			
	纯牛奶	酸奶	奶粉	乳饮料
	优质牧场 利乐枕 麦香奶 香蕉牛奶	酪爵庄园 斯浓布丁 老酸奶 大果粒 养生酸奶	纯金装系列 超金装系列 白金装系列 小鲁班系列 益生菌系列	每日活菌 君享

1. 产品组合宽度

产品组合宽度是指企业的产品线总数。如某乳业公司有纯牛奶、酸牛奶、奶粉、乳饮料这 4 条产品线,那么它的产品组合宽度即为 4。产品组合的宽度说明了企业经营范围的大小。

2. 产品组合长度

产品组合长度是一个企业的产品项目总数。如某乳业公司有奶粉纯金装系列、超金装系列、白金装系列、小小鲁班系列、磬意系列、乐钙系列、益生菌系列这 7 款奶粉,那么其奶粉产品线的产品项目数即为 7。

3. 产品组合深度

产品组合深度是指产品线中每一产品项目有多少品种。如纯金装奶粉有桶装和盒装两种规格,分为 3 个年龄阶段,则产品的深度是 6(2×3)。产品组合的深度反映了企业满足各个不同细分子市场的程度。

4. 产品组合关联度

产品组合关联度是指一个企业的各产品线在最终用途、生产条件、分销渠道等方面的关联程度。某乳业公司的产品在销售渠道、最终用途方面相同或相似,因此产品线的关联度比较高。较高的产品关联度能为企业带来规模效益,提高企业在某地区或某行业的声誉。

(三) 产品组合策略

市场环境千变万化,企业应针对市场的变化,调整现有产品结构,保持产品结构最优化,这就是产品组合策略。常见的产品组合策略有以下几种:

1. 扩大产品组合策略

扩大产品组合策略是开拓产品组合的广度和加强产品组合的深度。开拓产品组合的广度是指增添一条或几条产品线,扩展产品经营范围;加强产品组合的深度是指在原有的产品线内增加新的产品项目。具体方式如下:

(1) 在维持原产品品质和价格的前提下,增加同一产品的规格、型号和款式。

(2) 增加不同品质和不同价格的同一种产品。

(3) 增加与原产品相类似的产品。

(4) 增加与原产品毫不相关的产品。

扩大产品组合的策略不仅可以满足不同偏好的消费者多方面的需求,提高产品的市场占有率;而且能够充分利用企业资源和剩余生产能力,提高经济效益,扩大经营规模;在企业遭遇竞争时,能够减少市场需求变化带来的负面影响,降低损失程度。

2. 缩减产品组合策略

缩减产品组合策略是指削减产品线或产品项目,特别是取消那些获利小的产品,集中力量经营获利大的产品线和产品项目。缩减产品组合可以采用减少产品线数量,实现专业化生产经营的方式,也可以采用削减产品线下的某些产品项目,停止某类产品生产的方式。

缩减产品组合策略不仅有利于企业集中优势资源和技术力量,实现生产经营专业化,提高产品品质;而且能够降低企业生产成本,提高生产效率,在一定程度上提高品牌知名度。

3. 产品线延伸策略

产品线延伸策略是指在现有产品线的基础上,通过增加高档或者低档的产品项目,扩大产品经营的策略。产品线延伸策略可以分为向上延伸策略和向下延伸策略。

向上延伸策略也称高档产品策略,就是在原有的产品线内增加高档次、高价格的产品项目。向上延伸经营得好,可以为企业带来丰厚的利润,提高企业产品的市场地位,增加企业品牌知名度。向上延伸也要承担一定的风险,如企业生产廉价产品的形象在消费者心目中不可能立即转变,使得高档产品不容易很快打开销路,从而影响新产品项目研制费用的迅速收回。

向下延伸策略也称低档产品策略,就是在原有的产品线中增加低档次、低价格的产品项目。向下延伸策略的实行能够迅速为企业寻求新的市场机会,借高档名牌产品的声誉,吸引消费水平较低的消费者慕名购买该产品线中的低档廉价产品;增加销售总额,扩大市场占有率。但是如果处理不当,实行向下延伸策略可能会影响企业原有产品的市场声誉和名牌产品的市场形象。此外,这一策略的实施需要有一套相应的营销系统和促销手段与之配合,这些必然会加大企业营销费用的支出。

第二节 产品生命周期

1993年初春,世界上第一台家用VCD影碟机在中国安徽合肥的万燕电子公司诞生了,而后中国VCD影碟机市场群雄逐鹿,出现了爱多、步步高、新科等众多厂家,然而时过境迁,如今的影碟机市场VCD早已风光不再,那么VCD市场到底是怎么了呢?

一、产品生命周期的概念

产品生命周期是指产品的市场寿命,即一种新产品从开始进入市场到被市场淘汰的整个过程。产品与人一样,都是有生命的,要经历形成、成长、成熟、衰退几个阶段。营销人员应在不同的阶段制定相应的市场营销策略,并灵活调整产品营销方案,以吸引更多的顾客。

(一)典型的产品市场生命周期

典型的产品市场生命周期一般可以分成4个阶段,分别为引入期、成长期、成熟期和衰退期,如图7-2所示。

1. 引入期

新产品投入市场,便进入了引入期。此时,消费者对产品还不了解,除了少数追求新奇的消费者外,几乎没有人实际购买该产品。在此阶段,产品生产批量小、制造成本高、广告费用大,产品销售价格偏高,销售量极为有限,企业通常不能获利。

2. 成长期

当产品进入引入期,销售取得成功之后,便进入了成长期。在这一阶段,消费者对产品已经熟悉,大量消费者开始购买该产品,需求量和销售额迅速上升,生产成本大幅度下

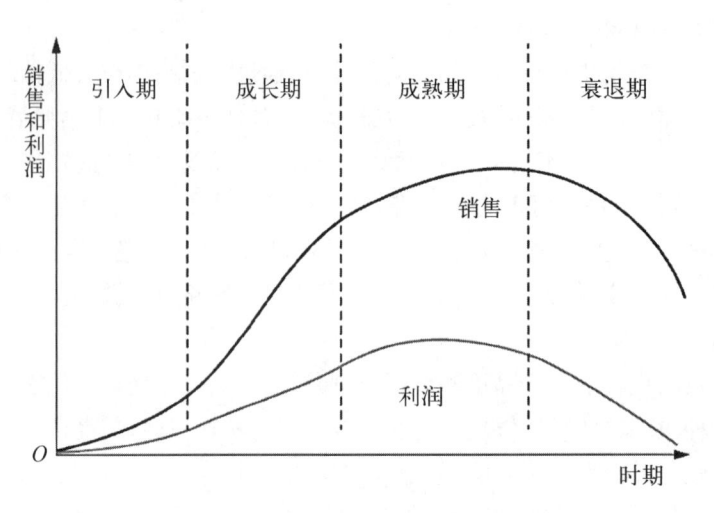

图 7-2 典型的产品市场生命周期阶段

降,利润迅速增长。

3. 成熟期

经过成长期之后,随着购买产品的人数增多,市场需求趋于饱和,产品便进入了成熟期。此时,销售增长速度缓慢直至转而下降,由于竞争的加剧,导致广告费用再度提高,利润下降。

4. 衰退期

由于科技的发展、新产品和替代品的出现以及消费习惯的改变等原因,产品的销售量和利润持续下降,产品便进入了衰退期。产品的需求量和销售量迅速下降,同时市场上出现替代品和新产品,使消费者的消费习惯发生改变。此时,成本较高的企业就会由于无利可图而陆续停止生产,该类产品的生命周期也就陆续结束,以致最后该产品完全撤出市场。

(二)特殊产品市场生命周期

特殊产品市场生命周期包括风格型产品生命周期、时尚型产品生命周期、热潮型产品生命周期、扇贝型产品生命周期这4种特殊的类型,它们的产品生命周期曲线并非通常的S形,如图7-3所示。

1. 风格型产品生命周期

风格是人们活动的某一领域中所出现的独特的表现方式。风格一旦产生,可能会延续数代。根据人们对它的兴趣,产品的生命周期呈现出一种循环模式,时而流行,时而又可能并不流行。

2. 时尚型产品生命周期

时尚型产品是指在某一领域里,目前为大家所接受且受欢迎的产品。时尚型产品生命周期的特点是,刚上市时很少有人接纳(独特阶段),但接纳人数随着时间慢慢增长(模仿阶段),终于被广泛接受(大量流行阶段),最后缓慢衰退(衰退阶段),消费者开始将注意力转向另一种更吸引他们的时尚产品。

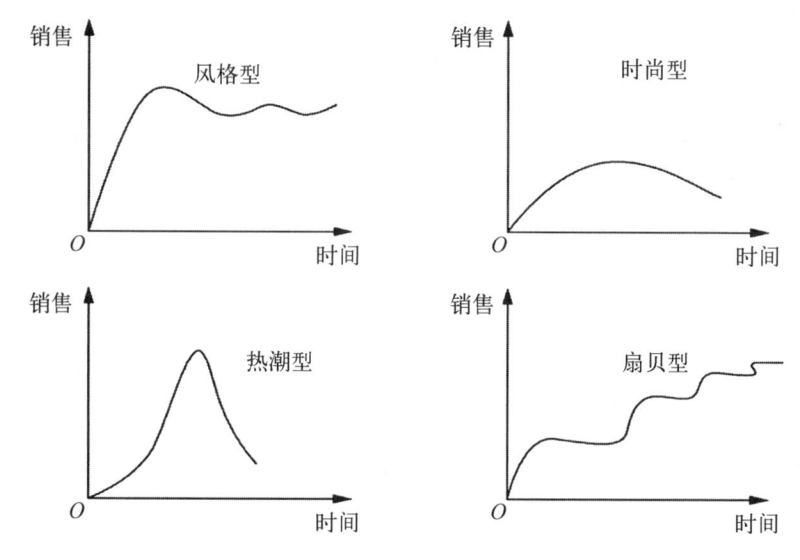

图 7-3 特殊产品市场生命周期阶段

3. 热潮型产品生命周期

热潮是一种来势汹汹且很快就能吸引大众注意的时尚,俗称时髦。热潮型产品生命周期的特点是快速成长又快速衰退,主要是因为它只是满足人类一时的好奇心或需求,所吸引的只限于少数寻求刺激、标新立异的人,消费者需求达到高峰后会迅速衰退。

4. 扇贝型产品生命周期

扇贝型产品生命周期的特点是产品生命周期不断地被延伸,这往往是由于产品创新或不时发现新用途而形成的。

二、产品生命周期不同阶段的特点及营销策略

(一)引入期

在这一阶段,产品刚刚进入市场,消费者对产品十分陌生,企业一方面必须通过各种促销手段把产品引入市场,力争提高产品的市场知名度;另一方面,又因引入期的生产成本和销售成本相对较高,企业在给产品定价时不得不考虑这个因素,因此企业营销的重点要集中在促销和价格方面。引入期一般有 4 种可供选择的市场战略,如图 7-4 所示。

	促销战略 高	低
价格 高	快速撇脂战略	缓慢撇脂战略
价格 低	快速渗透战略	缓慢渗透战略

图 7-4 引入期的市场战略

1. 快速撇脂战略

快速撇脂战略是指以高价格、高促销费用推出新产品。实行高价策略可以在每单位销售额中获取最大利润,尽快收回投资;高促销费用能够快速建立知名度,占领市场。实施这一策略必须具备以下条件:产品有较大的需求潜力;目标消费者求新心理强,急于购买新产品;企业面临潜在竞争者的威胁,需要及早树立品牌形象。一般而言,在产品引入阶段,只要新产品比替代的产品有明显的优势,市场对其价格就不会那么计较。

2. 缓慢撇脂战略

缓慢撇脂战略是指以高价格、低促销费用推出新产品,目的是以尽可能低的费用开支求得更多的利润。实施这一战略的条件是:市场规模较小,产品已有一定的知名度,目标消费者愿意支付高价,潜在竞争的威胁不大。

3. 快速渗透战略

快速渗透战略是指以低价格、高促销费用推出新产品。这种战略目的在于先发制人,以最快的速度打入市场,取得尽可能高的市场占有率,然后再随着销量和产量的扩大,使单位成本降低,取得规模效益。实施这一战略的条件是:该产品市场容量相当大;潜在消费者对产品不了解,且对价格十分敏感;潜在竞争较为激烈;产品的单位制造成本可随生产规模和销售量的扩大迅速降低。

4. 缓慢渗透战略

缓慢渗透战略是以低价格、低促销费用推出新产品。低价可以扩大销售,低促销费用可以降低营销成本,增加利润。这种战略的适用条件:市场容量很大;市场上该产品的知名度较高;市场对价格十分敏感;存在某些潜在的竞争者,但威胁不大。

（二）成长期

产品进入成长期以后,有越来越多的消费者开始接受并使用,企业的销售额直线上升,利润增加。在此情况下,竞争对手也会纷至沓来,威胁企业的市场地位。因此,在成长期,企业的营销重点应该放在保持并且扩大自己的市场份额,加速销售额的上升方面。另外,企业还必须注意成长速度的变化,一旦发现成长的速度由递增变为递减时,必须适时调整战略。这一阶段企业可以适用的具体战略有以下几种。

(1) 改进产品质量,增加产品新特色;

(2) 积极开拓新的市场,创造新的用户;

(3) 增加新的流通渠道,扩大产品销售面;

(4) 适当降低价格,以增强竞争力;

(5) 改变促销重点,从介绍产品转为树立形象,提高产品知名度。

（三）成熟期

成熟期产品进入大批量生产,在市场上处于竞争最激烈的阶段。销量和利润增长缓慢,出现零增长或者负增长,市场需求趋于饱和。竞争者需要通过各种手段打开销路,摆脱困境。对成熟期的产品,企业宜采取主动出击的策略,使成熟期延长,或使产品生命周期出现再循环。为此,企业可以采取以下三种策略。

1. 市场改进策略

企业通过努力开发新的市场,来保持和扩大自己的产品市场份额。采用的方法可以是进行市场细分化,努力打入新的市场;也可以是通过宣传推广,增加现有消费者的购买量。

2. 产品改良策略

企业可以通过产品特征的改良,来提高销售量。例如,改良产品品质,增加产品的功能性效果;改良产品特性,增加产品的新特性;以及改良产品式样,满足消费者对产品美感的需求。通过产品改良,扩大或者保持市场销售份额。

3. 营销组合调整策略

企业通过调整营销组合中的某一因素或者多个因素,以刺激销售。这种调整可以是价格调整,即通过降低售价来加强竞争力;可以是销售渠道调整,改进服务方式;还可以是采用多种促销方式引发消费者兴趣。

(四)衰退期

衰退期的主要特点:产品销售量急剧下降;企业从这种产品中获得的利润很低甚至为零;大量的竞争者退出市场;消费者的消费习惯已发生改变;等等。面对处于衰退期的产品,企业需要进行认真的研究分析,决定采取什么策略,在什么时间退出市场。通常有以下几种策略可供选择:

1. 维持策略

企业在目标市场、价格、销售渠道、促销等方面维持现状。由于这一阶段很多企业会先行退出市场,因此,对一些有条件的企业来说,并不一定会减少销售量和利润。使用这一策略的企业可配以延长产品寿命的策略,企业延长产品寿命周期的途径是多方面的,最主要的有以下几种:

(1) 通过降低产品成本,进而降低产品价格;

(2) 增加产品功能,开辟新的用途;

(3) 重新定位产品,开拓新的市场;

(4) 改进产品设计,以提高产品的性能、质量、包装、外观等,从而使产品寿命周期不断实现再循环。

2. 集中策略

集中策略即把企业能力和资源集中在最有利的细分市场和分销渠道上,从中获取利润。这样既有利于延长产品退出市场的时间,同时又能为企业创造更多的利润。

3. 收缩策略

收缩策略是指企业抛弃无希望的消费者群体,大幅度降低促销水平,尽量减少促销费用,以增加利润。这样可能导致产品在市场上的衰退加速,但也能从忠实于这种产品的消费者中得到利润。

4. 放弃策略

放弃策略是指企业对衰退比较迅速的产品,应该当机立断,放弃经营。采用该策略时,可以采取完全放弃的形式,如把产品完全转移出去或立即停止生产；也可采取逐步放弃的方式，使其所占用的资源逐步转向其他产品。

第三节　新产品开发策略

随着科学技术的发展，市场竞争不断加剧，产品的生命周期也日趋缩短，企业不可能单纯地依赖现有的产品占领市场，必须不断地推陈出新，开发新产品，这样才能使得企业继续生存和更好地发展壮大。因此，新产品开发是企业营销的一项重要决策，是企业更好地发展的重要保障。

一、新产品的含义

新产品是指采用新技术原理、新设计构思进行研制和生产，或在结构、材质、工艺等某方面比原有的产品有了明显的改进，从而显著提高了产品性能或扩大了使用功能的产品。从市场营销的角度看，凡是企业向市场提供的过去没有生产过的产品都称为新产品。具体地说，只要是产品整体概念中的任何一部分做了变革或创新，并且给消费者带来新的利益、新的满足的产品，都可以认为是一种新产品。

基于新产品的含义，新产品可以分为以下五种类型。

(一) 全新产品

全新产品是指应用新原理、新技术、新材料，具有新结构、新功能的产品。该新产品在全世界首先开发，能开创全新的市场。例如，第一列火车、第一辆汽车都属于全新产品。

(二) 换代型新产品

换代型新产品也称部分新产品，是指在原有产品基础上部分采用新技术、新材料制成的，性能显著高于原有产品的新产品。例如，变速自行车属于换代型新产品。

(三) 改进型新产品

改进型新产品是指在原有老产品的基础上进行改进，使产品在结构、功能、品质、花色、款式或包装上具有新特点和新突破的产品。例如，某饮料由瓶装改为罐装，属于改进型新产品。

(四) 模仿型新产品

模仿型新产品也称仿制型新产品，是企业对国内外市场上已有的产品进行模仿生产，也称为本企业的新产品。

(五) 重新定位型新产品

重新定位型新产品是指企业的老产品进入新市场而被称为该市场的新产品。

二、新产品开发的基本方式

企业开发新产品，选择合适的方式很重要。选择得当，适合企业实际，就能少承担风险，容易获得成功。新产品开发一般有独创方式、引进方式、结合方式和改进方式四种。

（一）独创方式

从长远考虑，企业开发新产品最根本的途径是自行设计、自行研制，即所谓独创方式。采用这种方式开发新产品，有利于产品更新换代及形成企业的技术优势，也有利于产品竞争。自行研制、开发产品需要企业建立一支实力雄厚的研发队伍、一个高效的技术平台和一个科学、高效率的产品开发流程。

（二）引进方式

技术引进是开发新产品的一种常用方式。企业采用这种方式可以很快地掌握新产品制造技术，减少研制经费和投入的力量，从而赢得时间，缩短与其他企业的差距。但是，引进技术不利于形成企业的技术优势和企业产品的更新换代。

（三）改进方式

这种方式是以企业的现有产品为基础，根据用户的需要，采取改变性能、变换形式或扩大用途等措施来开发新产品。采用这种方式可以依靠企业现有设备和技术力量，开发费用低，成功把握大。但是，长期采用改进方式开发新产品，会影响企业的发展速度。

（四）结合方式

结合方式是独创与引进相结合方式。

三、新产品的开发过程

尽管新产品的销售额通常远远超过原有产品，从而给公司带来丰厚的回报，但新产品开发的风险极大。据国外有关资料表明，新产品失败率高达80％以上，即使成功的新产品开发也不是一帆风顺的。正因为开发新产品会有这样大的风险，因此发展新产品必须严格遵循一定的科学程序进行，以尽量避免或减少风险。

新产品开发过程由八个阶段构成，即新产品的设计构思阶段、构思筛选、产品概念的形成和测试、初拟营销规划、商业分析、产品开发、市场试销、批量上市。

（一）新产品的设计构思阶段

一个新产品的形成，始于构思与设计。所谓构思，就是对于满足某种市场需求的设想。新产品构思的数目越多，方案设计的选择性也就越大，最后推出供分析筛选的产品项目也就会更加接近实际需要。因此，了解产品的未来远景是极有帮助的，企业应该经常对市场做出诊断，以探测消费需求的变化。

支持产品创新的构思来源是多方面的，一般从企业内部的生产部门和销售部门就能得到；在企业的外部，各种经销商、零售商、广告公司、有关专家以及顾客也能向企业提供大量有价值的资料。另外，好的创意也许来自工厂的参观者及各界人士的疑问和批评。当然，另外一个能够有效激发构思的来源是竞争对手的成功。所以，企业平时就应该密切注意市场竞争的动态，以便不断巩固企业产品的有利地位。

（二）构思筛选

企业在取得足够的设计构思之后，就要对这些创意加以研究，分析其可行性，筛选出可行性较高的产品项目。在这一阶段中，企业要确定完整、周密的产品评价标准和成本、销售量与利润的关系模式。建立这些标准与模式的目的就是要淘汰那些没有前途的构思设计,使企业有限的资源能够集中于成功机会较大的产品项目。因为并不是所有的构思都能符合企业的目标,也不是所有的设计都能付诸实施。

对新产品设计方案进行筛选时,应该努力避免两种偏差:一种是对某个良好构思的潜在价值估计不足,以致漏选,失去机会;另一种是误选了没有发展前途的新产品,最后导致彻底失败。

(三) 产品概念的形成和测试

1. 产品概念的形成

形成产品概念即将经过筛选保留下来的产品创意进一步发展成为产品概念。产品创意是企业拟推出的只具有产品初步轮廓的可能产品,而产品概念,则是指企业从消费者的角度对产品创意所做的详尽的描述。即将新产品构思具体化,描述产品的名称、性能、具体用途、形状、价格和提供给消费者的利益等,让消费者能轻而易举地识别新产品的特征。产品概念的形成来源于针对新产品构思问题的回答,一般通过对以下三个问题的回答,可以形成不同的新产品概念:

(1) 谁使用该产品?例如儿童、青少年、成人、老年人。

(2) 该产品适用于什么场合(时间)?例如早上、日间、晚上。

(3) 该产品提供的主要利益是什么?例如以一种盒装麦片为例,它的主要利益是口味好、营养丰富、食用方便。

在"生产一种盒装麦片"的产品构思下,就可以形成具体的产品概念:成年人早上食用的营养丰富的方便食品;老年人日间食用的口味好的麦片;儿童晚间食用的营养丰富的麦片;等等。

2. 产品概念的测试

产品概念的测试是指将一个精心描述的产品概念交给目标顾客评价,以了解潜在顾客的反应,为优选产品概念提供依据。在产品概念测试中,常常要求目标顾客回答一些问题。

如产品概念是"一种盒装麦片,供成人早餐食用,营养丰富,食用方便。该产品打算制成蓝莓、巧克力、牛奶三种口味,每盒装 300 克,定价 15 元"。为测试产品概念,可以向顾客提出以下问题:你是否清楚并相信产品所提供的利益?该产品能否满足你的某一方面的需求?与同类产品比较,你是否偏好此产品?你能否对产品属性提供某些改进意见?你认为价格是否合理?你是否会购买该产品?

企业可以根据消费者的反应,选择最佳的产品概念。

(四) 初拟营销规划

选定产品概念后,要制定将该产品引入市场的初步规划。该规划是粗线条的,在以后的开发阶段还会不断完善。初步的营销规划包括三个部分:

(1) 描述目标市场的规模、结构、消费者购买行为;新产品在目标市场上的定位;头几年的销售额、市场占有率、利润目标等。

(2) 简述新产品和计划价格、分销渠道以及第一年的市场营销预算。

(3) 阐述计划长期销售额和目标利润以及不同时间的市场营销组合。

(五) 商业分析

企业拟定初步营销规划后，还要详细分析这一规划的可行性。商业分析实际上就是经济效益分析，即对新产品未来的销售额、成本和利润给予充分的估计，判断它是否能达到企业开发新产品的目标。企业首先要调查同类产品销售的历史条件，掌握历史上的最高销量和最低销量，结合目标市场的实际情况，推算新产品的销售额。然后，由研发部门、生产部门、营销部门和财务部门等进一步估算产品预期成本和盈利情况。如果预计产品的销量、成本和利润能达到目标，就进入新产品研制阶段。

(六) 产品开发

产品开发，即由研究开发部门和工程技术部门把这种产品概念转变成为产品，进入试制阶段。在这一阶段，以文字、图表及模型等描述的产品设计转变为实体产品。该步骤的关键是产品概念能否变为技术上和商业上可行的产品。在此阶段，资金大量注入，所用数额甚为可观。

(七) 市场试销

市场试销，即企业营销管理者对某种新产品开发试验结果感到满意时，着手用品牌名称、包装和初步市场营销方案把这种新产品推上市场进行试验。其目的在于了解消费者和经销商经营、使用和再购买这种新产品的实际情况以及市场规模的大小，然后再酌情采取适当对策。

这是对新产品的全面考察阶段。企业通常要制造少量产品，投入一定范围的市场进行试销。这种试销，是把新产品以及与之相关的营销策略首次付诸实施，以测试中间商和消费者的反应。一般试销只进行一次，有时也进行一次以上，试销的结果决定着新产品的命运。

第一次试销的结果有三种可能：一是试销反应良好，企业可决定全面上市；二是试销反应一般，这种情况下，企业最好经过分析后实行再试销，全面上市或放弃上市都不够妥当；三是试销结果很差，面对这种局面，企业应该果断放弃，再试销或修改再试销都不够明智。

市场试销应注意如下方面：

(1) 试销的地区市场应具有代表性。

(2) 试销的费用应充分考虑投资成本、风险大小、时间压力和研究成本。

(3) 试销的方法应具有适用性和合理性。消费品的试销方式有销售额波动研究、模拟商店技术、控制试销、试验市场等。工业品的试销方法有产品使用测试、商业展览、经销商展示室、控制销售、试验销售等。

(4) 试销后应采取相应的行动。如果市场试销的试用率和重复购买率出现升高趋势，该产品的成功概率就很大，可以继续发展下去；反之，则应重新设计或干脆舍弃。

(八) 批量上市

新产品经过试销证明是成功的，企业就应立即决定大批量正式投产。新产品上市后首先进入的是产品市场生命周期的导入阶段,新产品在这一阶段夭折的实例是很多的,企业应该尽最大的努力使新产品尽快度过这一时期。在商业性投产阶段,企业需要做出四个方面的决策:新产品的销售时间;新产品的投放地区和扩散地区;目标市场及产品定位;具体的市场销售策略。

四、新产品开发策略

发展新产品,企业自己必须有雄厚的实力,并建立在充分了解竞争者和消费者需求的基础上,而且要与企业的长期发展战略相适应,这样才能制定出切实可行的新产品开发策略,确保新产品开发的成功。总结国内外经验,常用的新产品开发策略有下述几种:

(一)挖掘需求的策略

消费者需求有现实需求与潜在需求之分,新产品既要开发现实需求的产品,如电视机、电冰箱、洗衣机等;又要开发具有潜在需求的产品。特别是后者,它是判明一个企业家是否精明能干和富有远见的重要标志。由于现实需求的产品竞争激烈,因此,企业开发新产品的重点,应放在捕捉、挖掘市场潜在需求方面,这样才能扩展新的市场领域。

(二)挖掘产品功能策略

增加产品功能可以延长产品的生命周期,老产品增加新功能、新用途,可以重新受到消费者的欢迎。例如,在肥皂类中,近几年出现了一种膏状肥皂——"美洁"洗衣膏。这种洗衣膏溶解快、去污力强,有明显的增白效果,又增加了抗硬水性能。在香皂类中,又出现了具有护肤、疗效功能的香皂,如"硅碉"香皂用后在脸上形成一种防护膜,防止强光对皮肤的直射,并有消炎、杀菌等作用;"奥琪"香皂采用复合材料和高级护肤剂制成,长期使用,有减缓皱纹、增加皮肤弹性的作用。这些具有新功能的产品,都极受欢迎。

(三)以竞争为主旨的开发策略

1. 抢先策略

即在其他企业还未开发成功,或还没有投入市场之前,抢先把新产品投放市场。这样可以在市场上占据有利地位,但风险较大。

2. 紧跟策略

与上一策略相反,企业不首先开发新产品,而是仿制市场上已开发成功的新产品,使企业投入少、收效快。使用这种策略,要求企业信息灵而快,仿制能力强。

(四)降低风险策略

1. 降低投资风险策略

新产品开发需要新设备、新技术,需要投资,投资越大风险越大。因此,在开发中尽量利用现有设备、现有工艺装备,可以减少设备投资,降低风险。

2. 减少资源投入策略

开发新产品需要人力、物力和财力,合理调配这些资源便能降低风险。开发中的一些项目,如设计、试验、试制、配件,均可交由其他单位承包,而本企业只进行总装,在新产品成功之后,再增加资源投入。

3. 用户导向策略

新产品能否有销路,事先是没有把握的。为了避免开发后没有人购买而蒙受损失,新产品在开发以前,应先寻求用户,与之签订供货合同。有一定量的订单之后,再行开发、生产。这对于工业品或中间产品的开发特别重要。

4. 试探风险策略

造成新产品风险的因素很多,事先难以预料。如果先从别的国家、别的地区或别的厂家,引进本企业准备开发的产品,用上自己的厂牌商标,试探市场是否欢迎,这样会稳妥些。如若市场欢迎即可投入力量生产,若不欢迎则可另打主意,这样可以减少新产品开发的盲目性。

第四节　产品品牌与包装策略

品牌可以方便消费者进行产品选择,缩短购买决策过程;包装直接影响消费者的购买心理,能够帮助企业在众多竞争品牌中脱颖而出。营销人员需要重视品牌塑造与推广,使品牌深入人心,并掌握一定的产品包装策略,促进消费者的购买。

一、产品品牌策略

(一) 产品品牌的概念

产品品牌包含两个层次的含义:一是指产品的名称、术语、标记、符号、设计等方面的组合体。二是代表有关产品的一系列附加值,包含功能和心理两方面的利益点,如产品所能代表的效用、功能、品位、形式、价格、便利、服务等。产品品牌的第一层含义,即作为一种识别标志通常由品牌名称、品牌标识和商标三部分构成。

品牌名称,是指品牌中可以读出的部分——词语、字母、数字或词组等的组合,如华为、苹果、小米等。

品牌标识,是指品牌中不可以发声的部分,包括符号、图案或明显的色彩或字体,如耐克的打勾造型、小天鹅的天鹅造型等。

商标是受到法律保护的整个品牌、品牌标志或者各要素的组合。商标在使用时,要用"R"或"注"明示,意指注册商标。

(二) 品牌策略

品牌策略有五种,即产品线扩展策略、多品牌策略、品牌延伸策略、新品牌策略、合作品牌策略。

1. 产品线扩展策略

产品线扩展策略是指企业现有的产品线使用同一品牌,当增加该产品线的产品时,仍沿用原有的品牌。增加的新产品往往都是现有产品的局部改进,如增加新的功能,改变包装、式样和风格等。通常厂家会在这些商品的包装上标明不同的规格、不同的功能特色或不同的使用者。

2. 多品牌策略

在相同的产品类别中引进多个品牌的策略称为多品牌策略。一个企业建立品牌组合,实施多品牌战略,往往这种品牌组合的各个品牌形象相互之间是既有差别又有联系的,组合的概念蕴含着整体大于个别的意义。比如,美国通用公司旗下就有众多汽车品牌,如别克、凯迪拉克、霍顿等。

3. 品牌延伸策略

品牌延伸策略是指将一个现有的品牌名称使用到一个新类别的产品上。品牌延伸并非只借用表面上的品牌名称,而是对整个品牌资产的策略性使用。随着全球经济一体化进程的加速,市场竞争愈加激烈,厂商之间的同类产品在性能、质量、价格等方面强调差异化变得越来越困难。厂商的有形营销威力大大减弱,品牌资源的独占性使得品牌成为厂商之间竞争力较量的一个重要筹码。于是,使用新品牌或延伸旧品牌便成了企业推出新产品时必须面对的品牌决策。品牌延伸一方面在新产品上实现了品牌资产的转移,另一方面又以新产品形象延续了品牌寿命。

4. 新品牌策略

为新产品设计新品牌的策略称为新品牌策略。当企业在新产品类别中推出一个产品时,它可能发现原有的品牌名不适用于新推出的产品,或是对新产品来说有更合适的品牌名称,因此企业需要设计新品牌。例如,海尔集团以生产家电著名,而它还有一个自建的物流品牌——"日日顺",该品牌更符合物流公司每天顺利送达的寓意。

5. 合作品牌策略

合作品牌策略是两个或更多的品牌在一个产品上联合起来,希望能够产生"1+1>2"的协同效果。比如索尼和爱立信是两个品牌,它们在中国的销路并不是很好,之后两者结合为"索尼爱立信"品牌,结果在中国市场上大获成功。

思政园地

"中国品牌日"的设立

2017年5月2日,国务院办公厅批复同意设立"中国品牌日"。批复称,同意自2017年起,将每年5月10日设立为"中国品牌日",具体工作由国家发展改革委与有关部门组织实施。

"中国品牌日"是怎么来的? 记者查阅资料发现,在2016年6月20日,国务院办公厅发布《关于发挥品牌引领作用推动供需结构升级的意见》(以下简称《意见》),提出设立"中国品牌日",大力宣传知名自主品牌,讲好中国品牌故事。"中国品牌日"鼓励各级电视台、广播电台以及平面、网络等媒体,在重要时段、重要版面安排自主品牌公益宣传。定期举办中国自主品牌博览会,在重点出入境口岸设置自主品牌产品展销厅,在世界重要市场举办中国自主品牌巡展推介会,扩大自主品牌的知名度和影响力。

"中国品牌日"的设立有何意义?《意见》明确提出,随着我国经济发展,居民收入快速增加,中等收入群体持续扩大,消费结构不断升级,消费者对产品和服务的消费提出更高要求,更加注重品质,讲究品牌消费,呈现个性化、多样化、高端化、体验式消费特点。发挥品牌引领作用,推动供给结构和需求结构升级,是深入贯彻落实创新、协调、绿色、开放、共享发展理念的必然要求,是今后一段时期加快经济发展方式由外延扩张型向内涵集约型转变、由规模速度型向质量效率型转变的重要举措。发挥品牌引领作用,推动供给结构和需求结构升级,有利于激发企业创新创造活力,促进生产要素合理配置,提高全要素生产率,提升产品品质,实现价值链升级,增加有效供给,提高供给体系的质量和效率;有利于引领消费,创造新需求,树立自主品牌消费信心,挖掘消费潜力,更好发挥需求对经济增长的拉动作用,满足人们更高层次的物质文化需求;有利于促进企业诚实守信,强化企业环境保护、资源节约、公益慈善等社会责任,实现更加和谐、更加公平、更可持续的发展。

二、产品包装策略

(一) 包装的含义与作用

包装是指在流通过程中为保护产品、方便储运、促进销售,按一定的技术方法所用的容器、材料和辅助物等的总体名称;也指为达到上述目的在采用容器、材料和辅助物的过程中施加一定技术方法等的操作活动。

产品的包装通常有三个层次,分别是内包装、中包装和外包装,如图 7-5 所示。

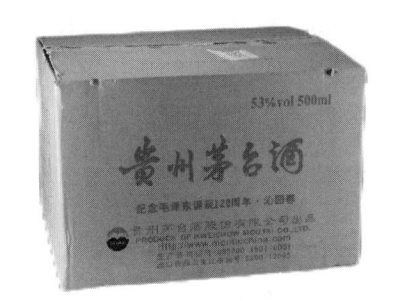

内包装　　　　　　　中包装　　　　　　　外包装

图 7-5　产品包装的三个层次

包装的功能主要体现在以下三个方面。

1. 保护商品

商品包装的保护性是商品包装最基本,同时也是最重要的功能,即包装能够保护商品不受损害。

2. 方便储存

一个好的包装作品,应该以"人"为本,站在消费者的角度考虑,这样会拉近商品与消费者之间的距离,增加消费者的购买欲和对商品的信任度,也能够促进消费者与企业之间的沟通。

3. 促进销售

商品包装的精心设计是良好的促销手段之一。精美的包装能够吸引消费者的目光,能够唤起人们的消费欲望,从而促进销售。同时,包装可以用来对商品做介绍、宣传,便于人们了解这种商品,成为商品无声的促销员。

(二) 包装策略

包装已成为强有力的营销手段。设计良好的包装能够为消费者创造方便价值,为生产者创造促销价值。在发挥包装的营销作用方面,企业需要掌握以下策略。

1. 类似包装策略

类似包装策略即企业所有产品的包装,在图案、色彩等方面,均采用统一的形式。这种方法,可以降低包装的成本,扩大企业的影响,特别是在推出新产品时,可以利用企业的声誉,使消费者首先从包装上辨认出产品,以便企业迅速打开市场。

2. 组合包装策略

组合包装策略即把若干有关联的产品,包装在同一容器中。如化妆品的组合包装、节日礼品盒包装等,都属于这种包装方法。组合包装不仅能够促进消费者的购买,也有利于企业推销产品,特别是在推销新产品时,企业可将其与老产品组合出售,创造条件使消费者接受、试用。

3. 附赠品包装策略

附赠品包装策略是在包装物中附赠一些物品,从而引起消费者的购买兴趣。这种方法有时还能够引发消费者重复购买的意愿。例如,商家在珍珠霜的包装盒里放一颗珍珠,消费者买了一定数量的珍珠霜之后就能收集更多珍珠,从而能串成一根项链。

4. 再使用包装策略

包装物在产品使用完后,还可以有别的用处。这样消费者可以得到一种额外的满足,从而激发其购买产品的欲望。如对于设计精巧的果酱瓶,消费者在吃完果酱后可以将其作为茶杯使用。

5. 分组包装策略

分组包装策略即对同一种产品,可以根据消费者的不同需要,采用不同级别的包装。如用作礼品,则可以精致地包装;若自己使用,则只需简单包装。此外,对不同等级的产品,也可以采用不同包装。高档产品,包装精致些,表示产品的身份;中低档产品,包装简略些,以降低产品成本。

6. 改变包装策略

当由于某种原因使产品销量下降,市场声誉跌落时,企业可以在改进产品质量的同时,改变包装的形式,从而以新的产品形象出现在市场,改变产品在消费者心目中的不良地位。这种做法有利于企业迅速恢复声誉,重新扩大市场份额。

本章小结

产品整体概念包含五个层级,分别是核心产品、有形产品、期望产品、附加产品和潜在产品。产品组合包括四个因素:产品组合的宽度、长度、深度和关联度。常见的产品组合策略有扩大产品组合策略、缩减产品组合策略和产品线延伸策略。典型的产品市场生命周期一般可以分成四个阶段:引入期、成长期、成熟期和衰退期。不同阶段有不同的特点,应采用不同的营销策略。新产品可以分为五种类型:全新产品、换代型新产品、改进型新产品、模仿型新产品和重新定位型新产品。品牌策略有五种:产品线扩展策略、多品牌策略、品牌延伸策略、新品牌策略、合作品牌策略。包装策略主要有类似包装策略、组合包装策略、附赠品包装策略、再使用包装策略、分组包装策略和改变包装策略。

关键术语

产品　产品生命周期　产品组合　新产品　产品品牌

练习与思考

一、单项选择题

1. 产品整体概念中,最基本、最重要的部分是(　　)。
   A. 附加产品　　　　B. 形式产品　　　　C. 核心产品　　　　D. 期望产品

2. 产品整体概念中,包装属于(　　)。
   A. 附加产品　　　　B. 形式产品　　　　C. 核心产品　　　　D. 期望产品

3. 三叉星圆环是奔驰的(　　)。
   A. 品牌名称　　　　B. 品牌标志　　　　C. 品牌象征　　　　D. 品牌图案

二、判断题

1. 形式产品是指向消费者提供的产品的基本效用和利益。　　　　　　　　　(　　)
2. 品牌的实质是卖者对交付给买者的产品特征、利益和服务的一贯性承诺。　(　　)
3. 商品包装既可以保护商品在流通过程中品质完好和数量完整,同时,还可以增加商品的价值。
　　　　　　　　　　　　　　　　　　　　　　　　　　　　　　　　　　　(　　)

三、简答及论述题

1. 简述产品组合策略。
2. 简述企业采取多品牌策略的主要原因。
3. 简述产品品牌延伸的利与弊。

请用手机微信扫二维码
查看"练习与思考参考答案"

实训项目

案例分析

斯沃琪集团总部设在瑞士的比尔市,它从最初一个摇摇欲坠的瑞士钟表公司经过20多年的经营发展成全球最大的钟表集团,这主要得益于创始人哈耶克对其产品组合进行的两轮调整。

斯沃琪集团的产品组合策略主要有以下几种。

(1) 拓宽产品组合宽度的策略。斯沃琪集团最初主要是以中、低端产品为主,但随着石英表的逐渐普及,斯沃琪集团开始大规模收购奢侈表品牌。至今,斯沃琪集团形成了奢侈表—高档表—中端表—低端表梯度完整的钟表品牌。

(2) 拓宽产品组合长度和深度的策略。斯沃琪集团的钟表品牌有若干,每个品牌中的产品品种有若干,每个品种的花色和规格又繁多。这些恰到好处地"占领"了细分群体的心智。

斯沃琪集团通过一系列的产品组合策略,将瑞士钟表市场从自由竞争转变为寡头垄断,建立了竞争对手无法动摇的市场地位,在扩大销售、增加利润的同时形成了独有的核心竞争力。

资料来源:杨耀丽,杨秀丽.市场营销学[M].上海:上海财经大学出版社,2013:355.

思考:

(1) 斯沃琪集团采用了哪种产品组合策略?

(2) 结合本案例讨论产品组合策略对企业营销的影响。

实战演练

(1) 教师将班级学生分成若干学习小组,教师布置实训任务,请全体同学明确实训目的和实训要求。

(2) 学生分析背景资料,了解斯沃琪集团的产品现状,进行归纳整理,为分析斯沃琪集团的产品策略做好充分准备。

(3) 学生确定目标,明确斯沃琪集团的产品组合策略。

(4) 学生结合斯沃琪集团的成功经验,总结归纳有效的产品组合策略对企业发展的作用和意义。

(5) 各小组在班级进行讨论、互评、交流。

(6) 教师进行归纳总结。

(7) 学生汇总大家意见,完成小组实训报告。

【实训报告】

实训结束后,学生以小组为单位撰写实训报告。实训报告的主要内容如下:

(1) 实训名称、实训日期、班级、实训组别。

(2) 实训目的。学生应简明概述本实训通过何种方法,训练了哪些技能,达到了什么目的。

(3) 实训心得。学生总结分析实训中的收获及存在的问题,提出改进建议。

第八章 定价策略

学习目标

知识目标

了解影响产品定价的主要因素;掌握产品定价的一般方法;了解产品定价的基本策略;掌握企业价格变动反应及价格调整策略。

能力目标

运用定价策略能正确分析和评价企业定价实践中存在的问题。

素质目标

树立正确的定价理念,提升职业素养;增强创新意识,提高学生学以致用的能力。

思政目标

明确我国提出《关于"十四五"时期深化价格机制改革行动方案的通知》的时代背景。理解恶性价格竞争对国家高质量发展战略的伤害。理解定价的目的不只是收回成本,更重要的是向顾客传递价值,获得顾客观念上的认同。

思维导图

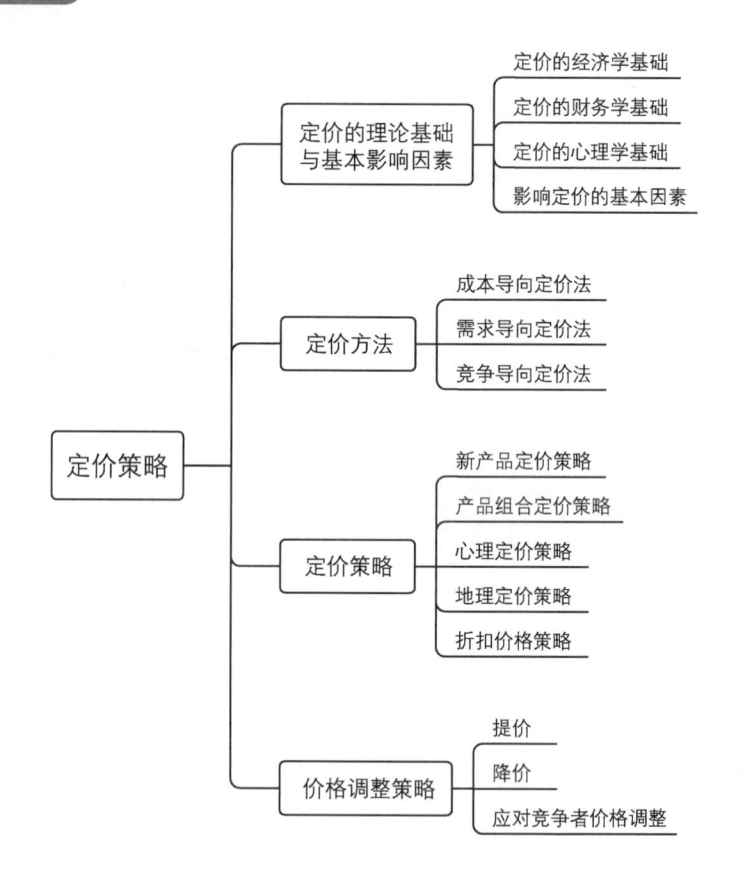

- 定价策略
  - 定价的理论基础与基本影响因素
    - 定价的经济学基础
    - 定价的财务学基础
    - 定价的心理学基础
    - 影响定价的基本因素
  - 定价方法
    - 成本导向定价法
    - 需求导向定价法
    - 竞争导向定价法
  - 定价策略
    - 新产品定价策略
    - 产品组合定价策略
    - 心理定价策略
    - 地理定价策略
    - 折扣价格策略
  - 价格调整策略
    - 提价
    - 降价
    - 应对竞争者价格调整

导入案例

为发烧而生：小米手机的定价策略分析

小米公司作为我国首家以手机、智能硬件和物联网平台为核心业务的互联网企业，2019年，创业仅9年的小米，年收入首次突破2 000亿元，业务遍及全球90多个国家和地区。

小米公司创始人雷军将小米初始定位为"手机综合能力提供商"，为广大"米粉"打造一款高性价比的优质手机，在不亏本的前提下，尽量不靠硬件盈利，以专注为初心，以极致为追求，以口碑为核心，以快为生存法则。目前，小米已成功跻身全球第四大智能手机制造商，且在全球超过30余个国家和地区的手机市场排名中位列前五。"始终坚持做'感动人心、价格厚道'的好产品，让全球每个人都能享受科技带来的美好生活"是小米永远的使命。独角兽企业小米的使命里也有小米定价策略的影子，让我们一探小米的定价策略。

1. 新产品的渗透定价策略

渗透定价策略是指企业通过较低定价的策略来刺激顾客需求，以达到较高市场占有率的目的。小米在新产品上市初期，便是采取的渗透定价策略，新产品定价明显低于市场同类产品，吸引了大量顾客购买,赢得了较高的市场份额。小米"高性价比"的渗透定价策略,使得小米在成立初期迅速以独特优势立足于智能手机市场。

2. 数字化产品的捆绑定价

捆绑定价策略是指企业基于对消费者行为和心理的分析将产品或服务进行捆绑销售。在小米官方商城,顾客在购买手机时,可以定制化选择数字化产品,如小米的延保服务、云空间服务等,这种捆绑定价策略极大提升了顾客产品体验。

3. 心理定价策略

(1) 尾数定价。产品价格尾数的细微差别能够大大影响顾客的购买行为。小米手机正是利用顾客这一心理特点,把产品的定价尾数定为"9""99",如小米11定价3 999起,小米Note9定价1 299起。小米的尾数定价给顾客一种心理上的低价暗示,增强了顾客的购买欲望。

(2) 招徕定价。招徕定价策略是指企业有意利用顾客求廉的心理,以低价引起顾客的注意和购买的定价策略。小米官方商城推出的半价或低价产品准点限量秒杀活动,正是利用了顾客的求廉与侥幸的心理,以招徕顾客浏览小米官网。

资料来源:王永贵,焦冠哲,张欢等.为发烧而生,小米的数字化转型之战[EB/OL].中国管理案例共享中心;小米城.https://www.icom/?masid2701.0001,2020-11-12.

思考:小米手机的定价策略是如何影响顾客的购买行为和决策的?小米如何在迅速扩大市场份额的同时,保持产品的质量和用户满意度?

第一节 定价的理论基础与基本影响因素

定价是一门涉及营销学、经济学、财务学、心理学和公共管理学等多个学科的学问和艺术。在各种经济活动中,价格的形式千变万化,但其根本属性是不变的。产品或服务的供应商以某个价格标准向购买者收取一定的货币或等价交换物作为补偿,而购买者为满足某种需要愿意牺牲相应的货币量或等价交换物。

一、定价的经济学基础

经济学与管理学的交叉学科是管理经济学,它从经济学的角度对企业经营管理决策加以研究,其重要内容之一是价格理论。在整个经济运行体系中,价格无处不在、无时不有。例如,餐厅向顾客提供美食时要收取餐费,汽车厂商向顾客出售汽车时要收取售车款,医生给患者看病时要收取医疗服务费,邮政部门为顾客邮递信件或物品时要收取邮费,交易中介为买卖双方提供中介服务时要收取佣金,银行向贷款者收取贷款利息等。经济学家、货币学派代表人物米尔顿·弗里德曼(Milton Friedman)认为,真正的经济学家应该掌握两个主要经济理论:价格理论和货币理论。其中,价格理论是货币理论的基础。[1] 有人甚至称:"价格理论就是西方的微观经济学。"因此,在讨论定价问题时,有必要从经济学中吸取养分。事实上,经济学特别是现代经济学,为定价提供了许

---

[1] 米尔顿·弗里德曼.价格理论[M].鲁晓龙,李黎等译.北京:商务印书馆,1994:125.

多有用思想和方法。

（一）价格理论

1. 需求与需求量

对需求与需求量进行区分是需求理论的基本要求。例如，"价格上升导致需求减少"与"需求增加导致价格上升"两句话中"需求"的意思是不同的。前一句话中表示需求量；而后一句话中表示产生需求的动因，表现为需求量的组合。弗里德曼在《价格理论》一书中举例说明了二者的明显差异："黄油价格的变动可能会影响对人造黄油的需求，但它不影响对黄油的需求，仅影响黄油的需求量。"这说明价格是影响需求量的关键因素，而不是影响需求的关键因素。

理性顾客在不同价格点上的购买数量会发生变化。对绝大多数商品而言，需求量随着单位价格的降低而增加，如图 8-1 所示。当需求曲线固定时，需求曲线上的每个点表示一定价格下消费者可能购买的最大数量，如 D^* 表示在 P^* 价格水平上消费者的最大需求量为 Q_1。

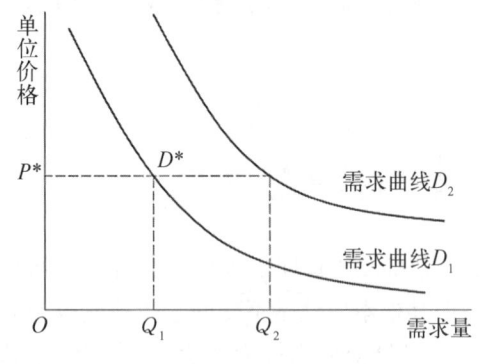

图 8-1 需求曲线示意图

资料来源：米尔顿·弗里德曼.价格理论[M].鲁晓龙,李黎等译.北京：商务印书馆,1994：126.

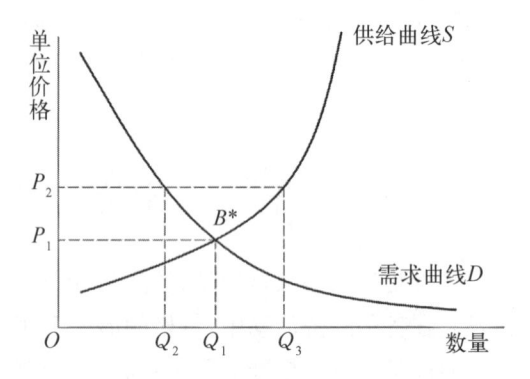

图 8-2 均衡价格确定示意图

资料来源：米尔顿·弗里德曼.价格理论[M].鲁晓龙,李黎等译.北京：商务印书馆,1994：126.

2. 供给与均衡价格

供给是指供应商在每一个价格水平上，愿意并能出售的商品量。这里所说的供给，是供给期望和供给能力的统一体，缺少任何一个条件都不能算"有效供给"。一般而言，影响供给的主要因素有商品的价格、生产成本、生产技术、相关商品的价格和生产者的价格预期等。供给理论假定，在其他影响供给因素不变的条件下，商品的价格和供给量同方向变动。在自由市场上，供给曲线和需求曲线的交点表明在特定的价格上，需求方和供应商的愿望可以同时得到满足，并有一个平衡供给量和需求量的均衡价格，如图 8-2 所示。假设影响供给和需求的因素不发生变化，当市场价格发生波动时，价格水平由 P_1 上升至 P_2，供应商此时愿意向市场提供的商品数量为 Q_3，然而市场需求由 Q_1 下降至 Q_2，这时会发生生产相对过剩现象。此时，供应商为提高生产资料利用率和扩大市场份额，会采取降低售价的方式。价格下降会进一步刺激新的消费需求。这样，供求双方力量不断交互，最终价格在均衡价格(B^*)附近处于均衡状态。

3. 需求价格弹性

需求价格弹性(Price Elasticity of Demand)是度量需求对价格的某种变动做出反应的敏感程度的指标。从需求曲线来看,需求价格弹性把需求曲线的斜率作为敏感程度的一个指标。为了避免度量单位不同造成的斜率变化,经济学家往往选择弹性作为度量工具,需求价格弹性等于需求量的百分比变动除以价格的百分比变动。在这里,无论价格单位是用美元还是人民币计量,价格上升1%表示的都是相同程度的变化。弹性(ε)的一般表达式为:

$$\varepsilon = (\Delta Q/Q) \div (\Delta P/P) = (\Delta Q/\Delta P) \times (P/Q)$$

当ε=0时,为无弹性,理论上产品价格可定任意高。

当ε=1时,为单元弹性,反映需求量与价格等比例变化。这时,企业宜保持现有价格水平。

当ε>1时,为弹性大或富有弹性,反映价格的微小变化会引起需求量大幅变化。这时,企业有机会通过降价来扩大市场份额以最终增加盈利。

当ε<1时,为缺乏弹性,反映需求量的变化程度小于价格自身的变化程度。这时,企业可以通过提高品牌声誉来提高价格以最终增加盈利。

4. 消费者剩余

消费者剩余(Consumer Surplus)又称为消费者的净收益,是指消费者在购买一定数量的某种商品时愿意支付的最高总价格与实际支付的总价格之间的差额。消费者剩余衡量了买者自己感觉到所获得的额外利益。比较而言,假设企业以追求利润为基本目标,那么单位产品利润的获得来自单位价格与单位成本的差额,而价格的高低又会进一步影响消费者剩余。从这个意义上讲,上述差额就是在成本一定的情况下挤占的消费者剩余。

微观经济学认为,市场上供求力量的相互作用决定了市场的均衡价格。在这一命题下,可将任何影响价格的力量简单地归结到"需求"或"供给"。这样,研究价格变动就需要从影响需求的因素和影响供给的因素入手。由此可见,价格既反映价值,又反映供求,不是简单的成本加成公式,而是多维力量作用的综合结果,能够反映多维因素的共同作用,具有经济效率、消费者剩余、社会福利和社会公平等多个标准,并能够应用于经济可持续增长、经济运行方式转换以及经济发展中质的发展和量的发展等方面的分析。

(二) 信息经济学理论

传统经济学假定市场行为是在信息完全充分地被购买者和销售者所掌握的环境下进行的,市场价格最后会达到均衡价格。一方面,购买者了解市场上所有产品与服务的价格;另一方面,销售者了解产品的市场供给与需求的动态变化情况。但在现实中,市场信息存在不对称的情况很常见,购买者对产品信息的掌握水平往往低于销售者的掌握水平,购买者甚至对产品的制造工艺一无所知。信息经济学研究了在不完全信息环境下购买者与销售者的市场行为,其研究成果为企业的定价决策提供了有益的指导。

1. 信息不对称

中国有句俗语:"买家没有卖家精。"它形象地说明了市场中普遍存在的买卖双方信息不对称的现象。由于分工的专业化和产品的复杂化等因素,销售者利用购买者对产品及产品背后的制造与流通等环节缺乏了解的现实以及它们自身所掌握的市场信息优势,往往会在商品交易中处于优势地位,并向购买者提出高额利润的要求。尽管购买者可以通过多种渠道获知关于产品质量、成本以及市场供求变化等方面的信息,与销售者展开一轮又一轮的讨价还价,但仍然存在部分信息只能被专业的销售者所掌握并利用的情况。显然,这里存在明显的信息不对称。

2. 信息搜寻

购买者可以通过信息搜寻和学习等方式来获得产品质量等方面的信息,进而改变信息不对称性以及由此导致的弱势地位。信息经济学假设经济机构、购买者和销售者都可以通过信息搜寻与学习过程或适应性理性成为做出最优决策的决策者,认为购买者为了使自身利益最大化(把价格压低至距成本线最近处),通常会运用外部资源和经验去掌握尽可能多的产品价格与质量等信息,并通过反复的经验学习做出最佳的购买决策。例如,某人打算购买空调,他的购买决策过程很可能是这样的:首先,通过网上搜索和咨询朋友来确定购买时应该重点关注哪些要素,如空调品牌、空调质量、空调价格以及保修条款等;然后,花一定的时间比较各种空调的优点与缺点,考量产品的性价比等;最后,决定在哪家商店购买哪个品牌、哪个型号的空调。其实,即便到了商场,也有在购买现场受导购员等因素的影响而现场学习并调整或重新做出购买决策的可能性。

3. 信息成本

从理论上来说,购买者通过信息搜寻活动可以改变信息不对称性以及由此导致的劣势地位。但是,信息搜寻活动不可避免地需要支出一定的成本,如货比三家产生的交通费,购买报纸杂志或上网搜索产生的信息费,以及时间和费用的机会成本等。斯蒂格勒(Stigler)对顾客的信息搜寻决策规则进行了描述:购买者可以通过搜寻(在购买之前获得信息)或经验(试用替代产品直到发现最佳选择)不断获取信息,直到获得更多替代产品信息的边际成本超过继续搜寻的预期边际收益。[①] 也就是说,只要信息搜寻的预期边际收益大于边际成本,顾客的信息搜寻活动就会持续下去。

4. 买方的信息不对称弱势

实际上,信息的不对称对交易双方都会产生负面影响。由于信息传递困难或噪声干扰等,购买者往往缺乏优质产品或厂商等方面的完备信息,难以对产品品质进行准确的判断或评价。因此,顾客往往只为产品支付一个平均水平的价格,甚至会出现"劣币驱逐良币"的现象。为了扭转这一不利局面,可以采用两种解决方法:一是卖方通过某种信号和

---

① Stigler G. J. The economics of information. *Journal of Political Economy*,1961,69(3):213-225.

行为把真实的产品信息准确地传递给买方;二是买方形成一种惯性,用忠诚购买的行为来激励卖方规避道德风险。在自由市场经济环境下,实际交易价格往往不是由卖方单独决定的,而是经过买卖双方不断的讨价还价最终确定的,这种议价能力的要素之一就是对市场信息掌握的完备程度。

二、定价的财务学基础

利润是企业生产和发展的基础。简单来说,企业的利润等于收入减去成本。对一家以营利为目的的企业来说,成本为企业的产品定价设定了下限。同时,有关成本的信息也使企业明确在什么样的价格水平下,产品的生产和销售能够获利。

(一) 成本

为了掌握一定价格水平下产品的贡献和利润的来源情况,企业必须对成本进行恰当的分类计算,以确认哪些成本与定价决策有关。

1. 固定成本与变动成本

根据成本同业务量的关系,通常可把成本划分为固定成本和变动成本。其中,不受业务量增减变动影响的成本是固定成本,又称固定费用,如厂房机器的折旧和租金、管理人员的工资等。比较而言,随产出水平变化而变化的成本是变动成本,如原材料和需要增加相应比例的劳动力或燃料等。对单位产品而言,售价高于变动成本时,该产品可以实现一定的利润,产生的边际贡献可以用于收回企业的固定成本,如果还有剩余则可成为企业的净利润。此时,企业应当考虑继续生产产品。如果售价低于变动成本,该价格将导致企业亏损,企业应当考虑重新定价。

2. 直接成本与间接成本

按产品成本计入成本对象的方式,可将成本分为直接成本和间接成本。这样分类可以经济合理地把成本归入不同的成本对象。成本对象可以是产品、服务、客户、商标或部门等。直接成本是直接计入各品种、类别、批次产品等成本对象的成本,判断依据是一种成本是否与成本对象存在直接关系且方便直接计入。例如,某饮料产品线上的糖浆和水等原料的成本、专用仓库租金、工人工资和管理人员工资等都可以归入该产品的直接成本。这些成本可能是固定的,也可能是变动的。比较而言,间接成本是指在与成本对象相关联的成本中不能用经济合理的方式追溯到成本对象的那部分成本,如维护与维修费或水电费等。用于同时支持多项活动、多个利润部门且无法客观地追溯到某一具体产品或部门(成本对象)的成本通常称为共同成本或一般成本。

(二) 盈亏平衡点

企业在经营过程中总是期望盈利。这要求企业必须以数量为起点,以利润为目标,权衡研究成本、数量和利润之间的关系,即通常说的本量利关系。盈亏平衡分析是本量利分析的一项基本内容,主要研究如何确定盈亏平衡点、有关因素变动对盈亏平衡点的影响以及如何采取应对策略等问题。其中,盈亏平衡点又称零利润点、保本点、盈亏临界点、损益平衡点或收益转折点,通常指销售收入等于全部成本时的一种状态。当销售收入高于盈亏平衡点时,企业开始盈利;反之,企业发生亏损。盈亏平衡点通常用销售量或销售额来表示,例如,盈亏平衡销售量＝固定成本/(单位产品销售收入－单位产品变动成本)。

三、定价的心理学基础

财务学从组织内部视角出发,过于注重成本的收回,而忽视了这样的现实:顾客更关心相对于价格的产品感知价值,而非企业能否收回成本的市场现实。企业在进行定价决策时,不仅需要从自身的角度考虑问题,更需要站在顾客的角度考虑问题,考察顾客对产品价值的感知。

(一)价格与感知价值

顾客感知价值是指顾客将所能感知到的利益与其在获取产品或服务时所付出的成本进行权衡后,对产品或服务效用的总体评价。[1] 顾客感知价值体现的是顾客对企业提供的产品或服务所具有价值的主观认知,主要取决于顾客如何看待产品所能带来的利益与为此支付的价格(付出)之间的比较关系。不同的顾客有不同的感知。就实质而言,顾客感知价值是一种精神上的比较,因人、时间、地点等情况而异,并处于不断变化之中。用数学语言来说,感知价值是感知质量(利益)的函数,即感知质量与价格正相关。当只有价格信息可以获得时,人们往往将高价格产品与高质量产品联系起来,即人们常说的"便宜没好货,好货不便宜"。以旅游产品定价为例,我们外出旅游时常遇到这种情况:在购买当地特色产品时无法根据以往的经验来判断产品的价格。于是,不断地询价和砍价,直到自认为掌握充足的信息之后才购买。这时,成交价格可能只是当初卖方报价的几分之一。在完成购买之后,大多数顾客会暗自责怪商人漫天要价。但如果换一种思维,对顾客感知价值进行评估才是真正的定价基础。由于每个人的需要和满足程度不同,产品或许本来就不应该有固定的价格。显然,获得顾客支持的理想定价是顾客价值与企业价值(利润)的平衡点。

(二)价格心理学

1. 韦伯定律

像对声音和光亮的感知存在极限一样,人对价格变动的感知程度也存在某种极限。韦伯定律指出,顾客所感知到的价格变化程度取决于所受刺激的变动幅度,即

$$\frac{\Delta S}{S} = K$$

式中,S 为刺激量;ΔS 为 S 的变动量;K 为常数。我们用一个例子来解释该定律:如果单价 10 元的商品价格提高了 10%,即提升到 11 元时,顾客可能选择放弃购买,那么,在购买预算充足的情况下,100 元的东西上涨 10% 而变成 110 元的时候,顾客才会感受到同样的刺激并放弃购买。换句话说,如果标价 100 元的商品只上涨 5%,即价格调整为 105 元的时候,顾客可能仍会购买这种商品,但可能不会购买价格水平从 10 元上涨到 11 元的

---

[1] 王永贵.服务营销[M].北京:清华大学出版社,2019:67.

商品。这种计算方法不一定精确,但为讨论人们对数字信息的理解和处理提供了依据,提醒营销人员注意绝对价格和相对价格的区别。为此,营销人员的明智选择是:在降低价格时,尽量"大步走"一次性降到很低的价格水平,而不要多次"小步走"即每次的降低幅度很小,否则顾客可能感受不到价格的变化。如果营销人员计划提高价格,最好的策略是多次"小步走"即每次提高一点点,而不要"大步走"。

2. 可接受价格区间

在现实中,购买者对产品价格其实存在一个可接受的价格区间,即购买者对产品有一个价格预期,产品价格只有处于最高接受价格和最低接受价格之间时,购买者才会考虑。价格高于上限的产品显然超出了购买者的预期,而价格低于下限也可能会使购买者疑心,太低的价格可能意味着产品存在质量隐患。因此,产品价格并不是越低越好,也不是越高越好。营销管理者应该通过营销调研把握购买者可接受的价格区间。可接受价格区间并不是固定不变的,其高度和宽度受许多因素影响。一般而言,当购买者在产品质量方面的知识比较丰富时,其可接受价格区间的高度和宽度会变大。此外,诸如通货膨胀等因素可以提高产品价格区间,而通货紧缩则会拉低价格区间。而市场投机行为可能会把产品价格抬升到一个难以想象的高度,如"房地产热"。不过,市场投机行为也可能将价格打压至"冰点"。从本质上说,可接受价格区间的变化反映的往往是购买者感知价值的变化。价格上限上升的部分是购买者认为购买产品所带来的感知价值高于为此支出的部分。

3. 心理价格现象

顾客在诸如文化、生活习惯和经历等能够产生心理影响的因素的作用下,会对某些产品或数字符号产生特殊的感情,进而表现出一种非理性的价格行为。例如,部分中国人偏好以"6"和"8"结尾的数字,因此价格尾数是这两个数的产品可能会比较畅销。再如,某人可能对与其生日数字相联系的价格产生特殊的偏爱。另外,同一产品定价 299 元和 300 元,顾客的心理价格感知也是不一样的。

(三)价格认知与理解

价格认知是指购买者回忆自己所支付价格的能力。一般而言,购买者在购买的时候会记住产品的价格,并对其他同类或相关产品进行价格比较。然而,研究者在探究购买者的价格认知能力时发现,在刚刚买过产品的人中,只有很少一部分能够准确记住产品的价格,大部分人只能做出产品是贵还是便宜的判断。也就是说,企业无论怎样定价,都需要充分尊重目标顾客的价格认知能力,这对营销管理实践意义重大。理解是指人们对自己所熟悉事物的信息进行自动的、无意识的处理过程。例如,在看过一则自己喜欢的明星代言的广告之后,消费者往往无须努力回忆就可知道广告的内容。类似地,在消费者的日常购物决策中,尤其是涉及自己所熟悉的商店或超市时,消费者对每种产品的注视时间可能只有 1/25 秒或 1/50 秒,因为理解可以帮助人们快速进行商品信息的处理。

(四) 价值工程

价值工程是指有计划地分析如何设计产品或服务,以满足顾客所期望的功能需求和快乐体验,进而实现企业期望的盈利目标。通常,这一活动在实验室中通过模拟测试完成,然后在市场上进行检验和推广。显然,这种方法能够在某种程度上为企业定价决策提供有效的指导。

四、影响定价的基本因素

影响定价的基本因素是复杂而多样的,因此在制定定价策略时需要综合考虑多个关键因素。

1. 成本

成本是任何企业定价决策的关键考虑因素。企业需要确保售价能够覆盖生产、销售以及运营的成本,以实现盈利。成本包括直接成本(生产成本、材料成本、劳动力成本)和间接成本(管理费用、运营费用)。

2. 市场需求

市场需求对定价至关重要。如果产品或服务在市场上非常受欢迎,企业通常可以定价较高。相反,如果市场需求较低,可能需要采取更具竞争力的价格策略以吸引更多客户。

3. 竞争对手价格

了解竞争对手的价格策略至关重要。竞争对手的价格可以影响本企业的市场地位和市场份额。在竞争激烈的市场中,竞争对手的价格可能会对本企业的定价产生重要影响。

4. 品牌价值

品牌知名度和声誉对定价有重大影响。知名品牌通常可以支持更高的价格,因为消费者认为他们提供了更高的品质和可信度。因此,企业需要考虑品牌价值和品牌策略。

5. 市场

企业的市场定位策略也会影响价格。高端市场定位可能会支持更高的价格,因为它与高品质相关。相反,低价定位可能需要采取更具竞争力的价格策略。市场规模对定价策略具有重要影响。在大市场中,企业可能有更多机会吸引不同消费层次的客户。在小市场中,定价可能需要更具灵活性,以适应市场条件。

6. 法规和法律

某些行业和市场受到法规和法律的限制,这会限制定价策略的灵活性。企业需要确保其价格策略符合法规,以避免潜在的法律问题。

7. 产品生命周期阶段

产品或服务的生命周期阶段也会影响定价策略。在产品刚刚推出市场时,企业可能会选择较低的价格来吸引早期采购者,而在产品成熟阶段可能会采用不同的价格策略。

定价是一个复杂的过程,需要在多个因素之间找到平衡,以实现盈利并满足市场需求。企业需要综合考虑这些因素,制定适合其业务模型和市场条件的定价策略。

第二节 定价方法

企业产品价格的高低,受市场需求、成本费用和竞争等因素影响和制约,制定价格理应全面考虑这些因素。但是在实际工作中,往往只能侧重某一方面。大体上,企业定价也就有三种导向,即成本导向、需求导向和竞争导向。

一、成本导向定价法

成本导向定价法是一种主要以成本为依据的定价方法,包括成本加成定价法、目标利润定价法和边际成本定价法三种具体方法。其特点是简便、易用。

（一）成本加成定价法

所谓成本加成定价,是指按照单位成本加上一定百分比的加成制定销售价格。加成的含义就是一定比例的利润。所以,成本加成定价公式为:

$$P = C(1+R)$$

式中,P 为单位产品售价;C 为单位产品成本;R 为成本加成率。

与成本加成定价的方法类似,零售企业往往以售价为基础进行加成定价。其加成率的衡量方法有两种:一是用零售价格来衡量,即加成(毛利)率＝毛利(加成)/售价。二是用进货成本来衡量,即加成率＝毛利(加成)/进货成本。将一个固定的、惯例化的加成加在成本上,这样定价从逻辑上是否行得通？回答是否定的。在制定价格的过程中,任何忽略现行价格弹性的定价方法都难以确保企业实现利润最大化,无论是长期利润还是短期利润。需求弹性总是处在不断变化中,因而,最适加成也应随之调整。

最适加成与价格弹性成反比。如果某品牌的价格弹性高,最适加成就应相对低些;价格弹性低,最适加成应相对高些;价格弹性保持不变时,加成也应保持相对稳定。

成本加成定价法之所以受到企业界欢迎,主要是由于以下几个原因:

(1) 成本的不确定性一般比需求小。将价格盯住单位成本,可以大大简化企业定价程序,而不必根据需求情况的瞬息万变而频繁作调整。

(2) 只要行业中所有企业都采取这种定价方法,则价格在成本与加成相似的情况下也大致相似,价格竞争也会因此减至最低限度。

(3) 许多人感到成本加成法对买方和卖方都比较公平。当买方需求强烈时,卖方不利用这一有利条件谋取额外利益而仍能获得公平的投资报酬。

（二）目标利润定价法

目标利润定价法也称投资收益定价法,即根据企业的总成本和计划的总销售量,加上按投资收益率确定的目标利润额作为定价基础的一种方法,其基本公式如下:

$$P = \frac{C(1+R)}{Q}$$

式中：P 为单位产品价格；Q 为预计销售量；R 为目标利润率；C 为总成本。投资收益率多少，由企业或投资者决定，一般不应不低于银行利率。

使用这种方法的缺点是：利用企业的销售量求出应制定的价格，但忽略了一个事实——价格又会影响销售量。所以，这种方法要求较高，企业必须有较强的计划能力，必须测算好销售价格与期望销售量之间的关系，避免出现确定了价格而销售量达不到预期目标的被动情况。这种方法的优点是：有利于加强企业管理的计划性，可较好地实现投资回收计划。

（三）边际成本定价法

边际成本定价(Marginal Cost Pricing)是指增加单位产量所引起的总供给成本的增加量。其一般分为短期边际成本和长期边际成本。边际成本定价是指这样一种定价规则：厂商或国有企业使得价格等于边际成本。边际成本定价法也称边际贡献定价法，该方法以变动成本作为定价基础，只要定价高于变动成本，企业就可以获得边际收益（边际贡献），用以抵补固定成本，剩余即为盈利。

二、需求导向定价法

需求导向定价法是一种以市场需求强度及消费者感受为主要依据的定价方法，包括感知价值定价法、反向定价法和需求差异定价法。

（一）感知价值定价法

所谓感知价值定价，就是根据购买者对产品的感知价值制定价格。感知价值定价与现代市场定位观念相一致，企业为目标市场开发新产品时，在质量、价格、服务等各方面都需要体现特定的市场定位。因此，首先要决定所提供的价值及价格；之后，要估计依此价格所能销售的数量，再根据销售量决定所需产能、投资及单位成本；接着，还要计算此价格和成本能否获得满意的利润。能获得满意的利润则继续开发这一新产品，否则就放弃这一产品念想。

感知价值定价关键在于准确计算产品提供的全部市场感知价值，企业如果过高估计感知价值，便会定出偏高的价格；过低地估计，则会定出偏低的价格。如果价格大大高于感知价值，消费者会感到难以接受；如果价格大大低于感知价值，也会影响在消费者心目中的形象。

（二）反向定价法

企业依据消费者能够接受的最终价格，计算自己经营的成本和利润后，逆向推算产品的批发价和零售价。这种方法不是以实际成本为主要依据，而是以市场需求为定价出发点，力求使价格为消费者所接受。分销渠道中，批发商和零售商多采取这种定价方法。

同步案例
Priceline 的反向定价模式

（三）需求差异定价法

需求差异定价法是指以购买欲（需求）和消费者意愿的强弱为标准来制定价格。具体有以下几种做法：

（1）因地点、场所而异。比如，在机场、高铁站、景区等向顾客售卖的瓶装水、方便面等食品，其定价普遍要高于一般的超市或便利店；演唱会的票价根据席位（S 席、A 席）的不同而不同；同一个航班中，经济舱和商务舱票价不同。

（2）因时间而异。比如，旅游旺季酒店的住宿费、机票价格会普遍上涨；有些餐厅推出深夜福利、早餐优惠等；有些 KTV 或电影院会推出"星期三下午场有优惠"的服务。

（3）因商品而异。比如，一些知名汽车制造商推出的限量版车型，会因为其独特的设计而价格大涨。

（4）因顾客而异，因顾客职业、年龄等原因，顾客对同类产品的需求强度或认知价值不同，在定价时分别给予优惠或提价。比如，旅游景区针对 1.3 米以下的小孩、60 岁以上的老年人给予票价的折扣。

三、竞争导向定价法

竞争导向定价法是指企业对竞争对手的价格保持密切关注，以对手的价格作为自己产品定价的主要依据。通常有两种方法，即随行就市定价法和投标定价法。

（一）随行就市定价法

随行就市定价法是指企业按照行业的平均现行价格水平定价。当企业难以估算成本，或企业打算与同行和平共处，如果另行定价，很难了解购买者和竞争者对本企业价格的反应，往往采取这种定价方法。不论是在完全竞争市场还是寡头竞争市场，随行就市定价都是同质产品市场惯用的定价方法。

在完全竞争市场，销售同类产品的企业在定价时，实际上没有多少选择余地，只能按照行业现行价格定价。某企业如果价格定得高于时价，产品就卖不出去；如果价格定得低于时价，也会遭到降价竞销。

在寡头竞争的条件下，企业也倾向于与竞争对手要价相同。因为在这种条件下，市场上只有少数几家大公司，彼此十分了解；购买者对市场行情也熟悉，如果价格稍有差异，就会转向价格低的企业。所以，按照现行价格水平，在寡头竞争的需求曲线上有一个转折点。某公司价格定得高于这个转折点，需求就会相应减少，因为其他公司不会随之提价（需求缺乏弹性）；如果某公司将价格定得低于转折点，需求也不会相应增加，因为其他公司也可能降价（需求有弹性）。总之，当需求有弹性时，一个寡头企业不能通过提价而获利；当需求缺乏弹性时，一个寡头企业也不能通过降价而获利。

（二）投标定价法

投标定价法是采购机构刊登广告或发函说明拟购品种、规格、数量等的具体要求，邀请供应商在规定的期限内投标。采购机构在规定日期开标，一般选择报价最低、最有利的供应商成交，签订采购合同。供货企业如果想做这笔业务，就要在规定期限内填写标单，填明可供商品名称、品种、规格、价格、数量、交货日期等，密封送达招标人。投标价格根据对竞争者报价的估计制定,而不是依据供货企业自己的成本费用,目的在于赢得合同,所以一般低于对手报价。

然而,企业不能将报价定得过低,以免使经营状况恶化。确切地讲,不能将报价定得低于边际成本,但是,报价远远高出边际成本,虽然潜在利润可能增加,又会减少赢得合同的机会。

第三节 定价策略

影响价格的因素有很多,营销人员需要依循一些常见的定价策略方法,从纷繁复杂的影响因素中找到影响本企业产品价格的关键因素,并进行积极的定价决策。

一、新产品定价策略

一般对新产品而言,企业可以参考的定价信息很少,很难把握市场需求。考虑到新产品成功率较低的原因,不少企业在进行新产品定价时往往采取稳妥、渐进的方针。目前,新产品的定价策略主要有以下几种:

(一)撇脂定价策略

企业把新产品推向市场时,利用顾客的猎奇心理,在产品生命周期的初期加大营销投入力度,采取相对高价的定价策略。像撇取牛奶中的脂肪一样,企业先从中取得一部分高额利润。随着市场的扩大和规模经济的形成,企业的成本下降,有了更大的盈利空间,这时企业会逐渐把价格降下来,迎合大众市场的需求,这就是所谓的撇脂定价策略。这种定价策略的最大优点是:以高价、小批量的形式逐步推进能够使企业随时了解市场反应并及时采取对策,从而避免新产品大批量生产带来的风险。相对而言,这种策略的缺点是:没有说明具体价格是如何制定的,也不知道价格定在多高为宜。因此,企业要确定一个合适的价格,并结合其他定价方法,如感知价值定价法。此外,这种策略容易导致更多的厂商进入市场,最终引发激烈的竞争,如手机行业。不过,总体来说,撇脂定价策略给企业提供了一种思路,即价格先高后低。如果应用得当,该策略可以为企业带来丰厚的利润,但前提是产品必须能够吸引目标顾客,也就是新产品可以带给顾客更高的感知价值。

(二)渗透定价策略

与撇脂定价策略相反,渗透定价策略采用较低定价的策略来刺激消费需求,目的是在短期内使市场加速成长,以低利润换取较高的市场占有率。不过,渗透定价策略并不意味着绝对便宜,而是指一种更侧重性价比(性能价格比)的定价策略。一般而言,渗透定价策略获得成功的前提条件是:(1)产品的需求弹性较高,导入期的低价策略能够激发足够多的市场需求;(2)产量的扩张能使制造和分销单位成本产生显著的经济效益(规模经济非常明显);(3)低价策略能够有效打击现有和潜在的竞争对手。总体来说,这种定价策略的优点是:可以使产品尽快为市场接受,借助大批量销售摊薄单位产品固定成本,并通过微利阻止潜在竞争对手的进入,有利于企业获得长期稳固的市场地位。其缺点是:企业只能获取微利,投资回收周期延长,经营风险较大。

(三)满意定价策略

按照本行业的平均定价水平或者按当时的市场行情来制定价格。企业制定的产品价格被消费者认可,企业可以在不承担较大风险的情况下,获得比较稳定的市场局面;同时,价格不高不低,销售渠道成员觉得稳妥因此保持经营的积极性;从企业自身看,可有计划地在不太长的时间收回企业的研制成本。企业因有一定的利润而乐于经营,消费者、中间渠道及企业自身都满意,故又称"满意法"。但企业比较保守,很难适应复杂多变的市场环境。

(四)自我定价法

自我定价法即企业通过互联网和自身的营销渠道来邀请顾客自己定价并与他们建立联系,通常应用于零售业和服务业。这种策略中,产品或服务的价格不是由商家或服务提供者事先设定的,而是由消费者自行决定。自我定价法允许消费者根据他们认为产品或服务的价值来设定价格,通常是在购买后根据他们的满意程度进行定价。这种定价策略的核心思想是相信消费者能够更好地评估产品或服务的价值,因此他们可以自主选择支付的金额,这有助于建立信任,增加消费者对产品或服务的满意度,并激励他们按照其实际感受进行支付。

二、产品组合定价策略

产品组合定价策略是指在最终用途和消费购买行为等方面具有某种相互关联性的商品进行联合定价的策略。产品组合定价主要有互补商品价格策略、替代商品价格策略和系列产品定价三种类型。

(一)互补商品价格策略

互补商品是指两种(或以上)功能互相依赖、需要配套使用的商品。互补商品定价策略是企业利用价格对互补商品需求的调节功能,以全面扩展销售量而采取的定价方式和技巧。具体做法是,把价值高而购买频率低的主商品价格定得低些,而对与之配套使用的价值低而购买频率高的易耗品价格适当定高些。

(二)替代商品价格策略

替代商品是指功能和用途基本相同、消费过程中可以互相替代的产品。替代产品定价策略是企业为达到既定的营销目标,有意识安排本企业替代产品之间的关系而采取的定价措施。

(三)系列商品定价策略

针对消费者比较价格的心理,将同类产品的价格有意识地分档拉开,形成价格系列,使消费者在比较价格中能迅速找到各自习惯的档次,得到"选购"的满足。

三、心理定价策略

心理定价策略是指企业依据消费者心理制定价格。常用的有以下五种定价策略：

（一）整数定价

整数定价策略，也称声望定价或整数原则。即在消费者购买比较注重心理需要的满足的商品时，把商品的价格定为整数。这种定价方法迎合了"价高质优"的购物心理。适合采用此种策略的通常是一些不易鉴别的商品。特别是消费者识别名优产品时，这种心理意识更为强烈。因此，高价与质量优良、独具特色的知名产品配合，体现出与众不同的效果，最终实现企业的目标。当然，也不宜定价过高，使买主难以置信。

（二）尾数定价

尾数定价策略也称"缺额原则"。针对消费者对一般商品的求便宜、怕上当的心理，当商品价格为整数或略高于整数时，宁可减小一些，使其价格的尾数为零头。如9.9元，而不是10元，使价格保留在一个较低的档次。这种策略使消费者产生物美价廉的感觉，同时由于小数的精确而产生信赖和安全的感觉。特别是一些需求弹性比较大的商品非常适用这种定价策略，能为企业带来大幅度上升的需求。

（三）期望与习惯定价

期望与习惯定价是根据消费者的愿望与购买习惯、接受水平制定商品价格。日常消费品的价格通常在消费者心目中已形成一种习惯性标准，符合其标准和期望的价格被顺利接受，偏离其标准和期望的价格则易引起疑虑。因此，这类商品价格要力求稳定，避免价格波动带来不必要的损失。在必须变价时，应同时采取改换包装或品牌等措施，避免消费者对新价格的抵触心理，引导消费者逐步形成新的习惯价格。而对于有些产品，它们在消费者心目中的声望和社会地位较高，代表着部分消费者的身份和地位，诸如此类的产品就不宜采用低价营销。

（四）安全定价

安全定价也称"一揽子定价"策略。针对消费者在购买大件耐用消费品时担心维修不便等心理，把商品本身的价格与确保消费者安全使用的费用加起来计算，降低消费者的消费风险和增强安全感。

（五）招徕定价

招徕定价是指企业将商品的价格定得低于市价，并广泛宣传，以引起消费者的兴趣，当消费者被吸引来时，在购买这些低价商品的同时，也选购了其他正常价格的商品。此策略常在经营多品类的超级市场、百货商店使用。

四、地理定价策略

地理定价是指企业对在国内或世界不同地区的市场进行有差异定价还是无差异定价。也就是说，企业要决定是否有地区差价。与此相关，大约有五种主要的地理定价法。

（一）FOB 起运点定价法

FOB 起运点定价法，就是生产企业对不同地区的客户收取同一价格，在产地将货物交到运输工具上，交货后，从产地到目的地的一切风险和责任都由顾客承担。这种方法的优点是不同地区的顾客分担了自己应付的运费，比较公平合理；缺点是距离本企业遥远地区的市场，顾客容易转向当地企业，因为当地企业具有成本上的优势。

（二）统一交货定价法

统一交货定价法与 FOB 起运点定价法正好相反。统一交货定价法是不论客户的地理位置如何，供货者都向他们收取相同的价格和相同的运费。这种定价法可能会失去附近客户的生意，但却可获得远方顾客的欢迎。这种定价法还便于管理，也便于做全国统一价格的广告。

（三）分区定价法

分区定价介于 FOB 起运点定价和统一交货定价两者之间，即公司先将自己的产品销售地区划分为两个或几个区域，在同一区域的顾客，采取同一价格，区域距离越远价格越高。这种定价法有时会引起同一区域内靠近产地的顾客抱怨，认为自己给远地顾客补助了运费，但对于价高、运费少的商品，此问题不大。这种定价的好处同样是便于管理和做全地区统一价格的广告。

（四）基点定价法

基点定价法就是销售者先决定以某个城市为基本计价中心，然后以该城市为计费的起点，不管商品是否实际上由该地运出，对不同地方的顾客都在价格上加上从该中心城市到顾客所在地的运费。

（五）运费免收定价法

运费免收定价法就是企业为了急于与某一特定的顾客或地区做生意，就承担全部费用或部分实际费用。企业认为，如果可以获得更多的生意，平均成本便会降低，从而可以补偿额外的费用支出，这样这些费用便可在内部消化掉。

五、折扣价格策略

折扣价格策略是企业为调动各方面积极性或鼓励顾客做出有利于企业的购买行为的常用策略。该策略常用于生产厂家与批发企业之间、批发企业与批发企业之间以及批发企业与零售企业，或批发、零售企业与消费者之间。折扣常见的有以下五种：

（一）数量折扣

数量折扣也称批量折扣，即根据购买者购买数量或规模的大小给予不同的折扣，可分为非累计数量折扣与累计数量折扣两种形式。前者是对一次购买超过规定数量或金额给予的价格优惠，目的在于鼓励买方增大每份订单购买量，便于卖方企业组织大批量产销。后者是对一定时期内累计购买超过规定数量或金额给予的价格优惠，目的在于鼓励客户建立长期固定的关系，减少卖方企业的经营风险。折扣的数量不能超过大批量销售所节约的成本,并且数量折扣也应该按照顾客分折扣档次。

(二) 季节折扣

季节折扣也称季节差价,一般在有明显的淡、旺季商品或服务的行业中实行。其目的在于鼓励顾客淡季购进产品,保持淡旺季的平衡,减少仓储费用。如旅游景点等企业提供的季节折扣,就是为了在淡季时吸引游客,使产品生产均衡。

(三) 现金折扣

现金折扣也称付款期折扣,是指购买者如以现金付款或提前付款,可以在原商品价格的基础上享受一定的价格优惠折扣。其目的在于鼓励购买者尽早付款,加速企业资金周转,减少企业的利率风险。折扣的大小取决于付款期间的利息和风险成本等因素。

(四) 业务折扣

业务折扣也称同业折扣或功能折扣,是生产厂家按照批发企业和零售企业在营销中的作用不同而给予的不同折扣。其目的在于调动中间商的积极性,促进协调合作,使整个销售链条更为有效。

(五) 折让

折让是目录价格的另一种降低形式。例如,以旧换新折让是购买新货时交回旧货而给予降价。以旧换新折让在国外洗车行业、国内家用耐用消费品行业非常流行,并不限于自己一种品牌,可以用竞争对手的品牌来换取自己的品牌。其目的在于鼓励顾客参与自己的营销活动,争取扩大市场占有率和知名度等。但由于回收旧货的价钱过低,甚至比废品收购站的价钱高不了多少,所以推行的效果不够理想。还有种形式是促销折扣,是企业对那些参与广告和支持销售计划的经销商提供的报酬或减价。

第四节　价格调整策略

企业经营面对的是不断变化的环境,在采用一定定价方法,并确定了定价策略后,企业仍需要根据营销环境的变化和市场竞争的需要,对既定价格进行调整。企业对原定价格进行调整可分为两种情形:一是调高价格,二是降低价格。无论是调高价格,还是调低价格,企业均要把握好时机和幅度,并考虑顾客、竞争者等对价格调整的反应。

一、提价

在企业的营销活动中,提价是经常性的行为。虽然提价可能会引起包括企业推销人员、消费者、经销商的不满,但是一次成功的提价却会引致企业利润大大增加,所以企业只要条件适合,就可以采取提价策略。

(一) 提价的原因

引致企业提价的原因主要来自以下几个方面:

(1) 生产经营成本上升。在价格一定的情况下,成本上升将直接导致利润的下降。

因此,在整个社会发生通货膨胀或生产产品的原材料成本大幅度上升的情况下,提高价格是保持利润水平的重要手段。

(2) 产品供不应求。在某些产品出现供不应求,不能满足所有顾客需求的情况下,可以通过提价来抑制需求。这种措施同时也可以为企业获取比较高的利润率,为企业进一步扩大生产做好准备。

(3) 创造优质优价的名牌效应。为了企业的产品或服务与市场上同类产品或服务拉开差距,作为一种价格策略,可以利用提价营造名牌形象,充分利用顾客"一分价钱、一分货"的心理,使其产生高价优质的心理定式,创造优质效应,从而提高企业及产品的知名度和美誉度。

(二) 提价的方式

企业提价的方式有直接提价和间接提价两种方式,大多数企业更愿意选择间接提价。因为间接提价手段更为隐蔽,消费者的反应也可能会相对温和。常用的间接提价方式有以下几种:

第一,取消原有的价格折扣或使能够获得价格折扣的条件更加苛刻。

第二,目录价格不变,减少产品分量或降低产品质量、减少产品功能、简化包装等。

第三,目录价格不变,减少产品的附加服务或对原来免费的服务收取服务费。

第四,在通货膨胀的情况下可以推迟报价,等到产品制成或交货时再给出最后价格。工业建筑和重型设备制造企业经常采取这种方式。

第五,在产品组合中取消低利润产品或增加高利润产品的比重。

(三) 对提价的反应

无论是提高价格还是降低价格,都势必影响购买者、竞争者、经销商和企业自身的利益,而且政府对企业的变价也会密切关注。

1. 消费者的反应

一般而言,消费者对价值高低不同的产品价格反应有所不同。购买者对价值高、经常购买的产品价格变动较敏感,而对价值低、不经常购买的产品价格变动不太在意。此外,购买者虽然关心产品价格变动,但是通常更为关心其使用成本。因此,如果企业可以使购买者相信某种产品的使用成本较低,就可以给产品定较高的价格,从而获得较多的利润。

衡量定价成功与否最重要的标志是消费者将如何理解价格调整行为,企业所确定的价格能否为消费者所接受是关键因素。因此,企业在进行调整前,必须慎重研究顾客对调整行为可能的反应,并在进行调整的同时,加强与顾客的沟通。否则,一个动机良好的价格调整行为就可能产生十分不利的调整结果。

消费者可能的反应有如下几种:(1) 普遍都在提价,这种产品价格的上扬很正常;(2) 这种产品有特殊的价值;(3) 这种产品很畅销,不买就买不到了;(4) 企业在尽可能谋取更多的利润。

2. 竞争者的反应

在竞争市场上,企业的价格策略和价格调整的效果还取决于竞争者的反应。企业面对的竞争者往往不止一家,彼此不同的竞争位势,会引致不同的反应。

如果企业只面临一个强大的竞争对手,竞争者对企业提价的可能反应:(1)常规反应。即以常规方式对价格变动做出反应,这种反应是可预测的。(2)非常规反应。竞争者把每一次价格调整都看作是新的挑战,并根据自身的利益做出相应的反应。对此,企业就必须弄清竞争对手的利益是什么,调查研究竞争对手目前的财务状况、销售和生产能力状况、顾客忠诚情况以及企业的目标等。如果竞争者目前的主要目标是获取最大利润,它就会采取相应的对策,如增加企业的广告投入、加强促销、提高产品质量等。总之,企业应尽可能利用各种信息,琢磨竞争者意图,观察竞争者反应,以便采取相应对策。

如果企业面临多个竞争者时,在提价时就必须估计每一个竞争者的可能反应。如果所有竞争者的反应大体相同,就可以集中力量分析典型的竞争者,因为典型的竞争者可以代表其他竞争者的反应。如果各个竞争者在规模、市场占有率及营销目标等方面差异较大,那么他们对企业变价将会有不同的反应。在此情况下,企业就必须对各个竞争对手进行具体分析。当一部分竞争者相继调整价格后,其他的竞争者也会闻风而动,随之变价。

二、降价

虽然多数情况下降价是企业非自愿的行为,万不得已而为之,但降价作为一种策略,甚至竞争战略,企业也经常主动用其作为击溃竞争者的利器。

(一)降价原因

导致企业降价的原因主要有以下几个方面:

(1)企业的生产能力过剩,需要扩大销售。

(2)企业的存货积压占用了大量资金。这种现象在生产和销售服装的企业中尤为常见。每当季节更替时,企业将服装大量降价处理,这既解决企业对资金的迫切需求,又解决了积压的存货问题。

(3)企业具有成本优势。在企业全面提高了经营管理水平的前提下,产品的单位成本和费用有所下降。

(4)在强大的竞争对手的压力下,企业的市场占有率下降。例如,由于来自日本的汽车、电子产品、照相机、钟表等行业的产品质量较高,价格较低,给美国同行业带来强大的竞争压力,美国一些本土公司不得不降价竞销。

(5)宏观环境的变化引致企业出现降价行为。为了保护消费者,控制通货膨胀或调节经济运行,有时政府会通过政策和法令限制某些行业的利润率或制定最高限价,从而引致该行业产品价格的下调。在市场疲软、经济萧条时期,价格下调是许多企业借以渡过难关的重要手段。

(二)降价方式

降价的方式有直接调低产品的目录价格和间接降价两种。企业会更多地会采取间接降价的手段,常用的间接降价方式有以下几种:

(1)实行价格折扣,如数量折扣、现金折扣等。

(2) 增加产品价值。在产品标价不变的情况下增加产品的附加价值,如提高产品质量、改进产品性能、提供免费送货及安装服务、延长产品的免费保修期、免费提供技术培训等。

(3) 采用销售促进方式。产品的标价不变,只是在销售时赠送商品或购物券,或是实行有奖销售,允许顾客分期付款或赊销等。

(三) 降价反应

消费者会按照其自身对产品价格的感知、整体的物价水平及对类似产品价格比较等方面,对企业的提价做出相应的反应。同样,竞争者为了维护自身的利益也会密切关注降价,必要时采取行动。

1. 消费者的反应

企业打算向顾客让利的降价行为可能有各种理解和反应,常见的有以下几种:(1) 产品的质量有问题,销售情况不好,因而降价处理;(2) 这种产品老化了,很快会有替代产品出现;(3) 企业资金紧张,可能倒闭或破产,今后零部件将无处购买;(4) 价格还会进一步下跌,不如再等一等。

2. 竞争者的反应

一般而言,面临企业的降价行为,竞争者的反应可能会有以下情况:(1) 如果降价会损失大量利润,竞争者可能不会跟随降价;(2) 如果竞争者必须降低其生产成本才能参与竞争的话,则可能要经过一段时间才会降价;(3) 如果竞争者降价导致其同类产品中不同档次产品间发生利益冲突的话,就不一定会跟随降价;(4) 如果竞争者的反应强烈,其一定会跟随降价,甚至有更大的降价幅度。

由于环境是复杂的,竞争者的反应又会对企业的价格调整产生重大影响,因此企业在变价时必须充分估计每一竞争者的可能反应。

思政园地

稳定物价稳民心

物价稳,民心才能稳。2020年,受"新冠"疫情影响,我国当年2月的CPI涨幅为5.2%。随着复工复产全面推进,主要消费品的供给增加较快,4月,居民消费价格同比上涨3.3%,涨幅比上月回落1个百分点,其中食品价格涨幅比上月回落3.5个百分点。数据表明,疫情对我国主要农副产品和其他消费品的影响大大缓解,物价保持平稳回落的态势。"完备产业体系和强大供给能力,是我们稳物价的最大底气。"山东社科院研究员张卫国代表说,全国粮食生产实现"十六连丰",总产连续5年达到1.3万亿斤。山东作为农业大省,稳面积、稳政策、稳产能,大力稳定生猪生产,保障了粮食等重要农产品供给,物价水平一直保持在合理区间,稳定了市场预期。"政策给力,企业努力,社会各界齐心稳物价。"南开大学金融学院常务副院长范小云委员说,在疫情防控中,线上线下齐发力,畅通产销梗阻;各种扶持政策密集出台,加快推进复工复产、复商复市;各生活物资生产重点地区和单位全力以赴保供给,为保持物价稳定做出了贡献。"我们有强大的组织动员能力、生产配送能力,实现 CPI 预期目标有信心。"中国农业生产资料流通协会会长杨建平委员说,在疫情防控中,全国供销合作社系统通过线上订购、线下配送等多种新模式,将农资商品送到农户手中,同时把生鲜农产品销售到城市,保障了居民生活供给;在春耕备耕期间,全系统采购储备供应农资 4 400 多万吨,发挥了为农服务国家队作用。

三、应对竞争者价格调整

在市场经济条件下,企业不仅自己可以用价格调整参与市场竞争,同时也会面临着竞争者价格调整的挑战。如何对竞争者的价格改变做出正确、及时的反应,是企业价格策略中的重要内容。

(一) 应对准备

面对竞争者的价格调整,企业不可能花很多时间去分析应采取的对策。事实上,竞争者可能花了大量时间准备价格的变动,但企业必须在几天甚至数小时内迅速、果断地做出反应。缩短反应决策时间的唯一途径,就是预料竞争者可能的价格变动,并事先准备好适当的对策。

为了保证做出正确应对,企业应该弄清以下问题:竞争者进行价格调整的原因是什么?这种变价行为是长期的还是暂时的?如果不理会竞争者的价格调整行为,将对本企业的市场占有率和利润产生什么影响?其他企业会做出什么反应?如果本企业采取相应的对策,会产生怎样的连锁反应?

(二) 应对策略

面对竞争者的价格调整,企业采取何种应对策略主要取决于其所处的市场环境和市场地位。

1. 依据市场环境采取的策略

在同质产品市场上,如果竞争者降价,企业必须随之降价,否则企业就会失去市场。如果某一企业率先提价,一般情况下,其他企业不会随之提价,除非提价将为整个行业带来利益;如果其他企业坚持原价,那么最先发动提价的企业和其他追随者将可能不得不取消提价。在异质产品市场上,企业对竞争者价格调整的反应有更多的选择。因为在这种市场上,顾客选择产品不仅考虑价格因素,同时还会考虑产品的质量、性能、服务、外观等多种因素。很多情况下,顾客对于较小的价格差异并不在意。

2. 依据市场地位采取的策略

在市场上处于领导地位的企业面对竞争者的攻击性降价,可以采取以下对策:(1)维持价格不变。因为降价会损失利润,保持原价,对市场占有率有一定的影响,但如果影响不大的话,则日后还能恢复。当然,维持原价的同时还要改进产品质量、提高服务水平、加强促销宣传、运用非价格竞争手段来反击对手。一些企业认为,这样比降价更为有利。(2)降价。产品的需求价格弹性较大,企业不降价会丧失大量的市场份额,而日后很难恢复。(3)提价。

这是一种针锋相对的策略,企业提价的同时要提高产品的质量,并通过各种传播媒介树立高品质的形象,与竞争者争夺市场。(4)提价并且引入新品牌。以提价并引入一些新品牌去围攻对自己进行攻击的品牌。(5)推出廉价产品进行反击。在企业原有的产品线中增加低档产品,或另外推出一个廉价品牌,这种对策在对价格敏感的细分市场十分有效。

一般来说,市场领导品牌率先降价,在较难与之抗衡的情况下,其他竞争品牌应该选择跟进降价为好;而当同行中某个无足轻重的小品牌率先降价时,企业一般可以置之不理。

总之,在充分了解市场竞争者降价意图的基础上,采取适宜的应对策略,尽量避免与市场领导者正面争夺市场份额,避免与其发生正面冲突。

最好的应对策略需要根据情况而变化。企业必须考虑产品所处生命周期的阶段、该产品在企业产品业务组合中的地位、竞争者的意图和资源、市场对于价格和质量的敏感度、数量成本的关系和企业可供选择的各种机会,在此基础上,做出合理的应对反应。

本章小结

企业定价一般有成本导向型、需求导向型和竞争导向型等几种。在成本导向型定价中,可按成本加成定价法、目标利润定价法、边际成本定价法进行定价;在需求导向定价中,可按感知价值定价法、反向定价法进行定价;竞争导向定价则是以竞争各方的实力对比和竞争者的价格为主要定价依据,主要方法有随行就市定价法及投标定价法。

制定价格不仅是一门科学,而且需有一套策略和技巧。常用的定价策略包括:新产品定价策略(撇脂定价、渗透定价、满意定价、自我定价法);产品组合定价策略(互补品定价、替代品定价、系列商品定价);心理定价策略(整数定价、尾数定价、期望与习惯定价、安全定价);地理定价策略(FOB起运点定价法、统一交货定价、分区定价、基点定价、运费免收定价);折扣定价策略(数量折扣、季节折扣、现金折扣、业务折扣和折让)。

企业对原定价格进行调整可分为两种情形:一是调高价格,二是降低价格。企业要把握好时机和幅度,并考虑顾客、竞争者等对价格的调整的反应。面对竞争者的价格调整,企业要依据其所处的市场环境和市场地位采取适当的应对策略。

关键术语

定价　定价因素　定价策略　价格竞争策略

练习与思考

一、单项选择题

1.(　　)就是运杂费、保险费等均由卖方承担的定价策略。
   A. 地域定价　　　B. FOB离岸价定价　　　C. 目的地交货定价　　　D. 统一交货定价

2. 某服装店售货员把相同的服装以 800 元卖给顾客 A，以 600 元卖给顾客 B，该服装店的定价属于（　　）。
　　A. 顾客差异定价　　　　　　　　　　B. 产品形式差异定价
　　C. 销售地点差异定价　　　　　　　　D. 销售时间差异定价
3. 当产品市场需求弹性较大且在成本方面有一定优势时，企业便具备了（　　）的可能性。
　　A. 渗透定价　　　B. 撇脂定价　　　C. 声望定价　　　D. 招徕定价
4. 当企业生产的系列产品存在需求和成本的内在关联时，为了充分发挥这种内在关联性的积极效应，需要采用（　　）策略。
　　A. 选择产品定价　　　　　　　　　　B. 补充产品定价
　　C. 产品大类定价　　　　　　　　　　D. 分部定价

二、判断题

1. 竞争导向定价法包括随行就市定价法和需求差异定价法。（　　）
2. 分销渠道中的批发商和零售商多采取反向定价法。（　　）
3. 运用认知价值定价法时，有直接价格评比法、直接认知价值评比法和诊断法等方法可供使用。（　　）
4. 产品差异化使购买者对价格差异的存在不甚敏感。因此，在异质产品市场上企业有较大的自由度决定其价格。（　　）
5. 销售折价无一例外地遵循单位价格随订购数量的上升而下降这一规律。（　　）

三、简答及论述题

1. 谈谈实行差别定价策略的条件。
2. 在原材料价格上涨得很厉害，产品确实需要提价的情况下，你的老板因种种顾虑，又不想直接把售价提高，你会给他什么建议？

请用手机微信扫二维码
查看"练习与思考参考答案"

实训项目

案例分析

定价策略——实现多赢

从《大染坊》第二十集看陈寿亭的价格策略。

请看下面的精彩对白：

老吴："掌柜的，咱真就这么停着吗？"

陈寿亭回答："咱要是卖一毛二啊，只赔一分，因为咱工人干得猛，还不出次品。他要是卖一毛二，就得赔三分，扣除商家的利，我看够他受的。老吴，你知道当初我和林祥荣还有东俊，为什么订一毛六吗？我就是防着藤井。这事长不了，藤井赔得起，咱家赔不起呀。从今天开始啊，咱得好好想一想，看看怎么除了这一害。"

本次实训逐一将陈寿亭的对白拆解,具体分析陈寿亭的定价策略以及考虑因素(包括自我利润分析、生产成本分析、对手利润分析、营销成本分析、对手的各方投资人分析)。

实战演练

第一步,观看视频。
(1) 各小组集中观看视频。
(2) 分组讨论。
(3) 每个小组派出代表进行定价策略的汇报。
(4) 教师和其他小组听取汇报,并进行打分。
(5) 以此类推,汇报演示全部结束。
第二步,评分,得出各小组打分的平均成绩,并评出最优小组。
第三步,点评。学生可以点评,学生点评后教师对每个小组的表现点评。

第九章
分销渠道策略

学习目标

知识目标

1. 了解分销渠道的含义及其构成。
2. 认识分销渠道中间商的特殊作用。
3. 理解分销渠道的类型、作用、功能。
4. 掌握分销渠道设计的原则及基本步骤。
5. 掌握分销渠道管理的方法。
6. 了解供应链及物流管理的主要内容。

能力目标

1. 能够掌握分销渠道设计的策略及技巧,对特定的市场进行恰当的分销渠道类型选择。
2. 能对分销渠道进行合理的设计。
3. 能够对分销渠道进行有效的管理。

素质目标

1. 培养渠道决策的创新意识,增强联手合作的构建意识。
2. 能够根据企业的经营现状,提出符合企业实际情况的分销系统建议。

3. 能够运用渠道设计相关技巧方法,提出相应的合理化决策建议。

思政目标

理解共赢理念在渠道建设中的重要性。理解传销活动的实质以及对社会经济发展的危害性。

思维导图

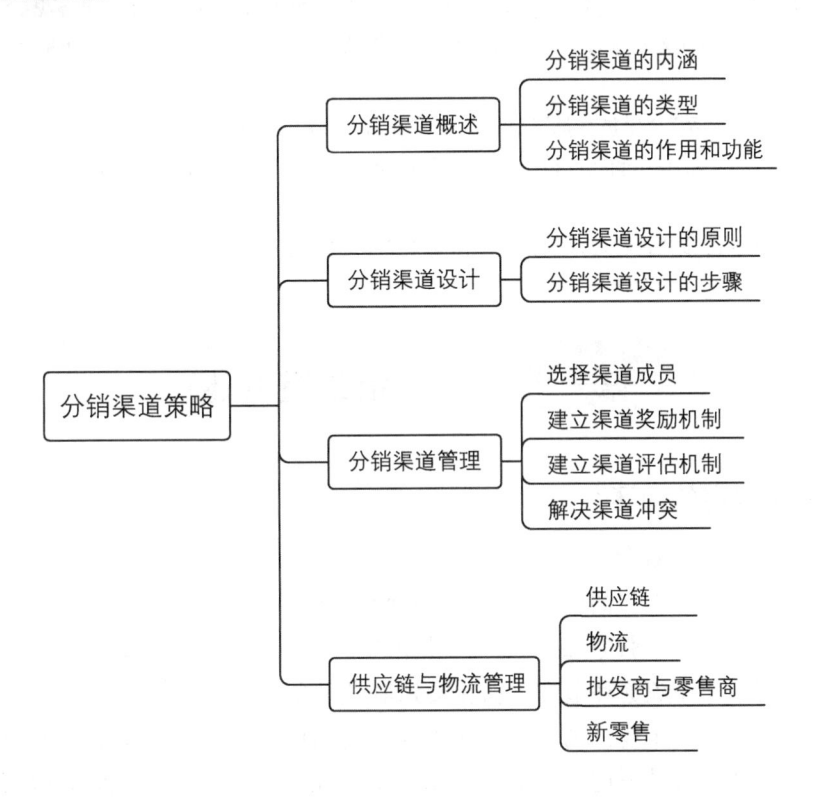

```
                                    ┌── 分销渠道的内涵
                   ┌── 分销渠道概述 ──┼── 分销渠道的类型
                   │                └── 分销渠道的作用和功能
                   │
                   │                ┌── 分销渠道设计的原则
                   ├── 分销渠道设计 ──┤
                   │                └── 分销渠道设计的步骤
                   │
 分销渠道策略 ──────┤                ┌── 选择渠道成员
                   │                ├── 建立渠道奖励机制
                   ├── 分销渠道管理 ──┤
                   │                ├── 建立渠道评估机制
                   │                └── 解决渠道冲突
                   │
                   │                    ┌── 供应链
                   │                    ├── 物流
                   └── 供应链与物流管理 ─┤
                                        ├── 批发商与零售商
                                        └── 新零售
```

导入案例

盒马启动"全球供应链"战略
33家零售商、品牌商加入盒马海外"朋友圈"

2023年5月17日,盒马与13家全球知名的零售集团、国际品牌、全球协会、咨询公司在上海签订战略合作协议,加速引入海外的优质商品,同时背靠全球供应链为中国消费者定制好商品。来自澳大利亚、瑞士、加拿大、智利、新西兰、美国等诸多知名企业与盒马达成合作。同时,盒马还宣布将在全球设立8大采购中心。

"通过探寻全球最佳产地、最低成本、最新技术、最优链路,把全世界最好的商品引入中国来,满足消费者对美好生活的向往。同时也为全球好货进入中国市场提供'盒马方案',打造一条链接全球美味和中国口味的通路。"盒马CEO侯毅表示。通过本地化的运作,更好地深度寻源,链接全球优质产地和商品。

澳大利亚头部零售企业Coles出口部总经理Dr Will Muholland在现场表示:"希望与盒马的合作能够帮助我们更多地了解中国的消费市场,帮助我们将澳大利亚的特产带到千家万户的餐桌上。"今年4月,Coles旗下的冰激凌通过盒马首次进入中国市场。今年以来,盒马实施三全战略:全业态、全渠道、全品类。这也为海外零售商、品牌商打开中国市场提供了"盒马模式"的解决方案。

国际管理咨询公司科尔尼大中华区总裁、全球合伙人贺晓青表示,中国作为全球最大的消费市场之一,拥有庞大的人口基数和持续增长的经济实力。中国市场的数字化转型和消费升级正在推动零售行业发生深刻的变革,为企业带来了前所未有的机遇。盒马作为较早进行海外直采的新零售企业,通过模式的创新、技术的升级,在为消费者提供了优质的商品与服务的同时,也在积极地影响着中国零售市场的发展。

资料来源:盒马启动"全球供应链"战略33家零售商、品牌商加入盒马海外"朋友圈"[EB/OL].盒马鲜生官网,https://www.freshippo.com/hippo/article?did=e1pw2pulqhh276w&type=news&lang=cn.2023-5-17.

思考:如何评价盒马从最初的注重产品品质和创新,到"酒好也怕巷子深"的转变?

第一节　分销渠道概述

一、分销渠道的内涵

(一) 分销渠道的概念

[延伸阅读 市场营销渠道和分销渠道的区分]

生产者与消费者之间存在时间、地点等多方面的差异和矛盾,通常情况下,商品(或服务)的流通并非是由生产者直接流向最终顾客的,往往都需要经过多个流通环节才可以转卖到最终顾客手中。

美国市场营销协会早在1931年就有定义委员会,但到1960年该委员会才给分销渠道下了个定义,即:分销渠道是指"企业内部和外部代理商和经销商(批发和零售)的组织结构,通过这些组织,商品(产品或劳务)才得以上市行销"。这个定义只着重反映分销渠道的组织结构,而没有反映商品从生产者流向最后消费者或用户的流通过程。因此,本书认为分销渠道一般是指产品从生产者流向消费者所经过的整个通道,也指促使某产品能够顺利地被使用或消费的组织,其成员包括分销商、代理商等。

(二) 分销渠道的构成

分销渠道,是指产品或服务从制造商流向消费者(用户)所经过的各个中间商联结起来的整个通道。其构成如图9-1示。分销渠道起点和终点分别是生产者和最终消费者,中间环节的参与者一般包括批发商、零售商、代理商以及一些其他辅助机构。分销渠道的有效延伸通常都是伴随着商品(或服务)所有权转移的完成或推进而实现的。

1. 生产者

生产者一般是指从事物质资料生产的劳动者。生产者除了具有将原料或零部件经过一系列的生产工序制成最终产品的职责外，还负责渠道设计管理、协调运作等工作，在建立和维护分销系统方面发挥主要作用。

2. 中间商

中间商是指那些将购入的产品再销售或租赁以获取利润的厂商，如批发商和零售商。中间商为其顾客扮演采购代理人的角色，购买各种产品来转售给顾客。中间商介于生产者和消费者之间，专门从事商品买卖或促进交易行为发生。按照对分销商品是否具有所有权，中间商可以被分为经销商（或称买卖中间商）、代理商和经纪人三类。

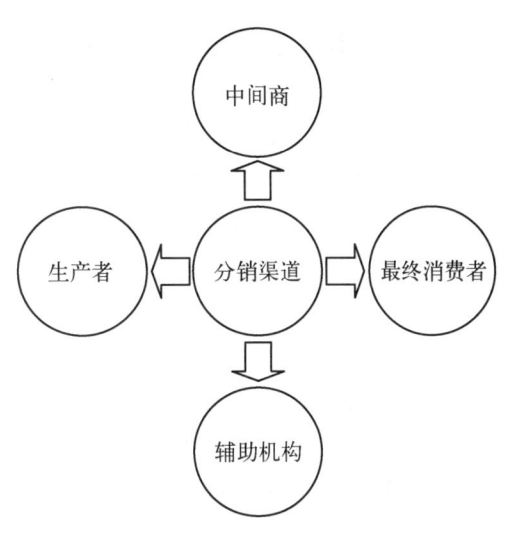

图 9-1 分销渠道的构成

（1）经销商。经销商是在某一区域和领域提供销售服务的单位或个人。经销商具有独立的经营机构，拥有商品的所有权（买断制造商的产品/服务），获得经营利润，多品种经营，经营活动过程不受或很少受供货商限制，与供货商责权对等。经销商在分销渠道中取得商品所有权后进行商品再交易，如批发商和零售商。他们可以通过商品的转卖，利用购销差价来获取经营利润。

（2）代理商。商业代理是在商品经营过程中，投资者本人把所有关于经营的商事活动委托他人代理，自己本人并不直接从事经营活动，而代理人除了签订合同外还从事一切有关经营的事务，是民事代理在商事领域中的运用，也是个概括的概念。代理商在分销渠道中受商品生产企业委托，从事商品交易，但不取得商品所有权，如制造代理人、销售代理人、采购代理商和佣金代理人等。还有一种特殊的代理商——经纪人，他们只负责参与顾客寻找，偶尔还会代表生产商同顾客进行谈判以促成交易，但不持有任何现货。这种代理商多存在于房地产、证券交易、保险等行业。代理商的利润来源一般是通过抽取一定比例的佣金来实现的。

如果按照商品销售对象的不同，中间商也可以被分为批发商和零售商。批发商是指向生产企业购进产品，然后转售给零售商、产业用户或各种非营利组织，不直接服务于个人消费者的商业机构，位于商品流通的中间环节。零售商是指将商品直接销售给最终消费者的中间商，是相对于生产者和批发商而言的，处于商品流通的最终阶段。零售商的基本任务是直接为最终消费者服务，它的职能包括购、销、调、存、加工、拆零、分包、传递信息、提供销售服务等。零售商在地点、时间与服务方面，为消费者购买提供方便，它又是联系生产企业、批发商与消费者的桥梁，在分销途径中具有重要作用。一般情况下，零售商还可以做以下细分：

① 商店零售，也称店铺零售，即通过一家或若干家实体店面开展商品零售或服务业务，其形式主要有专用品商店、百货商店、超级市场、便利店、折扣店、仓储商店等。

② 无门市零售。这种方式与商店零售的最大区别在于不通过实体店面开展相关业

务,主要存在形式包括:直复营销,如电话、电视销售等;直接销售,如上门推销等;自动售货和购物服务公司。

③ 联合零售。这是近年来新兴起的一种零售方式,主要有批发联号、零售商合作社、消费合作社和商店集团等形式。其中,批发联号是指中小型零售商自愿参加批发商的联号,联号成员以契约作为联结,明确各方权利和义务,通过这种模式,批发商可以获得一批忠实的客户,零售商则保证了供货渠道,此模式多用于服装批发商等行业。零售商合作社主要是由一群独立的零售商按照自愿、互利互惠原则成立的,以统一采购和联合促销为目的的联合组织,食品加工业常采用这种模式。消费合作社一般是在社区没有零售商店、零售商店服务欠佳或售价太高等情况下,由消费者自发组织、自愿出资、自己拥有的零售组织。商店集团是零售业的组织规模化形式,通常是在一个控股公司的控制下,若干行业的若干商店集中参与经营的一种模式。

(3) 经纪人。经纪人是指为买卖双方撮合或代他人进行买卖而取得佣金的人。经纪人俗称掮客,既不取得商品所有权,也不持有和取得现货,其主要职能在于为买卖双方牵线搭桥,协助谈判,促成交易,由委托方付给佣金,不承担产品销售的风险。

3. 辅助机构

辅助机构是为了中枢机构和职能机构能顺利有效地进行管理活动,在机构内承担辅助性业务工作的机构。其可分为综合性、专业性、政务性、事务性四种辅助机构。商品在分销过程中通常会涉及一些独立机构的参与,它们既不会取得产品的所有权,也不会参与买卖谈判,这种类型的机构被统称为辅助机构。如商品在流通过程中,运输公司会承担商品的空间转移运输职能,仓储公司会承担商品的储存与保管职能,银行会承担交易资金流转与贷款结算的职能,广告公司会承担企业形象和产品信息宣传的职能等。需要注意的是,辅助机构和中间商都是独立于生产商的市场经营主体,但中间商会直接参与或帮助完成商品所有权的转移,而辅助机构只需要为商品的交换提供便利条件,其承担的是服务性职能。

4. 最终消费者

最终消费者是指供自己或家庭成员使用而购买商品或服务的个体。最终消费者也就是商品最终的买家,它们既是分销渠道的目标,也是商品价值和使用价值的实现者。最终消费者对每条分销渠道起着导向作用,整个系统的运作都要根据最终用户的需要来进行。

二、分销渠道的类型

(一) 按照分销渠道的长度进行划分

分销渠道的长度是指商品在流通过程中所需经过的流通环节的多少。商品通过分销渠道从生产者转移到最终消费者的过程中,所有对商品拥有所有权或具有销售责任的机构,即可称为一个渠道层级。商品流通所经历的环节越多,渠道层级就越多,渠道也就会越长。

1. 零级渠道

零级渠道是指没有渠道中间商参与的一种渠道结构。零级渠道,也可以理解为是一种分销渠道结构的特殊情况。在零级渠道中,产品或服务直接由生产者销售给消费者。零级渠道是大型或贵重产品以及技术复杂、需要提供专门服务的产品销售采取的主要渠道。在 IT 产业链中,一些国内外知名 IT 企业,比如联想、IBM、HP 等公司设立的大客户部或行业客户部等就属于零级渠道。零级渠道就是商品直接由生产者供应给最终消费者,没有任何中间商介入的分销渠道。

零级渠道销售主要面向消费者,有效实现类别需求,增加公司的市场份额和影响力,支持企业有效展开更大规模的市场营销活动,有力推动企业获得更多的市场份额。多种不同的零售销售渠道,让消费者受到最好的服务,实现企业品牌的快速发展,增加公司的销售额和收入,带来巨大的经济利益。

通过合理开拓多样的零级渠道,加强与社会各界的沟通,强化渠道营销,企业可以更快、更有效地实现其服务目标,提升市场份额,实现企业理想的业绩。市场营销渠道作用重大,零级渠道是实现营销目标最快捷、最直接的渠道,受到越来越多的企业的青睐。这种渠道模式有利于产、需双方沟通信息,可以按需生产,更好地满足目标消费者的需要,降低产品在流通过程中的损耗,使购销双方在营销上都能保持相对的稳定。分销渠道层级结构如图 9-2 所示。

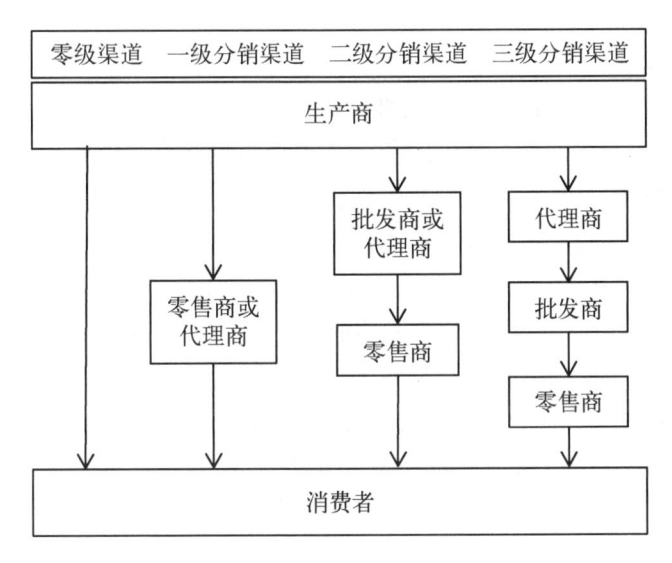

图 9-2 分销渠道层级结构

零级渠道也可称为直接分销渠道,简称直销。直销是工业品分销的主要渠道,如大型设备、专用工具,及专业性较强需要生产商提供专门支撑服务的产品等,多数都采用直销的模式;另外,专业服务和个人服务行业,如法律顾问、健康顾问等,一般也多采用直销模式;消费品市场中也有部分采用直销模式,通过独立的营销网络完成商品的销售。一般情况下,常用的直销方式主要有以下几种:

(1) 订购分销。生产商与最终消费者提前签订购销合同或协议,在规定时间内按相关条款完成商品供应及款项交付等事项。

(2) 自营店销售。生产商自行设立自营店面（可以是实体店面也可以是网络店面），以实现商品的直接售卖。

(3) 联营分销。某些经营同类商品但各自独立的法人企业，为了向厂商或供货商争取一个较低的采购价格，便通过共同协商的方式自愿联合起来，将各企业所需要的采购量加总在一起统一采购，使采购数量规模增大，从而创造了向厂商或者供货商讨价还价的条件，以较低的价格批量购进商品，之后再由各企业分散销售原来各自所需采购量的经营模式。

2. 一级分销渠道

一级分销渠道是指在生产商和消费者之间，只通过一个中间商完成商品流通的分销渠道。在消费品市场，中间商往往是零售商；在工业品市场，中间商一般是代理商。

3. 二级分销渠道

二级分销渠道是一种广泛应用于现代商业的营销模式，即商品需要经过两个层级的中间商才可以完成由生产商到最终消费者的传递过程的分销渠道。二级分销渠道一般有两种表现形式：一种是"生产商—批发商—零售商—最终消费者"的消费品分销模式，这种模式也称二级经销模式，多被商品生产规模较小的企业所采用；另一种是"生产商—代理商—零售商—最终消费者"的模式，也称二级分销代理模式，这种模式多被商品生产规模较大的企业所采用。

4. 三级分销渠道

三级分销渠道是指商品经代理商、批发商和零售商后才可以完成由生产商到最终消费者的传递过程的分销渠道。在该渠道中，生产商直接面对代理商，由代理商开发市场，并为批发商提供货源，这种模式多被技术性较强的生产企业所采用。分销商只能获取三级分销所得的佣金，超过三级的部分不能获得佣金。

以上所提到的一级分销渠道、二级分销渠道和三级分销渠道也可以统称为间接分销渠道。间接分销渠道是指商品从生产领域到达消费者或用户手中要经过若干中间商的销售渠道，即生产者通过若干中间商将其产品转卖给最终消费者或用户。间接分销渠道是消费品销售通常采用的主要渠道。其优点主要表现在有助于产品广泛分销，缓解生产者人、财、物等力量的不足，有利于企业之间的专业化协作等，其不足主要有中间商的介入可能形成"需求滞后差"，也有可能加重消费者的负担，导致抵触情绪，不便于信息的直接沟通。

（二）按照分销渠道的宽度进行划分

分销渠道的宽度，是指渠道的同一个层次中间环节使用同种类型中间商数目的多少。一般情况下，产品的性质、市场特征、用户分布以及企业分销战略等因素都会给分销渠道的宽度带来一定的影响。按照渠道宽度的不同，我们可以将分销渠道分为以下三种类型。

1. 密集型分销渠道

密集型分销渠道也称为广泛型分销渠道，或普通型分销渠道，就是指生产商在同一渠道层级上选用尽可能多的渠道中间商来分销自己的产品的一种渠道类型。使用这种策略的企业，它们在尽可能多的经销商处储存货物。这些货物在消费者需要时，立即能得到。这种渠道可以使产品在目标市场上形成铺天盖地之势，以达到使自己产品品牌充分显露，实现路人皆知且随处可买,最广泛地占领目标市场的目的,多见于消费品领域中的便利品,比如牙膏、牙刷、饮料等。

2. 选择性分销渠道

选择性分销渠道即在某一渠道层级上选择少量的渠道中间商来进行商品分销的一种渠道类型。IT产业链中的企业多采用这种分销渠道。

3. 独家分销渠道

独家分销渠道是指在某一渠道层级上选用唯一渠道中间商的一种渠道类型。通常情况下,新型产品多采用这种分销的模式,在市场成熟后,再由独家分销模式向选择性分销模式转移。

三、分销渠道的作用和功能

（一）分销渠道的作用

1. 加速商品流通,为生产者开拓广阔的市场

企业的发展、壮大引致企业目标市场的范围不断扩大,使得大部分生产企业囿于资源和能力,并不是将产品全部直接销售给最终消费者或用户,而是借助于一系列中间商,即分销渠道来完成。

生产厂家的销售能力毕竟是有局限性的,而商品交换的"天然属性",使商业渠道具有市场扩散的作用。有些厂家忽视了这一作用,自己建立了庞大的销售机构,背上了沉重的包袱。

企业只有合理地选择和利用分销渠道,才能低成本、高效率地将商品销售给消费者和用户,通过满足他们的需要来使商品的价值得以实现,从而使企业的生产经营活动能够获得进一步发展的基础和保障。

2. 提高生产企业的市场营销活动的效率

如果离开中间商构成的分销渠道的支持,由生产企业直接将产品销售给消费者,产品生产企业将会陷入繁重复杂的购销交易工作之中,其复杂程度是难以想象的。中间商可以将商品进行汇总和分类,简化产品的购销交易过程,从而使生产企业从这种简化中获得较高的营销效率。

3. 反馈市场信息,有助于企业进一步调整生产经营行为

对一个生产企业来说,分销渠道不仅是将产品输送给消费者的工具,而且还要承担反馈市场信息的职责。

商业起着纽带的作用,把产销联系在一起,在生产者与消费者之间传递信息,使商品生产得以不断改进,从而使消费者对生产者的商品感到满意。合理有效的分销渠道将使企业及时、准确地获得相关的市场信息,从而为下一阶段的生产计划调整提供依据;分销渠道选择不当,市场信息不能及时反馈或出现变形失真,将给企业的生产经营决策造成不良影响,以致企业蒙受巨大的经济损失和声誉损失。

（二）分销渠道的功能

分销渠道在商品流通过程中扮演着重要的角色,它不仅将产品从生产者传递到消费者手中,还承担着许多其他的功能,这些功能对于企业的生存和发展至关重要。

第一,分销渠道是信息交流的桥梁。在市场经济的背景下,生产者和消费者之间的信息不对称是普遍存在的。分销渠道成员可以收集和分析市场需求、消费者反馈等信息,并将这些信息传递给生产者,帮助生产者了解市场动态和消费者需求,从而调整产品策略和营销策略。同时,渠道成员还可以将产品信息、价格信息、促销信息等传递给消费者,帮助消费者了解产品特点和购买方式,提高购买的便利性和满意度。

第二,分销渠道是产品分配的通道。在商品流通过程中,产品的运输和储存是非常重要的环节。分销渠道成员需要确保产品的运输安全、及时、经济,并合理安排储存地点和库存量,以避免积压和缺货现象的发生。同时,他们还需要对产品进行分类、包装、分拣等处理,以满足不同消费者的需求和购买习惯。

第三,分销渠道是促销推广的媒介。促销推广是促进销售的重要手段,而分销渠道成员在这方面发挥着重要的作用。他们可以通过各种促销手段,如打折销售、赠品、满减等,吸引消费者的注意力和激发消费者的购买欲望。同时,他们还可以通过广告、宣传等方式提高产品的知名度和品牌形象,帮助生产者拓展市场份额和促进销售。

第四,分销渠道是资金流动的枢纽。在商品流通过程中,资金的流动是必不可少的。分销渠道成员需要协助生产者支付货款、处理退货和退款等事宜,确保资金流动的顺畅和安全。同时,他们还需要承担市场风险和信用风险等,与生产者共同应对市场挑战和不确定性。

第五,分销渠道是分担风险的伙伴。在市场环境下,风险是不可避免的。分销渠道成员与生产者共同承担市场风险和信用风险等,他们可以通过共享资源、分散风险等方式来降低风险。同时,他们还可以通过合作与协调来提高效率和降低成本,增强企业的竞争力和可持续发展能力。

第六,分销渠道是市场拓展的引擎。在市场竞争日益激烈的背景下,拓展市场是企业生存和发展的关键。分销渠道成员可以通过其网络和渠道优势,将产品推广到更广泛的市场和消费群体中。同时,他们还可以为生产者提供有关市场趋势、竞争对手等信息支持,帮助生产者制定更具针对性的市场策略和产品策略。

分销渠道在商品流通过程中发挥着重要的作用。它不仅是信息交流的桥梁、产品分配的通道、促销推广的媒介、资金流动的枢纽和市场拓展的引擎,还是分担风险的伙伴。通过与分销渠道成员的合作与协调,企业可以实现销售目标、提高市场竞争力并满足消费者需求。

第二节　分销渠道设计

一、分销渠道设计的原则

分销渠道设计是企业在开展业务过程中至关重要的一环。一个合理的分销渠道可以帮助企业将产品或服务有效地传递给目标客户,同时实现销售和利润的最大化。企业在进行分销渠道设计时,一般需要注意以下六项基本原则。

(一)目标市场原则

目标市场原则是指在设计分销渠道时,企业需要考虑目标市场的需求和特点。不同的目标市场对产品或服务的需求和偏好不同,因此企业需要根据目标市场的特点来选择合适的分销渠道。例如,对于一些高端产品或服务,企业可以选择一些专业、高档次的渠道来传递产品或服务;而对于一些大众化的产品或服务,企业则可以选择一些广泛、覆盖面广的渠道来传递产品或服务。

(二)经济性原则

经济性原则是指在设计分销渠道时,企业需要考虑成本和效益。选择分销渠道时,企业需要考虑渠道的成本、销售量、利润率等因素,以确保所选的渠道在经济上是合理的。同时,企业还需要考虑不同渠道之间的协调和冲突问题,以避免渠道之间的竞争和资源的浪费。

(三)覆盖面原则

覆盖面原则是指在设计分销渠道时,企业需要考虑渠道的覆盖范围。企业需要根据产品的特点和市场需求来选择合适的渠道,以确保产品能够覆盖更多的目标客户。同时,企业还需要考虑不同渠道之间的互补性和协调性,以实现渠道之间的合作和资源的共享。

(四)灵活性原则

灵活性原则是指在设计分销渠道时,企业需要考虑市场的变化和竞争的动态。市场和竞争环境是不断变化的,因此企业需要具备灵活性和应变能力,及时调整和改变渠道策略以适应市场的变化和竞争的动态。同时,企业还需要考虑不同渠道之间的转换和升级问题,以实现渠道的可持续发展。

(五)风险管理原则

风险管理原则是指在设计分销渠道时,企业需要考虑风险的管理和控制。分销渠道可能面临市场风险、信用风险、物流风险等多种风险,因此企业需要采取相应的措施来管理和控制这些风险。例如,企业可以采取多元化的分销渠道策略来分散市场风险,选择一些信用良好的合作伙伴来降低信用风险,以及采用现代化的物流管理技术来降低物流风险等。

(六)可持续发展原则

可持续发展原则是指在设计分销渠道时,企业需要考虑环境的保护和资源的利用。企业在选择分销渠道时,需要考虑环保和资源利用的问题,尽量选择一些环保、节能、可持续发展的渠道。同时,企业还需要考虑不同渠道之间的协调和平衡问题,以实现渠道之间的长期合作和可持续发展。

分销渠道设计需要遵循目标市场原则、经济性原则、覆盖面原则、灵活性原则、风险管理原则以及可持续发展原则。这些原则可以帮助企业选择合适的分销渠道策略,有效地传递产品或服务给目标客户,实现销售和利润的最大化。同时,还可以帮助企业降低风险、提高效率并实现可持续发展目标。

二、分销渠道设计的步骤

分销渠道设计是企业在开展业务过程中至关重要的一环,它不仅关乎企业的销售和利润,还影响着企业的市场竞争力。分销渠道设计需要经过多个步骤,包括明确企业战略目标、分析市场和竞争环境、选择合适的分销模式、确定分销渠道长度和宽度、制定分销渠道政策、寻找合适的渠道成员、建立渠道管理和协调机制、持续监测和评估渠道绩效以及加强与渠道成员的沟通和协作等。这些步骤相互关联、相互影响,只有经过全面的考虑和实践经验的积累才能设计出高效合理的分销渠道策略,帮助企业在激烈的市场竞争中获得更大的优势。

(一)明确企业战略目标

首先,企业需要明确自己的战略目标,包括市场定位、产品定位、销售目标等。这些目标是企业设计分销渠道的指导方针,确保所设计的分销渠道与企业战略目标相一致。

(二)分析市场和竞争环境

在明确企业战略目标之后,企业需要对市场和竞争环境进行深入的分析。这包括了解目标市场的需求和特点、竞争对手的销售渠道、市场份额等信息,以便更好地制定自己的分销渠道策略。

(三)选择合适的分销模式

根据市场和竞争环境分析的结果,企业需要选择合适的分销模式。常见的分销模式包括直接销售、代理商销售、经销商销售、电商平台销售等。企业需要根据自己的产品特点、市场定位和战略目标来选择适合的分销模式。

(四)确定分销渠道长度和宽度

在选择分销模式之后,企业需要确定分销渠道的长度和宽度。长度是指从生产者到最终消费者之间的中间环节数,宽度是指每个环节的覆盖范围。企业需要根据市场特点、产品定位和战略目标来确定合适的分销渠道长度和宽度,以实现销售量和市场份额的最大化。

(五)制定分销渠道政策

在确定分销渠道长度和宽度之后,企业需要制定相应的分销渠道政策,包括价格政策、促销政策、信用政策等。这些政策是企业与渠道成员之间合作的基础,也是确保渠道顺畅运作的重要保障。

(六)寻找合适的渠道成员

制定好分销渠道政策之后,企业需要寻找合适的渠道成员。合适的渠道成员应该具备以下条件:有足够的销售能力和网络资源、与企业战略目标一致、有良好的信誉和口碑等。企业可以通过公开招募、推荐等方式来寻找合适的渠道成员,并与其建立良好的合作关系。

(七)建立渠道管理和协调机制

在找到合适的渠道成员之后,企业需要建立相应的管理和协调机制,以确保渠道的顺畅运作。这包括对渠道成员进行培训和管理、定期召开渠道会议、及时处理渠道冲突等。同时,企业还需要建立完善的激励机制,鼓励渠道成员积极推广产品和服务,提高销售业绩。

（八）持续监测和评估渠道绩效

为了确保分销渠道的顺畅运作和实现销售目标,企业需要持续监测和评估渠道绩效。这包括对每个渠道的销售量、利润率、客户满意度等指标进行定期评估和分析,以便及时发现问题并采取相应的措施进行改进。同时,企业还需要根据市场变化和竞争动态及时调整分销渠道策略,以保持竞争优势。

（九）加强与渠道成员的沟通和协作

为了更好地实现销售目标,企业需要加强与渠道成员之间的沟通和协作。这包括及时了解市场动态和客户需求、与渠道成员共同制订促销计划、提供技术支持和培训等。同时,企业还需要建立良好的信息共享机制,以便更好地掌握市场信息和客户需求,为产品研发和市场营销提供有力支持。

第三节　分销渠道管理

一、选择渠道成员

企业选择分销渠道时,要根据实际情况确定分销渠道的类型,按照渠道类型再确定是否该有中间商的参与,以及确定选用哪些中间商作为渠道成员参与其中,这是分销渠道管理的主要问题。

在决定是否选用中间商时,企业需要考虑多个因素。中间商可以帮助企业扩大销售渠道、提高市场覆盖率并减轻企业的销售压力,但同时也需要付出一定的成本和精力。

1. 分析市场环境和竞争态势

企业需要分析市场环境和竞争态势,以了解目标市场的需求和特点,以及竞争对手的销售渠道和策略。如果市场竞争激烈,企业可以考虑利用中间商来扩大销售渠道、提高市场覆盖率,以增加销售量和市场份额。

2. 评估中间商的实力和信誉

在选择中间商时,企业需要对中间商的实力和信誉进行评估。实力包括中间商的销售能力、网络资源、市场地位和品牌影响力等指标,这些可以反映中间商在市场中的地位和能力。信誉则包括中间商的信誉和口碑等方面,这些可以反映中间商的商业道德和服务质量。

3. 考虑产品的特点和市场需求

产品的特点和市场需求也是企业考虑是否选用中间商的重要因素。如果产品具有较高的技术含量或较复杂的使用要求,企业可以考虑利用中间商来扩大销售渠道、提高市覆盖率,同时也可以为潜在客户提供更加专业的技术支持和服务。

4. 考虑自身的实力和资源

企业自身的实力和资源也是决定是否选用中间商的重要因素。如果企业具备足够的销售能力和资源,可以自主开展销售业务并实现销售目标,那么就不需要使用中间商。但如果企业缺乏销售能力和资源,或者希望扩大销售渠道和提高市场覆盖率,那么可以考虑使用中间商来达成这一目标。

5. 考虑中间商的附加值和服务质量

在选择中间商时,企业还需要考虑中间商所能提供的附加值和服务质量。中间商可以为企业提供市场调研、产品推广、售后服务等方面的支持,同时也可以为企业提供更加专业的销售团队和服务团队。如果中间商能够提供的附加值和服务质量较高,那么企业可以考虑使用中间商来提高销售业绩和市场竞争力。

6. 考虑使用中间商的成本和风险

企业需要考虑使用中间商的成本和风险。使用中间商需要付出一定的成本和精力,包括给中间商的佣金、广告费用、物流成本等。同时,使用中间商也会带来一定的风险,如中间商的违约风险、市场风险等。因此,在选择中间商时,企业需要进行成本和风险评估,以确定是否选用中间商。

二、建立渠道奖励机制

渠道奖励通常包括物质奖励和精神奖励两个方面。其中,物质奖励主要体现为价格优惠、渠道费用支持、年终返利等,是渠道激励的基础手段;精神激励包括评优评奖、培训、旅游、决策参与等,重在满足分销商成长的需求和精神层面的需求。

(一)渠道奖励的基本原则

渠道奖励是企业在营销中经常使用的一种策略,通过给予渠道成员一定的奖励,激发其销售积极性和市场推广热情,以提升企业的销售业绩和市场占有率。

企业需要根据自身的实际情况和市场环境,制定符合企业战略目标的渠道奖励政策,确保其合理性和可操作性。同时,企业还需要关注渠道成员的需求和反馈,及时调整奖励政策以适应市场变化和满足渠道成员的需求。

1. 目标导向原则

目标导向原则是指企业在制定渠道奖励政策时,需要明确自身的战略目标和市场定位,以目标为导向,制定符合企业战略目标的奖励政策。例如,如果企业的目标是提高市场占有率和品牌知名度,那么在制定奖励政策时,需要重点考虑渠道成员在市场推广和品牌宣传方面的表现,给予相应的奖励。

2. 公平公正原则

公平公正原则是指企业在制定渠道奖励政策时,需要遵循公平公正的原则,避免出现不合理的奖励政策。例如,如果企业给予某些渠道成员较高的奖励政策,而其他成员无法获得公平的待遇,那么可能会导致渠道成员的不满和抵触情绪。

3. 激励相容原则

激励相容原则是指企业在制定渠道奖励政策时,需要遵循激励相容的原则,即奖励政策要与渠道成员的利益诉求相符合,激发其积极性和创造力。例如,如果企业希望渠道成员重点推广新产品,那么在制定奖励政策时,需要将渠道成员的利益与企业的利益相结合,使其能够积极推广新产品并获得相应的奖励。

4. 可操作性原则

可操作性原则是指企业在制定渠道奖励政策时,需要遵循可操作性原则,确保奖励政策的实际可行性和可操作性。例如,如果企业的奖励政策涉及多个指标和复杂的计算方式,那么可能会增加操作难度和成本,同时也可能导致渠道成员的困惑和不理解。

5. 动态调整原则

动态调整原则是指企业在制定渠道奖励政策时,需要遵循动态调整的原则,根据市场环境和渠道成员的表现及时调整奖励政策。例如,如果企业的市场环境和竞争态势发生变化,或者渠道成员的销售业绩不如预期,那么企业需要及时调整奖励政策,以适应市场变化和满足渠道成员的需求。

(二) 渠道奖励的方式

渠道奖励是企业为了激励渠道成员提高销售业绩和推广效果而采取的一种策略。渠道奖励的方式多种多样,企业可以根据自身的实际情况和市场环境选择合适的奖励方式。同时,企业在制定奖励政策时需要遵循公平公正、激励相容、可操作性等原则,确保奖励政策的实际可行性和可操作性。

1. 佣金奖励

佣金奖励是指企业根据渠道成员的销售业绩,按照一定比例和规则支付给渠道成员的奖励。这种奖励方式通常适用于直接销售渠道,如代理商、经销商等。企业可以根据销售金额、销售数量、利润额等指标制定佣金奖励政策,以激励渠道成员提高销售业绩和推广效果。

2. 返利奖励

返利奖励是指企业根据渠道成员的销售业绩,按照一定比例和规则返还给渠道成员的奖励。这种奖励方式通常适用于间接销售渠道,如电商平台、网店等。企业可以根据销售额、销售量等指标制定返利奖励政策,以激励渠道成员提高销售业绩和推广效果。

3. 价格折扣

价格折扣是指企业为了鼓励渠道成员购买更多的产品或服务,而给予渠道成员一定的价格优惠。这种奖励方式通常适用于直接销售渠道和间接销售渠道。企业可以根据购买金额、购买数量等指标给予不同的价格折扣,以激励渠道成员增加购买量和推广效果。

4. 赠品奖励

赠品奖励是指企业为了鼓励渠道成员购买更多的产品或服务,而给予渠道成员一定的赠品。这种奖励方式通常适用于直接销售渠道和间接销售渠道。企业可以根据购买金额、购买数量等指标给予不同的赠品奖励,以激励渠道成员增加购买量和推广效果。

5. 培训奖励

培训奖励是指企业为了提高渠道成员的销售技能和管理能力,而提供一定的培训和支持。这种奖励方式通常适用于间接销售渠道,如电商平台、网店等。企业可以定期开展培训课程、营销讲座等活动,以帮助渠道成员提高销售技能和管理能力,同时也可以增加其对企业的忠诚度和信任度。

6. 合作奖励

合作奖励是指企业为了激励渠道成员与企业进行深度合作,而给予一定的奖励。这种奖励方式通常适用于间接销售渠道,如电商平台、网店等。企业可以根据合作项目的规模、合作期限等指标制定不同的合作奖励政策,以激励渠道成员与企业进行深度合作,共同推动市场发展。

三、建立渠道评估机制

渠道评估是指生产商对其分销渠道的效率和效果进行的客观考核和评价的过程。其评估的对象既可以是某个渠道成员,也可以是整个渠道系统。

(一)评估内容

渠道评估内容既包括宏观层面,也包括微观层面。宏观层面,就是站在整个社会的高度,对渠道系统表现出来的社会贡献进行考察;微观层面,则是从生产商的角度来衡量渠道系统或渠道成员为其所创造的价值或服务的增值。具体内容一般包括渠道系统组织管理、客户管理、成员沟通、市场促销活动等。

(二)评估标准

评估标准有三个:一是适应性标准,主要包括分销渠道的市场适应性和竞争适应性;二是控制性标准,即分销渠道成员是否可以按照生产商所设定的方向而努力,努力的程度如何;三是经济性标准,就是以渠道成本、销售量和利润对渠道运行状况进行评价。

(三)评估方法

生产商根据其制定的绩效评估标准对中间商进行考评时,常采用独立绩效评估法、正式的多重标准组合评估法、非正式的多重标准组合评估法等方法。

四、解决渠道冲突

渠道冲突是指在销售渠道中,不同渠道成员之间因为利益关系、工作职责等方面的矛盾而产生的冲突,需要根据实际情况进行具体解决。解决渠道冲突一般采取以下措施:

延伸阅读
窜货现象及其整治方法

(1)建立共同目标。通过建立共同的目标和价值观,使渠道成员能够意识到合作的重要性,减少冲突的发生。

(2)加强沟通与协调。建立良好的沟通机制和协调机制,及时解决渠道成员之间的矛盾和问题,避免冲突升级。

（3）合理分配利益。根据渠道成员的贡献和市场情况，合理分配利益，使各方都能够得到公平的回报。

（4）制定惩罚措施。对于违反协议或规定的渠道成员，制定相应的惩罚措施，以维护其他渠道成员的利益。

（5）引入第三方调解。当冲突无法通过双方协商解决时，可以引入第三方调解，以客观公正的方式解决问题。

通过以上措施的实施，可以有效地解决渠道冲突，维护销售渠道的稳定和健康，提高销售业绩和市场占有率。

第四节　供应链与物流管理

一、供应链

供应链安全稳定是构建新发展格局的基础。供应链是围绕核心企业，通过对信息流、物流、资金流的控制，从采购原材料开始，制成中间产品以及最终产品，最后由销售网络把产品送到消费者手中，在此过程中将供应商、制造商、分销商、零售商直到最终用户连成一个整体的功能网链结构模式。它是一个范围更广的企业结构模式，包含所有加盟的节点企业，从原材料的供应开始，经过链中不同企业的制造加工、组装、分销等过程直到最终用户。它不仅是一条连接供应商到用户的物料链、信息链、资金链，而且是一条增值链，物料在供应链上因加工、包装、运输等过程而增加其价值，给相关企业带来收益。

供应链是指围绕核心企业，从配套零件开始，制成中间产品以及最终产品，最后由销售网络把产品送到消费者手中。它涉及将产品或服务提供给最终用户的上游与下游企业所形成的网链结构，即由物料获取、物料加工并将成品送到用户手中这一过程所涉及的企业和企业部门组成的一个网络。供应链主要具有以下特征：（1）复杂性。供应链节点企业组成的层次不同，供应链往往是由多个、多类型甚至多国企业所组成，所以供应链结构模式比一般单个企业的结构模式更为复杂。（2）动态性。由于企业战略和适应市场需求变化的需要，供应链中节点企业需要动态更新，使得供应链具有明显的动态性。（3）面向用户需求。供应链的形成、存在、重构，都是基于一定的市场需求，用户需求的拉动是供应链中信息流、物流和资金流运作的驱动源。（4）交叉性。节点企业可以是多个供应链的成员，众多的供应链形成交叉结构，增加了协调管理的难度。（5）全局性。供应链中的绩效应当是全局的，即考虑的成本是供应链成本，而不是局部范围局部功能的成本，体现的利益是整体利益，追求共赢利益。（6）虚拟性。主要表现在是一个协作组织，而并不一定是一个集团企业或托拉斯企业。（7）增值性。供应链的特点首先表现为它是一个高度一体化的提供产品和服务的增值过程，所有的生产运营都是将一些资源进行转换和组合，增加适当的价值，然后把产品分送到顾客手中。（8）协调性和整合性。供应链本身就是一个整体合作、协调一致的系统,它有多个合作者,像链条似的环环连接在一起,大家为了一个共同的目的或目标,协调动作,紧密配合。

在经济全球化浪潮的冲击下,供应链管理已经发展成为一种先进的管理模式,并成为提升企业核心竞争力的重要途径。供应链管理提供了集成和管理企业之间功能和资源的机遇,是一种新的面向整个业务流程的经营管理业务模式和供应链成员之间的联系方式。供应链管理实质上是一种从渠道管制角度形成的概念模型。可以将供应链管理理解成:在一个企业内集成不同功能领域,加强从直接战略供应商通过生产制造商与分销商到最终客户物流流动过程管理的体系。通过利用直接战略供应商的能力与技术,尤其是供应商在产品设计阶段的早期参与,已经成为生产制造商提高效率和竞争力的新的经济效益增长点。

二、物流

(一)营销物流

营销物流也称实体分销,是指在营销活动过程中,产品经过计划、预测、储存、订购、运输和签收等流转服务活动最终到达顾客手中,同时又将顾客的需求和相关产品信息反向传递给企业的循环过程,也是市场需求链和企业供应链的交集中最具活力的环节。它的使命是围绕市场需求,计划最可能的供应,在最有效和最经济的成本前提下,为顾客提供满意的产品和服务。物流效用对客户满意度和企业成本具有重要影响。

客户导向的营销物流从市场开始,反向延伸至工厂甚至供应源。营销物流不仅包括外向物流(即将产品从工厂运送到中间商和最终客户),还涉及内向物流(即将产品和原材料从供应商处运送至工厂)以及反向物流(即将消费者或经销商退回的破损、滞销或多余的产品运回工厂)。也就是说,营销物流涉及供应商的整个供应链管理,即管理那些在供应商、生产企业、中间商、最终客户之间流动的涉及上下游渠道增值的原材料、最终产品及相关信息。物流经理的任务就是协调供应商、采购代理、渠道成员和客户的各种活动,包括预测、信息系统、采购、生产计划、订单处理、库存、仓储和运输计划。

延伸阅读 物流管理的产生与发展

(二)营销物流的重要作用

物流作为企业运营的重要环节,在企业的发展中起着至关重要的作用,企业越来越重视物流。物流的重要作用主要体现在以下方面:

1. 提升营销能力

物流是营销的一部分,也是营销成功的保障。在市场竞争日益激烈的情况下,企业的营销能力对于企业的生存和发展至关重要。而物流作为营销的后端,为营销提供强有力的支持。通过高效的物流运作,企业可以更好地满足客户需求,提高客户满意度,进而提升营销能力。

2. 降低运营成本

物流是企业运营中成本较高的一部分,因此,优化物流运作可以有效地降低企业的运营成本。首先,通过优化运输路线、选择合适的运输方式等手段,可以减少运输成本。其次,通过合理的库存管理,可以降低库存成本和滞销风险。此外,通过引入先进的物流技术和管理手段,可以提高物流效率,减少人力成本和物流资源浪费。

3. 提高企业竞争力

物流作为企业的核心竞争力之一,对于提高企业竞争力具有重要的作用。首先,高效的物流运作可以提高企业的生产效率和产品质量,进而提高企业的市场竞争力。其次,优秀的物流服务可以提高客户满意度和忠诚度,进而为企业带来更多的业务机会和稳定的收入来源。此外,通过与供应商和客户的协同运作,可以提高整个供应链的效率和灵活性,进而提高企业的市场竞争力。

4. 增强品牌形象

物流对于塑造企业品牌形象也具有重要的作用。在当今市场上,消费者越来越注重企业的服务质量和品牌形象。通过引入先进的物流技术和理念,企业可以为客户提供更加优质、高效、个性化的服务,进而提升品牌形象和口碑。此外,在灾难性事件发生时,企业通过高效的物流运作和慈善行为,也可以增强品牌形象和公众形象。

5. 推动企业发展

物流作为企业发展的支撑和推动力量,对于企业的发展具有重要的战略意义。首先,通过引入先进的物流技术和理念,企业可以优化业务流程、提高生产效率、降低成本等,进而实现企业的战略目标和发展规划。其次,随着互联网技术和电子商务的不断发展,物流业也逐渐向数字化、智能化、网络化等方向发展。企业通过与物流企业的合作和创新,可以拓展新的业务领域和市场空间,实现企业的战略转型和发展。

(三) 营销物流的目标

一些企业将自己的物流目标描述为以最低的成本提供最优质的客户服务。这虽然听起来很美好,但几乎所有的物流系统都不可能在最大限度提高客户服务质量的同时使物流配送的成本最小化。最优质的客户服务意味着交货迅速及时、大量库存、灵活搭配产品种类、自由退货政策等,所有这些服务都会增加物流配送成本。相比之下,物流配送成本最小化意味着交货速度慢或交付不及时、存货不足或时常断货、大批量装运难以满足零散供货需求等,所有这些都预示着更低下的客户服务。

营销物流的目标应该是以最低的成本提供既定水平的客户服务。首先,企业必须分析各种物流服务对于客户的相对重要程度,然后,为每项服务内容、服务项目设定客户期望的服务水平。正确的目标是利润最大化,而不是销售额最大化。因此,企业必须在提供更高水平服务所带来的收益与由此而产生的成本之间权衡利弊得失。企业既可以比竞争对手提供更少的服务,收取更低的价格,也可以提供更多的服务,但要收取更高的价格费用以弥补更高的成本付出。

(四) 物流系统的职能

一旦确定了物流目标,企业就可以据此设计一个以最小成本实现目标的物流系统。物流系统的主要职能包括仓储、存货控制、运输和物流信息管理。

1. 仓储

生产周期和消费周期很难完全匹配，所以企业在很多情况下必须将待售的产品储存起来。仓储职能克服了生产和需求在商品数量和购买时间上的差异和矛盾，确保在客户打算购买时企业能够及时提供产品。企业必须决定仓库的数量、类型及其地理位置。储存仓库和配送中心是企业经常采用的仓储方式。前者是指用于中长期货物储存的仓库设施。后者是指为了配送产品而设立的高度自动化的大型仓库，用以接收来自各个工厂和供应商的货物，接受订单，高效率地供货，并尽快将货物交付给客户。在物联网、大数据、云计算、人工智能、机器人等现代技术的推动下，储存技术也发生了翻天覆地的变化，过时的物资处理方式正在被需要更少员工的计算机系统所取代，计算机和扫描仪读取订单信息后，发指令给升降运输车、电动起重车或机器人收集货物，将货物运至装卸区，并开具发票。

2. 存货控制

管理者必须保持精准的平衡，确保存货充足，但又不能过量。存货不足，就会面临当客户需要产品时缺货断档的风险。为避免这种情况出现，企业需要以极高的代价来建立应急运输和生产机制。而存货过量又会导致不必要的存货成本和损耗。因此，企业必须在持有大量存货导致的成本与由此带来的销售和利润之间权衡利弊得失，做出明智选择。许多企业借助即时物流系统，大大降低了存货水平以及由此引起的成本费用。生产者和零售商储存少量的零部件或商品，往往只能维持几天的运营。新货恰好在需要的时候准时到达，而不是一直储存在仓库里等待。即时物流系统是指通过准确预测以及快速、频繁、灵活的货物递送，确保一旦有新的需求，所需货物能及时送到，从而大大降低存货成本和经营费用的物流系统。

射频识别技术或智能标签的应用推动存货管理实现完全自动化。智能标签技术是指将智能芯片嵌入或放置在从花卉、剃须刀到轮胎等各种产品或包装内。智能标签可以使整个供应链实现自动化和智能化。使用射频识别技术的企业能够随时随地精确地跟踪产品在供应链中的位置。射频识别是一种在阅读器与标签之间进行非接触式的数据通信从而识别目标的技术。智能货架不仅可以让企业知晓何时需要下订单，而且可以自动地直接向供应商下单。数字技术的应用将彻底变革现有的营销物流系统。

3. 运输

运输公司的选择将会影响产品定价、递送效率、交货速度和货物交接状况，进而影响到客户的满意度。在将产品运送至仓库、经销商和客户的时候，可供企业选择的运输方式有：公路运输、铁路运输、水运、管道运输、空运。数字产品的交付要借助互联网。互联网通过人造卫星、电缆、电话线路、无线信号将数字产品从生产者传输至客户。软件企业、媒体、音频和视频企业、教育培训机构等都通过互联网传输数字产品。互联网在降低物流成本上极具潜力。飞机、卡车和火车运输的是货物和包裹，而数字技术传输的是信息数据。

联合运输是指将两种或两种以上的运输方式结合起来的营销物流模式。联合运输模式的优势在于，它能够达成任何单一模式所不能实现的目标。

4. 物流信息管理

企业对供应链的管理要靠信息技术来实现。渠道合作伙伴之间通常会互相沟通，共享信息，以便制定更好的联合物流决策。客户交易、结算账单、装运量、存货水平、客户数据等组成的信息流，与营销物流的效率密切相关。企业需要建立一个简单、方便、快捷、准确的流程来获取、处理和分享渠道信息。信息可以通过多种方式共享和管理，但大多数共享是通过基于互联网的电子数据交换（即企业间计算机化的数据交换）实现的。

不少企业具备了整合物流管理理念，即无论在企业内部还是在所有营销渠道机构之间都需要团队合作，以提供更好的客户服务，有效地降低物流配送成本。就企业内部而言，各部门之间要密切配合，以最大限度地提升企业整体的物流绩效。就企业外部而言，企业必须整合其自身的、供应商的和供应链服务客户的物流系统，以便实现这个分销网络的绩效最大化。

思政园地

中国打造全球快货物流圈

2019年9月24日，在国新办就《交通强国建设纲要》有关情况举行的发布会上，交通运输部部长李小鹏表示，在交通强国的建设过程中，要争取能够早日全面实现建成"三张交通网""两个交通圈"的目标，努力地提高水平，让人民群众满意。随着货运水平的不断提高，国内物流行业的竞争或许也将进入一个新阶段。

根据《交通强国建设纲要》，到2035年，我国将基本建成交通强国。现代化综合交通体系基本形成，人民满意度明显提高，支撑国家现代化建设能力显著增强；拥有发达的快速网、完善的干线网、广泛的基础网，城乡区域交通协调发展达到新高度。同时，基本形成"全国123出行交通圈"（都市区1小时通勤、城市群2小时通达、全国主要城市3小时覆盖）和"全球123快货物流圈"（国内1天送达、周边国家2天送达、全球主要城市3天送达），旅客联程运输便捷顺畅，货物多式联运高效经济。

而"全球123快货物流圈"的建成，将进一步推动我国物流行业的提质增效。数据显示，我国快递业务量稳居全球第一，现在每天的业务量将近2亿件，对全球快递业务增长的贡献超过50%。如何建成"全球123快货物流圈"，这离不开交通基础设施的配合，也离不开运输装备的升级。国家铁路局副局长于春孝在发布会上表示，在铁路交通装备方面，将实现3万吨级重载列车和时速250公里级高速货运列车等方面的重大突破，合理统筹安排时速400公里级高速轮轨客运列车系统、时速600公里级高速磁悬浮系统等技术储备研发。

《交通强国建设纲要》提出，要建立通达全球的寄递服务体系，推动邮政普遍服务升级换代；加快快递扩容增效和数字化转型，壮大供应链服务、冷链快递、即时直递等新业态新模式，推进智能收投终端和末端公共服务平台建设；积极发展无人机（车）物流递送、城市地下物流配送等。

国家邮政局副局长戴应军在发布会中指出,要推进快递扩容增效,拓宽"寄递＋"领域,推动形成高效便捷的服务体系,更好地服务民生和生产发展。同时,加快构建国际寄递物流供应链体系,形成多元集约、便捷顺畅、互利共赢的国际寄递网络。

未来快递业的发展不仅仅是"提速",还会形成多种模式、满足各类需求的不同快递种类,很多消费者愿意为此买单。"我喜欢早上购买,下午就能到。哪一家快递公司能够保证快递运输的可靠和即时性,我就愿意用哪一家。"

资料来源:中国打造全球快货物流圈:国内1天、周边国家2天送达[EB/OL]. https://finance.sina.com.cn/chanjing/cyxw/2019-09-25/doc-iicezzrq8218984.shtml,2019-9-25.

三、批发商与零售商

正确选择中间商,需要掌握各类中间商(主要是批发商和零售商)的特点与作用,了解现代商业形式的新发展。

(一) 批发商

批发是指一切将物品或服务销售给为了转卖或者其他商业用途而进行购买的个人或组织的活动。批发商的概念主要基于对商品或服务的批量购买和销售,其销售对象一般是准备将该产品或服务再销售出去的人或组织,或者是将该产品或服务用于其他商业用途的人或组织,而非最终消费者。我们使用批发商这个词来描述那些主要从事批发业务的公司。这个词的内涵排除了制造商和农场主,因为他们主要从事生产,同时也排除了零售商。

1. 批发商的职能

批发商在商品流通领域扮演着重要的角色,他们通过批量购买和销售商品,连接着生产商和零售商,是商品流通中的重要环节。以下是批发商的主要职能:

(1) 采购。批发商负责从生产商或供应商处大量购买商品,并将其储备在自有仓库或租赁仓库中。他们根据市场需求和预测,决定采购的商品种类、数量和质量。批发商的采购决策直接影响着零售商的货源供应和市场需求的满足。

(2) 销售。批发商的主要职责是将采购的商品销售给零售商、其他批发商或特定用户。他们通过建立销售网络、参加展会、发布广告等方式寻找客户,提供销售服务和支持,包括报价、订单处理、发货、收款等。批发商的销售活动对商品流通的速度和效率有着重要影响。

(3) 分配。批发商负责将商品从生产商或供应商处分散到各个零售商和用户手中。他们通过合理的库存管理和物流安排,确保商品按时、按量地送达客户。批发商的分配职能解决了生产商不愿小批量销售、零售商无力大量购买而不能向每个生产商购买的问题。

(4) 仓储和运输。批发商需要管理仓库和运输工具,以实现商品的储存、保管和运输。他们需要考虑到商品的特性、市场需求和客户订单等因素,合理安排仓储和运输,确保商品安全、及时地送达客户手中。

(5) 资金融通。批发商在商品流通中发挥着资金融通的作用。他们为生产商提供资金支持,帮助生产商扩大生产规模;为零售商提供信贷服务,帮助零售商扩大销售规模。

(6) 风险承担。批发商承担着市场风险,通过预先购买和储备产品来分散这种风险。他们需要对市场趋势进行预测,对销售情况进行评估和管理,以降低市场风险对自身经营的影响。

(7) 信息服务。批发商收集和分析市场信息,为生产商和零售商提供服务。他们需要了解市场需求、竞争情况、行业动态等信息,以便做出正确的采购和销售决策。同时,他们也需要向生产商和零售商提供市场反馈信息,帮助生产商调整产品策略,帮助零售商更好地了解消费者需求和市场趋势。

2. 批发商的类型

批发商主要有三种类型:商业批发商、经纪人或代理商、制造商和零售商的分支机构和办事处。

(1) 商业批发商。商业批发商是批发商中最大的一个类别,其业务量占到整个批发业的50%。商业批发商又可以分为两大类:全方位服务批发商和有限服务批发商。全方位服务批发商为制造商和顾客提供完整的服务体系,而有限服务批发商只为制造商和顾客提供较少服务。不同类型的有限服务批发商在分销渠道中承担不同的专业化职能。

(2) 经纪人或代理商。代理商和经纪人与独立批发商的区别是:不拥有商品所有权,只执行几项职能。

(3) 制造商和零售商的分支机构和办事处。这些分支机构和办事处通常以行业划分商品品类,如服装批发商、酒类批发公司、专营汽车零配件的公司、仪器批发公司等。

此外,还有专业批发商,他们专业化程度高,专营某类商品中的某个品牌。经营商品范围虽然窄而单一,但业务活动范围和市场覆盖面却十分大,一般是全国性的。如服装批发商、商品粮批发商、石油批发商、木材批发商、纸张批发商、金属材料批发商、化工原料批发商、矿产品批发商等。

(二) 零售商

零售商是指将商品直接销售给最终消费者的中间商,是分销渠道的最终环节,处于商品流通的最终阶段。其基本任务是直接为最终消费者服务,职能包括购、销、调、存、加工、拆零、分包、传递信息、提供销售服务等,在地点、时间与服务方面为消费者购买提供方便。零售商是联系生产企业、批发商与消费者的桥梁,在分销途径中具有重要作用。零售商业种类繁多、经营方式变化快,构成了多样的、动态的零售分销系统。

四、新零售

新零售是指企业以互联网为依托,通过运用大数据、云计算、移动通信、物联网、人工智能等技术手段,对商品的生产、流通与销售过程进行升级改造,进而重塑业态结构与生态圈,并对线上服务、线下体验以及现代物流进行深度融合的零售新模式。新零售目标是升级改造商品的生产、流通与销售过程,提升消费者的购物体验,同时为企业创造更多的商业机会。它通过运用先进技术手段,如大数据、人工智能等,实现线上线下的深度融合,提高运营效率和服务质量。新零售的概念和模式正在不断发展和完善,未来将会成为零售业的主要趋势之一。

(一) 新零售的特点

新零售的特点在于以消费者为中心,通过数据驱动的运营模式,实现线上线下的深度融合和智能化管理,为消费者提供更加便捷、高效、个性化的购物体验。主要表现在以下几个方面:

(1) 渠道一体化。新零售可做到渠道一体化,即多个渠道融合成"全渠道"。消费者可以在实体店、网上平台、移动端等多个销售渠道进行购物,实现多渠道的深度闭合。

(2) 数字化经营。新零售行业需要通过数字化经营,将销售和场景转移到线上,同时通过线上获取更多消费者,实现线上线下销售的一体化。数字化经营包括顾客数字化、商品数字化、营销数字化、交易数字化、管理数字化等多个方面。

(3) 智能门店。智能门店是通过运用大数据、人工智能等先进技术手段并运用心理学知识,对商品的生产、流通与销售过程进行升级改造,进而重塑业态结构与生态圈,并对线上服务、线下体验以及现代物流进行深度融合的零售新模式。智能门店可以提高顾客购物效率、提升顾客体验。

(4) 提高顾客购物效率。新零售将顾客数字化后,顾客可通过线上店铺购物,选择起来比线下容易得多,继而通过线上购物、线下提取或配送的方式,提高顾客购物效率。

(5) 智能物流。新零售时代的顾客可以在线上随时随地买到自己想要商品,通过线下配送拿到商品。因此,商家要做好第三方智能配送、物流体系,以此缩短配送周期、去库存化。

(6) 以客户体验为中心。新零售以客户的实际需求作为切入点,实现人、货、场多项要素的重构。对新零售来说,客户所产生的消费信息,会对供应链后端产生引导作用,其中可包括分销/批发、广告营销以及零售等多个方面;对供应链前端也会产生一定的影响,例如品牌商产品的生产制造以及研发设计等。

(二) 新零售与传统零售

新零售是在传统零售基础上发展而来的,是为解决传统零售中的各种问题而创新的零售业态。随着消费市场的不断变化和技术的不断进步,新零售将会成为未来零售业的主要趋势之一。新零售与传统零售在多个方面存在明显的区别:

(1) 经营方式。传统零售通常以产品为中心,被动迎客,而新零售则更加强调以消费者为中心,主动迎客。传统零售的经营模式相对单一,而新零售则可以实现全渠道的融合,包括门店购、APP购、店中店触屏购、VR购、智能货架购、直播购等多种购物方式。

(2) 购物流程。传统零售的购物流程相对简单,一般包括到店、拿货、付款、离店等环节,而新零售的购物流程则较为复杂,由于时间和空间的变化,购物场景更加多样化,每个环节都要求深度闭合,方式也更多样化。

(3) 技术应用。新零售相比传统零售更加注重技术应用,通过大数据、人工智能等先进技术手段对商品的生产、流通与销售过程进行升级改造,实现数字化经营。同时,新零售也更加注重智能化管理,通过智能化的销售、库存、物流等方式提高运营效率和服务质量。

(4) 消费者体验。新零售相比传统零售更加注重消费者体验,通过多种渠道为消费者提供更加便捷、高效、个性化的购物体验。同时,新零售也更加注重与消费者的互动,通过社交媒体、移动端等方式与消费者进行互动交流,增强品牌影响力和用户黏性。

(5) 商业模式。新零售相比传统零售的商业模式更加多样化,通过线上线下的深度融合和智能化管理,实现商品流通的全渠道融合。同时,新零售也更加注重供应链管理和品牌建设,通过与供应商的紧密合作和品牌营销等方式提高商业效益和市场竞争力。

(三) 新零售重构产业链

新零售通过实现以消费者为中心的泛零售形态、数字化升级、消费场景重构、供应链重构、社交电商的兴起以及个性化需求的满足等方式对产业链进行重构。这些重构为消费者提供了更加优质的产品和服务,同时为新零售的发展和创新提供了更多的机遇和挑战。新零售重构产业链主要体现在以下几个方面:

(1) 实现以消费者为中心的泛零售形态。新零售以消费者体验为中心,依托大数据技术,使得零售商获得大量用户的精准数据,驱动人、货、场三者关系的重构,实现基于消费者需求的数据驱动的泛零售形态。

(2) 产业链的数字化升级。新零售通过数字化技术手段对产业链进行升级,实现供应链、物流、销售等环节的数字化、智能化。例如,通过智能化物流系统和无人化技术手段,提高物流效率和准确性,降低成本。

(3) 消费场景的重构。新零售通过多种手段打造个性化的消费场景,为消费者提供更加优质的产品和服务。例如,通过智能化陈列和展示系统,提高商品展示效果;通过智能化的购物系统和支付系统,提高购物效率和支付安全性等。

(4) 供应链的重构。新零售通过打通壁垒、数据驱动、全渠道销售等方式,实现供应链的优化和升级。例如,通过大数据分析市场需求和库存情况,实现精准采购和库存管理,提高商品流通效率和质量。

(5) 社交电商的兴起。社交电商通过社交媒体、移动端等渠道为消费者提供更加便捷、高效的购物体验。同时,社交电商也实现了消费者之间的互动和分享,增强了用户黏性和品牌影响力。

(6) 个性化需求的满足。新零售通过数据分析和人工智能等技术手段,更好地理解消费者需求,提供更加个性化的产品和服务。例如,根据消费者的购买行为和喜好,推出定制化的产品和服务,满足消费者的个性化需求。

(四) 新零售重构零售场景

新零售通过重构零售场景,实现了从消费场景到实体店面、线上线下的融合,以及消费者关系和供应链的优化和升级。这些重构为消费者提供了更加优质的产品和服务,同时为新零售的发展和创新提供了更多的机遇和挑战。新零售重构零售场景主要体现在以下几个方面：

（1）消费场景的重构。新零售通过重构消费场景，将商品、服务和营销等数据共融互通，实现商品、会员、交易、营销等数据的共融互通，为消费者提供跨渠道、无缝衔接的购物体验。例如，通过大数据分析消费者的购买行为和喜好，预测市场需求，实现精准营销和库存管理。

（2）实体店面的重构。新零售通过智能化陈列和展示系统，提高商品展示效果，增强消费者购物的体验和便利性。同时，通过智能化的购物系统和支付系统，提高购物效率和支付安全性等。

（3）线上线下的融合。新零售整合线上线下资源，实现全渠道销售，为消费者提供更加便捷、高效、个性化的购物体验。例如，消费者可以通过实体店、电商平台、移动端等多个渠道进行购物，享受更加完善的购物服务。

（4）消费者关系的重构。新零售通过多种手段与消费者进行互动交流，增强品牌影响力和用户黏性。例如，通过社交媒体、移动端等方式与消费者进行互动交流，了解消费者的需求和反馈，不断优化产品和服务。

（5）供应链的重构。新零售通过打通壁垒、数据驱动、全渠道销售等方式，实现供应链的优化和升级。例如，通过大数据分析市场需求和库存情况，实现精准采购和库存管理，提高商品流通效率和质量。

（五）新零售未来发展趋势

新零售的产生本身是移动互联网、物联网和大数据等技术日益成熟的结果，随着NLP、AR/VR、生物识别、图像识别、机器人等技术更加完善，应用门槛大幅降低，零售企业将进一步通过数字化和智能化提升消费者的体验。未来，新零售将可能实现全数据、全链路、全智能的零售模式。新零售未来发展趋势主要体现在以下几个方面：

（1）跨界融合。新零售将与重点消费领域跨界、融合生成"新物种"，这也代表着新的消费领域和消费模式的产生。同时，新零售也将在不同领域之间进行融合，实现跨界的合作和创新。

（2）个性化需求。消费者越来越注重个性化需求和定制化服务，新零售将通过数据分析和人工智能等技术手段，更好地理解消费者需求，提供更加个性化的产品和服务。

（3）社交电商。社交电商已经成为新零售的一个重要趋势，未来社交电商将更加普及，通过社交媒体和移动端等渠道，为消费者提供更加便捷、高效的购物体验。

（4）智能化管理。新零售将更加注重智能化管理，包括智能化的销售、库存、物流等，提高运营效率和服务质量。同时，通过人工智能等技术手段，实现更加精准的营销和个性化服务。

（5）绿色环保。随着消费者环保意识的提高，新零售将更加注重绿色环保，采用更加环保的材料和技术手段，减少对环境的负面影响。

（6）无人化技术。无人化技术将成为新零售的一个重要趋势，包括无人超市、无人货架、无人机配送等，提高效率和服务质量，同时降低成本。

（7）线上线下融合。新零售将实现线上线下融合，包括线上线下的渠道整合、数据共享等，为消费者提供更加便捷、高效的购物体验。

总之，未来新零售的发展将呈现出跨界融合、个性化需求、社交电商、智能化管理、绿色环保、无人化技术和线上线下融合等趋势。这些趋势将不断推动新零售的发展和创新，为消费者提供更加优质的产品和服务。

本章小结

分销渠道是指商品（或服务）由生产者直接或间接经过若干个流通环节流向最终消费者的路径或过程。分销渠道的起点和终点分别是生产者和最终消费者，中间环节的参与者一般包括批发商、零售商、代理商等中间商以及一些其他辅助机构。按照分销渠道的长度，分销渠道可划分为零级渠道、一级分销渠道、二级分销渠道和三级分销渠道；按照分销渠道的宽度，分销渠道可划分为密集型分销渠道、选择性分销渠道、独家分销渠道。分销渠道的设计要遵循目标市场原则、经济性原则、覆盖面原则、灵活性原则、风险管理原则、可持续发展的原则。设计分销渠道应先分析最终消费者的需求和欲望，再确立营销目标，之后再设计备选渠道方案，最后再评估与选择渠道方案。渠道管理要做好选择渠道成员、建立渠道奖励机制、建立渠道评估机制和解决渠道冲突这四个方面的工作。供应链管理已经发展成为一种先进的管理模式，并成为提升企业核心竞争力的重要途径。营销物流的目标应该是以最低的成本提供既定水平的客户服务。未来新零售的发展将呈现出跨界融合、个性化需求、社交电商、智能化管理、绿色环保、无人化技术和线上线下融合等趋势。

关键术语

分销商　分销渠道　营销渠道　供应链　物流　新零售

练习与思考

一、单项选择题

1. 渠道长度是指产品从生产领域流转到消费领域过程中所经过的（　　）的数量。
   A. 渠道类型　　　　B. 中间商类型　　　　C. 中间商　　　　D. 渠道层次
2. 向最终消费者直接销售产品和服务，用于个人及非商业性用途的活动属于（　　）。
   A. 零售　　　　　　B. 批发　　　　　　　C. 代理　　　　　D. 直销
3. 某制造商采取邮购方式，将其产品直接销售给最终消费者。该制造商采取的分销渠道属于（　　）。
   A. 直接分销渠道　　B. 一级渠道　　　　　C. 二级渠道　　　D. 三级渠道
4. 供应链特征不包括（　　）。
   A. 复杂性　　　　　B. 面向用户需求　　　C. 单一性　　　　D. 增值性
5. 解决渠道冲突的方法不包括（　　）。

A. 建立共同目标 　　　　　　　B. 制定惩罚措施
C. 引入第三方调解 　　　　　　D. 利益为先原则

二、判断题

1. 分销渠道的起点是供应商,终点是消费者或用户。　　　　　　　　　（　）
2. 零级渠道在日常消费商品的销售中应用比较广泛。　　　　　　　　（　）
3. 经纪人和代理商对经营的商品拥有所有权。　　　　　　　　　　　（　）
4. 生产商与批发商之间的冲突是水平渠道冲突。　　　　　　　　　　（　）
5. 在产品市场面非常集中的情况下,一般需要用中间商推销产品。　　（　）

三、简答及论述题

1. 分销渠道设计有哪些原则?
2. 解决渠道冲突有哪些方法?
3. 新零售未来发展趋势是什么?

请用手机微信扫二维码
查看"练习与思考参考答案"

实训项目

案例分析

某公司是国内一家知名的电子产品制造商,为了更好地销售其产品,该公司决定拓展分销渠道。经过市场调研,公司选择了与多个代理商和经销商合作,以扩大产品销售范围。

公司首先与当地的几家大型电子产品零售商签订了代理协议。这些零售商具有较高的知名度和稳定的客户群体,能够在销售公司产品的同时,提高品牌知名度。此外,公司还与一些具有地方优势的经销商合作,授权其作为公司的独家经销商,在特定区域内销售公司的产品。

为了更好地管理这些分销商,公司制定了详细的销售政策和价格体系,并定期对分销商进行培训和指导。同时,公司还建立了分销管理团队,负责监督和协调分销渠道的运行。

经过一段时间的努力,公司的产品在市场上的销售额得到了显著提升。代理商和经销商的反馈也表明,他们非常满意与公司的合作。此外,公司的品牌知名度和美誉度也得到了提升,吸引了更多的潜在客户和合作伙伴。

该公司的成功经验表明,选择合适的分销渠道是提高产品销售的关键之一。通过与代理商和经销商合作,公司能够更好地覆盖市场、提高品牌知名度、扩大销售范围,同时也能够更好地了解客户需求和市场变化。当然,对不同的公司和产品而言,选择分销渠道也需要根据实际情况进行决策和分析。

思考:

(1) 电子产品制造商在选择渠道时,主要考虑什么因素?
(2) 材料中公司的渠道决策是否可以优化?

实战演练

阿迪达斯运动产品主要通过以下6种不同类型的商店来进行销售：(1)体育用品专卖店,如足球、篮球职业选手用品商店;(2)大众体育用品商店,供应多种不同种类的阿迪达斯产品;(3)百货商店,集中销售最新样式的阿迪达斯产品;(4)大型综合商场,仅销售折扣款式;(5)阿迪达斯零售商店,供应阿迪达斯的全部产品,重点是销售最新款式;(6)工厂的门市零售店,销售的大部分是二手货和存货。

【实训目标】

通过实训,学生能够对中间商的作用有进一步的了解,并可以基于实际情况对分销渠道进行目的性较明确的优化工作。

【实训要求】

学生结合背景资料,走访调研某运动品牌的分销渠道模式,进一步加深对各类分销渠道作用和特点的了解,并对已有方案进行有针对性的优化。

(1) 本次实训以小组为单位,要求所有学生积极参与;

(2) 小组成员要分工合作,注意团队合作意识的培养;

(3) 实训报告格式规范、内容完整、结构合理、层次分明;

(4) 分析正确,选择策略要得当。

【操作步骤】

(1) 教师将班级学生分成若干学习小组,教师布置实训任务,请全体同学明确实训目的和实训要求。

(2) 学生走访调查本地某体育品牌的销售市场,了解该品牌的分销渠道情况。

(3) 学生分析该品牌的分销渠道模式,并以小组为单位,结合阿迪达斯运动产品的分销模式,讨论该品牌分销渠道的特点和利弊。

(4) 头脑风暴：为该品牌分销渠道的优化建言献策。

(5) 学生汇总意见,完成小组调研报告。

【实训报告】

实训结束后,学生以小组为单位撰写实训报告。实训报告的主要内容如下：

(1) 实训名称、实训日期、班级、实训组别。

(2) 实训目的。学生应简明概述本实训通过何种方法、训练了哪些技能、达到了什么目的。

(3) 实训心得。学生总结分析实训中的收获及存在的问题,提出改进建议。

第十章 促销策略

学习目标

知识目标

1. 明确促销与促销组合的内涵及影响因素。
2. 掌握广告设计原则和人员推销的基本策略,销售促进和公共关系的主要活动。

能力目标

运用促销原理分析和评价企业促销实践中存在的问题。

素质目标

1. 树立正确的促销理念,提升职业素养。
2. 增强创新意识,提高学生学以致用的能力。

思政目标

理解"讲好中国故事,传播好中国声音"的重要性。了解《中华人民共和国广告法》《网络公关服务规范》《互联网信息服务管理办法》《市场监管总局关于加强网络直播营销活动监管的指导意见》等法律法规。

思维导图

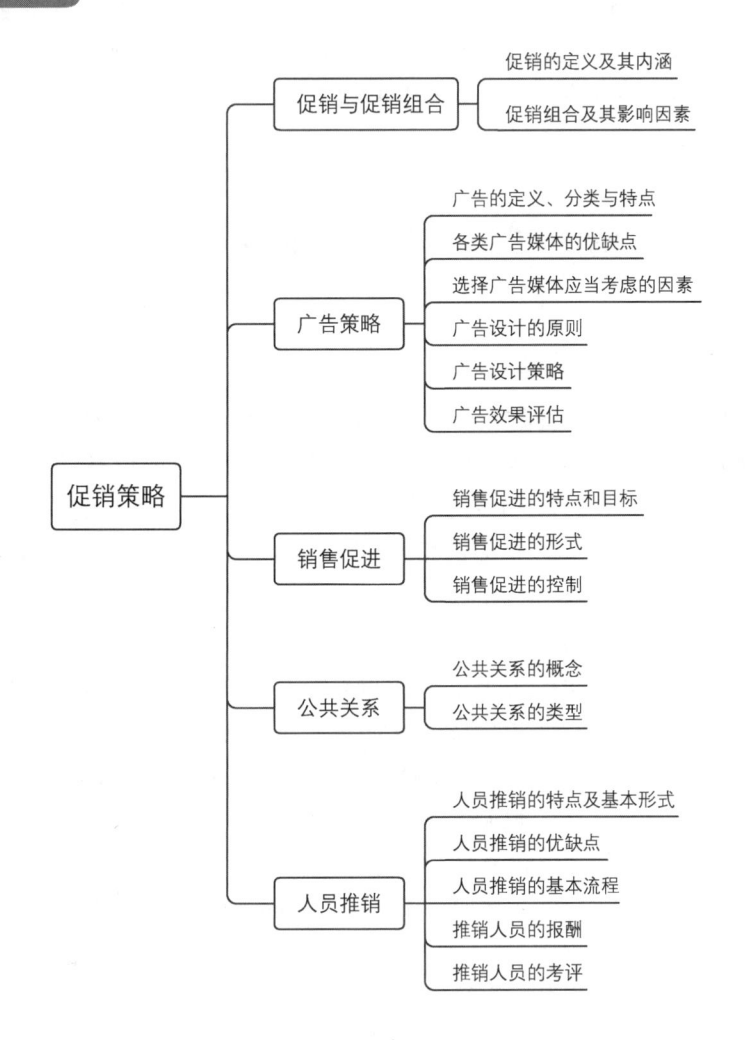

- 促销策略
  - 促销与促销组合
    - 促销的定义及其内涵
    - 促销组合及其影响因素
  - 广告策略
    - 广告的定义、分类与特点
    - 各类广告媒体的优缺点
    - 选择广告媒体应当考虑的因素
    - 广告设计的原则
    - 广告设计策略
    - 广告效果评估
  - 销售促进
    - 销售促进的特点和目标
    - 销售促进的形式
    - 销售促进的控制
  - 公共关系
    - 公共关系的概念
    - 公共关系的类型
  - 人员推销
    - 人员推销的特点及基本形式
    - 人员推销的优缺点
    - 人员推销的基本流程
    - 推销人员的报酬
    - 推销人员的考评

导入案例

从"酒好不怕巷子深"到"酒好也怕巷子深"

1990年7月13日,《泰安日报》发表一篇新闻报道《酒好也怕巷子深——沿黄九省区商品交流会侧记》。

当时,全国处于严重的市场疲软时期。就在这时(1990年7月10日),沿黄九省区商品交流会在泰安举行。数万名代表蜂拥而至,给欢快的泰山增添了几分热闹。资深编辑王克煜应邀前去采访时,感觉人们没有被席卷全国的市场疲软吓倒,争相打出各式各样的广告条幅,创造商机。山风吹来,万幅飘动,大有欲满山城之势。他忽然想起"酒好不怕巷子深"的古谚,于是反其意而用之,在全国率先提出"酒好也怕巷子深"的论断,引起与会人员强烈共鸣,并以此为题发表了通讯,全国多家报纸、通讯社、电台发表并引用。

在网络信息爆炸的新传媒时代,无章序可言的品牌营销信息很快就会被淹没。可见,企业在发展的道路上随时会出现各种危机,明明是很香醇的美酒也有可能被说成是酸的,并且有被恶性放大的可能。因此,"好酒需要酒香,更需要发现酒香的鼻子,而我们要做的是,把好酒推到鼻子的有效嗅程之内"。

资料来源:王克煜.泰山之光[C].香港工商出版社,1991:124.

思考:如何评价"酒好不怕巷子深"到"酒好也怕巷子深"的转变?

第一节 促销与促销组合

一、促销的定义及其内涵

促销,是促进产品销售的简称,它有广义和狭义两层含义。广义的促销是指企业应用各种信息沟通方式与手段,向消费者传递企业及其产品或服务的信息,通过信息沟通,使消费者对企业及其产品或服务产生兴趣、建立好感与信任,进而做出购买决策,购买产品的活动。狭义的促销,为了与广义促销相区别,常常翻译成销售促进或营业推广,通常指抽奖、展示会、赠品等非周期性发生的销售努力。

促销具有以下几层含义:

(1)促销工作的核心是沟通信息。企业与消费者之间达成交易的基本条件是信息沟通。若企业未将自己生产或经营的产品和劳务等有关信息传递给消费者,那么,消费者对此则一无所知,自然谈不上认购。只有将企业提供的产品或劳务等信息传递给消费者,才能引起消费者注意,促使其产生购买欲望。

(2)促销的目的是引发、刺激消费者产生购买行为。在消费者可支配收入既定的条件下,消费者是否产生购买行为主要取决于消费者的购买欲望,而消费者购买欲望又与外界的刺激、诱导密不可分。促销正是针对这一特点,通过各种传播方式把产品或劳务等有关信息传递给消费者,以激发其购买欲望,使其产生购买行为。

促销的方式有人员促销与非人员促销两类。人员促销,也称直接促销,是企业运用推销人员向消费者推销商品或劳务的一种促销活动,它主要适用于消费者数量少、比较集中的情况。非人员促销,又称间接促销,是企业通过一定的媒体传递产品或劳务的有关信息,以促使消费者产生购买欲望、发生购买行为的一系列促销活动,包括广告、公关和销售促进等。它适用于消费者数量多、比较分散的情况。通常,企业在促销活动中将人员促销和非人员促销结合运用。

延伸阅读
促销策略的分类

二、促销组合及其影响因素

(一)促销组合

促销组合,是指企业在促销活动中,把公共关系、广告、销售促进和人员推销等具体的促销方式有机结合、综合运用,以便实现更好的整体促销效果。

促销组合的主要构成要素,或者说企业可以运用的促销方式或促销策略有四个方面,即广告促销;人员推销;销售促进;公共关系促销。

人员推销多用于工业品的销售,因为工业品的消费者往往少而集中,产品的技术性强,需要内行人员促销;而绝大多数的消费品,由于其标准化程度较高、价格低廉、市场覆盖范围广,通常采用广告和销售促进形式。

促销组合因不同时期、不同地区或不同的经营目标而不同。假如目标是树立企业形象、提高知名度,则促销组合中广告是重点,同时应辅以公共关系;假如目标是短期内迅速增加销售量,则销售促进最立竿见影,并应辅以人员推销和适量的广告。

(二) 影响促销组合的因素

促销组合和促销策略的制定,其影响因素较多,主要应考虑以下几个因素:

1. **产品类型**

产品类型分消费品和投资品。消费品的促销组合次序一般为广告、销售促进、人员推销、公共关系;投资品的促销组合次序一般为人员推销、销售促进、广告、公共关系。

2. **市场特点**

在地域广阔、分散的市场中,广告有着重要的作用。如果目标市场窄而集中,则可使用更有效的人员推销方式。

3. **产品生命周期**

一般来说,在投入期,要让消费者认识了解新产品,可利用广告与公共关系广为宣传,同时配合使用销售促进和人员推销,鼓励消费者试用新产品;在成长期,要继续利用广告和公共关系来扩大产品的知名度,同时用人员推销来降低促销成本;在成熟期,竞争激烈,要用广告及时介绍产品的改进,同时使用销售促进来增加产品的销量;在衰退期,销售促进的作用更为重要,同时配合少量的广告来保持顾客的记忆。

4. **促销预算**

企业开展促销活动,必然要支付一定的费用。在满足促销目标的前提下,要做到效果好而费用省。企业确定的促销预算额应该是企业有能力负担的,并且是能够适应竞争需要的。

第二节 广 告 策 略

一、广告的定义、分类与特点

(一) 广告的定义

广告一词源于拉丁语"advertere",有"注意""诱导""大喊大叫"的意思。

广义的广告,指向公众告知某种事物,如招聘求职信息、各种通知等。

狭义的广告,指以促进销售为目的,以支出一定费用的方式,由广告承办单位通过广告媒体向大众传播产品或服务等有关信息的活动。

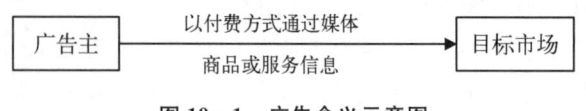

```
┌─────┐  以付费方式通过媒体   ┌──────┐
│广告主│ ─────────────────→  │目标市场│
└─────┘    商品或服务信息      └──────┘
```

图 10-1 广告含义示意图

(二) 广告的分类

根据广告的内容,广告分为商品广告、企业广告及公益广告。

1. **商品广告**

商品广告是以介绍商品的名称、特征并进行销售说服等为主要内容的广告,区别于企业广告。大部分广告属于商品广告的范畴。

商品广告根据目的不同,可以划分为告知性广告、劝说性广告与提醒式广告。告知性广告的目的是将信息传递给目标消费者,使其知晓产品或服务,并激发其初始需求。劝说性广告的目的在于促使消费者形成选择性的需求,即购买本企业的产品。当目标消费者已经对某种产品产生兴趣,但还没有形成对特定品牌的偏好时,告诉消费者该品牌产品不同于其他品牌产品的独到之处,使消费者形成对本企业产品的特殊偏爱。提醒式广告的目的是唤起消费者对产品的记忆,提醒消费者可能他很快就会需要某种产品,并提醒消费者该买的品牌或地点,即使是在淡季,这种提醒也可以促使消费者记住这些产品,使产品保持较高的知名度。

[延伸阅读:商品广告分类]

2. **企业广告**

企业广告是以宣传企业名称、企业精神、企业概况为主的广告形式。作为一种有目的的信息传递方式,企业广告必须以市场调研为基础,准确地找准目标消费者群体,并真实、准确地传播信息。在企业广告中,广告处在商品(劳务)销售服务的从属地位。能帮助企业产生销售业绩的广告,才是真正的好广告。

在广告实践中,以间接推销产品或服务为目的的企业形象广告,其内容并非直接展示或介绍商品,而是通过塑造产品、商标或企业整体的形象,通过长久地巩固和发展这一形象,赢得消费者的喜爱和支持,不管企业的产品发生什么样更新换代,借助形象广告始终能保证消费者在未来的日子里继续支持该企业。所以,形象广告不仅可为企业近期的销售铺路,也能为企业未来的销售做准备。

[同步案例:澳柯玛——没有最好,只有更好!]

3. **公益广告**

公益广告通常由政府有关部门来做,广告公司和部分企业也会参与公益广告的制作和资助,或完全由它们办理。它们在做公益广告的同时也借此提高了企业的形象,向社会展示了企业的理念。这些都是由公益广告的社会性所决定的,使公益广告能很好地成为企业与社会公众沟通的渠道之一。

公益广告隶属非商业性广告,是社会公益事业的一个最重要部分。与其他广告相比,它具有相当特别的社会性。这决定了企业愿意做公益广告的一个因素。公益广告的主题具有社会性，其主题内容存在深厚的社会基础，它取材于老百姓日常生活中的酸甜苦辣和喜怒哀乐，并运用创意独特、内涵深刻、艺术制作等广告手段，用鲜明的立场及健康的方法来正确诱导社会公众。公益广告的诉求对象又是最广泛的，它是面向全体社会公众的一种信息传播方式。例如，在提倡戒烟、戒毒的公益广告中，直观看仅仅是针对吸烟、吸毒者，但是烟、毒的危害已经伤及环境中的其他人和其后代了，无论是直接受众还是间接受众，它是社会性的，是整个人类的。

所以说，公益广告拥有最广泛的广告受众。从内容上来看，大多是我们的社会性题材，从而引致它解决的基本是我们的社会问题，这就更容易引起公众的共鸣。因此，公益广告容易深入人心。企业通过做这样的广告，就更容易得到社会公众的认可。

公益广告最早出现在 20 世纪 40 年代初的美国，也称公共服务广告、公德广告，是为公众服务的非营利性广告。中国通过电视媒体播出公益广告，最早出现的是 1986 年贵阳电视台摄制的《节约用水》。之后，1987 年 10 月 26 日，中央电视台开播《广而告之》栏目，使公益广告不必像商业广告那样一字千金。

二、各类广告媒体的优缺点

广告媒体的类型有很多，并且有其各自的优势和缺陷，在灵活性、视觉效果、传播范围及成本等方面均有差异。

（一）报纸广告

优点：传播范围广，报纸作为传播新闻的重要工具，男女老少均能接触，它广泛联系着城乡各个角落的消费者；传播速度快，可及时地传播信息；制作简单、灵活；传播信息比较详尽；对消费者和地区的选择性强。

缺点：报纸的保留时间较短，形式相对单一，公众的注目率较低，感染力差；文盲或无读报习惯的消费者无法接收信息。

（二）杂志广告

优点：与报纸相比，杂志的专业性较强，一般有固定的读者群；对地区和消费者的选择性较强；此外，杂志的保留时间相对较长，传阅率高；杂志的广告内容含量大，印刷精美。

缺点：杂志的受众范围有限；出版周期长，发布不及时，对在时效上要求紧迫的宣传和短期促销活动不太适用。

（三）广播广告

优点：传播速度快，覆盖面广，只要电波涉及的地方都可以收到；对消费者的地区和群体的选择性强；具有较高的灵活性，内容可长可短，形式多样；制作简便，收费低；发布及时。

缺点：时间短暂，稍纵即逝，没有形象效果，给听众的印象不如视觉媒介深刻和容易理解；听众的注意力通常都不太集中，对信息遗忘率高，需要反复提醒。

（四）电视广告

优点：电视是现代广告媒体中最有生命力的媒体之一；电视广告传播迅速、播放及时、覆盖面广、选择性强、收视率高、影响力大；宣传手法灵活多样、艺术性强，可使广告形象、生动、逼真、感染力强。

缺点：信息时效短，无法保存；信息量相对较小；广告费用较高。

（五）邮寄广告

邮寄广告的形式包括销售信、明信片、传单、宣传册、样本、订单、产品目录和企业专刊等。

优点：邮寄广告对地区、消费者选择性强，市场针对性强；覆盖面广、形式灵活，提供的信息全面等。

缺点：可信度低，损耗率高；保留时间短；单位成本高；对邮件地址具有依赖性，且会遭到一些消费者的抵制。

（六）户外广告

户外广告主要包括路牌广告、招贴广告、条幅广告、霓虹灯广告、灯箱广告、空中广告、球场广告、公共场所广告、建筑物广告、农村地区墙体广告等。

优点：展示寿命长；注目率高；费用较低。

缺点：信息量有限；表现形式单一。

> 同步案例
> 裸眼3D是如何一步一步从电影发展到户外广告行业的

（七）车身广告

优点：接触面广，可接触的消费者范围广泛；制作简单、成本低。

缺点：接触时间短；针对性不强。

（八）店面广告

优点：可造势，渲染气氛；所展示的信息对消费者的影响直接；总成本低。

缺点：传播范围有限；受到零售终端的制约。

（九）礼品广告

优点：吸引力强；可保存，寿命长；形式灵活多样。

缺点：单位成本较高；覆盖范围有限；信息量有限。

企业可将企业名称及企业经营范围、产品项目等信息附在赠品（台历、办公用品，甚至小玩具、家庭用品等）上，借助消费者每天都能看到赠品的手段来提高本企业的知名度。

（十）电梯广告

优点：有效到达率高，干扰少；可与目标消费者进行高频率的沟通。

缺点：传播成本较高；传播内容有限。

（十一）手机短信广告

优点：成本低；发布及时；可用于消费者关系的维护。

缺点：可信度低；消费者反感，90%以上的消费者反感手机短信广告。

（十二）自制印刷品广告

优点：制作简单、灵活，成本低；发布及时，保留时间相对较长；对顾客的地区选择性强。

缺点：形式相对单一，公众的注目率较低。

(十三) 网络广告

优点：网络广告不受时空限制，传播范围极其广泛；网络广告是多维的，它能将文字、图像和声音有机地组合在一起，其载体基本上是多媒体、超文本格式文件；网络广告的投放更具有针对性，通过提供众多的免费服务网站一般都能建立完整的用户数据库；网络广告具有可重复性和可检索性，可以将文字、声音、画面结合之后供用户主动检索，重复观看；网络广告的时间持久，并且可以准确地统计受众数量。

缺点：公信力弱；覆盖率有限；效果评估困难。

三、选择广告媒体应当考虑的因素

(一) 产品性质

不同的产品对广告传播效果的要求是不一样的。

科技含量高的产品需要对产品进行专业化的说明，可以采用邮寄信函或在专业期刊上刊登广告的方式。一般生活用品适合选用能够直接向大众传播信息的媒体，如广播、电视等。例如，服装广告的重点是显示衣服的样式、颜色，最好在电视或杂志等表现效果好的媒体上用彩色画面做广告，以增强美感。

(二) 消费者接触媒体的习惯

企业选择媒体时要考虑消费者的生活习惯，要在消费者经常接触的媒体上做广告。

对儿童用品的宣传，宜选择电视媒体；对妇女用品的宣传，可选用妇女喜欢阅读的杂志或电视，也可在妇女用品商店布置橱窗或展销点。

(三) 媒体特性

企业选择的媒体应该与企业的整体营销战略保持一致，要在媒体覆盖区域、传播速度、影响力等方面作出科学的抉择。

1. **媒体覆盖区域**

企业选择媒体时要使媒体覆盖区域与企业的销售区域保持一致。如果前者大于后者，会浪费广告资源；如果后者大于前者，会影响产品销售速度。此外，适合全国各地使用的产品，可选择在全国发行的报纸、杂志、广播、电视等作为广告媒体；属地方销售的产品，可通过地方性报纸、杂志、广播、电视、灯牌等传播信息。

2. **传播速度**

传播速度快的媒体可以及时将企业要发布的信息传播到市场上。电视和报纸广告，以及新兴的网络广告就具有传播速度快的特点。

3. **影响力**

媒体的影响力与许多因素有关。第一，与广告的展露次数有关，展露次数越多，其影响力越大；第二，与媒体本身的特点有关，例如，集视听于一体、动静结合的电视广告就具有较强的影响力，而印刷精美的期刊广告则比报纸广告更有影响力。

（四）媒体成本

不同的媒体有不同的广告价格。一般来说，电视广告的费用最高，其次是报纸、广播和杂志，网络广告的费用相对较低。此外，因电视、广播覆盖范围的大小，收视、收听率的高低，报纸杂志发行量的大小，以及这些媒体的权威性、播出或刊登时间以及版面等不同，其广告费用也有明显的差别。

因此，企业在选择不同广告媒体时应该认真核算成本，以获得尽可能大的效益。成本核算，最主要的是要核算预选的几种媒体的每千人成本。当然，仅依据每千人的广告成本进行核算还不够，企业还要综合考虑广告媒体的类型、媒体的声望和质量等因素。

（五）广告的送达率、接触频率和展露效果

进行媒体选择时，企业还要考虑广告的送达率、接触频率和展露效果。

广告的送达率是指在特定的时间段内，特定媒体发布一次广告最少能覆盖的个人或家庭的数量。

广告的接触频率是指在特定的时间段内，平均每个人或家庭接触广告的次数。

广告的展露效果是指广告在媒体上对受众展露的程度。

广告的送达率、接触频率越高，展露效果越好，受众对广告越熟悉，对产品的了解程度就会越高。

企业除了做广告媒体宣传，还可以通过参加展销会、展览会、博览会、订货会等来提高企业的知名度，也可以通过体验店、体验馆、展销中心等为消费者提供体验机会，给消费者以真切感受，其效果不亚于广告。

四、广告设计的原则

（一）真实性与艺术性相结合的原则

广告的生命在于真实，真实是对广告设计的根本要求，虚伪、欺骗广告必然会丧失企业的信誉。广告设计必须以客观存在的事实为依据。一是广告主体要真实，即做广告的企业有工商部门颁发的营业执照。二是广告商品或服务要真实，商品或服务不能虚构。三是广告内容要真实可控，语言、文字、画面不能模糊，不能欺骗顾客。四是广告艺术表现手法也要得当，符合事实，不能过于夸张。

广告是一门科学，也是一门艺术。广告设计应把真实性、合法性、针对性寓于艺术性之中。这就要求广告要具有较强的艺术魅力与较高的审美情趣。广告应该成为精美的艺术作品，给人以很高的艺术享受，使人受到感染，增强广告的效果。可以说，广告应该是艺术形式与商品、服务内容的高度统一。

（二）社会性

广告是通过文化媒体进行信息传递的，因此，广告在传播信息的同时，也传播了一定的思想意识，必然会影响到社会文化、社会风气等。广告设计必须遵循党和国家的有关方针政策，遵守国家相关法律，能够促进社会主义精神文明建设，促进社会风气的好转。例如，我国《广告法》就规定广告不得使用我国国旗、国徽、国歌；不得使用国家级、最高级、最

佳等用语;不得含有民族、种族、宗教、性别歧视的内容;等等。

(三) 针对性

针对不同的产品、不同的目标市场,广告要有不同的内容,采取不同的表现手法。例如,佳美香皂在我国做广告说"太太洗完后很漂亮",用同样的手法在日本做广告却不成功。又如,牙膏一般都是宣传能够洁白牙齿,但是,有的国家却是以牙齿越黑为美,越黑越有地位,有些人故意吃槟榔使牙齿变黑。所以,在这些国家宣传牙膏的美白效果的方式就不适用了。

(四) 促销性

广告追求的首先是它要能够引起消费者对某品牌的注意,其次是它要能够引起消费者的兴趣,再次是它要能够刺激消费者对该品牌的需求,最后是它要能够促使消费者做出购买行为。

五、广告设计策略

广告贵在设计与策划。好的广告设计能够起到事半功倍的效果,而一则设计差的广告则会造成人、财、物的极大浪费。

(一) 广告内容设计策略

广告设计首先要注意传递信息的内容,内容诉求是第一位的因素。内容设计要让消费者知道广告要告诉消费者什么,不能让消费者看了以后,如坠云雾之中。

1. 一贯性策略

一贯性策略是指在长期信息传播中,其口号、内容、风格服务等特色要始终如一,保持一贯形象,不能朝令夕改。比如有的产品的形象代言人,今年是×××,明年又变成×××,两位所代表的目标群体也不一样。而海尔的"真诚到永远"则是一贯性策略的经典之作。

2. 竞争性策略

竞争性策略则是针对竞争对手的挑战而设计的广告。

3. 柔软性策略

柔软性策略是指广告设计不能总站在企业或产品角度去思考问题,而应该站在消费者角度去思考和设计。广告设计站在消费者角度,消费者认为广告是为自己着想,为自己设计的,就会无形中被广告所打动。

(二) 广告媒体设计策略

广告媒体设计策略主要是讲怎样巧用媒体,把广告做活,从而达到理想的效果。这里的媒体是广义上的概念。

1. 名人式媒体策略

名人被关注度高,因此运用名人做广告,效果极佳。"名人广告"被称为广告设计的白银法则。

但是,名人报告、名人代言是一把"双刃剑",具有一定的风险性。如果产品与名人之间没有什么关联,在消费者心中建立不起紧密的联系,那么名人名气再大也不能实现有效传播。另外,如果名人做的广告代言过多,就会产生"稀释效应",很难在消费者心中留下深刻印象,甚至会相互混淆。当然,还有一个问题是,有些名人是非多、绯闻多,可能导致"一荣俱荣,一损俱损""成也萧何,败也萧何"的结果,如果该名人名声日降,也将拖累产品的形象。

因此,企业使用名人代言广告时,要注意以下两点:第一,要考虑其与自己的定位是否一致或吻合,只有名人个性与品牌一致,其影响才能得到有效强化;第二,应注重名人自身的形象、亲和力、可信度、专业度、受欢迎程度等因素,名人的美誉度越高,其可信度就越高。

2. 借题发挥式媒体策略

借题发挥式是指借助社会事件或千载难逢的机会,将产品成功打入某一市场的设计方法。如奥运会、世界杯、世博会等,这些机会往往吸引了全世界人们的眼光,蕴藏着极大商机,为企业带来了千载难逢的机会。例如,1984年洛杉矶奥运会为日本富士胶卷打入美国市场创造了机会。

3. 现身说法式媒体策略

现身说法式就是将广告与现场表演结合起来,使顾客身临其境地感受到商品的性质、特点、功能等。

(三)广告媒体投放策略

广告费用投放是非常有讲究的,不能盲目投放,要讲效果。

(1)持续型。这是指一年中不间断地投放广告。此种模式的优点是有连续知名度,不容易被遗忘,而且可以连续强化广告信息。其缺点是需要足够的预算,而且多适用于无季节性的产品。这需要有实力的企业才能做到。

(2)集中型或间断型。这是指集中力量,抓住几次机会大做广告。这种投放可使有限的预算集中投放,但品牌投资不连贯,易使消费者遗忘,达不到预期的效果。因此,这种方式适用于新产品的上市。

(3)脉动型。这是指广告费投放就像跳动的脉搏一样,多少不定。这种方式既可保证品牌的持续性,又可根据客户不同时期的不同需求加大力度,使广告投入有张有弛,真正做到有的放矢。

当然,媒体费用投放也要注意在不同媒体之间合理安排,比如在电视、广播、报纸、杂志等媒体之间如何分配,在央视、地方电视台之间如何分配,都需要去策划和设计。

(四)广告心理设计策略

广告为目标市场而设计,不同目标群体有着不同的消费心理,消费者怎么想,广告就怎么设计,这样,广告才会在目标群体中产生共鸣。因此,广告设计也要巧用心理。

1. 广告诱导心理策略

所谓广告诱导心理策略,是指抓住消费者潜在的心理需求,通过广告信息诉求,引导消费者主动对企业或产品产生好感和认同,激发其兴趣和购买欲望。

2. 广告迎合心理策略

所谓广告迎合心理策略,是指根据消费者不同性别、年龄、文化程度、收入水平、工作性质,在广告中迎合不同消费者的需求的广告策略。此策略针对目标群体的心理进行设计,顾客有什么样的心理就设计什么样的广告。采用迎合消费者心理需求的广告策略,关键就是,消费者最关心的是产品的哪一方面的内容,广告就突出宣传产品在这方面的特点和相关的信息。

3. 广告猎奇心理策略

好奇心理,人皆有之。广告猎奇心理策略是指在广告中采用新奇的媒体、新颖的形式、独具特点的内容等特殊的手法,使消费者产生强烈的好奇心,从而引发购买欲望的广告心理策略。如某酒店在门外贴出广告:"不许偷看!"出于好奇,食客纷纷进店观看,反而被酒店的香味所吸引,坐下就餐。

采用这种心理战略关键在于用新奇的手法引起消费者的注意,但也要讲究分寸,其怪异程度如果超出了人们的接受能力和承受度,是不会引起人们的好感的,相反会产生排斥心理。

六、广告效果评估

广告效果指的是广告发布以后对受众所产生的影响。广告效果包括广告的传播效果、销售效果和社会效果三个方面。

(一)传播效果

广告的传播效果是指受众人数、受众对广告的印象以及广告引起的心理效应。它并非直接以销售情况作为评估广告效果的依据,而是表现为受众对广告的注意程度、理解程度、记忆程度和反应程度。例如,受众对广告的注意程度越高,则表明信息传播效果越好;受众对广告的反应越强烈,则表明广告信息的传播效果越好。

(二)销售效果

销售效果即以销售情况直接评估广告的效果,但这种评估方法并不十分全面。这是因为销售增长除了受广告影响,还受其他众多因素的影响,这些因素既有产品本身的,也有来自外部的,而且很难把这些因素的影响一一分辨清楚。因此,我们必须多方面考虑,才能公平而精确地评估出广告的真正效果。

(三)社会效果

广告不但要追求最佳的经济效果,而且要注重其社会效果。社会效果主要评定广告的合法性以及广告对社会文化价值观念的影响。企业一般可以通过专家意见法和消费者评判法进行。

第三节 销售促进

销售促进,即营业推广,是指企业运用短期诱因鼓励消费者和中间商购买、经销企业产品或服务的促销活动。

一、销售促进的特点和目标

（一）销售促进的特点

1. 短期促销效果显著

销售促进适合在短期性的促销活动中使用，它不像广告和公共关系那样需要一个极长的时间才可以见效。

2. 是一种辅助性的促销方式

广告和公共关系等这些都是比较经常性的促销方式，而销售促进是非经常性的。这主要是因为销售促进带有贬低产品的意思。所以，销售促进只能作为一种补充销售方式。

3. 具备两个相互矛盾的特征

一方面似乎在告诉消费者机会难得，机不可失，来打破消费者的购买惰性。另一方面有在贬低产品，给消费者一种这种产品不好卖的错觉，进而使消费者怀疑产品本身可能是有问题的。

（二）销售促进的目标

销售促进的目标包括三个方面，具体如下：

消费者：大量购买；争取未使用者；吸引对手的使用者。

零售商：经营新商品；保持高存货；购买落令商品；吸引新零售商。

推销员：推销新商品；寻找新顾客；刺激推销落令商品。

二、销售促进的形式

销售促进的形式主要分为三类，即分别以消费者、分销商、推销人员为促销对象。

（一）针对消费者的销售促进形式

针对消费者的销售促进形式有非价格促销与价格促销两种。

1. 非价格促销

非价格促销，指不以价格手段来达到销售促进的目的，如免费试用、免费服务、奖金或奖品等。

（1）免费试用

为打消消费者对产品质量的顾虑或产品所能带来的利益的怀疑，企业可以采取免费试用的方式，促使消费者下定决心购买产品。

免费试用是敦促潜在消费者购买或使用一种产品的最有效的手段，是让潜在消费者迅速认同并且使用产品的最有效的方式。在买方市场中，"上帝"变得精明、挑剔，这种免费试用其实是"欲擒故纵，先予后取"。例如，许多报纸、杂志采用在一定时间内请消费者免费试阅的方式，由此吸引了一些消费者，而一旦消费者满意便会订阅。

免费试用是成本最高的促销手段。因此，这种方法一般用在一种全新的名气不大，需要且值得花一些代价去促销的产品上；或者是确信一种产品有轻易被接受和认同的优势，只要消费者试用就会产生购买意向。否则,如果试用的产品在性能上与其他同类产品并没有明显的区别,或者其本身品质一般,那么,采取免费试用的促销方式不仅可能徒劳无功,还可能会白白耗费资金。

(2) 免费服务

免费服务是指企业为消费者提供无须付费的服务,目的是使消费者对企业的其他产品或服务产生购买兴趣。例如,如家酒店实施免费宽带上网措施,同时在客房内放置商业管理类书籍、时尚杂志等,供客人阅读,这些做法吸引了不少客源。面对"黄金周"等特殊的时间节点,外出游行者会大量增加,如家酒店也开展了相应的优惠活动,如住3天送1天,从而提高了客房的入住率。

(3) 奖金或奖品

奖金或奖品是指向消费者赠送与所购买的产品相关联的奖金或礼品的活动,其目的也是使消费者对企业的其他产品或服务产生购买兴趣。

例如,商家许诺消费者每次购买都可获得若干积分,积分累积到一定数额就可以兑换奖品;或消费者可收集赠品印花——消费者每次购买时,商家会给予其一张印花,集满若干张后可兑换某些产品。还有一种"自动给付"的兑现形式,即消费者购买了一种产品后可以自动享受以优惠的价格购买另一种产品的权利。由于这个优惠价格等于批量采购的进货价格,因此,提供这一优惠时,商家无须为此多付出任何代价。

包装兑现即用产品包装来兑换现金。例如,收集若干个饮料瓶盖,或积累一整套标志,即可兑换一定数量的现金或产品,企业借此鼓励消费者购买该种饮料。这种方式的有效运用,也体现了企业的绿色营销理念,有利于树立良好的企业形象。例如,口香糖刚问世时,销路不畅,后来企业规定消费者收集一定数量的口香糖糖纸就可以换得一个小礼品,从而打开了市场。

2. 价格促销

价格促销,是指采用价格刺激手段来达到销售促进的目的的形式。价格促销的优点是能吸引消费者的注意力,对消费者具有很强的视觉冲击力;有利于提升产品的短期销售量;价格促销容易操作和控制。当然,价格促销也有缺点,如产品的利润率会明显下降;如果频繁使用,促销效果就会大打折扣,对品牌产生很大的负面影响;折价促销只能达到短期内增加销售量的目的,不能从根本上解决销售不畅的问题,而且如果时机选择不当,可能出现销售量增加而利润下降的现象;容易造成虚假的市场繁荣,误导企业的决策;批发商、消费者的过量购买,会影响以后的销售。

价格促销形式包括价格折扣、以旧换新、优惠券、特价包等。每一种价格促销形式都有其优势和劣势,企业需要根据促销目标及产品定位选择合适的价格促销形式。

(1) 价格折扣

价格折扣是指企业为了鼓励消费者提早付款、大量消费,或鼓励需求低谷时的消费,或鼓励消费者接受相关功能而采取酌情降低价格的策略。常见的价格折扣形式有现金折扣、数量折扣、季节折扣等。

① 现金折扣。现金折扣是对即时付账的消费者给予的价格减让。例如，本来消费者可以在 30 天内付清货款，如果消费者当天便能付清货款，企业就会给予消费者 2% 的折扣。

② 数量折扣。数量折扣是给予进行了大量消费的消费者的价格减让，包括累计数量折扣和一次性数量折扣两种形式。累计数量折扣即规定消费者在一定时间内购买产品若达到一定数量或金额，则按总量给予其一定折扣，其目的是鼓励消费者经常向企业购买，成为长期消费者。一次性数量折扣即规定消费者如果一次性购买某种产品达到一定数量或购买多种产品达到一定金额，则给予其折扣优惠，其目的是鼓励消费者大批量购买，促进产品多销、快销。例如，足球赛的套票平均每场的价格低于单场票价，城市公园和博物馆推出的通用年票平均每次的价格低于单次票的价格。

③ 季节折扣。季节折扣是指企业给予那些购买过季产品的消费者的价格减让，目的是使企业的生产和销售在一年内保持相对稳定。例如，在航空运输产品的总成本构成中，变动成本比重低，而固定成本比重高，从而引致航空运输产品的边际成本很低，增加一位旅客带来的产品成本几乎可忽略，所以，航空公司在淡季提供低折扣是有利的选择。与之类似，在铁路运输、金融产品、宾馆和剧院等行业中，固定成本在总成本中所占的比重高，变动成本在总成本中所占的比重往往很低，所以，在消费的低谷期，它们可以通过薄利多销的方式来获得利润。

(2) 以旧换新

以旧换新是指消费者在购买新产品时，如果能把同类旧产品交给商店，就能抵扣一定的价款，旧产品起着折价券的作用；如果消费者没有旧产品，新产品就只能按原价售出。例如，一台笔记本电脑的标价为 4 200 元，消费者以旧电器折价 400 元购买，则只需要付 3 800 元。

以旧换新的优点是能在一定程度上消除旧产品形成的销售障碍，免得消费者因为舍不得丢弃尚可使用的旧产品而不买新产品；以旧换新实际上是变相降价，但能避免直接降价带来的副作用，能提高一个非知名品牌产品在市场上的竞争力。

以旧换新的缺点与难点是如何对旧产品折价。一般来说，对旧产品的折价需要考虑以下因素：如果新产品定价高，销售利润高，旧产品的折价幅度也可大些；如果同类竞争产品也在搞促销活动，那么折价幅度可大些；可根据回收产品的新旧程度确定折价标准；回收的产品应尽可能地加以利用，以降低促销成本。

(3) 优惠券

优惠券是指企业印发的给予持有人购买产品时一定减价优惠的凭证。由于能够得到减价优惠，优惠券对价格敏感的消费者有很强的吸引力。

例如，我国香港海洋公园给所有持有香港身份证的香港人提供门票优惠，还向游客征集他们曾经在海洋公园拍摄的照片，照片被选中的游客可获得门票优惠。

有时候，生产厂商会直接降低产品价格将其销售给分销商，附加条件是分销商也要降低零售价格，但是，分销商不一定会按承诺降价，而会自己独享生产厂商降价的好处。所以，生产厂商更愿意采用向消费者发放优惠券的降价方式，这样能够确保消费者得到实惠,从而增加销售量。

(4) 特价包

特价包是企业向消费者提供的以低于常规价格销售产品的一种方法。特价包既可以是一件产品单包,也可以是若干相关产品的批量包。

(二) 针对分销商的销售促进形式

1. 购买折扣

为刺激、鼓励分销商购买甚至大量购买本企业的产品,企业会对第一次购买的分销商和购买数量较多的分销商给予一定的折扣优待,购买数量越多,折扣越低。

2. 功能折扣

功能折扣是企业给某些批发商或零售商的一种额外折扣,促使他们愿意执行某种营销功能(如推销、储存产品)。例如,移动通信产品公司通常会给予其指定代理商一定的功能折扣,因为这些代理商会帮助公司推销其业务,并向消费者提供更多的产品。又如,如果经销商同意参加企业的促销活动,则企业卖给经销商的货物可以打折扣。再如,对分销商为产品销售所做的各种促销工作,如刊登地方性广告、布置专门的橱窗等,企业会给予分销商一定的折扣。

3. 免费产品或赠送礼品

企业还可提供免费产品给达到一定购买数量的分销商,也可向其赠送些礼品。

4. 资助

资助是指企业为分销商提供陈列产品的支持,支付部分广告费和部分运费等。例如,协助举办展示会、样品展览会,协助制作产品目录以及印制宣传单、邮寄广告;提供临时周转资金援助;提供店面广告、橱窗广告、灯饰广告所需的用具及资金;提供样品目录手册、广告赠品;等等。

5. 奖励

奖励是指企业对有突出成绩的分销商给予奖励,以激励业绩突出者加倍努力,取得更好的成绩,同时,可激励其他分销商积极促进销售。

例如,雀巢饮料在上海推销时,为了激励分销商,采取的手段是向全市推销点赠送10箱雀巢柠檬茶,条件是收到礼品的商店要张贴广告画。商店面对价值数千元的广告赠品,自然乐意推销,雀巢饮料就此打开了销路,成功入驻上海市场。

6. 经营指导

经营指导就是企业派出经营、销售顾问,为分销商进行经营诊断,找出问题,提出改进意见;提供各种培训服务;提供各种相关的商业情报;对经营、管理、财务等人员进行培训及教育;对进货、产品管理、库存管理、销售、售后等问题给予指导;协助分销商举办各种促销活动。

(三) 针对推销人员的促销形式

以推销人员为目标对象的销售促进形式的目的是鼓励其开拓新市场,包括鼓励推销人员推销某种新产品、促使他们提高销售量等。针对推销人员的销售促进形式主要有以下几种:

推销奖金——对销售额达到一定等级的推销人员给予奖励。

推销竞赛奖——组织销售竞赛,给优胜者以精神或物质方面的奖励,如表彰、奖金、休假、免费旅游机会等。

红利提成——按销售额或所获利润给予推销人员提成。

三、销售促进的控制

销售促进是一种促销效果显著的促销方式,但是,如果使用不当,不仅达不到促销的目的,反而会影响销售,甚至损害企业形象。因此,企业必须对销售促进加以控制。

首先,销售促进应当选择适当的方式,要针对产品的性质、消费者的接受习惯等因素选择合适的方式。

其次,销售促进应当确定合理的期限,期限不能过长,也不能过短。因为,期限过长,消费者会习以为常,这会减弱销售促进效果,甚至会让消费者产生疑问和不信任感;期限过短会使消费者来不及享受销售促进的好处,达不到最佳的促销效果。

最后,销售促进忌弄虚作假。

第四节 公 共 关 系

一、公共关系的概念

"公共关系"简称"公关",缩写为 PR,是指企业采用各种交际技巧、公关宣传、公关赞助等形式来加强与社会公众沟通的一种活动,其目的是树立或维护企业的良好形象,建立或改善企业与社会公众的关系,控制和改变对企业不利的舆论,并且引导各种舆论朝着有利于企业的方向发展。

与广告相比,公共关系更客观、更可信,对消费者的影响更深远。如果企业的形象目前较好,消费者会谅解企业的个别失误;如果企业原有的形象不佳,则任何细微的失误也会造成很坏的影响。因此,企业的形象被称为消费者感知服务质量的过滤器,企业必须树立和维护良好的公共形象。

二、公共关系的类型

公共关系的类型有服务性公关、公益性公关、宣传性公关、联谊性公关、名人公关、危机公关等。

(一) 服务性公关

服务性公关有利于获得消费者的好感。例如,百货大楼派专车请农民进城购物,公交公司设"乘客意见奖"等。法国的化妆业巨擘伊夫·罗歇每年要向消费者投寄 8 000 万封信函,信函内容十分中肯,无一点招徕消费者之嫌,而且他还编写了《美容大全》一书,提醒消费者有节制的生活比化妆更重要。罗歇作为一个经营化妆品的商人能够这样做实在难能可贵,因此他得到了广大消费者,尤其是女性消费者的信赖,其事业自然蒸蒸日上。

竞争是企业发展的动力,竞争者可谓无处不在、无时不有,但在竞争中,双方不要损人利己,要对事不对人,如果竞争双方互相拆台、互相中伤,最终只能两败俱伤,所以要"以和为贵,和气生财"。

又如,在美国最大的百货公司——纽约梅西百货公司的店堂里,有一个小小的咨询服务亭。如果消费者在梅西百货公司没有买到自己想要的产品,那么消费者可以去那个服务亭询问,里面的工作人员会指引消费者去另一家有这种产品的商店,即把消费者介绍到自己的竞争对手那里。这种一反常态的做法收到了意想不到的效果:既获得了广大消费者的普遍好感,招徕更多的消费者,又向竞争者表示了友好和亲善,从而改善了竞争环境。

(二) 公益性公关

企业以开展公益活动、赞助活动、捐赠活动,支持文化、教育、体育、卫生、社区福利事业,参与国家、社区重大社会活动等形式,来塑造企业的社会形象,提高企业的社会知名度和美誉度,赢得消费者的信任和好感。

例如,银行开设"绿色通道"贷款服务,帮助有困难的大学生完成学业;上海五洲商厦推出"领养野生动物"等项目;深圳剧院通过举办艺术家讲座推广高雅艺术。

又如,春节前后,网购使包裹量猛增,民营快递公司进入了"春节模式",或放慢投递脚步,或服务网点停止收件。而中国邮政广大员工365天坚守岗位,用心服务每天,确保全年邮政通信的畅通。节日无休、春节不打烊,为消费者提供正常的收寄服务,已经成为邮政员工工作的一种常态。每逢节假日,遍布全国的邮政网点照样开门营业;身披绿衣的邮递员在大年三十、新年当天仍然坚守岗位,将邮件捎上浓浓的新春祝福送给阖家团圆的人们。各级邮政网点都在利用邮政主渠道优势,合理调配人力、运力资源,做到"不休网、不拒收、不积压",全力保障消费者春节前和春节期间的寄递需求。中国邮政,春节无休,服务不停,有担当,有情怀,赢得了消费者的赞誉,树立了良好的形象。

(三) 宣传性公关

企业可举办新技术或新产品介绍会、博览会和研讨会,也可举办各种招待会、聚餐会、晚会、游园和纪念活动,还可冠名各类研讨会、演讲会、论坛、高峰会、博览会、晚会等,通过这些活动吸引媒体关注,引导媒体主动宣传,这种宣传具有较高的可信度,容易为消费者接受。此外,企业的重大纪念活动也是宣传品牌的绝佳机会,企业可以充分利用各种形式,将企业发展历史、庆典活动等制成录像、照片或光盘加以宣传,从而起到树立品牌形象、提高品牌知名度和美誉度的作用。

了解一下全球大型公司成功塑造品牌形象的过程可以发现,它们最初的品牌形象的成功塑造都得益于媒体有利于自身品牌形象的宣传报道。这规律在高科技领域表现得尤其明显,例如,微软、戴尔、康柏以及思科等公司,最初都是通过在《商业周刊》《财富》等媒体上进行公关宣传而起步的。此外,企业还可以通过接待消费者参观企业,或者实行开放日、参观日、纪念日等措施欢迎消费者参观,向消费者展示新的产品或服务项目,使消费者有机会更深入地了解企业。

例如,法国白兰地在美国市场上没有贸然采用常规手段进行销售,而是借当时的美国总统艾森豪威尔67岁生日之际,把窖藏达67年之久的白兰地作为贺礼,派专机送往美国,同时宣布将在总统生日当天举行隆重的赠送仪式。这个消息通过新闻媒体传播到美国后,一时间成了美国的热门话题。到了艾森豪威尔总统生日那天,为了观看赠酒仪式,不少人从各地赶来。就这样,新闻报道、新闻照片、专题特写层出不穷,法国白兰地在欢声笑语中昂首阔步地走上了美国的国宴和家庭餐桌。

(四)联谊性公关

联谊性公关是企业以实现坚定的合作目标为宗旨,为了增进了解、加深感情、促进信息沟通和感情交流而开展的一种公共关系专题活动。

联谊性公关若按从低级到高级的运动发展规律来分析,一般可分为以下三个层次。

(1)感情型,即以联络感情为主要内容的活动。其形式主要有互致信函、互赠纪念品、出席庆祝活动等。这类活动以建立初步的良好形象,为以后的联络奠定较好的感情基础为目的。

(2)信息型,即以互相沟通信息为主要内容的活动。其形式为双方就所掌握的有关信息进行交流,如技术信息、合作信息、市场信息、产品信息、竞争信息等。这类活动能使各方建立合作伙伴关系,并共同获益。

(3)合作型,即以经济合作为主要内容的活动。这类活动是一种高层次的活动,是联谊性公关成果的最终体现,也是一种最具实质性的联谊性公关。

(五)名人公关

企业可以邀请名人参与相关的活动以产生"名人效应",扩大市场影响。

例如,大学聘请著名作家、著名导演分别担任文学院和影视学院的院长,电影制作与拍摄邀请知名导演、知名演员参加,电视台邀请知名人士担任电视节目的主持人等都属于名人公关。

(六)危机公关

一旦危机来临,企业就必须迅速启动应急计划并开展危机公关。

首先,成立危机管理小组。危机不等人,企业要迅速建立危机管理小组,制定或审核危机处理方案及其方针和工作程序,尽快控制形势。危机管理小组应以企业决策层为中心,并吸收部分公关专家、技术专家和新闻宣传专业人士。小组成员的选择不仅应考虑其个人素质和才能,如视野开阔、处事冷静、决策迅速、表达清楚,还要考虑他们个人在组织中的地位、身份,以及他们对企业和企业所在行业与环境的了解程度。

其次,确定新闻发言人,尽快传递企业消息,要妥善处理与舆论界的关系。

再次,尽快调查并公布事件真相,澄清事实。危机发生之后,企业应迅速抢救受害公众,降低危机影响程度,并在将最新情况告知公众的同时,尽快查明危机根源。如果是企业自身的原因,企业就应勇于承担责任,向公众道歉;如果是其他因素所致,企业也应将事实告知公众,减轻企业自身的压力。此时,邀请权威技术机构介入,对危机事件的真相进行调查与论证,可提高信息的可信度,对于减少谣传、寻求媒体与公众的理解尤其有好处。

最后,要提出危机的解决方案和补偿方案,亡羊补牢。

思政园地

有效传播中国品牌

最近几年,"出海"成为中国品牌创造下一个增长曲线的必经之路。为了尽快攻克海外市场,中国企业急需有经验的营销公司提供国际营销传播方案,众多国内外知名营销传播机构都在为争抢这块"蛋糕"摩拳擦掌。成立于 2017 年的聚联传播咨询(Webridge Consulting)成为这场竞争中的一匹黑马。公司联合创始人兼首席营销官(CMO)张子腾表示,在成立短短的 5 年时间里,除了中国驻外机构、中国教育考试中心等政府机构类客户,公司还累计服务了 20 余个中国企业 500 强客户。2021 年,公司营收增长近一倍。聚联传播目前主要有两大业务:一是为中国企业和机构提供全球范围内的品牌管理与数字营销、公共关系、广告创意策划和活动管理等专业服务。具体来说,国内绝大部分的本土营销机构都没有做"出海"业务的能力。聚联传播相当于"丙方",为国内本土营销传播机构等"乙方"提供"出海"方案,共同服务甲方客户。二是开发了海外营销 SAAS 平台——"海豹全球营销服务平台",把聚联传播多年积累的海外媒体与通讯社、海外网红等营销与传播资源集中在平台内,为国内企业客户、国内营销传播行业从业者提供更便捷的海外资源采买与策略支持服务,目前已上线内测版本,仅海外媒体一项就涵盖了海外 5 万多个媒体记者的资料和数据。

资料来源:对话张子腾|营销圈的"出海黑马",让世界更懂中国品牌[EB/OL].搜狐网,https://www.sohu.com/a/519957727_100246910,2020-8-23.

第五节　人 员 推 销

一、人员推销的特点及基本形式

人员推销即由推销人员直接与消费者接触、洽谈、介绍产品,对其进行说服,促使其采取购买行为的活动。

（一）人员推销的特点

推销是一项综合艺术,需要推销人员融知识、天赋和才干于一身,需要推销人员在推销过程中根据不同的环境和不同的消费者灵活运用多种推销技巧。其主要特点如下：

1. 双向性

人员推销并不是传递信息的单向活动，而是信息传递与反馈的双向沟通过程。一方面，推销人员通过向消费者宣传、介绍产品的有关信息，达到招徕消费者、促进产品销售之目的；另一方面，推销人员通过与消费者接触，可以及时了解消费者对本企业或产品的评价。

2. 灵活性

由于市场环境和消费者需求的不确定性，推销活动必须灵活运用推销原理和技巧，适当地调整推销策略和方法。

3. 说服性

为了争取消费者的信任，让消费者接受产品，推销人员必须耐心地将产品的特点和优点向消费者进行宣传和介绍，争取让消费者认可本企业的产品或服务，并且愿意购买本企业的产品或服务。

（二）人员推销的基本形式

1. 上门推销

上门推销是最常见的人员推销形式之一。它是指推销人员通过携带产品的样品、说明书和订单等走访消费者来推销产品。这种推销形式可以针对消费者的需求提供有效的服务。

2. 柜台推销

柜台推销又称门市推销，是指企业在适当地点设置固定的门市，由营业员接待进入门市的消费者，对其进行产品推销。由于门市里的产品种类齐全，能满足消费者多方面的购买需求，为消费者提供较多的购买方便，并且可以保证产品安全无损，消费者乐于接受这种方式。

3. 会议推销

它是指利用各种会议向与会人员宣传和介绍产品，开展会议推销。这种推销形式接触面广、推销集中，可以同时向多个推销对象推销产品，成交额较大，推销效果较好。

二、人员推销的优缺点

（一）人员推销的优点

1. 可与消费者直接对话，进行信息的双向沟通

一方面，人员推销可以向消费者介绍企业的现状，介绍产品的特点、价格等信息，提高信息的透明度；另一方面，消费者可以向推销人员反馈其对产品质量、价格、功效是否满意及真实需求等信息。

2. 针对性强，易促成购买

人员推销可使推销人员直接观察消费者的态度和反应，及时调整推销策略，可以根据消费者的特点和反馈调整自己的工作方法,及时答复和解决消费者提出的问题,消除消费者的疑虑和不满意感,从而促成消费者的购买。

3. 有利于建立良好的合作关系

面对面的接触容易使双方从单纯的买卖关系发展到建立起个人友谊,进而保持长期的业务关系。

例如,北京市王府井百货大楼优秀营业员张秉贵以"一团火"的精神,热心为消费者服务,创立了"张秉贵品牌",大大提高了王府井百货大楼的知名度和美誉度,给王府井百货大楼创造了巨大的经济效益和社会效益。张秉贵在企业内部也起到了很好的模范带头作用,推动了企业整体服务水平的提高。

上海华联商厦的"照相机状元"王震以"知识服务"著称,号称"百问不倒"。当消费者有疑问时,他还帮助消费者查阅历史资料、图片资料、技术资料,以便消费者获得他们所需要的信息。在照相机柜台的另一边,他开设了一个经典照相机收藏阁。无论是价格多么高昂的照相机,无论消费者购买与否,只要消费者提出要求,王震就会从口袋里掏出白手套请消费者戴上,之后消费者便可自由操作那些照相机,白手套缩短了营业员与消费者之间的距离。

(二) 人员推销的缺点

首先,对推销人员的要求较高。人员推销的效果直接取决于推销人员素质的高低,企业为了使员工胜任推销工作,所花费的相关培训成本也比较高,要选择和培养出理想的能够胜任职务的推销人员比较困难。

其次,人员推销的成本较高。人员推销能直接接触的消费者数量有限,而各种费用(差旅费、住宿费、交通费、补贴等)又高,这就提高了产品销售的成本,削弱了产品的竞争力。

最后,为调动推销人员的积极性所支付的激励成本也比较高。

三、人员推销的基本流程

完整的人员推销过程,一般包括访问准备、约见消费者、洽谈沟通、达成交易、售后服务、跟踪反馈这六个阶段。

(一) 访问准备

访问准备是指为推销活动做好必要的准备。访问准备包括资料准备和规划准备两个方面,具体又包括了解消费者、了解产品、了解竞争者及其产品、确定推销目标、制定推销策略五个方面。

(二) 约见消费者

推销人员做好必要的准备和安排后,即可约见消费者。约见是推销的开始,约见能否成功是推销能否成功的先决条件。推销人员接近消费者时应讲究时间、地点、方式、方法方面的策略,在恰当的时间、恰当的地点与恰当的对象做一笔适当的交易。

（三）洽谈沟通

推销洽谈是推销人员向消费者传递信息并进行双向沟通的过程，也是推销人员运用各种方式、方法、手段与策略说服消费者购买的过程。

（四）达成交易

达成交易是指消费者同意接受推销人员的建议，并做出购买行为。

交易环节要注意明确以下几个方面的内容：产品的种类，包括名称、牌号、商标、型号、规格等；产品质量，包括品质要求、技术、卫生标准、产品等级等；产品数量，包括成交总量及计量单位等；产品价格，包括基本价格、折扣率等；期限与方式，包括何时付款、现金或电子支付等；交货方式，包括送货、提货方式等；保证措施，包括损坏产品的索赔、质量问题的承担、维修等；其他，包括违反合同的索赔与处罚等。

（五）售后服务

达成交易并不意味着推销过程的结束，售后服务同样是推销工作的一项重要内容。对计算机、电视、空调等产品来说，售后服务是成交后一项重要的工作。

（六）跟踪反馈

推销人员每完成一项推销任务，都必须继续保持与消费者的联系，加强信息的收集与反馈。这样既有利于企业修订和完善营销决策、改进产品或服务，也有利于更好地满足消费者需求，争取更多的回头客。

四、推销人员的报酬

（一）薪金制

薪金制是指在一定时间内，无论推销人员的业绩如何，均可以在一定的工作时间内获得一定的报酬。这种报酬形式主要以工作的时间为基础，与推销工作的效率没有直接联系。

薪金制的优点是推销人员具有安全感，有利于稳定企业的推销队伍；管理者能对推销人员进行最大限度的控制，在管理上有较大的灵活性。

薪金制的缺点是缺乏弹性，缺少对推销人员的激励，较难刺激推销人员开展创造性的推销活动；容易产生平均主义，形成吃"大锅饭"的局面。

（二）佣金制

佣金制与薪金制不同，即企业根据推销人员在一定时间内的推销工作的效率来支付报酬，它有较强的刺激性。

佣金制的优点是能够把收入与推销工作的效率结合起来，为了增加收入，推销人员就得努力工作，并不断提高自己的推销能力；简化了企业对推销人员的管理，有利于控制推销成本。

佣金制的缺点是收入不稳定，推销人员缺乏安全感；企业对推销人员的控制程度低。因为推销人员的报酬是建立在推销业绩或利润的基础上的，在业务进入低潮期时，优秀的推销人员的离职率高。

(三) 薪金加奖励制度

企业在付给推销人员固定薪金的同时又发给其不定额的奖金。这种形式实际是上述两种形式的结合,一般来讲,它兼有薪金制和佣金制的优点,既能保障管理部门对推销人员的有效控制,又能起到激励推销人员的作用。目前越来越多的企业开始采用这种形式。但这种形式实行起来较为复杂,增加了管理部门的工作难度。

五、推销人员的考评

为了加强对推销人员的管理,企业必须对推销人员的工作业绩进行科学、合理的考评。推销人员的业绩结果既可以作为支付报酬的依据,又可以作为企业人事部门决策的重要参考指标。

(一) 考评资料的收集

考评资料的来源主要有推销人员的销售报告、企业销售记录、消费者意见及企业内部职工的意见、推销总结报告等。

1. 推销人员的销售报告

销售报告可分为销售活动计划报告和销售活动业绩报告两类。销售活动计划报告包括地区年度市场营销计划和日常工作计划,它可作为推销人员合理安排推销活动日程的指导,可展示推销人员的地区年度营销计划和日常工作计划的科学性、合理性。销售活动业绩报告主要包括已完成的工作业绩,从中可以了解销售的情况、费用开支情况、新业务拓展情况等多方面的推销业绩。

2. 企业销售记录

企业内的有关销售记录、消费者记录、区域的销售记录、销售费用的支出等都是考评推销人员的宝贵参考资料。企业利用这些参考资料可计算出某一推销人员所接订单的毛利,或某一规模订单的毛利,这对于考评推销人员的业绩有很大的帮助。

3. 消费者意见

考评推销人员应该听取消费者及社会公众的意见。有些推销人员的业绩很好,但在消费者服务方面做得并不理想,在产品紧俏的时候更是如此。企业通过对消费者投诉和消费者调查的结果进行分析,可以看出不同的推销人员在完成推销产品这一工作任务的同时,其言行对企业整体形象的影响。

4. 企业内部职工的意见

这一参考资料主要来自经营经理、销售经理及其他有关人员的意见,推销人员内部的意见也可作为参考资料。这些资料可以提供有关推销人员在合作态度和领导才干方面的信息。

5. 推销总结报告

推销总结报告是推销人员对工作效率的自我诊断,也是企业销售经理检查、指导和帮助推销人员工作的重要依据。推销总结报告包括四个方面的内容:一是推销人员取得的成绩;二是工作中存在的问题;三是对存在问题的原因分析;四是工作改进措施。

（二）建立考评标准

企业要考评推销人员的业绩，一定要有良好而合理的标准。业绩标准应与销售额、利润额和企业目标一致。一般来说，考评标准有两种，即定量考评和定性考评。

1. 定量考评

定量考评的指标包括销售量、毛利、访问率、访问成功率、平均订单数量、销售费用、销售费用率、新消费者数量。

2. 定性考评

定性考评的指标包括推销技巧、与消费者的关系、自我管理能力、产品及营销方面的知识、合作精神与工作态度等。

企业对推销人员的考评应采用定量考评和定性考评相结合的方法，综合分析评价，使考评标准成为一种动力而不是束缚，避免推销人员产生不满、抵触等不良情绪而影响考评的效果。

考评标准不能一概而论，企业应充分了解整个市场的潜力和每一位推销人员在工作环境和推销能力上的差异。

> 同步案例
> 华为胡厚崑宣布将调整员工绩效考核标准，降低销售业绩权重

本章小结

企业的营销沟通方式有多种，包括广告促销、人员推销、销售促进、公共关系等，将这些方式有选择地搭配起来使用才能达到最佳效果，这就是促销组合。为此，首先应了解各种营销沟通方式的特点、适用性及影响沟通组合决策的主要因素。除了了解各种促销方式的特点以外，企业制定促销组合决策时还需考虑到其他一些基本的影响因素：产品种类及市场类型、促销目标、沟通的总策略、产品所处生命周期阶段等。制定促销策略的步骤：确定目标受众，明确促销目标，构思促销信息，选择媒体，编制预算，构建促销组合以及对促销效果进行评价。

关键术语

促销　促销组合　广告　推销　销售促进　公共关系

练习与思考

一、单项选择题

1. 以下属于广告设计的原则的是（　　）。
   A. 真实性与艺术性相结合的原则　　　　B. 针对性
   C. 社会性　　　　　　　　　　　　　　D. 以上都是

2.（　　）是指广告设计不能总站在企业或产品角度去思考问题，而应该站在消费者角度去思考和设计。
   A. 柔软性策略　　B. 竞争性策略　　C. 一贯性策略　　D. 以上都不是

3. 完整的人员推销过程,一般包括访问准备、约见消费者、（　　）、达成交易、售后服务、跟踪反馈这六个阶段。
　　A. 接近消费者　　　B. 洽谈沟通　　　C. 异议消除　　　D. 推销管理
4. 以下不属于促销组合主要构成要素的是（　　）。
　　A. 广告促销　　　B. 人员推销　　　C. 免费试用　　　D. 公共关系
5. （　　）策略针对目标群体的心理进行设计,顾客有什么样的心理就设计什么样的广告。
　　A. 诱导策略　　　B. 猎奇策略　　　C. 震惊策略　　　D. 迎合策略

二、判断题

1. 促销工作的核心是沟通信息。　　　　　　　　　　　　　　　　　　　　　　　（　　）
2. 薪金制的缺点是收入不稳定,推销人员缺乏安全感;企业对推销人员的控制程度低。（　　）
3. 与广告相比,公共关系更客观、更可信,对消费者的影响更深远。　　　　　　　（　　）
4. 上门推销是最常见的人员推销形式之一。它是指推销人员通过携带产品的样品、说明书和订单等走访消费者来推销产品。　　　　　　　　　　　　　　　　　　　　　　（　　）
5. 提醒式广告以满足消费者惯性需求为主,用来提醒顾客注意企业的产品,加深记忆,提高重复购买率。在产品成熟期和衰退期经常被使用。　　　　　　　　　　　　　　（　　）

三、简答及论述题

1. 简述广告心理设计策略。
2. 简述人员推销的优缺点。
3. 简述销售促进控制的方法。

请用手机微信扫二维码
查看"练习与思考参考答案"

实训项目

案例分析

VC 花旗参含片江苏促销推广

一、市场背景及分析

（一）江苏市场分析

江苏城市化程度高,市民平均收入水平高,消费者综合素质高,商业环境成熟,媒体影响力强劲。综合以上分析,江苏市场重点城区确立为无锡、苏州两地,并通过苏州的广告运作,主要是报纸广告积极覆盖、辐射、影响,拉动以长三角为重点的江苏全境。

（二）目标消费人群的定位与分析

综合分析,目标消费人群定位为青少年、妇女、中老年人。这部分人群存在以下基本特征：家庭月收入 6 000 元以上;普遍学历较高,有一定社会地位;工作忙碌紧张,承受巨大的工作压力、生活压力和精神压力。对于城市青少年、妇女、中老年人,应以攻心为上,以情感诉求为主。首先由"什么地方的女人最辛苦"和"女人辛苦,谁来疼"这两个话题的讨论,为"色斑的治疗""导致衰老的十大原因"等概念造势,塑造为理解、关爱白领女性、青少年、老年人健康专家的品牌形象。

(三) 竞争环境分析

(1) 竞争概况:南京、苏州与长三角地区已深度融合,形成了一个几乎融为一体的大都市圈。快节奏的都市工作日渐改变着人们的生活、健康和心态,体质差、免疫力低已成为当今典型的都市病。

(2) 强势品牌有"万基""喜悦""鹰牌"。

(3) 颗粒、胶囊两种剂型便于携带、便于服用,从口感到方便性上各有千秋。

(4) "VC 花旗参含片"这个品牌名称易记而传神,富于西洋文化气息,引人联想,便于传播。

(5) 在针对青少年、女性、老年人因劳心劳神导致的疲劳、压力症状的治疗保健领域,尤其是直接针对消费群方面,存在巨大的市场空白。

二、产品定位与策划

(一) 产品功效定位

增强人体免疫力,青少年可减少感冒;增加皮肤弹性,阻止黑色素的形成,女性可美白肌肤,预防色斑,促进胶原蛋白的产生;保护关节,加速伤口愈合,中老年人可延缓衰老。

(二) 形象代言人

热爱生活、努力工作、善待人生的普通白领女性。要求:

自信、健康、雍容。

(三) 主题广告语

(1) 增强生命动力,激发飞扬神采。

(2) 营造雍容心态,激发飞扬神采。

(3) 健康,雍容,飞扬,VC 花旗参含片。

(4) VC 花旗参含片,让平凡工作处处迸发激情时刻!

(5) VC 花旗参含片,轻松工作,健康生活。

(6) VC 花旗参含片,让工作成为享受;VC 花旗参含片,让疲劳和压力随风而去。

(7) VC 花旗参含片,为劳累的苏州(或南京等)注入健康。

三、总体促销策略

(一) 阶段性广告计划(苏州市场试销期)

(1) 12 月 18 日:报纸广告,整版;特刊发布 VC 花旗参含片世纪宣言;主题为"来自美国上等花旗参"。

说明:12 月 18 日举办"向苏州新闻工作者倾情赠送仪式"暨 VC 花旗参含片新闻发布会。主题为"关爱社会良知,关注行业自律"并发布相关新闻报道。请记者刊发新闻发布会相关文稿和"男人累"话题的相关讨论文章。

(2) 12 月 20 日:报纸广告。主题为"疲劳的你,快乐吗?"开设"现代都市论坛"专版,发布"什么样的女人最累?""女人累,谁来疼?"的话题讨论,向社会征稿,对所有来稿有选择地发布。引发社会大众对"VC 花旗参含片"的关注和认知。

(3) 2005 年 1 月 2 日:报纸广告;主题为"你注意到孩子的健康了吗?"发布"面临中、高考的孩子需要关怀"的话题并向全社会征文。

(4) 其他方式:媒体广告,传播上市信息,宣传以"增强生命动力,激发飞扬神采"的主题广告语为核心内容的产品信息,节假日前后发布礼品诉求广告。

(5) 12月23日：报纸广告。圣诞节礼品诉求(硬版)：圣诞节到了,老婆却还在上班,我要给她一个惊喜。VC花旗参含片,给女人无微不至的关怀……

(6) 12月26日：报纸广告。硬版主题：圣诞节后,我想对你说："我只在乎你!"

(7) 元旦礼品广告：元旦节到了,新的一年要有一个新的开始,见到老婆因工作疲劳引发满脸……我的心都碎了,我要让我老婆充满活力！花旗参含片,健康活力之……"好男人怎能让心爱的女人受一点点伤"。

(8) 春节礼品广告：新年到,常回家看看,老爸身体最近越来不好,人衰老了很多。听说,市场上推出了一种能有效消除疲劳的产品,叫……VC花旗参含片……何不新年到,财神到,健康到,什么都到!

(9) 情人节礼品广告："2.14是情侣浪漫的日子,每年老婆都会定时为我送上不少礼物,并深情地说：我爱你。今年我也要给她一个惊喜：VC花旗参含片,要记得喝哟!"

(二) 征稿和软文

(1) "在他乡漂泊的日子"征文(以第一人称述说一个在苏州打工者的那种紧张而疲惫的心)。

(2) "我的父亲母亲"征文(倡导年轻人对父母的一种关爱、反哺心理)。

(3) VC花旗参含片,恢复我的自信(补肾功能,提高患者的性功能)。

(4) VC花旗参含片,安心的感觉真好(养颜美容,以女性为主角,服用后,皮肤好,心情不再烦躁)。

(三) 地面促销

(1) 对相关营业员、促销员进行产品知识、推介技巧的培训与灌输。一方面通过日常的大量接触逐步沟通,另一方面与各连锁药业、商业单位相关部门保持联系,以一定频率集中、统一、大规模地进行。

(2) 店面现场促销。时间：天气适宜的节假日；地点：地处繁华地段,过往人群很多的药店、超市门前；主题形式：现场科普宣传,散发宣传资料,产品集中陈列与堆码等。

(3) 社区推广：时间一个礼拜一次,最好是星期四晚上。白天没人有空,而休息日的晚上又各有安排,宜选在星期四晚上。地点是物业管理较好的小区,有自己活动室,居住人员为收入较高的人群。形式采用与社区管理合办,建立健康俱乐部,推广健康的重要意义。

(4) 大中型现场促销活动一(主题："相约圣诞"VC花旗参含片与你猜猜猜)

地点：商业广场。

内容：舞台表演、金牌主持人主持竞猜问答游戏和文娱节目表演。

大型活动二(主题：让爱做主——来自VC花旗参含片的祝福)

爱情卡：玫瑰心情、初恋情怀、永结同心、天长地久、幸福美满

友情卡：流金岁月、同窗好友、美丽人生、有你相伴、锦绣前程

亲情卡：舐犊之情、养育之恩、家人健康、浪子归乡、深情祝福

大型活动三(主题："亲情、友情、爱情"礼轻情意重,做个有情人,新年的礼物你准备好了吗?)

背景音乐：《流浪歌》《常回家看看》等

大型活动四(主题："寻找幸福的女人"或"做个有情人"——VC花旗参含片,给我最爱的人!)

背景音乐：《铁达尼号》《九百九十九朵玫瑰》

活动细则：凡到场是情侣、夫妻的均可获赠一朵红玫瑰,游戏节目是夫妻吹气球、情侣二重唱。

思考讨论：

(1) VC花旗参促销推广选择以江苏作为试销地点的原因是什么？

(2) 你认为VC花旗参促销有哪些地方吸引你？

(3) VC花旗参推广过程中采用了哪些促销策略？

实战演练

第一步,推销洽谈实施

(1) 各小组由组长抽签,选出项目实施的顺序。
(2) 第一组布置项目实施场景。
(3) 第一组实施洽谈。要注意结合实际情况,选择最佳的产品介绍方案和最恰当的洽谈方法。
(4) 第一组结束,其他小组与教师根据评分表进行评价和打分。第二组布置该组的项目实施场景。
(5) 第二组实施洽谈。洽谈结束,其他小组与教师根据评分表进行评价和打分。
(6) 以此类推,洽谈演示全部结束。

第二步,评分,得出各小组打分的平均成绩,并评出最优小组。

第三步,点评。学生可以点评,学生点评后由教师对每个小组的表现点评。

第五篇
市场营销管理

第十一章
市场营销计划、组织、执行与控制

学习目标

知识目标

明确市场营销计划的概念、内容,掌握市场营销组织的形式及设置原则,明确市场营销执行与控制的内容与过程。

能力目标

能够运用相关知识分析企业的营销管控行为。学会制订营销计划以及相应的控制方案。

素质目标

树立大局意识、全局意识,强化团队合作意识,提升创新能力。

思政目标

明确闭环管理在营销整体工作中的基础作用。理解践行营销理念对降本增效的重要性。

思维导图

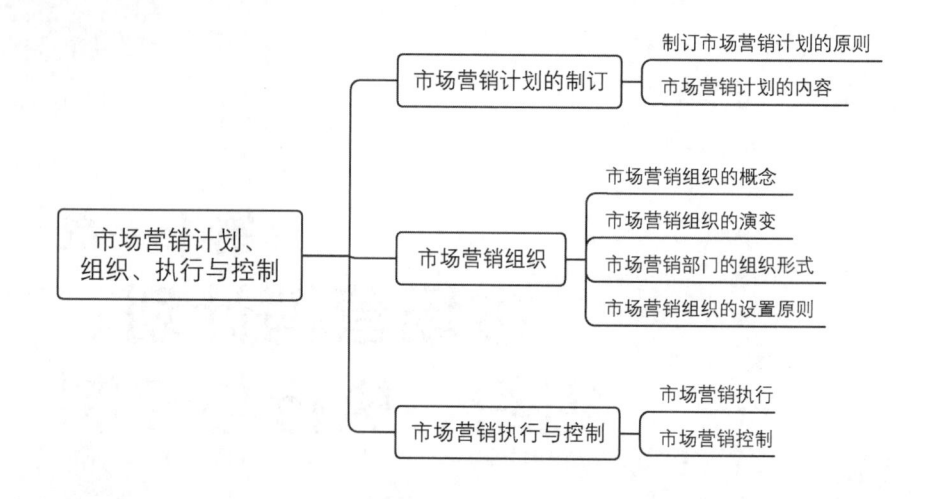

- 市场营销计划、组织、执行与控制
  - 市场营销计划的制订
    - 制订市场营销计划的原则
    - 市场营销计划的内容
  - 市场营销组织
    - 市场营销组织的概念
    - 市场营销组织的演变
    - 市场营销部门的组织形式
    - 市场营销组织的设置原则
  - 市场营销执行与控制
    - 市场营销执行
    - 市场营销控制

导入案例

河南苏宁 2019 年营销计划：智慧零售

2019 年到来之际，河南苏宁快速推进智慧零售业态在中原落地，线上线下融合优势日益彰显，形成了以零售为核心、多产业融合发展的产业格局。

质量提升的同时，后台服务建设也在全面推进。苏宁物流"次日达""半日达"服务已覆盖全区域，航空港区华中物流枢纽项目、跨境电商项目、马寨物流二期项目相继开工建设。从苏宁 2019 年营销计划看，开发战略是核心，精细化运营是根本，两大两小多专模式是依托。"两大"是指苏宁广场和苏宁易购生活广场，"两小"是指苏宁小店和苏宁零售云店，"多专"则涵盖苏宁极物、苏鲜生、苏宁红孩子、苏宁汽车超市等专业店面。

资料来源：龚旭.深耕智慧零售全场景互联，河南苏宁发布 2019 发展攻略[N].大河报，2019-01-25.

第一节 市场营销计划的制订

市场营销计划是指在研究目前市场营销状况，分析企业所面临的主要机会与威胁、优势与劣势以及存在问题的基础上，对财务目标与市场营销目标、市场营销战略、市场营销行动方案以及预计损益表的确定和控制。企业要想提高市场营销效能，必须学会如何制订和执行正确的市场营销计划。

一、制订市场营销计划的原则

（一）充分体现企业的市场发展战略

市场营销计划是落实市场营销战略的具体化、程序化和科学化的运行方案，是指导、协调市场营销活动的主要依据。制订市场营销计划,不论是长期的,还是中期、短期的,都要紧紧围绕企业的市场发展战略。为此,企业必须把握住两点要素:

(1) 市场营销计划应始终与企业的发展战略方向保持一致。例如,企业发展战略中把建立跨行业、跨地区、跨国界的企业集团作为发展目标,那么,市场营销计划就应当根据这一战略方向来制订,并在长期和中短期计划中不同程度地贯彻落实这一战略意图。

(2) 市场营销计划制订过程中,应把战略目标具体落实到短期、中期和长期的计划中,并通过具体量化的指标和实现方法、实施程序来体现。如在长期计划中,确定目标期实现多少个片区市场、占有多少市场份额,同时,对扩展目标市场的次序,采用的分销、促销方式等做出明确的计划。又如年度计划拟定出当年计划扩展的目标市场,并定出量化指标(如占领区域的覆盖率、销售额和增长百分比等)。如果技术上可能,还应将年度计划任务进一步分解到每一季度中加以落实。

(二) 遵循市场规律,循序渐进

在制订市场营销计划时,首先应对企业面临的市场进行认真的调研。这是制订计划过程的第一阶段,也是基础的或准备的阶段。在进入第二阶段即制订计划阶段后,还需要循序渐进地开展如下工作:

1. 充分了解并掌握企业自身的实际情况

这是制订计划的另一个重要依据。计划的任务就是要对企业内部资源作充分考虑,使之更适应外部变化的环境。

2. 群策群力,多方聚焦

市场营销计划作为企业未来一个时期的工作指南,涉及各个部门,而且一旦确定并颁布,就要求整个各个部门齐心协力地去实施、完成。因而,市场营销计划的制订不只是营销部门的事情,应当广泛听取各部门的意见,吸收采纳其合理和正确的意见与建议。市场营销计划在草拟成文之后,还需反复征询各方意见,以便真正切入企业实际,更准确地反映市场运行规律。

3. 由远及近,先长后短

市场营销计划分为长期、中期和短期计划。在制订计划时既不能将之混合,也不能割裂开来,更不能次序颠倒。具体而言,在制订计划时,避免采用长期、中期、短期计划混在一起的"一揽子"计划,因为那样的计划内容表述势必含糊不清,任务、目标与方法等重要方面都不明确、具体,在执行、实施上也不便操作,在检查、考核计划完成情况时更会出现困难。因此,各期计划必须分开、分别制订,制订时要考虑它们之间的有机联系。中期、短期计划要贯彻长期计划精神,分担长期计划的任务目标,短期计划要贯彻落实中期计划的任务目标,从而做到方向一致、相互支持,且各有侧重及特色。一般而言,计划时间越短,就越应具体。在制订的顺序上,应首先着眼于长期计划,其次为中期计划,最后才是短期计划。

(三) 抓住关键,明确表述

市场营销计划并非工作流程或企业备忘录,不可能也不应该太详尽,而应抓住企业营销中的关键性问题。如企业产品如何定位,定位的品种、产量、质量指标,销售量、利润完成额,市场占有率以及新产品开发、销售促进、市场拓展等关键或重大事项应作为计划的主要内容,其他一般性管理和日常事务性问题不必列入计划,以免主次难辨、轻重不分。同时,在计划中,对诸项重大问题应当进行具体而明确的规定或要求,避免用模糊的语言进行表述。为此,目标任务应采用定量化的标准予以界定和表述,如到××年实现销售××万元;生产(或销售)××品种××单位数量,实现利润××万元等。对不能或不宜量化的目标任务,也应用文字简明而准确地予以表达,避免使执行者产生误解,或出现解释分歧,给今后计划的执行、衡量和检查带来困难。

(四) 切实可行,并根据环境的变化及时调整

没有可行性的市场营销计划是注定要失败的。要使市场营销计划具有较高的可行性,在计划制订时就应特别注意遵循市场规律,实事求是,把计划建立在科学、合理预测的基础上。为此企业必须置身于市场营销环境之中,充分分析机会和竞争优势,而不是只按自己的主观愿望行事。

市场营销计划一旦制订并颁行,一般应相对稳定,不能朝令夕改。但是,市场是不断变化的,而企业的战略要随着市场环境的变化而变化。在计划实施过程中,当企业外部环境发生未预料到的变化时,应对计划进行相应调整,这也是保证计划能够切实可行的重要保障。当然应该注意的是,调整和修改计划不能过于频繁,也不能太随意或太草率。

二、市场营销计划的内容

市场营销计划包括几个部分,各部分的详细程度可能因企业要求的不同而不同。大多数市场营销计划主要包括以下内容:计划概要、市场营销现状、机会与问题分析、营销目标确定、确定营销战略、形成行动方案、预算、控制。

(一) 计划概要

计划概要是对本计划的主要市场营销目标做简短的概述,目的是让上一级的管理人员或有关人员能够很快了解、掌握计划的核心内容。

(二) 市场营销现状

这一部分负责提供与企业所面临的宏观环境和市场环境(市场、产品、竞争、分销)相关的营销计划背景资料,并对这些背景资料逐一进行剖析。

1. 市场情况

市场情况即关于企业所服务的市场的基本状况,包括市场的规模与增长,过去几年的销售总量与销售总额,不同地区或细分市场的销售量与销售额,顾客的需求情况。

2. 产品情况

产品情况即过去几年中各主要产品的销售、价格及利润等资料。

3. 竞争状况

竞争状况是主要的竞争者以及他们的规模、目标市场、市场占有率、产品质量、市场营销策略以及任何有助于了解他们的意图和行为的资料。

4. 分销状况

分销状况提供各种系列产品在各个分销渠道和各种渠道地位的变化。这种变化不仅

包括分销商和经销商能力的变化,也应包括激励他们时所需的价格和交易条件的变化。

5. 宏观环境

宏观环境主要阐述影响该产品市场营销的宏观环境因素,即人口、经济、技术、政治与法律、社会文化的趋向及其对企业营销的影响。

(三) 机会与问题分析

机会与问题分析主要是 SWOT 分析,SWOT 中,S 为 Strength(优势)的缩写,W 为 Weekness(劣势)的缩写,O 为 Opportunity(机会)的缩写,T 为 Threat(威胁)的缩写。SWOT 分析以描述市场营销现状的资料为基础,找出企业面临的主要机会与威胁、优势与劣势及主要问题。

1. 机会与威胁分析

对来自外部可以左右企业发展的因素进行分析,找出企业所面临的主要机会与威胁。应把机会与威胁分出轻重缓急,使更重要、更迫切的机会与威胁能受到特别关注。

2. 优势与劣势分析

对来自企业内部的资源状况进行分析,找出企业的优势与劣势。通过对企业自身优势与劣势的分析和比较,更客观地找准在市场中的位置,制定更有效的决策,实现企业的营销目标。

3. 主要问题分析

用机会与威胁、优势与劣势分析的结果来确定在计划中必须强调的主要问题,对这些问题的决策将会影响目标的制定、策略和战术的运用。

(四) 营销目标确定

计划人员明确问题的所在以后,在企业战略思想的指导下,必须确定财务目标和营销目标,用以制订随后行动的方案。营销目标应该具有一定的标准。首先,每一个目标应该有一个既明确又能测量的形式,并且有一个应该完成的规定期限。其次,各个目标应该具有内部统一性。再次,各类目标应该有层次性,如果可能,目标应该从高到低非常清楚地排列。最后,这些目标是可以达到的,但是又具有足够的挑战性,能激发员工的最大努力。

(五) 确定营销战略

营销目标说明企业欲向何处发展,营销战略则说明如何达到营销目标。营销目标可以通过多种方法实现。例如,以增加 10% 的销售收入作为目标,可以用提高全部单位产品的平均价格来获得,也可以用增加总的销售量来获得。

市场营销战略主要包括目标市场选择,产品定位,产品、价格、分销渠道及促销策略等。在市场营销战略制定的过程中,市场营销部门要与其他有关部门进行沟通、合作,以确保战略顺利实施。

(六) 形成行动方案

行动方案描述用以实现企业营销目标的主要营销活动,即进一步从做什么、什么时候做、谁去做、将花费多少以及达到什么要求等方面,来考虑市场营销战略实施过程中涉的所有内容。

（七）预算

行动方案可使有关管理人员汇编一个支持该方案的预算,此预算基本为一份预计的盈亏报表。在收入栏,列出预计的销售量和实际平均价格。在支出栏,列出分成细目的生产和实体分配的成本以及各种市场营销的费用。收入与支出之差就是预计利润,上级管理部门将审查这个预算并加以批准或修改。一旦批准后,此预算便成为制订计划和安排材料采购、生产进度、劳工招聘和市场营销作业的基础。

（八）控制

市场营销计划的最后一部分为控制,用来监控整个计划的进程。通常,目标和预算都是按月或按季度来制定的,这样上级管理部门就能检查各个阶段的成果并发现未能达到目标的部门。这些落后部门须解释未能达标的原因和他们完成计划所要采取的行动。有些市场营销计划的控制部分还包括意外应急计划。意外应急计划简要列出可能发生的不利情况、管理部门采取的预防措施和必须准备的善后措施。

> 延伸阅读
> 完美的厕所

思政园地

民族骄傲　中华有为

华为积极响应国家发展战略,如科技创新、自主可控等。在面临外部技术封锁和打压时,华为坚持自主研发,努力在关键技术领域实现突破,为国家科技自立自强贡献力量。这种对国家战略的积极响应,体现了华为深厚的爱国情怀。

华为积极参与社会公益事业,通过捐赠和公益活动回馈社会。近年来,华为多次向灾区捐赠资金,支持疫情防控和灾后重建工作。这些捐赠活动不仅展现了华为的社会责任感,也体现了华为对国家和人民的深情厚谊。

华为员工经常参加各种庆祝活动,如国庆、春节等,通过歌曲、舞蹈、朗诵等形式表达对祖国的热爱和对公司发展的信心。这种积极参与国家庆典的行为,进一步加深了华为员工的爱国情怀。

资料来源：黎红雷.从任正非看企业儒学与中国式管理创新[J].深圳社会科学,2024,7(4)：5-15.

第二节　市场营销组织

管理的实质在于使人们为了共同的目标而有效地合作,因而,管理离不开组织。企业市场营销管理同样离不开特定的组织结构,组织结构的构成和运行程序必须根据目标、市场环境、企业的资源来设计,对组织成员在实现目标中的工作分工和协作关系做出正式、规范的安排,并随着它们的变化做出相应的调整,以保证组织结构与特定的情境条件相一致。合理的组织有利于市场营销人员的协调和合作。因此,设计一个有效的市场营销管理组织,就成为市场营销管理的基础。

一、市场营销组织的概念

"组织"就人而言,是指按一定的宗旨和系统建立的集体。所谓市场营销组织,是指企业内部涉及市场营销活动的各个职位及其结构,是为了实现企业的目标,制订和实施市场营销计划的职能部门。在不同的企业,市场营销组织往往有不同的称谓;在许多企业,市场营销组织也常常不只是一个机构或科室。

(1) 并非所有的市场营销活动都发生在同一组织岗位。其实,企业的市场营销活动需要企业内部不同组织岗位合作才能完成。例如,在拥有很多产品线的大公司中,每位产品经理下面都有一支销售队伍,而运输则由一位生产经理集中管辖。不仅如此,有些活动甚至还发生在不同的国家或地区。但它们属于市场营销组织,因为它们都是市场营销活动。同时,即使企业在组织结构中正式设有市场营销部门,企业的市场营销活动也不是全部由该部门来完成的。

(2) 不同企业对其市场营销活动的划分也是不同的。这与企业所处的行业和面对的市场密切相关。例如,信贷对某个企业来说是市场营销活动,对另一个企业而言则可能是会计活动。因此,市场营销组织的范围是难以明确界定的。有时,市场营销组织也被理解为各个市场营销职位中人的集合。因为企业的各项活动是由人来承担的,所以,对企业而言,人的管理比组织结构的设计更为重要。判断市场营销组织的好坏主要是看人的素质的高低,而不单单是看组织结构的设计是否合格。这就要求市场营销经理既能有效地制定市场营销计划和战略,又能使下级正确地贯彻执行这些计划和战略。

二、市场营销组织的演变

现代企业的市场营销部门是随着营销观念的发展,长期演变而形成的产物,其发展过程可划分为五个阶段。

(一) 简单销售部门

20世纪30年代以前,西方企业以生产观念作为指导思想,其内部的市场营销组织大多属于这种形式。一般来说,每个企业几乎都是由财务、生产、推销和会计四大基本职能部门构成的——财务部门管理资金筹措,生产部门管理产品制造,推销部门管理产品销售,会计部门管理往来账务、成本计算。此时,推销部门通常由一个副总经理负责,管理推销人员,促使他们销售更多的产品;由于推销的需要,副总经理也要兼管若干市场调研和广告促销工作。推销部门的任务是销售生产部门生产出来的产品。产品的生产、库存管理等,完全由生产部门决定,推销部门对产品的种类、规格、数量等问题,几乎没有发言权。一个简单的销售部门如图11-1所示。

图 11-1　简单的销售部门

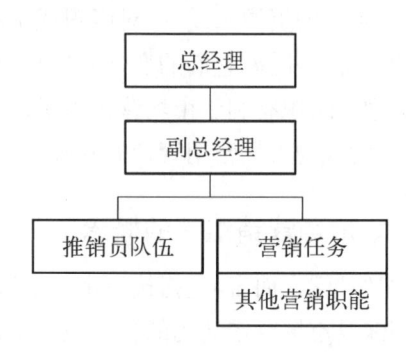

图 11-2　销售部门兼有营销功能

(二) 销售部门兼有营销功能

20世纪30年代以后,市场竞争日趋激烈,大多数企业开始以推销观念为指导思想,需要经常进行市场调研、广告和其他促销活动。这时主管销售的副总经理就需要聘请一些专家来执行这些功能,副总经理除了继续领导推销员队伍外,还可以聘请一名营销主任,负责其他营销职能的规划与管理,如图11-2所示。

(三) 独立的营销部门

随着企业业务的进一步扩大,原来作为辅助性职能的营销工作,诸如营销调研、新产品开发、广告和销售促进、顾客服务等的重要性日益增加,营销成为一个相对独立的职能部门。作为营销主管的营销副总经理,同负责推销工作的推销副总经理一样,直接由总经理领导,推销和营销成为平行的职能部门。在具体的工作上,两个部门要密切配合。独立的营销部门如图11-3所示。

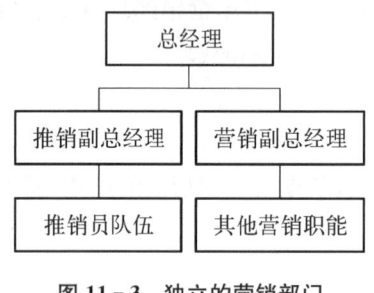

图 11-3　独立的营销部门

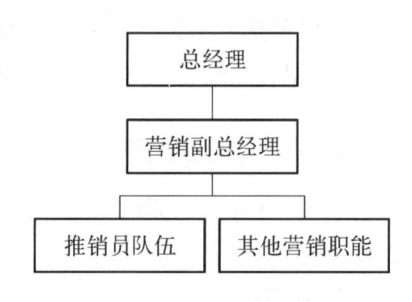

图 11-4　现代营销部门

(四) 现代营销部门

虽然销售部门和营销部门的工作目标应是各有明确分工的,但是这种并列的组织结构使它们之间出现了新的矛盾。销售部门往往以短期目标为导向,致力于完成当年的销售任务,因而不愿意使销售队伍在营销组合中的重要性有所降低;而营销部门一般以长期目标为导向,致力于安排能满足顾客长期需求的合适产品和营销策略,因而营销部门往往要求得到更多的预算。营销经理的任务是确定市场机会,制订营销战略和计划,营销人员的职能是执行这些计划。营销人员依赖营销调研,努力确定和了解细分市场,花费时间在计划上,从长计议,目标是产品利润与获得市场份额。而销售人员则依赖实际经验,努力了解每位购买者,花费时间在面对面的推销上,从短期利益考虑问题,并努力完成销售定额。这种矛盾实际上是经营思想上销售观念与营销观念的矛盾。常见的解决办法就是由营销副总经理统一领导销售部门和营销部门。现代营销部门如图11-4所示。

(五)现代营销企业

一个企业即使已设立了现代营销部门,也并不一定就是按现代营销观念办事的现代营销企业。现代企业的营销效果取决于企业所有的管理人员,甚至每一位员工对待营销职能的态度。只有所有的管理人员和每一位员工都认识到,企业一切部门和每一个人的工作都是"为顾客服务","营销"不仅是一个职能、一个部门的称谓,而且是一个企业的经营哲学,这个企业才算一个"以顾客为中心"的现代营销企业。

三、市场营销部门的组织形式

现代企业的市场营销部门,有各种各样组织形式。所有的市场营销组织都必须与营销功能、地理地域、产品和顾客市场相适应。市场营销部门的组织形式有以下六种。

(一)职能型组织

职能型组织是最常见、最普通的市场营销部门组织形式,按营销功能设置,由各种营销职能专家组成,他们分别对营销副总经理负责,营销副总经理负责协调他们的活动。这种组织里有五种专家:营销管理经理、广告与促销经理、销售经理、营销调研经理和新产品经理。此外,还可以根据需要增加其他专家,如顾客服务经理、营销规划经理和实体分配经理。职能型组织形式如图11-5所示。

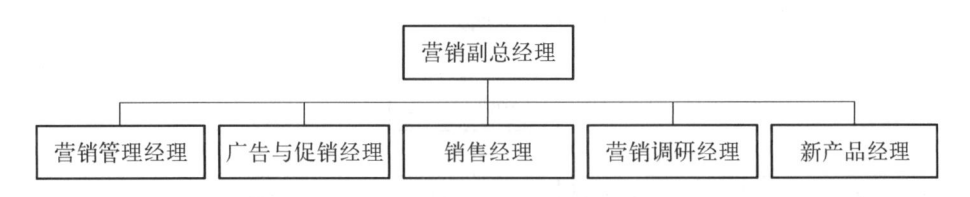

图 11-5 职能型组织形式

职能型组织的主要优点是:管理层次少,组织协调方便,易于管理。职能型组织形式比较适用于产品品种少或销售地区集中的企业。但随着企业产品品种的增多和市场的扩大,这种组织形式的不足之处就显露出来了。第一,由于没有人对某个产品或某个市场负完全责任,因而所制订的营销规划中可能遗漏不被职能专家重视的产品或市场。第二,各职能专家为了争取更多的预算和更重要的地位,使营销副总经理经常面临如何协调的难题。

(二)地区型组织

业务涉及全国甚至更大范围的企业,可以按照地理区域安排和组织其市场销售力量。这类企业除了设置职能部门经理外,还可按照地理区域范围大小,分层次地设置地理区域性经理,层层负责。地区型组织形式如图11-6所示。

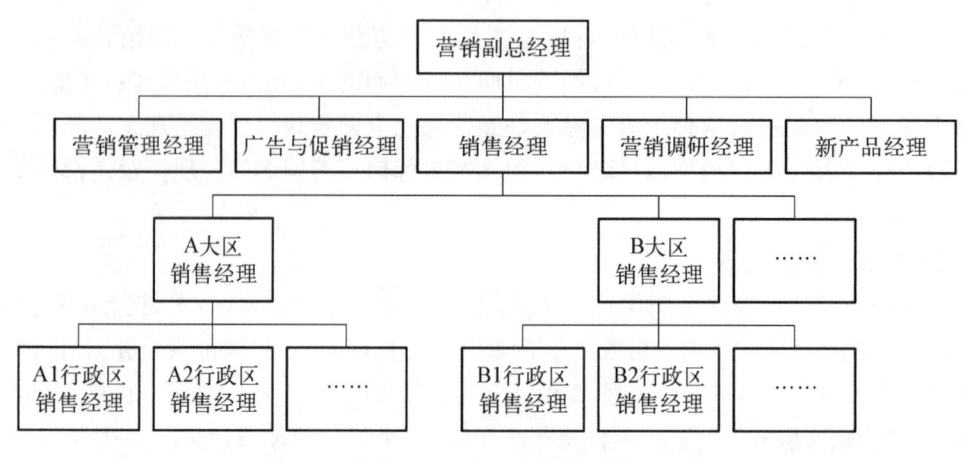

图 11-6　地区型组织形式

在地区型组织中，所有营销职能由营销副总经理统一领导，地区经理将掌握一切关于该地区市场环境的情报，为在该地区打开企业产品销路制订长期、短期计划，并负责贯彻实行。随着销售地区扩大，每一地区经理下还可以分出新层次。这种组织形式的优点是构成一个遍布全国的销售网络(如果企业产品的销售地区扩大到国外，则覆盖全球的销售网络可以此类推)，而且销售网络自上而下逐步扩大，使较高层面主管人员有更多的时间管理其直接下属，使形成的网络在管理上较为严密和有效。划分地区层次时，必须既有利于扩大产品销售，又有利于企业的统一管理。

(三) 产品(品牌)管理型组织

生产多种类型或多品牌产品的企业，通常按产品或品牌建立营销组织。通常在一名产品经理的领导下，按每类产品(品牌)分设一名经理，再按具体品种设一名经理，分层管理。产品(品牌)管理型组织形式如图 11-7 所示。

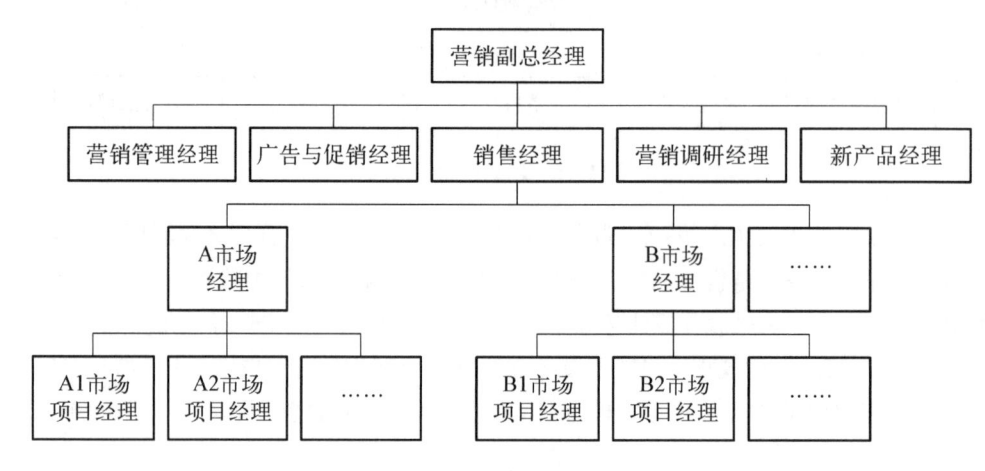

图 11-7　产品(品牌)管理型组织形式

产品经理的任务是制订产品营销计划，监督计划的实施，检查计划执行的结果，并纠正实施中的偏差。这个任务可以具体分为以下六项内容：

(1) 制定产品的长期和竞争策略。
(2) 制订年度营销计划并进行销售预测。
(3) 与广告代理商和商品经销商共同草拟广告文稿、广告纲要和进行广告活动。
(4) 激发销售人员和经销商对产品的兴趣并给予支持。
(5) 收集有关产品的性能、顾客与经销商的态度以及新的问题与机会等情报。
(6) 提出产品改进意见,以迎合经常变化的市场需求。

(四) 市场管理型组织

很多企业将一条产品线出售给不同类型的市场。例如,一家钢铁公司可以将钢材出售给铁路、建筑、机械制造、家具、公用事业等多种行业的用户。这时可以采用市场管理型组织。市场管理型组织形式与产品(品牌)管理型组织形式相似,如图 11-8 所示,由一个市场经理管理若干个细分市场经理。市场经理的职责除产品经理的职责外,还包括市场拓展、顾客服务、不同市场独具特色的营销战略与策略的制定等。

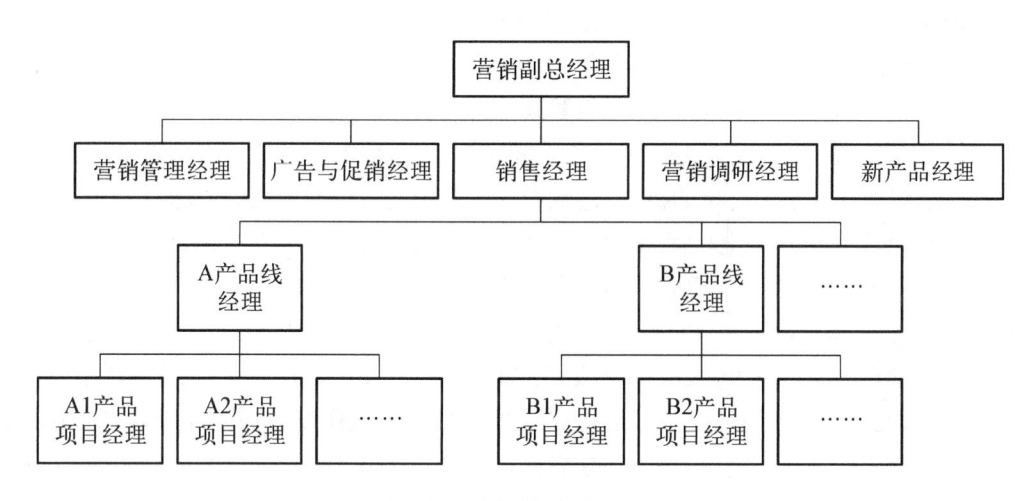

图 11-8 市场管理型组织形式

(五) 产品—市场型组织

生产多种产品并向多个市场销售产品的企业,既不适合采用产品(品牌)管理型组织形式,也不适合采用市场管理型组织形式。这时,最合适的选择只能是把产品管理型和市场管理型两种组织形式结合起来,同时设置产品经理和市场经理,形成一种矩阵组织形式,图 11-9 所示为产品—市场型组织形式。

		市场经理			
		市场1	市场2	市场3	市场4
产品经理	产品1				
	产品2				
	产品3				

图 11-9 产品—市场型组织形式

在这一组织中,产品经理负责产品的销售利润和销售计划,寻找产品的更多用途;市场经理则负责开发现有的和潜在的市场,着眼于市场的长期需求,而不是推销某种具体产品。这种组织主要用于多元化经营的企业。存在的问题是费用高、矛盾多、权责界限不清。例如,销售队伍是按产品还是按市场来组织?

绝大多数企业认为,只有相当重要的产品和市场才需要同时设置产品经理和市场经理。也有的企业认为,管理费用高的潜在矛盾并不可怕,只要这种组织形式能够带来效益,并远远超过需要为它付出的成本。

四、市场营销组织的设置原则

(一)整体协调和主导性原则

(1)设置的市场营销组织有利于企业与外部环境,尤其是与市场、顾客之间关系的协调。

(2)设置的营销机构与企业的其他机构相互协调。

(3)市场营销组织内部的人员结构、职位层次设置相互协调。

(二)精简以及适当的管理跨度与管理层级原则

精简用于组织建设,就是要避免机构臃肿,提高组织效率。最佳的机构是既能完成工作任务,组织形式又最为简单的机构,这就涉及管理跨度与管理层级的问题。

管理跨度又称管理宽度和管理幅度,指领导者能够有效地直接指挥的部门或员工的数量,这是一个"横向"的概念。管理层级又称管理梯度,指一个组织属下等级的数目,这是一个纵向的概念。在管理职能、范围不变的条件下,一般来说,管理跨度与管理层级互为反比的关系,管理的跨度越大,级次越少,组织结构越扁平;反之,跨度越小则管理层级越多。

通常情况下,管理层级过多,容易造成信息失真与传递速度过慢,可能影响决策的及时性和正确性;管理跨度过大,超出领导者能够管辖的限度,又会造成整个机构内部的不协调、不平衡。因此,必须选择合适的管理跨度和管理层级。

(三)有效性原则

市场营销机构要根据有效性原则,达到工作的高效率,必须具备以下三个基本条件:

(1)市场营销部门要有与完成自身任务一致的权力。

(2)市场营销部门要有畅通的内外部信息渠道。

(3)善于用人,各司其职。

第三节 市场营销执行与控制

一、市场营销执行

市场营销执行是指企业将市场营销战略和市场营销计划转化为行为和任务,以实现市场营销战略目标的过程。市场营销战略和市场营销计划涉及的是"营销什么"和"为什么营销"的问题,市场营销执行涉及的则是"谁去执行""什么时间""什么地点"和"怎样进行"的问题。市场营销执行是一个艰巨而复杂的过程。研究表明,战略目标之所以未能实现,可能是由于战略本身有问题,也可能是由于正确的战略没有得到有效执行。

（一）市场营销执行能力

为了有效地执行市场营销计划,企业需要具备以下几种保障：

1. 制度保障

（1）基础性管理制度

基础性管理制度包括绩效考核制度和部门协作制度。

① 绩效考核制度。将营销计划要达到的目标,与营销人员的绩效考核联系起来,由此来规范营销人员的行为,使营销人员围绕营销目标开展工作,使营销计划落到实处。比如,营销计划要开展深度分销,可以制定一个铺货率的考核要求,使营销人员的工作重点放到提高铺货率上来。

② 部门协作制度。围绕营销计划的重点,解决好各部门之间的协作关系,在部门之间确立合同关系,明确责权利,另外也可以采取项目小组的形式开展工作,提高营销计划的运作效率。比如,营销计划中的新产品开发业务,关系着企业的持续竞争力的提升,其参与的部门涉及市场、生产、技术、供应等,要提高新产品开发的速度和效率,一方面要确立市场部在新产品开发过程中的领导地位,另一方面又可以通过责任书的确认,使其他部门都能按照要求完成新产品开发各环节的工作。

（2）职能性管理制度

职能性管理制度是指为提高营销计划实施效率而制定的各种管理制度,如营销推广管理制度、区域管理制度、渠道管理制度、销售业务管理制度等,这些制度一方面为销售人员提供了开展工作的规范,另一方面则为衡量销售人员的工作成效提供了标准,另外,管理制度还影响着销售人员的思想意识和行为模式,其根本目的都是确保营销计划的有效执行。

2. 权限保障

（1）权限保障是对各部门业务职能的落实。营销计划的有效执行在很大程度上取决于各部门能否充分发挥各自的职能。营销计划在实施时,一定要赋予各职能部门相应的权限,否则会影响到营销计划执行的效率。

（2）总部与分部之间的权限分配。总部对营销计划应该强化专业方面的权限,而分部对执行营销计划则应该加强针对性方面的权限,使营销计划在执行过程中得到很好的整体配合。

（3）营销计划中各项业务活动的权限分配。这是对营销计划中的业务内容进行合理分配,使各个职能部门都能找到相对应的工作内容,主要解决业务活动开展过程中的决策权限问题,比如新产品研发由哪个部门领导和推动,销售计划由哪个部门分析、整合和落实等。

3. 流程保障

(1) 围绕营销计划的关键业务内容优化运作流程。营销关键业务流程的优化甚至重组，对营销计划的有效实施有着重要的作用。往往一份营销计划是好的，但在实际运作过程中，由于业务流程的运作不合理、营销计划实施的效率低下，直接影响到营销目标的实现。

(2) 通过重组业务流程调整部门结构。在一些关键性的业务流程中，如产品研发流程、营销推广流程、营销计划流程、订单处理流程等，其运作效率的高低，反映着整个组织结构和部门职能是否合理。因此，要真正做到业务流程重组后企业能够高效运转，就要根据业务流程的要求，从组织和职能上加以保障，确保业务流程能为企业带来根本性的利益。

4. 资源保障

(1) 为达成营销目标，必须配备各种资源。营销计划的制订是一回事，而在执行中对计划的资源保障又是一回事。虽然营销计划中包含了费用预算，但往往有些项目所分配到的资源并不能保障计划的实现，而且有的企业在面对销量下滑的状况时，往往无法按计划进行，而把费用倾斜到能立即提升销量的项目上，比如渠道返利促销，但这只是一种短期行为，并不会对企业的长期发展带来根本的帮助。

(2) 对关键项目的资源保障。比如，有的企业在营销计划中准备进入大型超市和卖场，但是在开发费用上却没有相应的分配，如进场费、条码费、陈列费、堆头费、促销费等，只能使终端的开发工作举步维艰；又如，有的企业在营销计划中准备实施深度分销，但在区域市场只派驻了少量的人员（如一省一人或数人），根本无法做到深度分销，只能采用依靠经销商的粗放经营模式。因此，在营销计划实施中，一定要通过制度对关键项目进行确定，并与绩效考核结合起来，通过政策来加以保障，使营销目标能够得以顺利实现。

(二) 市场营销执行过程

市场营销执行过程包括相互联系的五个方面的内容。

1. 制订行动方案

为了有效地执行市场营销战略和市场营销计划，市场营销部门以及有关人员必须制订详细的行动方案。这个方案必须明确执行市场营销战略和市场营销计划的关键性决策和任务，并将这些决策和任务的责任具体落实到小组或者个人。另外，行动方案还应包含具体的时间表。

2. 建立组织结构

在市场营销执行过程中，组织结构起着决定性的作用。领导部门将执行的任务分配给具体的部门和个人，规定明确的职权界限和信息沟通渠道，协调企业内部的各项决策和行动。组织结构的建立必须与市场营销战略和市场营销计划相适应，必须与企业本身的特点、市场营销环境相适应。

3. 制定规章制度

为了保证执行顺利，必须设计相应的规章制度。在这些规章制度中，必须明确有关的各个环节、岗位，各有关人员的责、权、利，衡量、奖惩的条件及各种要求。

4. 开发人力资源

市场营销执行最终要由企业内部的工作人员来完成,所以人力资源的开发至关重要。这涉及人员的考核、选拔、安置、培训和激励等问题。在考核、选拔营销管理人员时,要确定是从企业内部调用还是从企业外部招聘;在安置人员时,要注意按照他们的能力和专长安排适当的工作,做到人尽其才;为了激励员工的积极性,必须建立完善的工资、福利和奖励制度。

5. 协调各种关系

为了有效实施市场营销战略和市场营销计划,行动方案、组织结构、规章制度等必须协调一致、相互配合。

二、市场营销控制

市场营销组织的工作和任务是规划、实施和控制市场营销活动。在执行市场营销计划的过程中,难免遇到各种意外事件,所以要不断地对市场营销活动进行监督、评价,控制其发展动向。

所谓市场营销控制,是指市场营销管理者对市场营销组织的实际运行是否符合预定的目标进行测定,如果不一致或没有完成计划,就要找出原因,并采取适当措施和正确行动,来保证市场营销计划完成,确保组织目标实现的过程。

(一) 年度计划控制

任何企业都要制订年度计划,然而,年度计划的执行能否取得理想的成效,还需要看控制工作进行得如何。所谓年度计划控制,是指企业在本年度内采取控制步骤,检查实际绩效与计划之间是否有偏差,并采取改进措施,以确保市场营销计划的实现。

许多企业每年会制订相当周密的计划,但执行的结果却往往与之有一定的差距。事实上,计划的结果不仅取决于计划制订得是否正确,还有赖于计划执行与控制的效率,做好控制工作也是一项极其重要的任务。年度计划控制的主要目的在于:促使年度计划产生连续不断的推动力;其结果可以作为年终绩效评估的依据;发现企业潜在问题并及时予以妥善解决;高层管理人员借此有效地监督各部门的工作。

1. 实施步骤

年度计划控制包括以下四个主要步骤:

(1) 制定标准,即确定本年度各个季度(或月)的目标,如销售目标、利润目标等。

(2) 绩效测量,即将实际成果与预期成果相比较。

(3) 因果分析,即研究发生偏差的原因。

(4) 改正行动,即采取最佳的改正措施,努力使成果与计划相一致。

2. 绩效工具

年度计划控制是由企业高层管理人员负责的,旨在检查年度计划目标是否实现。企业经理人员可运用五种绩效工具以核对年度计划目标的实现程度,即销售分析、市场占有率分析、市场营销费用率分析、财务分析、顾客态度追踪。

(1) 销售分析。销售分析就是衡量并评估实际销售额与计划销售额之间的差距,可采用销售差距分析和地区销售量分析。

① 销售差距分析主要用来衡量造成销售差距的不同因素的影响程度。例如,某家企业在年度计划中规定,某种产品第一季度售出 4 000 件,单价 1 元,总销售额 4 000 元。季末实际售出 3 000 件,售价降为 0.80 元,总销售额为 2 400 元,比计划销售额少 40%,差距为 1 600 元。显然,实际销售额未达预期,既有售价下降方面的原因,也有销量减少的原因。但是,二者各自对总销售额的影响程度又是多少呢?计算如下:

售价下降的差距 $=(S_p-A_p)A_q=(1-0.8)\times 3\,000=600$(元)

售价下降的影响 $=600\div 1\,600=37.5\%$

销量减少的差距 $=(S_q-A_q)S_p=(4\,000-3\,000)\times 1=1\,000$(元)

销量减少的影响 $=1\,000\div 1\,600=62.5\%$

式中,S_p 为计划售价,A_p 为实际售价,S_q 为计划销售量,A_q 为实际销售量。

由此可见,没有完成计划销售量,是造成差距的主要原因。因此,需要进一步深入分析销售量减少的原因。

② 地区销售量分析用来衡量导致销售差距的具体产品和地区。例如,某企业在 A、B、C 三个地区的计划销售量分别为 1 500 件、500 件和 2 000 件,共 4 000 件。但是,各地实际完成的销售量分别为 1 400 件、525 件和 1 075 件,与计划的差距为 −6.67%、+5% 和 −46.25%。显然,引起差距的主要原因在于 C 地区销售量大幅度减少。因此,有必要进一步查明原因,加强该地区的市场营销管理。

(2) 市场占有率分析。销售分析一般不反映企业在市场竞争中的地位。因此,还要分析市场占有率,揭示企业同竞争者之间的相对关系。例如,一家企业的销售额增长,可能是它的市场营销绩效较竞争者有所提高,也可能是因为整个宏观经济环境改善,而这家企业与对手之间的相对关系并无变化。企业需要密切注意市场占有率的变化情况。在正常情况下,市场占有率上升表示市场营销绩效提高,在市场竞争中处于优势;反之,说明在竞争中失利。造成市场占有率波动的原因很多,要从实际出发具体分析。一般来说,有以下四种不同的度量方法:

① 全部市场占有率。以企业的销售额占全行业销售额的百分比来表示。使用这种测量方法必须做两项决策:一是要以销售量或销售额来表示市场占有率;二是正确认定行业范围,即明确本行业所应包括的产品、市场等。

② 可达市场占有率。以其销售额占企业所服务市场的百分比来表示。可达市场既指企业产品最适合的市场,也指企业市场营销努力开拓的市场。企业可能有近 100% 的可达市场占有率,却只有相对较小百分比的全部市场占有率。

③ 相对市场占有率(相对于三个最大竞争者)。以企业销售额对最大的三个竞争者的销售额总和的百分比来表示。如某企业有 30% 的市场占有率,其最大的三个竞争者的市场占有率分别为 20%、10%、10%,则该企业的相对市场占有率是 30/40=75%。一般情况下,相对市场占有率高于 33% 即被认为是强势的。

④ 相对市场占有率(相对于市场领先竞争者)。以企业销售额相对于市场领先竞争

者销售额的百分比来表示。相对市场占有率超过100%，表明该企业是市场领先者；相对市场占有率等于100%，表明企业与市场领先竞争者同为市场领导者；相对市场占有率的增加表明企业正接近市场领先竞争者。

了解企业市场占有率之后，尚需正确解释市场占有率变动的原因。市场占有率下降，可能出于战略上的考虑。有时候，企业调整经营战略、市场营销战略，主动减少不能盈利的产品，使得总销售额下降，影响到市场占有率。如果企业的利润有所增加，市场占有率下降就是可以接受的。

市场占有率下降，也可能是由于新竞争者进入市场。通常，新的竞争者加入本行业的竞争，会引起其他企业的市场占有率在一定程度上有所下降。

外界环境因素对参与竞争的各个企业的影响方式和程度往往不同，产生不一样的影响力。例如，原材料价格上涨，会对同一行业的各个企业都产生影响，但不一定所有企业都受到同样的影响。有些企业推出创新的产品设计，在市场上争取到较多的客户，市场占有率反而上升。

分析市场占有率，要同时考虑市场机会。市场机会大的企业，市场占有率一般应高于市场机会小的竞争者，否则其效率就有问题。

（3）市场营销费用率分析。计划控制要确保企业在达到销售计划指标时，市场营销费用没有超支。因此，需要对各项费用率加以分析，并控制在一定限度。如果费用率变化不大，在预计范围内，可以不采取任何措施；如果变化幅度过大，上升速度过快，接近或超出上限，就必须采取有效措施。

若发现市场营销实绩与年度计划指标差距太大，就要采取相应措施：或是调整市场营销计划指标，使之更切合实际；或是调整市场营销战略、策略和战术，以利于计划指标的实现。如果指标和战略、策略、战术都没有问题，就要在计划的实施过程中查找原因。

（4）财务分析。市场营销管理人员应就不同的费用对销售额的比率和其他的比率进行全面的财务分析，以决定企业如何以及在何处开展活动，获得盈利。尤其是利用财务分析来判别影响企业资本净值收益率的各种因素。

（5）顾客态度追踪。年度计划控制所采用的上述衡量标准大多是以财务分析和数量分析为特征的，即基本上是定量分析。定量分析虽然重要但并不充分，因为没有对市场营销的发展变化进行定性分析和描述。为此，企业需要建立一套系统来追踪其顾客、经销商以及其他市场营销系统参与者的态度。如果发现顾客对本企业和产品的态度发生了变化，企业管理者就能较早地采取行动，争取主动。

（二）盈利能力控制

除了年度计划控制之外，企业还需要运用盈利能力控制来测定不同产品、不同销售地区、不同顾客群、不同分销渠道和不同订货规模的盈利能力。通过盈利能力控制所获取的信息帮助企业决策者制定市场营销组合策略。

1. **市场营销成本**

市场营销成本是指与市场营销活动有关的各项费用支出，其直接影响企业的利润。

市场营销成本由以下项目构成：

(1) 直接推销费用，包括直销人员的工资、奖金、差旅费、培训费、交际费等。

(2) 促销费用，包括广告媒体成本、产品说明书印刷费用、赠奖费用、展览会费用、促销人员工资等。

(3) 仓储费用，包括租金、维护费、折旧费、保险费、包装费、存货成本等。

(4) 运输费用，包括托运费用等。如果企业自己有运输工具，则要计算折旧费、维护费、燃料费、牌照费、保险费、司机工资等。

(5) 其他营销费用，包括市场营销管理人员工资、办公费用等。

上述成本连同企业生产成本构成企业的总成本，直接影响到企业的经济效益。

2. 盈利能力的考察指标

取得利润是任何企业的重要目标之一。企业盈利能力历来为市场营销管理人员所重视，因而盈利能力控制在市场营销管理中占有十分重要的地位。对盈利能力的考察指标主要有以下四种：

(1) 销售利润率。一般来说，企业将销售利润率作为评估企业获利能力的主要指标之一。销售利润率是指利润与销售额之间的比率，其计算公式是：

$$销售利润率 = \frac{本期利润}{销售额} \times 100\%$$

但是，由于同一行业各个企业间的负债比率往往大不相同，而对销售利润率的评价又常需通过与同行业平均水平对比来进行，所以，在评估企业获利能力时最好能将利息支出加上税后利润，大体消除由于举债经营而支付的利息对利润水平产生的影响。因此，其计算公式可调整为：

$$销售利润率 = \frac{税后息前利润}{产品销售收入净额} \times 100\%$$

(2) 资产收益率。这是指企业所制造的总利润与企业全部资产的比率。其计算公式是：

$$资产收益率 = \frac{本期利润}{资产平均总额} \times 100\%$$

与销售利润率一样，为了在同行业间有可比性，资产收益率可以用如下公式计算：

$$资产收益率 = \frac{税后息前利润}{资产平均总额} \times 100\%$$

其分母之所以用资产平均总额，是因为年初和年末余额相差很大，如果仅用年末余额作为总额，显然不合理。

(3) 净资产收益率。这是指税后利润与净资产的比率。净资产是资产总额减去负债总额后的净值，净资产收益率是衡量企业偿债后的剩余资产的收益率。其计算公式是：

$$净资产收益率 = \frac{税后利润}{净资产平均余额} \times 100\%$$

其分子之所以不包含利息支出,是因为净资产已不包括负债。

(4) 资产管理效率。可以通过以下指标来分析资产管理效率:

① 资产周转率。资产周转率是产品销售收入净额与资产平均占用额的比率。其计算公式如下:

$$资产周转率 = \frac{产品销售收入净额}{资产平均占用额}$$

该指标可以用来衡量企业全部投资的利用效率,资产周转率高,投资的利用效率高。

② 存货周转率。存货周转率是指产品销售成本与存货(指产品)平均余额之比。其计算公式如下:

$$存货周转率 = \frac{产品销售成本}{存货平均余额}$$

该指标说明某一时期内存货周转的次数,从而考核存货的流动性。存货平均余额一般取年初和年末余额的平均数。一般来说,存货周转率越高,存货水准越低,周转越快,资金使用效率越高。

资产管理效率与获利能力密切相关。资产管理效率高,获利能力相应也较高,这可以从资产收益率与资产周转率及销售利润率的关系上表现出来。资产收益率实际上是资产周转率和销售利润率的乘积,其计算公式如下:

$$资产收益率 = \frac{产品销售收入净额}{资产平均占用额} \times \frac{税后息前利润}{产品销售收入净额} \times 100\%$$

$$= 资产周转率 \times 销售利润率$$

(三) 效率控制

1. 销售人员效率

企业各地区的销售经理要记录本地区内销售人员效率的以下主要指标:

(1) 每个销售人员每天平均的销售访问次数。

(2) 每次的平均访问时间。

(3) 每次销售访问的平均收益。

(4) 每次销售访问的平均成本。

(5) 每次销售访问的招待成本。

(6) 每次销售访问预订购的百分比。

(7) 每个期间增加的新顾客数。

(8) 每个期间流失的顾客数。

(9) 销售成本与总销售额的百分比。

企业可以从以上分析中发现一些非常重要的问题,例如,销售代表每天的访问次数是否太少；每次访问所花时间是否太多；是否在招待上花费太多；每次访问是否签订了足够多的订单；是否增加了足够的新顾客，并且保留住原有的顾客。当企业开始正视销售人员的效率提高工作后，会取得很多实质性的进展。

2. 广告效率

企业至少应该做好广告效果的以下相关统计：

（1）每一媒体类型、每一媒体工具接触每千名购买者所花费的广告成本。

（2）顾客对每一媒体工具注意、联想和阅读的百分比。

（3）顾客对广告内容和效果的意见。

（4）顾客在广告前后对产品态度的衡量。

（5）顾客受广告刺激而引起的询问次数。

企业高层管理者可以采取若干步骤来提高广告效率，包括进行更加有效的产品定位，确定广告目标，利用电脑来指导广告媒体的选择，寻找较佳的媒体以及进行广告后效果测定等。

3. 营业推广效率

为了提高营业推广的效率，企业管理者应该对每一营业推广的成本和对销售的影响做以下记录和统计：

（1）由于优惠而销售的百分比。

（2）每一销售额的陈列成本。

（3）赠券回收的百分比。

（4）因示范而引起询问的次数。

企业还应观察不同营业推广手段的效果，选择使用最有效的促销手段。

4. 分销效率

分销效率主要是对企业存货水准、仓库位置及运输方式进行分析和改进，以达到最佳配置并寻找最佳运输方式和途径。

效率控制的目的在于提高人员推销、广告、营业推广和分销等市场营销活动的效率。市场营销者必须关注若干关键比率，这些比率表明上述市场营销组合执行的有效性，可据此提出改进措施。

延伸阅读
科学看待数字营销的效率

（四）战略控制

市场营销环境变化很快，往往会使企业制定的目标、战略、方案失去作用，因此，在企业市场营销战略实施过程中必然会出现战略控制问题。战略控制是指市场营销管理者采取一系列行动，使实际市场营销工作与原计划尽可能一致，在控制中通过不断评审和信息反馈，不断对战略进行修正。战略控制的主要工具如下：

1. 营销效益考核

企业的营销效益可以从营销导向的五种主要属性上反映出来，这五种属性是顾客哲学、整合营销组织、足够的营销信息、战略导向和工作效率。营销效益考核可以这五种属性为基础，设计营销效益等级考核表，由营销经理和有关部门经理填写，然后将得分相加，得到考核结果。

2. 道德与社会责任考核

企业在市场营销活动中不能仅考虑自身的利益，还要考虑遵守社会道德准则和承担社会责任，主要包括营销责任、营销交易过程中各当事人的权利与责任、营销组合和营销调研方面的责任、组织关系方面的责任。

本章小结

市场营销计划是关于具体品种、品牌如何进行市场营销的安排和要求，是指导、协调市场营销活动的主要依据。市场营销计划主要包括计划概要、市场营销现状、机会与问题分析、营销目标确定、确定营销战略、形成行动方案、预算、控制等内容。

市场营销组织是为实现企业的目标，制订和实施营销计划的职能部门。企业营销组织设置一般应遵循整体协调和主导性原则、精简以及适当的管理跨度与管理层级原则、有效性原则。

市场营销控制通过对营销活动经常性的监督、评估，包括年度计划控制、盈利能力控制、效率控制和战略控制，把握其发展方向。

关键术语

市场营销计划　市场营销组织　市场营销控制　市场营销执行

练习与思考

一、单项选择题

1. 市场营销计划的第一步通常是(　　)。
   A. 制定营销策略　　　　　　　　　B. 进行市场分析
   C. 设定营销目标　　　　　　　　　D. 确定预算
2. 企业将产品定位为高端奢侈品，这主要是基于(　　)考虑。
   A. 产品成本　　　　　　　　　　　B. 目标市场的需求和偏好
   C. 竞争对手的定位　　　　　　　　D. 企业的生产能力
3. 在市场营销计划中，"提高产品知名度，使品牌认知度在半年内提升30%"属于(　　)。
   A. 市场定位目标　　　　　　　　　B. 财务目标
   C. 营销传播目标　　　　　　　　　D. 销售目标
4. 以下不属于4P营销组合策略中的内容的是(　　)。
   A. 价格(Price)　　　　　　　　　　B. 渠道(Place)
   C. 人员(People)　　　　　　　　　D. 促销(Promotion)
5. 市场营销计划执行过程中，对各项营销活动进行监控和评估，主要是为了(　　)。
   A. 发现问题及时调整　　　　　　　B. 向管理层汇报工作
   C. 确定是否达到预期利润　　　　　D. 满足法律合规要求

二、判断题

1. 市场营销计划一旦制订，就无须再做调整，应严格按照计划执行直至结束。　　　　　　　(　　)

2. 企业在制订市场营销计划时,只需关注目标市场,无须考虑潜在市场。（　）
3. 促销策略是市场营销计划中的核心部分,其他策略围绕促销策略展开。（　）
4. 明确的营销目标是市场营销计划成功实施的关键,目标越笼统越有利于计划的灵活执行。
（　）
5. 在市场营销计划中,市场定位决定了产品的价格策略,产品定位高端,价格就必然要定得高。
（　）

三、简答及论述题

1. 市场营销计划主要有哪些内容?
2. 企业的市场营销组织大体经历了哪几种典型形式?
3. 职能型组织的主要特点是什么?
4. 年度计划控制包括哪些内容?
5. 企业如何进行盈利能力控制?

请用手机微信扫二维码
查看"练习与思考参考答案"

实训项目

案例分析

宝洁的胜利方程式:创新品牌,开拓渠道,成就可持续发展

宝洁公司是全球快速消费品巨头,拥有诸多知名品牌,如汰渍、多芬等。为了实现公司长期发展目标,宝洁采用 OGSM 管理模式,将公司的战略落地到具体的行动计划中。本文将系统地梳理宝洁制胜战略及实施步骤,并从多个角度探讨宝洁的成功之道。

(1) 目的(Objective)

宝洁的根本目的是"提供高品质的日常消费品和服务",这是宝洁发展的基石。此外,宝洁在目的上也追求可持续性发展,又称之为"增长与责任"战略。宝洁认为,它的长期经济利润与社会责任是相辅相成的。通过提供高品质产品,并积极回馈社会,宝洁不仅拥有了广泛的消费者基础,而且赢得了社会的尊重和信任。

(2) 目标(Goal)

宝洁的目标是恪守"10 年目标",即通过不断创新、扩张和提高运营效率,在全球市场中实现高速增长。目标主要包括三个方面:一是在营销方面,增加产品的销售收入,提高市场份额和利润率;二是在节能、环保、社会责任等方面,通过不断改进,提高公司的可持续性发展水平;三是在管理方面,提高组织效率和员工满意度,为实现公司长期目标奠定基础。

(3) 策略(Strategy)

宝洁公司的战略是"品牌创新+渠道创新",即利用品牌和渠道两个体系,不断创新和扩张市场。

品牌创新方面,宝洁通过严格的研发、设计和营销策略,打造了一系列超级品牌。这些品牌包括舒

肤佳、汰渍、潘婷等,都拥有高度的品牌忠诚度和美誉度。同时,宝洁致力于开展口碑营销和社交媒体营销,将自己的品牌形象深入人心。

渠道创新方面,宝洁通过深入挖掘全球市场和较小的分销渠道,更好地满足消费者的需求。宝洁的全球分销网络覆盖全球 60 多个国家和地区,各个渠道之间相互辅助,进一步降低了渠道成本。

(4) 衡量(Measure)

宝洁采用"Growth Drivers"评价指标体系来对战略的实施效果进行衡量。这个体系包括品牌增长、渠道增长、创新增长、市场份额增长、垄断利润增长、资本回报率增长、人才和组织增长等方面。

除此之外,宝洁还采用了关键绩效指标(KPI)和平衡计分卡等工具对公司运营效果进行衡量和监管。它通过对各项数据的监控和分析,及时发现问题,调整战略,从而更好地实现公司的长远目标。

(5) 实施步骤

宝洁公司的实施步骤主要包括以下几个方面:

① 制定目标和战略。宝洁公司每年都会制定一个十年的目标,然后针对这个目标,制定具体的营销和品牌战略,不断提高市场占有率和利润率。

② 落实品牌创新。宝洁公司把品牌创新当作一项非常重要的工作,通过研发、设计和营销策略的不断创新,提高品牌在市场中的竞争力。

③ 拓展分销渠道。宝洁公司一直在拓展自己的分销渠道,以更好地满足消费者的需求。同时,它不断拓展销售渠道,深入挖掘较小的渠道,进一步降低渠道成本。

④ 创新运营管理。宝洁公司在运营管理方面也不断进行创新,包括开发专门的流程、软件和工具来支持各项业务活动,提高组织效率和员工满意度。

⑤ 平衡计分卡。宝洁公司采用平衡计分卡作为一种全面的衡量工具,并进行每年的评估。这种方法使宝洁的管理者能够更好地了解业务状况,并及时采取必要的调整措施,以更好地实现公司的发展目标。

综上所述,宝洁公司的成功之道在于其"品牌创新+渠道创新"的战略,以及全面的管理指标体系。通过不断创新和拓展市场,宝洁公司在全球快速消费品市场中实现了高速增长,取得了显著的成就。同时,它也在可持续性发展方面积极探索,不断提高社会责任感。可以说,宝洁公司的成功之道,为其他企业提供了很好的参考和借鉴。

资料来源:赵轶.市场营销[M].北京:清华大学出版社,2018:402.

请结合案例,搜集相关资料,回答以下问题:

(1) 宝洁公司实施"品牌创新+渠道创新"的战略,以及全面的管理指标体系,其原因有哪些?

(2) 如何评价宝洁公司的"Growth Drivers"评价指标体系?

实战演练

市场营销组织结构设计

(1) 人员:5～7 人组成一个小组,以小组为单位完成任务。

(2) 时间:与第十一章教学时间同步。

(3) 内容:以小组为单位,根据组织结构设计的相关知识,在小组讨论基础上,为某一组织设计市场营销组织结构。要求拟出设计依据,画出组织结构图并拟出岗位职责。

(4) 汇报方式:各组以 PPT 或报告的形式进行展示和讲解。

第十二章 数字营销

学习目标

知识目标

1. 了解数字营销的内涵及特点。
2. 熟悉数字营销的发展阶段。
3. 掌握数字营销的方法。

能力目标

1. 能够制订适当的数字营销推广方案。
2. 能够根据企业现状,制订可行的数字营销计划。

素质目标

1. 培养运用新方法解决问题的能力。
2. 培养营销职业道德,树立依法经营意识。

思政目标

明确大力发展数字经济对于我国双循环工作格局的驱动作用。理解习近平总书记关于网络强国的重要思想。

思维导图

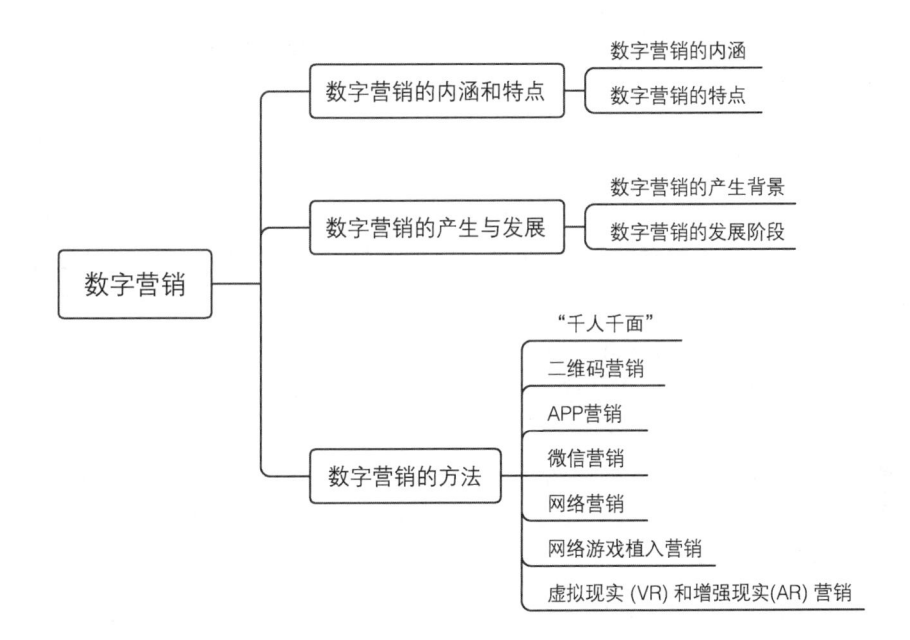

- 数字营销
  - 数字营销的内涵和特点
    - 数字营销的内涵
    - 数字营销的特点
  - 数字营销的产生与发展
    - 数字营销的产生背景
    - 数字营销的发展阶段
  - 数字营销的方法
    - "千人千面"
    - 二维码营销
    - APP营销
    - 微信营销
    - 网络营销
    - 网络游戏植入营销
    - 虚拟现实(VR)和增强现实(AR)营销

导入案例

伊利畅意AR——送我畅快登巅峰

"畅意100%,好喝助消化!"带着这句朗朗上口的广告词,伊利畅意100%在秒拍上发起的活动全面开展。从美食品尝到美食制作,形式各异的创意分享,掀起了一波全民欢乐秀。

活动期间,伊利畅意100%与秒拍合作,打造专属AR广告特效,用户只要选择伊利畅意100%特效,并在录制时张开嘴,就能看到一瓶虚拟的伊利畅意100%乳酸菌送到口中,甚至还有"咕咚咕咚"饮用的动态特效,十分生动。用户以欢快娱乐的方式,感受前沿科技,秀出更新潮、更"吸睛"的美食效果。

这一活动通过AR技术将广告内容化,与用户的创作融为一体。从营销效果来看,不仅能精准地体现乳酸菌在饭后饮用助消化的定位,还能实现伊利畅意100%品牌的巧妙植入。另外,AR广告激发用户的全新拍摄欲望,也将秒拍聚集的大量年轻用户的流量优势,充分转化为营销优势,带来新的变现模式。

资料来源:缥缈.2020中国数字营销案例TOP30[J].互联网周刊,2021(4):34.

社会生产力的进步不断影响消费者的消费观念和购买决策,使传统的消费方式、消费场景和消费体验不断升级。数字化背景下,传统以产品为中心的营销模式难以洞察到消费者日趋多元化和个性化的需求,而数字技术的发展,大幅缩短了品牌与消费者之间的距离,有利于企业为消费者提供更为便捷的产品和服务,建立更深层次的双向联系。

第一节 数字营销的内涵和特点

一、数字营销的内涵

数字营销是指通过数字媒体渠道(网站、网页、社交媒体、电子邮件和移动应用)来创建和传播内容,并利用跨搜索广告、社交平台广告等付费、口碑和自有数字渠道等各种策略来推广内容。

数字营销是基于明确的数据库对象,通过数字化多媒体渠道,比如电话、短信、邮件、电子传真、网络平台等数字化媒体通道,实现营销精准化,营销效果可量化、数据化的一种高层次营销活动。

数字营销之前被看作特殊领域的独立营销形式,但是,由于它提供了相同的受众沟通方式(只不过是以数字形式而已),2003年开始已经经常被看作能够涉及绝大多数的传统营销领域(如直复营销)的营销形式。

在数字经济时代,传统企业实现数字化时,必须把数字营销作为一个重要的方面来关注,变革原本不能满足需要的营销思想、模式和策略,实现新的营销方式。与数字管理、生产制造一道,数字营销作为一个热点,将成为数字企业的三个重要组成部分之一。一般来说,在充分竞争的市场上企业只能得到正常利润,如果想得到超额利润,那就必须创新。创新是对生产要素进行新的组合,从经济学的意义上讲,它不仅包括技术创新,而且包括营销创新。其中,数字营销就是营销创新的典型事物。

数字营销不仅仅是一种技术手段的革命,而且包含了更深层的观念革命。它是目标营销、直接营销、分散营销、客户导向营销、双向互动营销、远程或全球营销、虚拟营销、无纸化交易、客户参与式营销的综合。数字营销赋予了营销组合以新的内涵,其功能主要有信息交换、网上购买、网上出版、电子货币、网上广告、企业公关等,是数字经济时代企业的主要营销方式和发展趋势。

二、数字营销的特点

(一)集成性

数字营销实现了前台与后台的紧密集成,这种集成是快速响应客户个性化需求的基础,即可实现由产品信息至收款、售后服务一气呵成,因此也是一种全程的营销渠道。企业可以借助互联网将不同的传播营销活动进行统一设计、规划和协调实施,避免不同传播营销活动的不一致而产生的消极影响。

(二)个性化服务

数字营销按照客户的需要提供个性化的产品,还可跟踪每个客户的购买习惯和爱好,为其推荐相关产品。网络上的促销是一种低成本与人性化的营销方式。

(三) 产品信息数字化

互联网可以提供当前产品详尽的规格、技术指标、保修、使用方法等信息,甚至可以对常见的问题提供解答。用户可以方便地通过互联网查找产品、价格、品牌等信息。

(四) 选择空间巨大

数字营销不受货架和库存的限制,可提供巨大的产品展示和销售的展厅,为客户提供几乎无限的选择空间。

(五) 成本低

在网上发布信息,代价有限,将产品直接向客户推销,可减少分销环节,发布的信息谁都可以自主地索取,可扩大销售范围,这样可以节省促销费用,从而降低成本,使产品具有价格竞争力。前来访问的大多是对此类产品感兴趣的客户,受众准确,避免了许多无用的信息传递,也可节省费用。还可根据订货情况来调整库存量,降低库存费用。

数字营销还具备多媒体、跨时空、交互式、拟人化、超前性、高效性、经济性等特点。

第二节　数字营销的产生与发展

一、数字营销的产生背景

在人类的历史上,自然生存和技术生存是两种最主要的人类生存方式。自然生存是人类最基本的生存方式,随着人类文明的进步,技术生存成为人类最主导的生存方式。数字技术是当下最主要的技术形式,数字技术带来的虚拟生存是当下最主要的技术生存形态。数字营销是使用数字传播渠道来推广产品和服务的实践活动,虚拟生存是数字营销的产生背景。

(一) 从自然生存到技术生存

自然生存是人类依赖自然因素的生存方式,是人类历史上最先出现的生存方式,也是人类最基本的生存方式。自然生存主要满足处于自然形态下的人,这是人最基本的生存需求,因此不管是在刀耕火种的原始时期,还是在科学技术高度发达的今天,自然生存都是人类最为基本的一种生存方式。

随着人的需求的发展,人自身及自然的局限性逐步暴露出来。用工具取代自身,用人造物取代自然物,以此来超越自身及自然的局限性。工具及人造物的发明和使用关键是依靠技术。技术使人逐步技术化,使人类开始从依赖自然物生存转向依赖技术物生存,从生存于天然自然界转向生存于人工自然界,在这个过程中,人类的生存方式逐步从自然生存转向技术生存。就像那些改变了我们历史的巨变一样,轮子和犁的发明引致了农业和城市革命,随着科学的启蒙,出现了工业革命,革命后的各种社会动力结合在一起,显示出不可阻挡的发展势头。它们动摇着我们的社会结构,改变着我们的周围环境。它们创造着新的机会,同时也在清理一些旧事物。虽然它们的影响并非总像拉拉队长叫得那样鼓舞人心,也并非总是正面的,而且它们也不可能完全均匀地分配,但它们是绝对不容忽视的。

正如海德格尔所说,"诸种科学都是人的活动,因而都包含有这种存在者(人)的存在方式"。"纵观人类的历史,从车轮到书籍的发明,科技总是在塑造自我和人类群体的形态。"伽达默尔曾经断言:"20世纪是第一个以技术起决定作用的方式重新确定的时代,并且开始使技术知识从掌握自然力量扩转为掌握社会生活。"人类的社会生活也体现出了明显的"技术化"特征,技术生存成为最主导的生存形态。自然生存与技术生存不是人类生存的不同阶段,而是个体同时面对的两种生活状态,二者既相互区别又不可分割,同时对生存于其中的"人"产生作用。

(二)经济周期决定了技术生存的主要形态

美籍奥地利经济学家约瑟夫·熊彼特先后在其著作《经济周期》和《资本主义、社会主义和民主主义》中,提出技术革新是经济长周期的主要起因。他认为,长达半世纪左右的长周期是以产业革命为代表的技术创新活动所引起的。同样,康德拉基耶夫认为,某种决定生产性质的主要固定资本产品(比如蒸汽机)的更新换代,引起的经济活动中的长期平衡周期,引起经济的长期波动。美籍德国经济学家门斯认为,技术革新是经济增长的动力,同时也是经济长周期波动的主要动力。阿格亨和豪伊特分析了技术进步对整个经济产生影响的情况,也认为经济周期是技术创新的结果。

技术创新决定了经济长周期的形成,而人们所处的经济长周期决定了技术生存的具体形式。经济学家将人类的技术生存时期划分为五个长周期。每一个经济周期决定了技术生存的主要形态。在技术与需求这两个理解维度之下,一些经济学家认为,以早期器械化为标志的第一次长周期主要解决了人们衣的问题;以蒸汽化为标志的第二长周期解决了动力及货物运输问题;以电气化为标志的第三次长周期进一步解决了动力问题,同时解决了行的问题和通信的问题;以自动化为标志的第四次长周期全面提升了人们的衣、食、住、行,同时,又解放了人脑。自20世纪90年代人类进入以数字化技术为标志的第五次长周期,需要解决的主要是人们的沟通问题、虚拟生存问题与健康问题。

(三)虚拟生存是数字营销产生的直接原因

20世纪90年代以美国新经济为代表的全球性信息革命的爆发意味着第五次长周期的来临。总的来讲,第五次长周期的技术体系是以数字信息技术为核心的高新技术群,数字技术成为当下最主要的技术形式。尼葛洛庞帝在《数字化生存》中宣称,"计算不再只与计算机有关,它关系到我们的生存"。尼葛洛庞帝关注的是人类在数字时代生存方式的变化。数字技术之所以对人类社会产生前所未有的影响,归根到底是技术性质的改变。数字技术发生在产业边界,一项技术的创新,不仅带来一系列新产业的出现,而且促使原有产业接受改造;不仅能够在某个产业内部运用,而且能够在众多产业得到运用。数字化技术在创造数字产业的同时,使原有的产业改造升级,引致整个社会生活的改变。

尼葛洛庞帝曾经戏称:如果我们要颁发21世纪"最佳矛盾奖",那么"虚拟现实"(Virtual Reality)一词可以稳登榜首。而这句戏言却真真切切地出现在我们的生活中。

数字化魔力造就的虚拟现实已经逐渐向我们的生活渗透，不再只是平面化的影像，而是借由虚拟方式建构起来的立体化、实物化形象，发展成为赛博空间，人们在赛博空间里进行着虚拟化生存。随着技术手段的不断提高，虚拟现实技术对现实世界的模拟将渐趋完善，我们将穿梭在虚拟世界与现实世界之中。人类在这个虚拟生活空间中进行物质与精神活动，并与现实进行交互与转换。人类在虚拟空间中进行的一切活动构成了人类的虚拟生存。大众传媒将被重新定义为发送和接收个人化信息和娱乐的系统……地球这个数字化的行星在人们的感觉中，会变得仿佛只有针尖般大小。我们经由电脑网络相连时，民族国家的许多价值观将会改变，让位于大大小小的电子社区的价值观。我们将拥有数字化的邻居，在这一交往环境中，物理空间变得无关紧要，而时间所扮演的角色也会迥然不同。

虚拟生存是与现实生存相对应的概念，人的现实生存是目前常态的生存方式，这一方式的基本规定有两个：第一，人们面对的是真实的人，现实生存必然会受到自身的局限性的限制（比如想飞行受到人体结构的限制，想登山受到体力的限制）；第二，人们面对的是真实的社会环境和自然条件，现实生存必然会受到社会及自然的限制（比如你想去旅行受到时间的限制；想买豪宅受到自己财力的限制；想在一个群体中成为领导者，受到他人认可的限制；做错了事想重新开始，受到时间不可逆性的限制）。由于数字技术的发展，现实生存面临的这些问题都可以通过虚拟的方式得以解决，由此人类在现实生存的同时也进入虚拟生存的状态，虚拟生存将成为或已经成为常态的生存方式之一。

随着虚拟生存成为最主要的技术生存方式，经济发展形态和营销方式也发生了根本性的变化。数字营销是在虚拟生存空间中进行的营销，离开了虚拟生存空间，数字营销将无从谈起。虚拟生存空间的发展状况、呈现形态、发展前景是数字营销存在及发展的基础前提。数字技术带来的虚拟生存是数字营销产生的重要时代背景。

二、数字营销的发展阶段

在过去的 20 多年里，随着数字技术的不断进步，数字营销工具和手段也在不断更新迭代。以标志性的数字技术应用为重要节点，本书将数字营销的发展历程划分为五个阶段。

第一阶段，数字营销 1.0 时代。

数字营销 1.0 时代是基于 Web 1.0 的单向营销。20 世纪 90 年代初，World Wide Web（即万维网）诞生，Internet 真正变成了全球互联网，开始走进人们的生活。Web 1.0 是互联网最早版本的术语，从技术角度来说，Web 1.0 的网页是"只读的"，用户无法进行编辑，只能浏览信息或搜索信息。尽管如此，由于互联网为人类打开了新的世界，在数字营销 1.0 时代，互联网内容创造由网站主导，用户没有交互权，广告以单向传播为特征，用户被动接受网站上的营销信息，主要运用展示类横幅广告、弹出式广告、搜索引擎广告等，营销的理念则是以销售产品为主要目的。

第二阶段，数字营销 2.0 时代。

在数字营销 2.0 时代，随着社交媒体和视频网站的异军突起，企业拉近了与用户的距离,建立了全面的营销策略,实现了对数据实时监控和定期分析,因此,互联网逐步成为企业营销的重要渠道,广告主将更多的广告预算投入从线下媒体转移到线上媒体。

第三阶段,数字营销 3.0 时代。

以大数据技术应用为特征的营销 3.0 时代,收集和分析用户搜索、浏览、点击、购买和共享等数据变得可行,基于这些数据的"用户画像"帮助企业精准了解用户的需求和偏好,从而使营销活动更加集中和高效,使品牌得到充分有效的展示。

第四阶段,数字营销 4.0 时代。

数字营销 4.0 时代是基于商业生态圈的生态圈营销。数字技术的高度发展和移动互联网的盛行,推动着商业模式的不断更新。大型互联网公司都在构建自己的生态圈,比如阿里系、百度系、腾讯系、小米系等。营销也由只注重产品生产到偏重于销售环节再到重视商业生态圈的协作,通过生态圈内企业间数据共享、策略导流,实现产品的个性化定制、广告的定向投放、线上线下渠道的融合和消费者需求的精准锁定。

第五阶段,数字营销 5.0 时代。

数字营销 5.0 时代是以人工智能大模型技术应用为特征的营销。生成式人工智能(AIGC)+营销,在数字营销体系之上,生成式人工智能技术的出现进一步修补了数字营销存在的痛点,推动营销模式的再创新。AIGC 在内容生产、创新运营、客服、销售、洞察决策五个方面为营销模式创新提供了新的思路。

第三节　数字营销的方法

一、"千人千面"

"千人千面"是一种精准营销,是在大数据使商家能够提供个性化定制服务之后,各大企业都追求的目标。"千人千面"就是在大数据的指导下,网站对用户提供个性化的精准营销的重要方法。要重视用户体验,这背后的重点是用户画像技术。用户画像使得搜索、推荐广告等营销系统更加智能地服务用户。同一个搜索词在不同的用户或不同时刻搜索时,可能有不同的购物意图,用户画像通过建立数据库,针对用户的属性特征、性格特点或行为习惯,结合用户行为的上下文分析,推荐符合该用户偏好的商品,也能很大程度上提高用户购买转化率和重复购买率。用户画像背后需要有复杂的大数据的支撑,更重要的是背后的分析模型,有些是预测模型,也有些是统计模型或其他用途的模型。

二、二维码营销

二维码营销是指通过对二维码图案的传播,引导消费者扫描二维码,来推广相关的产品资讯、商家推广活动,刺激消费者进行购买的新型营销方式。

二维码营销的核心功能就是将企业的视频、文字、图片、促销活动、链接等植入在一个二维码内,再选择投放到名片、报刊、展会名录、户外、宣传单、公交站牌、网站、地铁墙壁、公交车身等。当企业需要更改内容信息时,只需在系统后台更改即可,无须重新制作投放,方便企业随时调整营销策略,帮助企业以最小投入获得最大回报。用户通过手机扫描即可随时随地体验浏览、查询、支付等服务,达到企业宣传、产品展示、活动促销、客户服务等效果。

三、APP营销

APP营销指的是应用程序营销,即通过特制手机、社区、SNS等平台上运行的应用程序来开展营销活动。APP就是一个平台、一个容器,具有以下特点:

(1) 成本低。APP营销的模式,费用相对于电视、报纸,甚至是网络都要低很多,只要开发一个适合本品牌的应用就可以了,可能还会有一点的推广费用,但这种营销模式的营销效果是电视、报纸和网络所不能代替的。

(2) 持续性。一旦用户下载到手机成为客户端或在SNS网站上查看,那么持续性使用就成为必然。

(3) 促进销售。有了APP的竞争优势,无疑增强了产品和业务的营销能力。

(4) 跨时空。营销的最终目的是占有市场份额。互联网具有的超越时间约束和空间限制进行信息交换的特点,使得脱离时空限制达成交易成为可能,企业能有更多的时间和更多的空间进行营销,可每周7天、每天24小时随时随地提供全球性的营销服务。

(5) 精准营销。通过可量化的精确的市场定位技术突破传统营销定位只能定性的局限,借助先进的数据库技术、网络通信技术及现代高度分散物流等手段保障与顾客的长期个性化沟通,使营销达到可度量、可调控等精准要求;摆脱了传统广告沟通的高成本束缚,使企业低成本快速增长成为可能;保持了企业与客户的密切互动沟通,从而不断满足客户个性需求,建立稳定的企业忠实顾客群,实现客户链式反应增殖,从而达到企业的长期稳定高速发展的需求。

(6) 全面展示产品信息。能够刺激用户的购买欲望,移动应用能够全面地展现产品的信息,让用户在没有购买产品之前就已经感受到产品的魅力,降低了对产品的抵抗情绪。

(7) 互动性强。可以实现与用户的实时沟通交流,更好地了解消费者需求。

(8) 随时服务。通过移动应用对产品信息进行了解,可以及时地在移动应用上下单或者是链接移动网站进行下单。利用手机和网络,易于开展制造商与个别客人之间的交流。客人的好恶、喜爱的样式、格调和品位,也容易被品牌一一掌握。

四、微信营销

微信营销是网络经济时代企业或个人营销模式的一种,是伴随着微信的火热而兴起的一种网络营销方式。微信不存在距离的限制,用户注册微信后,可与周围同样注册的"朋友"形成一种联系,订阅自己所需的信息,商家通过提供用户需要的信息,推广自己的产品,从而实现点对点的营销。微信营销的主要方式有:广告、企业号、订阅号、服务号和小程序等。

微信营销是一种点对点精准营销。微信拥有庞大的用户群,借助移动终端、天然的社交和位置定位等优势,每个信息都是可以推送的,能够让每个个体都有机会接收到这个信息,继而帮助商家实现点对点精准化营销。通过微信开放平台,应用开发者可以接入第三方应用,还可以将应用的LOGO放入微信附件栏,使用户可以方便地在会话中调用第三方应用进行内容选择与分享。在微信公众平台上,每个人都可以用一个QQ号码,打造自己的微信公众号,并在微信平台上实现与特定群体的文字、图片、语音的全方位沟通和互动。通过互动的形式与用户建立联系,互动就是聊天,可以解答疑惑,可以讲故事甚至可以"卖萌",用一切形式让企业与消费者形成朋友关系。你不会相信陌生人,但是会信任你的"朋友"。

五、网络营销

网络营销就是借助网络开展的市场营销活动,主要媒介手段包括网络广告、E-mail营销、即时通信、论坛发布、搜索引擎优化、网页链接、博客空间、桌面屏保、电子(书)杂志和视频播客。

其中,网络营销最常用的模式有搜索引擎营销、许可E-mail营销、会员制营销和病毒式营销。

搜索引擎营销的实质就是通过搜索引擎工具,向用户传递他所关注对象的营销信息。搜索引擎营销操作简单、方便,用户主动创造了被营销的机会。

邮件营销是在用户事先许可的前提下,通过电子邮件的方式向目标用户传递有价值信息的一种低成本网络营销手段。

网络会员制计划是通过利益关系和电脑程序将无数个网站连接起来,将商家的分销渠道扩展到地球的各个角落,同时为会员网站提供了一个简易的赚钱途径。

病毒式营销是指发起人发出产品的最初信息到用户,再依靠用户自发的口碑宣传,原理跟病毒的传播类似,经济学上称之为病毒式营销。

六、网络游戏植入营销

网络游戏植入营销是一种潜移默化的信息沟通和传播手段,在网络游戏中植入品牌信息、产品信息,可以接触到大量网民。最佳的方式是体验式、互动式的信息传播,如将产品信息按照游戏情节植入,使消费者在游戏过程中了解产品的性能和特殊利益。此外,还可以将信息与游戏故事融合在一起,用故事在消费者心里留下深刻印象。

七、虚拟现实(VR)和增强现实(AR)营销

虚拟现实(Virtual Reality,VR)营销是集影视广告、动画、互动媒体、网络科技于一体的新型企业营销方式。它将产品设计、产品制造、产品宣传、产品销售等多个环节紧密地结合起来,形成虚拟工厂、电商等企业产品设计制造和营销体系,在国内和国外都已经

得到了广泛的应用,极大地提升了企业与产品的竞争力。

增强现实(Augmented Reality,AR)是促使真实世界信息和虚拟世界信息内容之间综合在一起的较新的技术内容。其将原本在现实世界的空间范围中比较难以进行体验的实体信息在计算机等科学技术的基础上,实施模拟仿真处理,从而实现超越现实的感官体验。AR营销为品牌提供更具沉浸感的用户体验,用户可以在虚拟环境中与产品或服务建立更强的联系,从而增加购买的可能性。

思政园地

数据强国战略助力数字营销发展

2014年,大数据首次被写入政府工作报告;2015年8月,国务院印发的《促进大数据发展行动纲要》提出5~10年我国大数据发展和应用应实现的目标,包括2017年年底前形成跨部门数据资源共享共用格局,2018年年底前建成国家政府数据统一开放平台。2020年12月,党的十九届五中全会确定了"十四五"时期经济社会发展的主要目标:经济发展取得新成效,在质量效益明显提升的基础上实现经济持续健康发展。这需要大数据作为支撑。对数据的占有和控制已经成为陆权、海权、空权之外的另一种国家核心能力。介绍大数据在创新创业、产品研发设计、市场营销、新服务、新零售、顾客关系管理等各环节的应用案例,大数据技术孕育而生的数字营销新业态,以及电子商务大数据应用,可以让学生认识到大数据是推动新时代营销技术环境变革、营销技术创新和营销思维创新,实现我国经济发展的关键战略资源,理解数据强国战略的重要意义。

资料来源:陶晓波,吕一林.市场营销学[M].北京:中国人民大学出版社,2022:485.

本章小结

随着经济发展和科技进步,传统以产品为中心的营销模式难以洞察到消费者日趋多元化和个性化的需求。营销作为社会经济活动的重要的组成部分正在经历着数字化变革。

中国作为进行数字化变革的重要经济体,数字营销的发展也走在世界前列。

近年来,中国的数字营销呈现高速发展的态势,我国在《"十四五"电子商务发展规划》中明确指出,"鼓励生产企业依法合规开展用户画像和行为分析,实现基于数据感知和智能算法的精准营销,全面提升产销联动效率"。在数字贸易时代,越来越多的企业利用数字技术,洞察消费者需求,实现精准化营销。一方面有利于中国制造业掌握中国以及全球消费者的需求,另一方面帮助企业增强其核心竞争力。

数字营销更是成为推动中国经济发展的有力手段之一。一方面,在中国脱贫攻坚的决胜阶段,中国率先将数字营销融入扶贫工作中,不断创新扶贫模式,提升扶贫效率。尤其是借助电商直播平台对农产品进行营销,在帮助贫困户脱贫、助力农民增收方面取得显著成效。

在未来,中国应该更加积极地进行数字化转型,转变信息化建设的思路,推动以数字技术为主的营销业务创新,满足消费者个性化需求,提升企业在数字经济时代的竞争力。

关键术语

数字营销　二维码营销　微信营销　精准营销　APP营销　网络营销

练习与思考

一、单项选择题

1. Web1.0时代,不常用的数字营销方式是(　　)。
   A. 搜索引擎营销　　　　　　　　B. 社会化网络营销
   C. 论坛营销　　　　　　　　　　D. 电子邮件营销
2. 以价值驱动为导向的时代是营销(　　)时代。
   A. 1.0　　　　B. 2.0　　　　C. 3.0　　　　D. 4.0
3. 新的中老年用户消费偏好不包括(　　)。
   A. 视频　　　　B. 音频　　　　C. 线上学习　　　　D. 快消品
4. 大学生对待现代网络文化应该(　　)。
   A. 严格自律
   B. 适合自己倾向
   C. 只要是为了学习就不用顾忌时间
   D. 网络文化已有国家相关部门管理,所以完全能够信任
5. 以下不属于数字时代4R营销理论构成要素的有(　　)。
   A. 人群画像与分析　　　　　　　B. 品牌价值构建
   C. 数字化信息触达　　　　　　　D. 营销关系交易与回报

二、判断题

1. 营销2.0时代是以产品为导向的时代,产品品牌的树立对企业至关重要。(　　)
2. 消费者和用户在数字时代是没有任何分别可以通用的术语。(　　)
3. 针对用户类的产品,需要的是用户的规模和用户持续对产品的使用,所以运营方案和策略的重心会放在用户的新增和活跃上,而对其他的运营需求优先级会排得低一点。(　　)
4. 数字营销能有效缓解市场上的假货售卖、商家不诚信等问题。(　　)
5. 数字营销具有成本高、多媒体、跨时空、交互式等特点。(　　)

三、简答及论述题

1. 如何理解数字营销的含义?
2. 数字营销与传统营销的差异是什么?
3. 微信营销的优势是什么?

请用手机微信扫二维码
查看"练习与思考参考答案"

实训项目

案例分析

腾讯视频营销秘诀大曝光

如今内容营销备受青睐,因为"好内容"会帮助品牌巧妙地进入用户心里,使得品牌更容易被记住。因此,如何用创意的思维,创造真正让用户产生共鸣的内容,从而缔造一场"聪明"的营销,成为广告主追捧的营销方式。那么到底什么样的内容才称得上"好内容"呢?腾讯视频给出了很好的答案。

优质内容要真正打动目标用户,首先,内容和品牌调性要保持一致,用"润物细无声"的方式将品牌信息植入用户内心,这才是内容营销的最佳选择。其次,情感上的研究渗透,对内容营销来说也是不可或缺的。通过用户洞察,深入了解用户情感思路,并依此对内容进行包装和优化,使品牌能够真正地走进用户内心。这是腾讯视频内容营销价值的精华所在。

腾讯视频通过不断探索多类型目标用户的营销新阵地,布局强大的内容资源体系,为广告主提供多元化的内容选择,创造符合广告主调性的营销内容,并凭借精准的投放和执行效果,将品牌信息广泛地触达用户,增强其品牌黏性。

资料来源:徐大佑,汪延明,万文倩.数字化时代的品牌管理范式变革[J].西部论坛,2016,26(3):15.

思考:结合案例,谈谈当今数字营销的发展趋势。

实战演练

助农微店是一项大学生创业实践项目,该项目以扶贫助农为宗旨,以提供绿色健康农产品为特色,以提升商科学生营销实践能力为目标。在教师的指导下,学生通过走访调查,寻找家乡具有地方特色的农产品,建立购物渠道,开展农产品推广与销售。

助农微店在电商平台上开店,借助微信社群、微信朋友圈等社交平台进行宣传推广,绑定微店进行销售。平台采用顾客对顾客电子商务模式,整合农产品的生产、流通、消费环节的信息资源,在学校的指导下,逐步形成河北省—华北地区—全国的辐射范围,打造真正助农销售的线上店铺。

助农微店打算开展数字营销,请帮其选择两种合适的数字营销方法,写出营销实施过程,将结果记录在下表中。

选择数字营销方法

研究内容	研 究 结 果
数字营销一	
实施过程解析	
数字营销二	
实施过程解析	

References 参考文献

1. 陶晓波,吕一林.市场营销学[M].北京：中国人民大学出版社,2022.
2. 梁文玲.市场营销学[M].北京：中国人民大学出版社,2022.
3. 吕一林,李东贤.市场营销学教程[M].北京：中国人民大学出版社,2022.
4. 郭国庆.市场营销学通论[M].北京：中国人民大学出版社,2022.
5. 王永贵.市场营销[M].北京：中国人民大学出版社,2022.
6. 左仁淑.市场营销：数字化时代的营销创新[M].北京：中国人民大学出版社,2023.
7. 金文姬,秦勇.市场营销学[M].北京：人民邮电出版社,2017.
8. 朱捷,陈晓健,孙增兵.市场营销[M].成都：电子科技大学出版社,2020.
9. 谭蓓.市场营销[M].重庆：重庆大学出版社,2017.
10. 张丽,郝骞.市场营销实务[M].北京：人民邮电出版社,2021.
11. 王立,姜会明,费红梅.市场营销学：原理、应用与实训[M].北京：人民邮电出版社,2023.
12. 周建波.市场营销学：理论、方法与案例[M].北京：人民邮电出版社,2023.
13. 李东进,秦勇.市场营销：理论、工具与方法[M].北京：人民邮电出版社,2021.
14. 张洁梅.市场营销学[M].北京：高等教育出版社,2021.
15. 吴健安.市场营销学[M].北京：高等教育出版社,2017.
16. 孙英春,李冰玉.回归内容本质,打造数字营销生态圈——民营书企数字营销策略探析[J].出版广角,2018(14).
17. 胡振宇.国内数字营销伦理乱象探因与治理研究——基于数字营销从业精英的访谈[J].当代传播,2018(5).
18. 徐大佑,汪延明,万文倩.数字化时代的品牌管理范式变革[J].西部论坛,2016,26(3).
19. 王亚肖.数字营销传播核心资源的价值开发研究——基于企业资源基础论[D].广州：暨南大学,2019.
20. 阳翼.人工智能营销[M].北京：中国人民大学出版社,2019.
21. STEINBOCK. The Birth of Internet Marketing Communications [M]. Westport

Quorum Books,2000.
22. 宁德煌.市场营销学[M].北京:机械工业出版社,2020.
23. 麦肯锡公司.数字营销再探索[J].21世纪商业评论,2021(Z1).
24. 缥缈.2020中国数字营销案例TOP30[J].互联网周刊,2021(4).
25. 科特勒,阿姆斯特朗.市场营销:原理与实践[M].北京:中国人民大学出版社,2020.
26. 陈子清.市场营销理论与实务[M].上海:上海财经大学出版社,2018.
27. 韩丽娜,赵蓓.市场营销学理论与实务[M].郑州:河南大学出版社,2018.
28. 肖艺.我国中小企业市场营销策略调整与创新研究[M].北京:中国经济出版社,2016.
29. 张启明,杨龙志.市场营销学[M].北京:机械工业出版社,2020.
30. 祖国峰.市场营销[M].苏州:苏州大学出版社,2020.
31. 张丽,蔺子雨.市场营销基础与实务[M].北京:人民邮电出版社,2019.
32. 韩英,李晨溪.市场营销学[M].郑州:河南科学技术出版社,2020.
33. 陈玲.市场营销基础[M].重庆:重庆大学出版社,2022.
34. 王晶晶,陈沛金,王来.市场营销学[M].成都:电子科技大学出版社,2019.
35. 朱立.市场营销经典案例[M].北京:高等教育出版社,2012.
36. 蓝峰.去哪了:让数据做主[J].销售与市场(管理版),2015(2).
37. 许天舒,张璟,钱芹茹.市场营销实用教程(第2版)[M].北京:电子工业出版社,2013.
38. 梅清豪.市场营销学原理(第2版)[M].北京:电子工业出版社,2014.
39. [美]菲利普·科特勒.市场营销原理(亚洲版·第2版)[M].北京:机械工业出版社,2010.
40. 许春燕,王雪宜.新编市场营销(第二版)[M].北京:电子工业出版社,2014.
41. 菲利普·科特勒.营销管理(全球版·第14版)[M].北京:中国人民大学出版社,2012.
42. 东方紫月.无印良品年销百亿的秘密:把产品做到极致[J].东方企业文化,2014.
43. 汪秀婷.市场营销学[M].武汉:武汉理工大学出版社,2022.
44. 谢林.长虹电视中国市场营销策略研究[D].成都:电子科技大学,2019.
45. 陈鸿燕,訾豪杰.市场营销学[M].北京:北京理工大学出版社,2023.
46. 杜向荣,冯艳.市场营销学[M].北京:北京理工大学出版社,2017.
47. 王海军,张文耕,戴晓峰,孙莉.组织学习对企业颠覆性创新的影响——基于海尔不用洗衣粉洗衣机的案例研究[J].科学与管理,2021,41(6).
48. 严宗光,罗志明.市场营销学[M].北京:北京理工大学出版社,2016.
49. 李飞,刘明葳,吴俊杰.沃尔玛和家乐福在华市场定位的比较研究[J].南开管理评论,2005(3).
50. 杨耀丽,杨秀丽.市场营销学[M].上海:上海财经大学出版社,2013.
51. 赵天娥.市场营销学[M].上海:上海财经大学出版社,2010.
52. 盒马启动"全球供应链"战略 33家零售商、品牌商加入盒马海外"朋友圈"[EB/OL].盒马鲜生官网,https://www.freshippo.com/hippo/article? did＝e1pw2pulqhh276w&type＝news&lang＝cn,2023－5－17.

53. 卢向虎,凌翼.中国营销渠道结构的演进及影响因素评价[J].重庆大学学报(社会科学版),2004(5).

54. 360百科官网,https://baike.so.com/doc/30514776-32314662.html.

55. 赵博睿.A公司小米手机线上分销渠道管理优化策略研究[D].首都经济贸易大学,2022.

56. 360百科官网,https://baike.so.com/doc/5681977-5894652.html.

57. 范林榜,贾平.现代物流管理[M].北京:清华大学出版社,2024.

58. 中国打造全球快货物流圈:国内1天、周边国家2天送达[EB/OL].https://finance.sina.com.cn/chanjing/cyxw/2019-09-25/doc-iicezzrq8218984.shtml,2019－9－25.

59. 郑文榕,袁江.新零售时代数字经济浪潮下的星巴克在华营销策略[J].现代营销(下旬刊),2022(9).

60. 方茂东.从比亚迪销量看新能源汽车趋势[J].世界汽车,2024(7).

61. 赵轶.市场营销[M].北京:清华大学出版社,2018.

62. 于爱云.市场营销理论与实务[M].北京:北京理工大学出版社,2021.

63. 黎红雷.从任正非看企业儒学与中国式管理创新[J].深圳社会科学,2024,7(4).

64. 构建人类命运共同体[EB/OL].人民网,http://theory.people.com.cn,2018－8－23.

65. 邓先娥.经济学基础教程(第3版)[M].北京:人民邮电出版社,2024.

66. 左丽丽.基于波特五力模型的传媒行业实例研究[J].现代经济信息,2016(3).

67. 陈忠卫.战略管理(第三版)[M].大连:东北财经大学出版社,2011.

68. 康丽,张燕.企业战略管理[M].南京:东南大学出版社,2012.